Hans-Ulrich Wehler

Aus der Geschichte lernen?

Essays

Verlag C. H. Beck München

CIP-Titelaufnahme der Deutschen Bibliothek

Wehler, Hans-Ulrich:
Aus der Geschichte lernen : Essays / Hans-Ulrich- Wehler. –
München : Beck, 1988
ISBN 3-406-33001-0

ISBN 3 406 33001 0

Umschlagentwurf: Bruno Schachtner, Dachau

Satz: Kösel, Kempten
Druck- und Bindearbeiten: May & Co., Darmstadt
Printed in Germany

Inhalt

III.
Anhang

Vorwort

Daß es sich unverändert lohnt, für zeitgemäß formulierte Prinzipien der Aufklärung nicht nur im fachwissenschaftlichen Diskurs, sondern auch in der politischen Kontroverse einzutreten, ist eine Leitvorstellung, die erneut den in diesem Band gesammelten Aufsätzen zugrunde liegt. Hatten drei frühere Sammelbände im Lichte dieser Grundauffassung die Debatte über die Modernisierungsfähigkeit des Deutschen Kaiserreichs und über seine fatalen Krisenherde, die Theoriedebatte der Historiker in den 1960er und frühen 70er Jahren sowie die Stellungnahme zu aktuellen wissenschaftspolitischen und politischen Streitfragen dokumentiert,[1] besteht dieses Buch aus zwei Teilen mit unterschiedlichen Problemfeldern.

Im ersten Teil werden zu Beginn soziale Funktionen der Geschichtswissenschaft, dazu sowohl ältere als auch neueste Formen des deutschen Geschichtsbewußtseins erörtert. Die Maßstäbe des Urteils bleiben nicht im Dunkeln: Gefragt wird nach den Wirkungen und Grenzen rationaler Aufklärung über Handlungsspielräume und Aktionen, über das jeweilige Vernunftpotential und verschüttete Chancen auf dem Weg in eine vergangene Zukunft. Danach werden politische Fragen in historischer Perspektive analysiert, etwa die Kontinuität und der wechselnde Charakter der deutschen Frage in Europa seit 1648 oder die Bilanz, die sich ein halbes Jahrhundert nach 1933 vorläufig ziehen läßt. Schließlich geht es um die Orientierungskriterien und Werturteile, um die Theorieanwendung und den Traditionsüberhang in der westdeutschen Geschichtsschreibung der Gegenwart.[2] Insgesamt herrscht hier durchaus ein politisches Interesse vor.

Der zweite Teil faßt im wesentlichen sozialgeschichtliche Studien zusammen, welche die Entstehung der ersten beiden Bände meiner «Deutschen Gesellschaftsgeschichte» in den letzten Jahren begleitet haben.[3] Auf unterschiedliche Weise habe ich erst mir selber und dann den Lesern klar zu machen versucht, worum es bei einer solchen Gesellschaftsgeschichte als Synthesekonzeption geht; wieso diese von der (ehemals?) modischen Alltagsgeschichte nur hinzulernen kann, wenn es sich um eine theoriegeleitete, rational disziplinierte, auch gesamtgesellschaftliche Prozesse mitinterpretierende «Erfahrungsgeschichte» handelt, warum andrerseits Max Webers historisch gesättigte Begrifflichkeit für die Zwecke der Klassenanalyse auch und gerade die westdeutsche Sozialgeschichte unmittelbar weiterzubringen vermag. An drei Beispielen aus der deutschen Bürgertumsgeschichte zwischen dem Ausgang des 18. Jahrhunderts und dem Ausbruch des Ersten Weltkriegs wird – den Fluchtpunkt der Gesellschaftsgeschichte stets vor

Augen – die Tragfähigkeit und Ergiebigkeit einer von Weber angeleiteten Sozialgeschichte erprobt. Diese drei Beiträge besitzen gewissermaßen einen experimentellen Charakter. Zugleich gehört es zu ihren Absichten, zur Auflösung erstarrter Diskussionsfronten mit Hilfe einer sozial- und gesellschaftsgeschichtlichen Problemorientierung beizutragen. Abschließend werden noch einmal Probleme des deutschen und amerikanischen Imperialismus aufgegriffen, mit dem ich mich früher eingehend beschäftigt habe.[4] Das intensive Interesse an der Imperialismusproblematik ist zwar hierzulande abgeklungen. Einige der direkten oder vermittelten Folgen der westlichen Expansion: die strukturellen Bedingungen des modernen Weltmarkts z. B., zahlreiche Kriege in der ehemals kolonialisierten «Dritten Welt», das Nord-Süd-Gefälle, sind jedoch noch immer präsent, vielleicht sogar schärfer als zuvor ausgeprägt. Deshalb lohnt es sich, an diesen keineswegs abschließend behandelten Themenbereich immer wieder zu erinnern.

Selbstverständlich bleibt es dem Urteil des Lesers überlassen zu entscheiden, ob sich der kritische, der aufklärende Ansatz in der Geschichtswissenschaft weiter bewährt, ob die Explizierung der Werturteile die offene Diskussion fördert, ob die Sozial- und Gesellschaftsgeschichte neue Perspektiven zu erschließen imstande sind. Wo immer geboten, habe ich die Auseinandersetzung mit den hier verfochtenen Thesen oder den Ergebnissen historischer Analysen durch die Explizierung der leitenden wissenschaftlichen und politischen Interessen nach Kräften zu erleichtern gesucht. Auf diese Weise sollte meines Erachtens der kontroversenreiche Dialog weitergeführt werden, an dem Historiker und Leser, jeder auf seine Weise, teilnehmen. Gelingt es, die Rationalität der argumentativen Auseinandersetzung zu erhöhen, kann auch, der Intention dieser Studien entsprechend, die kritische Aufklärung über die Bedeutung, über die Chancen und Grenzen historisch-politischer Prozesse ein Stück weiter vorangetrieben werden.

Für das Schreiben der Beiträge schulde ich Frau Ruth Dietrich wiederum Dank. Von den Wissenschaftlichen Mitarbeitern haben Manfred Hettling, Paul Nolte, Iris Schäferjohann-Bursian und Dr. Hans-Walter Schmuhl erneut beim Korrekturlesen und bei der Anfertigung des Personenregisters geholfen; für ihren Beistand und ihre Aufmerksamkeit möchte ich ihnen noch einmal danken. Ernst-Peter Wieckenberg im Verlag C. H. Beck hat das Manuskript wiederum gründlich gelesen und mit offenbar untrüglichem Blick dafür gesorgt, daß manche Schwächen und Fehler beseitigt werden konnten. Ihm gilt mein Dank in besonderem Maße.

Gewidmet ist der Band Hans Rosenberg zum 84. Geburtstag, da ich seinen Anregungen, seinen kritischen Kommentaren, aber auch seiner freundschaftlichen Unterstützung über nunmehr 25 Jahre hinweg soviel zu verdanken habe.

Bielefeld, 1. Dezember 1987 H.-U. W.

I.

Historische Dimensionen gegenwärtiger Politik

Aus der Geschichte lernen?

Auf die Frage, ob man aus der Geschichte lernen könne, hört man oft die resignierte oder zynische Antwort, man könne aus der Geschichte nur die einzige Tatsache lernen, daß niemand aus ihr zu lernen willens sei. Ein Blick auf die Geschichte des 20. Jahrhunderts genügt in der Tat, um jedem vertrauensseligen Optimismus, daß die Menschen aus ihrer Geschichte bereitwillig lernten, den Boden zu entziehen. Zwei totale Weltkriege, rund 130 Kriege außerhalb Europas nach 1945 – bedeutet das nicht eine radikale Desillusionierung, eine Diskreditierung aller Hoffnungen, die auf den aufklärerischen Glauben an die Lernfähigkeit und Lernbereitschaft der Menschen gesetzt hatten und noch immer setzen? So deprimierend die Zeitgeschichte unseres Jahrhunderts auch sein mag, sie entkräftet keineswegs die folgenden grundsätzlichen Überlegungen zu der Fähigkeit der Menschen, aus der Geschichte zu lernen, noch entbindet sie die Geschichtswissenschaft von der Aufgabe – von der «Pflicht politischer Pädagogik», wie Theodor Mommsen einmal gesagt hat –, nach Kräften das Lernen aus der Geschichte zu unterstützen: Das historisch gesättigte Denken und Entscheidungshandeln ist allemal der auf die Herausforderungen der Gegenwart kurzsichtig und kurzatmig reagierenden Antwort überlegen.

Zuerst einmal gilt es festzustellen, daß die Geschichte im Grunde das einzige «Lernmaterial» darbietet, aus dem die Menschen lernen können und auch tatsächlich ständig lernen. Dieser Vorgang läßt sich außerordentlich weit zurückverfolgen, für alle bestehenden Hochkulturen gilt er auf jeden Fall. Immer bestimmen historische Erfahrungen den Denkhorizont der Menschen – ob in der kollektiven Erinnerung der Mythen und Sagen, der traditionalen Mentalität eines Dorfes oder in der wissenschaftlich gereinigten Form moderner Schulbücher. Immer auch speisen sich die Utopien aus historischen Erfahrungen: Dabei werden nur bestimmte Ereignisse, Befürchtungen und Hoffnungen einseitig hochstilisiert, bis sie die Gestalt eines utopischen Zukunftsentwurfs erreichen. Immer neigen die Menschen zu historischen Analogieschlüssen, indem sie ein Ereignis ihrer Gegenwart zu einem in der Vergangenheit in Beziehung setzen und daraus zugleich ihr politisch-moralisches Urteil ableiten. Gewöhnlich überwiegen falsche oder mißverständliche Analogien: Daß z. B. die Münchener Konferenz von 1938, auf der Hitler mit Druck und Lüge seine damaligen Ziele durchsetzte, sich nicht wiederholen dürfe, ist in den Jahrzehnten seither ebenso oft wie irreführend beschworen worden. Ständig arbeiten jedenfalls solche Analogieschlüsse oder Vergleiche von gegenwärtigen mit vergangenen Zuständen mit Bruchstücken von historischer Erfahrung. Und schließlich: Immer gehen historische Erfahrungen, wie korrekt oder ideologisiert sie auch wahrgenommen werden, in das politische Entscheidungshandeln ein. Kurzum: Soweit man zu sehen vermag, wirken historische Erfahrungen – in der spezifischen Brechung, in der sie den Einzelnen oder Gruppen erreichen – auf Denken und Planen, Verhalten und Entschlüsse ein. Da die Menschen sich seit langem in einer von ihnen durch und durch geprägten, ja geschaffenen Umwelt mit einem historisch aufgefüllten Gedächtnis bewegen, ist dieser Einfluß der geschichtlichen Überlieferung ganz unvermeidbar. Streng genommen gibt es überdies gar keine Erfahrungen der «Gegenwart», da diese allenfalls die Breite eines Messers besitzt, das unablässig aus der Zukunft Scheiben und Blöcke abschneidet, um sie der Vergangenheit zuzuweisen. Schon die Wirkung, die soeben noch der Anfang eines Vortrags ausgelöst hat, läßt sich nur mit historischen Methoden angemessen rekonstruieren! Soviel nur zur absoluten Dominanz historischer Erfahrungen.

Unstrittig ist auch, daß die Überlieferung äußerst selektiv wahrgenommen wird. Da wirken mangelhafte Kenntnisse und zähe Vorurteile ganz so zusammen wie die Verzerrung durch religiöse Weltbilder oder moderne Heilsideologien. Regelmäßig entstehen so geschichtliche Vorstellungen, welche die Zusammenhänge entstellen, nur den eigenen Interessen entsprechen oder sogar nachweislich falsch sind. Angesichts dieses Sachverhalts ist es die große Frage, die nicht nur Historiker, sondern auch die Öffentlichkeit interessiert, ob die Geschichtswissenschaft mit Hilfe ihrer erprobten wissenschaftlichen Methoden und Theorien in diese vielfach gebrochene und verzerrte Überlieferung eine Ordnung hineinzubringen imstande ist, so daß das historisch sachkundig gemachte Individuum sich an die wissenschaftlich korrekt herausgearbeitete und interpretierte Erfahrung als Wertmaßstab und Verhaltensanleitung halten kann. Wer diese Frage sogleich mit «Ja» beantwortet, erliegt dem Traum vom Philosophen-König, der – jetzt in Gestalt des Historikers – den Menschen den richtigen Weg zu zeigen vermag. Tatsächlich jedoch ist die Antwort komplizierter, die Erwartungen müssen viel bescheidener sein, wobei hier von dem prinzipiellen Problem Webers und Poppers abgesehen werden soll, daß sich allgemein verbindliche Normen des Verhaltens und Urteilens nicht aus den Ergebnissen der empirischen Geschichtswissenschaft ableiten lassen.

In aller Regel kann auch die hochentwickelte moderne Geschichtswissenschaft kein Entscheidungs- und Herrschaftswissen zur Verfügung stellen, das für die Lösung aktueller Probleme unmittelbar verwendet werden kann. Daß sie dennoch dazu imstande sei, war z. B. die Illusion von Wirtschaftshistorikern wie Walt W. Rostow, der vor 25 Jahren aus der Geschichte des westlichen industriewirtschaftlichen Wachstums ein bequemes Rezept herleitete, mit dessen Hilfe – sofern nur sein «antikommunistisches Manifest», wie er es nannte, getreulich befolgt würde – die Entwicklungsländer in den Zustand zeitgenössischer Glückseligkeit, sprich: eines erfolgreichen und anhaltenden Wirtschaftswachstums, katapultiert werden könnten. Längst hat die Realität solche bequeme Wunschträume rüde zerstört. Nein, wegen der Komplexität historischer Situationen, die nie völlig gleich sind, versagen die schlichten Maximen im Stile des «Wie uns die historische Erfahrung lehrt, muß man...» Und wegen dieser Komplexität kann die Geschichtswissenschaft auch kein direkt zweckrational verwertbares, technisch zuverlässiges Handlungswissen anbieten. Sie kann, wie Jacob Burckhardts berühmtes Diktum lautet, nicht «klug für heute» machen. Kann sie aber, wie es dort weiter heißt, «weise für immer» machen?

Wenn man sich an der altertümlichen Ausdrucksweise und dem hochgespannten Anspruch nicht stößt, ist damit der folgende Sachverhalt gemeint. Die Geschichtswissenschaft kann dem, der sich ihre Zusammenhänge intensiv aneignet, ein ungemein breites, tiefgestaffeltes Orientierungswissen verschaffen. Es bietet nicht die Lösung gegenwärtiger Probleme wie auf einem Präsentierteller an, besitzt dafür aber andere Vorzüge. Zuerst einmal macht es sachkundig, so daß man den «schrecklichen Vereinfachern», den utopischen Schwärmern, den unbelehrbaren Dogmatikern nicht so leicht erliegt. Zugegeben, historisches Wissen schützt nicht vor jeder dieser Versuchungen, aber es immunisiert doch gegen ihren Einfluß in einem außergewöhnlich hohen Maße. Vertrautheit mit historischen Problemen nährt eine heilsame Skepsis gegenüber den flotten Heilsversprechen und der flinken Erklärung aller Welträtsel. Denn diese Vertrautheit vermittelt ein Gespür für die Härte von Konflikten, für den Egoismus von Interessen, für die Widerstandsfähigkeit von Institutionen, für die Widerspenstigkeit der Realität, die sich dem gewissermaßen vollständigen Verständnis immer wieder entzieht – nicht zuletzt schärft sie das Urteil, was die Verführbarkeit von Menschen, die stets gegenwärtige Gefahr der Entartung und des Verrats zivilisatorischer Gesittung angeht.

Wer sich einmal mit aller geistigen Anstrengung, deren er fähig ist, auf die heillosen Konfessionskriege des 16. und 17. Jahrhunderts, auf die Macht der Interessenverbände im wilhelminischen Deutschland, auf den Aufstieg und das Regime des Nationalsozialismus konzentriert hat, gewinnt keinen Passepartout für künftige Probleme. Aber sein Problembewußtsein und sein geschärftes Urteilsvermögen kommen ihm in vermittelter Form sehr wohl zustatten, wenn er heute über das Wiederauftauchen von Konfessionalismus, über den Einfluß der «Pressure Groups» auf den europäischen Agrarmarkt, über die Gefahren einer totalitären Bewegung eine begründete Meinung sich bilden und vielleicht politisch durchsetzen muß. Dank dieser Eigenschaften besitzt historisches Wissen die unschätzbare Fähigkeit, zu einem skeptischen, realitätsnahen Urteil und Verständnis von Problemen anzuhalten. Menschen mit breit fundierten historischen Kenntnissen sollten deshalb natürlich nicht zu Übermenschen stilisiert werden: Winston Churchill z. B. verdankte die erfolgreichen Etappen seines Politikerlebens nicht zuletzt seinem historisch geschulten Urteilsvermögen, aber alle historische Einsicht hätte ihn vermutlich, trotz des drohenden Blutbads, 1946/47 nicht zur Aufgabe Indiens bestimmt, wie sie nach seiner Abwahl der Labour-Premierminister Attlee vollziehen konnte.

Mit den Eigenarten dieses Orientierungswissens, das im besten Fall klare Urteilsmaßstäbe und auch Verhaltenssicherheit vermitteln kann, hängt m. E. die unübersehbare Renaissance des Interesses an Geschichte zusammen. Als seit dem Ende der 50er Jahre und während der 60er Jahre über den «Verlust der Geschichte», über den zeitweilig geringeren Einfluß der Geschichte im Schulunterricht und in der öffentlichen Wertschätzung lautstark lamentiert wurde, haben einige von uns argumentiert, daß eine Gesellschaft inmitten eines beschleunigten, starken sozialen Wandels, der zunehmend bewußt erfahren wurde, auf die Orientierungshilfe einer Geschichtswissenschaft, die sich methodisch und theoretisch allerdings auf der Höhe der Zeit bewegen müsse, auf die Dauer nicht verzichten werde. Die Prognose hat sich bewahrheitet. Die Nachfrage nach Geschichte, wenn man sich der Sprache der Ökonomie bedienen will, ist gestiegen. Auf die Fragen, woher wir kommen, wer wir sind, wie stark die Vergangenheit (z. B. des «Dritten Reiches») weiter auf uns einwirkt, wohin die Entwicklungstrends, die meistens ja nur eine Verlängerung historischer Prozesse in die Zukunft hinein darstellen, mehr oder minder klar erkennbar weisen – auf all diese Fragen vermag die Geschichtswissenschaft zumindest mit einem rational überprüfbaren Erklärungsangebot zu antworten. Dagegen hat die Attraktivität der Politischen Philosophie und einer auf die Gegenwart verkürzten Sozialwissenschaft spürbar nachgelassen.

An der Oberfläche ist die Konjunktur, deren sich die Geschichte seit einiger Zeit wieder erfreut, an verschiedenen Indizien abzulesen. So sticht etwa der Verkaufserfolg von Biographien ins Auge. Ob es sich um die bedeutende Leistung eines Außenseiters der akademischen Zunft, Joachim Fests Hitler-Biographie, oder um die Bismarck-Biographie Lothar Galls handelte, Resonanz und Absatz waren gleichermaßen erstaunlich. Zur Zeit bestätigt Ernst Engelbergs Bismarck-Biographie diesen Befund, und es läßt sich unschwer vorhersagen, daß eine hochkarätige Biographie Adenauers oder auch August Bebels ebenfalls eine vielköpfige Leserschaft finden wird. Offenbar bietet die Biographie vielen Menschen den bequemsten Zugang zur Geschichte: Eine Persönlichkeit steht im Zentrum, alle Ereignisse werden auf sie bezogen, und dieser gleichbleibende Brennpunkt der Darstellung erleichtert es dem Leser, die Zusammenhänge aus der Perspektive des «Helden» zu verstehen. Diese Gefahr der Einseitigkeit lenkt zugleich auf die Grenzen der Biographie hin. Fast nie gelingt es ihr, die allgemeinen, überindividuellen historischen Prozesse und Bedingungen, die den Handlungsspielraum der behandelten Persönlichkeiten gewöhnlich eng begrenzen, mit derselben

Eindringlichkeit herauszuarbeiten, wie sie für die individuellen Leistungen erreicht wird. Wie sehr z. B. die Industrielle Revolution, der beschleunigte Übergang zur industriellen Klassengesellschaft, die Macht der neuen Interessenverbände, der Egoismus der alten Machteliten auch dem Entscheidungshandeln eines so ungewöhnlichen, charismatischen Politikers wie Bismarck schwer oder gar nicht überwindbare Grenzen gesetzt haben, wird von seinen Biographen zwar skizziert, aber nicht präzisiert. Für sie steht das historische Individuum im Mittelpunkt, in gewisser Hinsicht zu Recht, aber um den Preis der Verkürzung der allgemeinen historischen Antriebskräfte und Strukturen. Wegen der Natur der Biographie scheint diese Verengung schier unvermeidbar zu sein; sie erschwert es jedoch, ein umfassendes Verständnis der historischen Probleme der behandelten Zeit zu gewinnen – oder anders gesagt: weit genug zu lernen.

Konjunktur hat seit einiger Zeit auch die sogenannte «Alltagsgeschichte». Dabei handelt es sich um eine mit erheblicher Verspätung vollzogene Rezeption der englischen «Geschichte von unten» – einer Geschichte, die sich – meist getragen von scharfer Kritik an «den Herrschenden» – mit viel Verständnis und liebevoller Sorgfalt der Geschichte der «kleinen Leute» annimmt. Hier geht es um ein kleines Stadtviertel in einer frühen Industriestadt, dort um die Kleinbauern eines Dorfs, hier um einen Proletarier-Sportverein, dort um den Widerstand einer kleinen Gruppe gesinnungstreuer Arbeiter gegen das nationalsozialistische Regime. Im Prinzip ist zunächst einmal die Korrektur an der seit langem bevorzugten Perspektive, Geschichte aus der Sicht der Mächtigen, der Herrschenden, der Erfolgreichen zu schreiben, durchaus willkommen. Gelungene Alltagsgeschichte erinnert an die Leiden und Entbehrungen, die Schattenseiten und Opfer, die mit dem Prozeß der neuzeitlichen Modernisierung, mit den Schüben der Rationalisierung des öffentlichen und privaten Lebens unauflöslich verbunden waren, aber zu oft übersehen oder heruntergespielt worden sind. Insofern korrigiert sie eine häufig zu einseitige Bilanz. Außerdem kann sie dank der Konzentration auf kleine Einheiten ihre Probleme konkret und anschaulich schildern, an Mitgefühl und Mitleid appellieren, dem Leser den Zugang zu diesem Ausschnitt aus der «Lebenswelt» der «kleinen Leute» erleichtern. Während gute Strukturgeschichte, die sich der Kontinuität der dauerhaften Institutionen widmet, durch scharfe Argumentation und Luzidität der Interpretation besticht, kann gelungene Alltagsgeschichte durch Anschaulichkeit und Mobilisierung der Phantasie das historische Interesse ihrer Leser wecken. So weit so gut. Bisher gibt es freilich nur eine winzige Zahl von geglückten alltagsgeschichtlichen Studien, während die erdrückende Mehrheit den bewährten geschichtswissenschaftlichen Standards keineswegs gerecht wird.

Immer deutlicher treten auch die Gefahren hervor, denen ein Großteil der Alltagsgeschichte zu erliegen droht. Um nur einige Beispiele zu nennen: Unverkennbar besteht eine gefährliche Tendenz, den westlichen Modernisierungsprozeß mit seiner historisch beispiellosen Verbesserung der Lebenschancen für die große Mehrheit und keineswegs nur für «die Herrschenden» zu einer düsteren Leidensgeschichte zu stilisieren. So notwendig es ist, die Ambivalenz des Wegs in die moderne Welt stärker zu betonen, so sehr verfehlt eine totale Verlustgeschichte die ganz überwiegend positiven Aspekte dieser Entwicklung.

Die Liebe zum Detail, das «small is beautiful», das auch die Alltagsgeschichte beherrscht, führt allzu häufig in eine Isolierung der ohnehin eng umgrenzten Gegenstandsbereiche von den großen, gesamtgesellschaftlichen Prozessen. Erst muß man sich – und dem Leser – klar machen, was das Vordringen des Industriekapitalismus, der modernen Erwerbsklassen, der Staatsbildung und Bürokratisierung, der verwissenschaftlichten Kultur bedeutet, ehe man die Auswirkungen dieser übergeordneten «historischen Potenzen» (Burckhardt) auf das Leben in der Bauernkate, am Arbeitsplatz in der Fabrik, auf die Freizeit in der Schnapsbude oder auf dem Fußballplatz angemessen einordnen kann. Zur Überwindung der Isolierung gehört auch der Vergleich mit ähnlichen oder andersartigen Phänomenen, um durch diesen einzigen Ersatz, den die Geschichtswissenschaft für das naturwissenschaftliche Experiment besitzt, herauszufinden, ob es sich um einmalige oder verallgemeinerungsfähige Lebenserfahrungen handelt.

Unübersehbar ist auch in der Alltagsgeschichte eine neue Art von Sozialromantik am Werke, die Leben und Leiden der «kleinen Leute» verklärt, aber nicht zu einem abgewogenen, distanzierteren Urteil findet. So besteht etwa häufig die Neigung, das Alltagsleben vor dem Eindringen des Agrar- und erst recht des Industriekapitalismus zu beschönigen, eine angeblich heile Welt gegen die kalte Zweckrationalität und Anonymität der von Großbetrieben und Großbürokratien beherrschten modernen Welt auszuspielen. Solche Urteile verraten nicht nur eine erstaunliche historische Unkenntnis, sondern sie ignorieren den Aberglauben, die Brutalität, den Fremdenhaß, den Antisemitismus, die Rückwärtsgewandtheit vieler «kleiner Leute», so daß ein realitätsfernes Bild von ihnen entsteht, obwohl es doch der Alltagsgeschichte um möglichst realistische Miniaturmalerei geht.

Viele Schwächen der derzeitigen Alltagsgeschichte hängen mit ihrer bornierten Theoriefeindschaft zusammen. Noch glauben offenbar die meisten Anhänger, es genüge, sich z. B. in das Leben der kleinen Belegschaft eines Eisenwerks verständnisvoll zu versenken, um darüber realitätsnah schreiben zu können. Manche falschen Propheten glauben sogar, man könne sich in das «Innere» der Individuen hineinversetzen und dort die ihrem Selbstverständnis angemessene «Theorie» entdecken, die man zur Interpretation letztlich braucht. All diese bizarren Ideen übersehen, daß die Quellen nie allein von sich aus zum Historiker sprechen, daß sie nur auf präzise Fragen eine präzise Antwort geben. Die Fragen aber hängen vom theoretischen Vorverständnis, von gut begründeten Auswahlkriterien, von explizit gemachten Werturteilen und Interpretationsansätzen ab. Fragen und Deutungen werden immer nach dieser Vorklärung in einem hohen Maße an die Quellen, an die Vergangenheit herangetragen, nie ihr allein entnommen. Das sollte eigentlich seit Kant, allerspätestens seit Max Weber klar sein. Aber viele Alltagshistoriker müssen sich offenbar noch erst mit elementaren methodischen und theoretischen Grundlagen ihrer Wissenschaft vertraut machen. Tun sie es, wäre eine theoriegeleitete, methodisch sauber erarbeitete, auf den Vergleich gestützte, ihre Befunde abwägend interpretierende Alltagsgeschichte ein Zugewinn für die Geschichtsschreibung, unter deren weitem Dach zahlreiche Varianten der Beschäftigung mit der Geschichte Platz haben.

Zur Zeit sieht es so aus, als ob bei manchen durch die Alltagsgeschichte das historische Interesse geweckt würde, daß aber die Schwächen und Mängel der meisten alltagsgeschichtlichen Studien das Lernen aus der Geschichte nicht erleichtern, wie ihr Anspruch lautet, sondern es eher in Sackgassen, auf Irrwege, in ein romantisiertes Phantasieland führen. Entweder wird die Alltagsgeschichte methodisch und theoretisch hinzulernen oder sie wird, wenn sie selbstzufrieden in ihrer «grünen» Gemütslage verharrt, eine kurzlebige Modeerscheinung bleiben.

Um den Vorwurf einäugiger Kritik nicht erst aufkommen zu lassen: Die konventionelle Politikgeschichte hat trotz aller deklamatorischen Behauptungen noch längst nicht zu einer «modernen» Politikgeschichte gefunden, die diesen Namen verdiente. Hier gibt es mindestens soviel aufzuholen wie bei der «Alltagsgeschichte», wie etwa Klaus Hildebrands Buch über das «Dritte Reich» zeigt, das so gut wie nichts Brauchbares über Gesellschaft, Wirtschaft und Kultur enthält, sondern absolut vorrangig die Außenpolitik auf eine Art behandelt, wie Hermann Oncken das 1914 auch hätte tun können!

Wie die Resonanz in der Öffentlichkeit (und keineswegs nur unter Fachgenossen), wie lebhafte, ja leidenschaftliche Diskussionen und übrigens auch die Auflagezahlen zeigen, läßt sich immer noch aus den theoretisch wie empirisch solide fundierten Darstellungen und Monographien der modernen Sozial- und Wirtschaftsgeschichte, der modernen Politik- und Kulturgeschichte über die wichtigen Probleme der Geschichte am zuverlässigsten und am meisten lernen. Die westdeutsche Geschichtswissenschaft braucht mit den Leistungen, die sie auf diesen Gebieten in den letzten dreißig Jahren zustande gebracht hat, den internationalen Vergleich nicht zu scheuen. Karl Dietrich Brachers «Auflösung der Weimarer Republik» hat inzwischen mehrere Generationen von Studenten, Lehrern, Journalisten maßgeblich beeinflußt. Reinhart Kosellecks Sozialgeschichte Preußens zwischen 1789 und 1848, Martin Broszats Buch über den «Staat Hitlers», Jürgen Kockas Studie über Bürokratie und Kapitalismus in der elektrotechnischen Industrie, Andreas Hillgrubers Analyse der Entscheidungen Hitlers für einen wahrhaft globalen Krieg und zahlreiche andere bedeutende Werke zeigen, wie nicht nur wissenschaftliches Neuland erschlossen wird, sondern wie eine den Problemen der Gegenwart voll aufgeschlossene Geschichtswissenschaft in jenem vorn skizzierten, vermittelten Sinn zum Lernen aus der Geschichte anhält.

Heute gilt es, das erreichte Reflexionsniveau zu halten und gegen jene Kritiker zu verteidigen, die sich mit frischfröhlich erzählter Geschichte oder alltagsgeschichtlicher Gefühlsseligkeit zufrieden geben wollen. Nicht zuletzt aber gilt es auch, an dem aufgeklärten Vorsatz festzuhalten, möglichst viel von dem, was noch nicht zum Wissen von uns, unserer Umwelt, unserer Herkunft gehört, ins klare Bewußtsein zu heben, damit die Rationalität des Denkens und Handelns durch dieses Lernen aus der Geschichte gesteigert werden kann. Auf dieses Ziel sollten sich auch im Zeichen einer vermeintlichen «Tendenzwende» Historiker unterschiedlicher Auffassungen einigen können. Ein aufmerksames, interessiertes Publikum wird sich für die Produkte dieser Geschichtswissenschaft allemal finden.

Geschichtsbewußtsein in Deutschland
Entstehung, Funktion, Ideologie

Geschichtsbewußtsein – das ist ein nach vielen Seiten hin verfließendes, alles andere als eindeutiges Phänomen. Wer zum modernen Geschichtsbewußtsein in Deutschland Stellung beziehen will, tut gut daran, die Berufskrankheit der Historiker zu vermeiden, die im ständigen Regreß gern immer weiter zurück in die Vergangenheit ausgreifen. Vielmehr empfiehlt es sich, von einem markanten Einschnitt auszugehen. Er liegt in den deutschen Staaten am Ende des 18. Jahrhunderts: Der traditionsgeheiligten naturwüchsigen Überlieferung, die auf Familienerinnerungen, Berichten der Älteren an die Jungen, Predigten und Festansprachen, hier und da auch schon auf Lehrerweisheit beruhte oder, abstrakter gesprochen, aus der gespeicherten kollektiven Erinnerung in Dorf und Stadt bestand, erwuchs die Konkurrenz der wissenschaftlich gereinigten Kenntnis der Vergangenheit. Natürlich wurde das traditionale Geschichtsbewußtsein durch vielerlei Einflüsse davon abgehalten, der historischen Realität – wie die Historiker die tendenzielle Annäherung an vergangene Wirklichkeit, ja Wahrheit gewöhnlich umschreiben – nahezukommen. Legenden, Vorurteile, Mythen, verklärende oder negativ dramatisierende Erinnerungen an Fürsten und Schlachten, an Not und Stolz, an das Schicksal der historischen Landschaften und Städte, in denen man lebte, schufen eine Patina, die sich über die vergangene Wirklichkeit legte. Manchmal gab es einen wahren Kern, der aber in aller Regel überwuchert wurde; verzerrte Perzeption aufgrund dynastiefreundlicher Übertreibung oder konfessionspolitischer Einflüsse deckten ihn wieder zu. Ein «deutsches» Geschichtsbewußtsein gab es ohnehin nicht: Wegen der tiefen staatlichen, konfessionellen, kulturellen Fragmentierung des deutschsprachigen Mitteleuropa existierten ebenso vielfältige Geschichtsbilder.

Entgegen der Legende, daß die moderne deutsche Geschichtswissenschaft mit Ranke und Niebuhr beginne, muß man endlich davon ausgehen, daß die von der deutschen Aufklärung geprägte Göttinger Historikerschule im letzten Drittel des 18. Jahrhunderts – die Schlözer, Heeren, Spittler, Gatterer, Pütter u. a. – den ersten großen Anlauf unternahm, ein Geschichtsbild zu erarbeiten, das auf sorgfältig überprüften Quellen, mithin auf solider empirischer Arbeit, und auf klaren leitenden Fragestellungen beruhte. Göttingen war die große deutsche Reformuniversität jener Zeit, aber ehe außer zahlreichen anderen Impulsen, die von ihr ausgingen, auch die Historiker in die Breite wirken, und das hieß damals vor allem: das aufgeklärt-bildungsbürgerliche Lesepublikum erreichen konnten, fuhr die napoleonische Revolution in Deutschland dazwischen, wirbelte die alte deutsche Staatenwelt durcheinander, ließ im Zuge eines großen politischen Konzentrationsprozesses von 1789 Herrschaftseinheiten im Jahre 1789 knapp 40 überlebende Staaten und Stadtrepubliken übrig. Diese Turbulenzen warfen mit beispielloser Wucht die Probleme des Kontinuitätsbruches, der Integration der neuen Staaten, des Aufbaus eines neuen Identitätsbewußtseins auf. Seither gab es eine kontroversenreiche Auseinandersetzung um die «richtigen» Geschichtsbilder und ihre erwünscht-erhofften Funktionen.

Die Staatsregierungen schufen Lehrstühle, von denen aus die Geschichte der bayerischen, der badischen, der preußischen «Nation» im Sinne der Legitimierung der neuen Zustände, der ideologischen Integration, der Pflege eines verbindenden Identitätsgefühls gelehrt werden sollte. Die Landesgeschichte wurde unverhohlen in den Dienst politischer Ziele gestellt. Die Historiker sollten zur nützlichen sozialen Mythologie gemeinsamer Wertvorstellungen und Erinnerungen an eine glorifizierte Vergangenheit beitragen, und sie taten das auch oft bereitwillig. An erster Stelle waren es Neuzeithistoriker, aber eine einflußreiche Schule der Mediävistik half z. B. auch mit, die wechselreiche Geschichte des Heiligen Römischen Reichs in eine Reichsideologie umzustilisieren.

Die zweite Generation der wissenschaftlichen Historiker, als deren Haupt Ranke gilt, wurde überwiegend von staatskonservativer Mentalität beherrscht. Sie stellte sich in den Dienst der Aufgabe, durch Rückbesinnung auf die Geschichte die Gegenwart antirevolutionär zu stabilisieren. Sie wollte der Einsicht folgen, wie Ranke mit aller Offenheit, aber auch Umständlichkeit 1885 an seinem 90. Geburtstag zugab, «daß die Bildungen der Vergangenheit, die durch den revolutionären Impuls vernichtet zu werden in Gefahr gerieten», den bevorzugten «Gegenstand der Studien bilden» mußten.

Gegen diese Schule traten die liberalen Historiker an, die auf dem Wege der Reform die bürgerliche Gesellschaft, den Verfassungsstaat, die parlamentarische Monarchie oder gar die Republik herbeiführen wollten. Sie schrieben Geschichte im Sinne des aufgeklärt-liberalen Fortschrittsgedankens, wie z. B. die Verfasser des «Staatslexikons», Gervinus, der junge Droysen und andere. Optimistisch wähnten sie die Zukunft auf ihrer Seite.

Seit dem Ende der Revolutions- und Kriegsepoche, seit 1815 gab es mithin einen Pluralismus offen konkurrierender Geschichtsbilder. Jeder holte sich aus dem Steinbruch der Vergangenheit die passenden Quader heraus und baute ein möglichst eindrucksvolles, belastbares Fundament für seine Ideen und Überzeugungen. Seither hat es immer mehrere Varianten des Geschichtsbewußtseins gegeben: Die populäre Überlieferung am Stammtisch und im Kriegerverein, in Zeitungen und Predigten, im Familienkreis und in Freundesgruppen einer politischen Generation riß nie ab. Auch wenn sie oft aus trüben Quellen gespeist wurde – gegenüber der Korrektur durch wissenschaftlich abgesicherte Auffassungen erwies sie sich als äußerst resistent.

Daneben gab es wissenschaftlich fundierte Geschichtsbilder rivalisierender Historikergruppen, die entweder das populäre Geschichtsbild in wichtigen Zügen verstärkten oder aber durch eine kritische Interpretation der Vergangenheit im konservativen oder liberalen Sinn ersetzen wollten.

Das Scheitern der Revolution von 1848/49 bedeutete auch eine Niederlage der liberalen Ideen und der liberalen Historiker. Zwar gaben sie, wie die lebhafte Diskussion zeigt, in den 50er Jahren noch nicht auf, aber durch Bismarcks Erfolge bis hin zu seiner großpreußischen Reichsgründung «von oben» wurden sie dann schier erdrückt. Liberale, aufgeklärte Historiker konnte man fortab fast 100 Jahre lang nur mehr isoliert oder in kleinen Randgruppen finden. Die Mehrheit der «Zunft» dachte und argumentierte reichsnational, staatsbewußt, machtpolitisch. So sah auch das Geschichtsbild aus, das sie seit 1871 weitervermittelte.

Für das deutsche Geschichtsbewußtsein erwies es sich als fatal, daß die Niederlage des Liberalismus zwischen 1849 und 1879 mit dem Aufstieg der einflußreichen, prestigeträchtigen, wissenschaftlichen Geschichtsschreibung zusammenfiel. Allerspätestens seit den 1880er Jahren wurde eine politisch und sozial konservative Grundeinstellung von ihr für geradezu natürlich gehalten, während ein wissenschaftsgläubiges Zeitalter die Lehren der Historiker für «objektiv», für wissenschaftlich neutral hielt.

Die Folgen dieser Weichenstellung haben sich bis in die 1960er Jahre gehalten. Vom Universitätskatheder drang das neue Geschichtsbewußtsein über Lehrer, Schulbücher und Schulen in die Köpfe von Millionen Schülern und Studenten ein. Durch die bereitwillige Rezeption der Veröffentlichungen im geschichtsfreundlichen Bildungsbürgertum, wo die «Meinungsmacher» der reichsdeutschen Gesellschaft zu Hause waren, wurde die Wirkung noch verstärkt. Es gab schon gute Gründe, warum die Ranke-Schule, aber auch die Treitschke, Schmoller und Hintze mit ausgeprägtem Selbstbewußtsein ihrer Tätigkeit nachgingen. Gegenvorstellungen, wie sie z. B. von Marx entwickelt wurden, blieben in die Subkultur der Arbeiterbewegung eingekapselt; in das akademische Milieu drangen sie in Deutschland kaum ein. Freier denkende Außenseiter wie Max Weber blieben auch zunächst ohne Wirkung auf die Historikerprofession.

Das offiziöse, durch die staatlichen Kultusbehörden sanktionierte Geschichtsbewußtsein verklärte Staatsmacht und Realpolitik, wertete dagegen Liberalismus und erst recht Demokratie ab. Der dekadenten westlichen Republik wurde die unerschütterliche preußisch-deutsche Militärmonarchie entgegengesetzt. An Hochmut war da kein Mangel. Dieses von Historikern gepflegte Geschichtsbewußtsein verband sich mit dem von Zeitungen und Zeitschriften, Geistlichen und Lehrern, Interessenverbänden und Parteien kultivierten neudeutschen Nationalismus, der nach 1871 auch die Vergangenheit, wie Jacob Burckhardt spottete, in den Siegesfarben Schwarz-Weiß-Rot ausmalen wollte. Von dieser Mentalität war wenig Widerstand gegen den radikalen Nationalismus und Imperialismus, gegen die Polarisierung der Gesellschaft in «Reichsfreunde» und «Reichsfeinde» zu erwarten. Im Gegenteil, solche giftigen Vorurteile und Strömungen fanden eine positive Resonanz. Widerstand konnte es auch nicht gegen die sogenannten «Ideen von 1914» geben, die einen prädestinierten deutschen «Sonderweg» beschworen, oder gegen die radikalisierenden Wirkungen des Weltkriegs, der die Gelenkbänder von Staat und Gesellschaft einer schließlich unerträglichen Zerreißprobe unterwarf.

Nach der Niederlage von 1918 war die Mehrheit zu einer kritischen Revision des überkommenen Geschichtsbewußtsein nicht bereit. Nur eine kleine Minderheit stritt für einen neuen Anfang, für verschüttete Traditionen. Insbesondere das Gros der Historiker kämpfte gegen die sogenannte «Kriegsschuldlüge», verteidigte vehement die Reichsideologie, die deutsche Hegemonialstellung in Europa, forderte ein Großdeutschland einschließlich der Österreicher. Hier war der Einbruch für den Nationalsozialismus leicht möglich: Er kam deshalb so leicht und reibungslos voran, weil es auf vielen Gebieten Übereinstimmung gab. Zwar mochte der eine oder andere Geschichtsprofessor an den braunen Plebejern mäkeln, die vulgären Exzesse beklagen, aber die radikale Revisionspolitik gegen das «System von Versailles» das Ziel einer europäischen Vormachtstellung, die Rückkehr zur «Weltpolitik», der Mythos vom «Dritten Reich», zum Teil auch der Antisemitismus und die bizarren Ideen von einem germanischen Herrenvolk – das alles sagte vielen Historikern zu. Ohne daß sie der Partei angehörten, gab es eine weitreichende Übereinstimmung in wesentlichen Grundanschauungen, daher auch kaum Konflikte mit den neuen Machthabern von 1933. Hitlers sechs Erfolgsjahre haben die traditionellen Vorstellungen im deutschen Geschichtsbewußtsein fraglos erneut bestätigt, zumal es von der NS-Propaganda so geschickt wie nie zuvor manipuliert wurde. Nach dem «Anschluß» Österreichs hätte der «Führer» in einer völlig freien Wahl aller Wahrscheinlichkeit nach eine erdrückende Mehrheit gewonnen.

Der Zweite Weltkrieg, die zweite Niederlage, Flucht und Vertreibung, die ersten bitteren Nachkriegsjahre schienen die Grundlagen des überlieferten Geschichtsbewußtseins zerstört, zumindest prinzipiell in Frage gestellt zu haben. Vermutlich haben diese Lektionen der Geschichte es auch zum Teil getan. Nach dem Scheitern der kurzlebigen ersten Republik konnte die zweite deutsche Republik in Westdeutschland mit geringeren Belastungen, als sie 1919 bestanden, ihren Erfolgskurs einschlagen. Kein machtvolles republikfeindliches Geschichtsbewußtsein stemmte sich dem entgegen. In der Geschichtswissenschaft und in den Geschichtsbüchern hielt sich freilich – bei gewöhnlich scharfer Distanzierung vom Nationalsozialismus – viel vom nationalstaatlichen, konservativen Denken. Hitler wurde als Einbruch des «Bösen», nicht jedoch aus spezifisch deutschen Konstellationen erklärt. Entschiedene liberal-demokratische Kritik an der deutschen Geschichte im

19. und 20. Jahrhundert blieb den professionellen Hütern des Geschichtsbewußtseins weithin fremd. Eben diese Kritik wurde von der Zunftprominenz noch 1958 Golo Manns «Deutscher Geschichte im 19. und 20. Jahrhundert» vorgeworfen.

Eine unübersehbare Zäsur entstand erst durch die Kontroverse um den Historiker Fritz Fischer, der seit 1961 die Kontinuität deutscher Kriegsziele von der Zeit vor 1914 durch zwei Weltkriege hindurch bis 1945 konstatieren zu können glaubte, durch das Reformklima seit den 60er Jahren und die sozialliberale Koalition. Endlich konnte sich, von einem starken Auftrieb getragen, ein unbefangenes Verhältnis zu Demokratie und Liberalismus als Traditionsbeständen deutscher Geschichte und als offenen Aufgaben, die es in der Gegenwart weiter zu verwirklichen gelte, breiter entfalten. Jüngere Generationen in der Geschichts- und Sozialwissenschaft traten seit den 50/60er Jahren entschieden dafür ein. Vermutlich hat das neue Geschichtsbewußtsein nie völlig das Übergewicht gewonnen, aber die Realkonkurrenz zwischen dem nach 1945 zeitgemäß veränderten konservativen und dem liberaldemokratischen Geschichtsbewußtsein wurde endlich mit besseren Chancen für das republikadäquate Bewußtsein auf dem Marktplatz der Ideen und im Kampf um die Geister offen ausgetragen.

In diesen längst fälligen Wettbewerb brach seit der Mitte der 70er Jahre, vollends dann seit 1982 die «Wende»-Stimmung ein. Ihre Verfechter setzten manchem rigorosen Reformeifer zuerst ihren Wertkonservativismus, dann ihren Strukturkonservativismus entgegen. Gleitend ging dieser Streit um den Einfluß auf das geistige Klima und den Inhalt der Politik in einen breiteren konservativen Trend über. Die Aufforderung, mehr Demokratie zu wagen, wurde jetzt als eine fast unzüchtige Zumutung abgetan. Liberalismus, z. B. in der Rechtspolitik, wurde verächtlich gemacht. Das unersättliche Informationsbedürfnis der Staatsbürokratie, der Polizei und der Nachrichtendienste wurde über den Schutz der privaten Autonomiesphäre gestellt. Der starke, in wichtigen Bereichen möglichst wenig kontrollierte Staat – dieses Wunschziel konnte durchaus an Traditionen der illiberalen deutschen Staatsmetaphysik anknüpfen. Den einschlägigen Gesetzen kann man deutlich ansehen, wes Geistes Kind sie sind. Zu welchen folgenschweren Konsequenzen die Aufkündigung des sozialen Grundkonsenses führen wird, nachdem von einem «Herr-im-Haus»-Standpunkt auch den eher konfliktscheuen Gewerkschaften der Fehdehandschuh ohne Not hingeworfen worden ist, bleibt abzuwarten. Einem nur zu vertrauten konservativen Geschichtsverständnis entspringt auch dieser Auftritt im Porzellanladen.

Fataler sind die Veränderungen in besonders sensitiven Bereichen der Außenpolitik. Zwar hält im Verhältnis zur DDR ebenso überraschender- wie erfreulicherweise die pragmatische Verständnisbereitschaft aus der sozialliberalen Ära weiter an. Gegenüber Polen ist jedoch die Ostpolitik eingebrochen, gegenüber Rußland zeichnet sie sich durch die schmale Bandbreite zwischen Passivität und Nichtexistenz aus. Ein Staatssekretär, notabene, wagt es wieder, von der Warschauer Regierung «Volksgruppenrechte» für eine angebliche deutsche Minderheit anzufordern. Das deprimierende Spektakel des letzten Schlesiertreffens ist unvergessen. Es hat u. a. in den Leserspalten gemeinhin bedächtiger Zeitungen eine Schlammwelle unversöhnlichen Hasses auf jene hochgespült, die an dem Verlust der Ostgebiete mit der Vertreibung der Deutschen beteiligt waren – obwohl doch all das, wie jedermann längst wissen sollte, nur als Rückschlag gegen die barbarische deutsche Kriegführung und Besatzungspolitik bis 1945 verstanden werden kann.

Überhaupt lebt die unselige Tradition des illusionären Wunschdenkens, das im deutschen politischen Denken eine lange Vorgeschichte besitzt, wieder auf. Jene irreführende Parole von einem Deutschen wieder zugänglichen Schlesien «in einem freien Europa» ignoriert nicht nur schlichtweg die Existenz der DDR, sondern ein Grundfaktum der internationalen Politik: daß nämlich, sofern man dieses schizophrene Wunschdenken einmal einen Augenblick ernst nimmt, auch und gerade in einem West- und Osteuropa umfassenden gemeinsamen politischen Verbundsystem die Grenzen von 1945 am allerwenigsten verändert werden. Trotz des ehrlichen Worts von der politischen Bindewirkung der Ostverträge entschließt sich die Bundesregierung zu einer symbolischen Unterstützung dieses Wunschdenkens. Das Auge starr auf Wählerstimmen gerichtet, läßt sie sich, strategisch hilflos, vor den Karren der Vertriebenenfunktionäre spannen. Zu den gravierenden Folgen gehört, nolens volens, die Wiederbelebung der Erinnerung an den kleindeutschen Nationalstaat. Allgemein fehlt es ja nicht an Versuchen, zumindest in der politischen Vorstellungswelt die Leiche des 1945 endgültig gescheiterten Bismarckreichs wieder zu beleben.

Auf der linken Seite des politischen Spektrums entspricht diesem sich historisch-traditionsbewußt gebenden Verhalten, das tolpatschig zu nennen eine provinzielle Beschönigung wäre, das Irrlichtern eines neuen Nationalismus, dem erneut ein «dritter Weg» zwischen Ost und West vorschwebt. Das ist die Renaissance des berüchtigten «Sonderwegs», der diesmal zu einem neutralisierten Gesamtdeutschland zwischen den Blöcken führen soll. Dahinter steckt die schon pathologische Mißachtung einer Grundtatsache der internationalen Politik, die – ob im Westen oder Osten betrieben – nicht das geringste realpolitische Interesse daran besitzt, den Status quo in Mitteleuropa zugunsten der riskanten Rückkehr zu einem 80-Millionen-Staat der Deutschen aufzugeben. Derartige Utopien verraten eine Verdrängung jeglicher Erinnerung daran, welch unkalkulierbare Größe das geballte deutsche Potential, zumal befreit von jeder Westbindung, darstellt.

Rechts wie links enthüllen solche Beispiele nicht nur eine tagespolitische Fehlkalkulation und ein schweres Defizit der operativen Politik, sie verraten auch ein mangelhaftes Geschichtsbewußtsein, das ja in vermittelter Form politisches Denken und Handeln stets anleitet. Sowohl gegen die konservative Nostalgie der realitätsfernen Fixierung auf den 1945 untergegangenen Nationalstaat als auch gegen die linksnationale Chimäre eines neutralisierten Eldorado mitten zwischen den Weltmächten gilt es, eine möglichst realistische Erinnerung an die Folgen deutscher Politik im 20. Jahrhundert wachzuhalten. Zugleich gilt es, immer wieder auf die restriktiven Bedingungen hinzuweisen, die durch eigenes Verschulden seit 1945 jeder ausufernden politischen Phantasie gesetzt sind.

Geschichtsbewußtsein in der Bundesrepublik muß sich seit 1949, erst recht aber heute daran messen lassen, wie bereitwillig es die Lehren der deutschen Geschichte im 20. Jahrhundert zu beherzigen bereit ist. Das Liebäugeln mit den Wunschträumen eines diskreditierten Rechtsnationalismus, die realitätsblinde Verführung durch die linksnationalistische Fata Morgana eines neutralen Großdeutschland – sie führen gleichermaßen ins politische Abseits. Unser Geschichtsbewußtsein muß den rationalen Argumenten standhalten können, die aus den bitteren Erfahrungen deutscher Geschichte abgeleitet werden können. Alles andere ist auf längere Sicht verhängnisvolle Selbsttäuschung.

Das neue Interesse an der Geschichte

Vergleicht man die Hochkonjunktur, die Geschichte gegenwärtig fast überall genießt, mit der Situation vor rund zwanzig Jahren, als die Geschichte in der öffentlichen Wertschätzung auf einem Tiefpunkt angelangt war, tritt der Unterschied mit krasser Deutlichkeit zutage. Damals: der optimistische Vertrauensvorschuß für die Sozialwissenschaften, auch in der Politikberatung und als Planungseuphorie, im Schulunterricht und in der öffentlichen Meinung; ihr Siegeszug wurde für unaufhaltsam gehalten. Heute dagegen: Unstreitig ein weitverbreitetes, jedoch aus ganz unterschiedlichen Wurzeln stammendes Interesse an der Geschichte, die aber mit Erwartungen und öffentlichen Zumutungen belastet wird, denen sie nicht gerecht werden kann.

Fragt man nach den Gründen des vieldiskutierten neuen Interesses an der Geschichte, lassen sich vorrangig drei Ursachenkomplexe ausmachen.

Gesellschaften, die einen derart rapiden ökonomischen und sozialen Wandel, aber auch einen nicht minder beschleunigten Wandel der kulturellen Normen und politischen Zielvorstellungen erleben, wie das in der Bundesrepublik der Fall war, geben sich häufig eine Zeitlang einer allgemeinen Grundüberzeugung hin: Wirtschaftliches Wachstum gilt als ein «ewiger» Prozeß, und folglich stehe, heißt es, ein stetig wachsender Verteilungskuchen zur Verfügung, der die sozialen, kulturellen und politischen Spannungen entspannen und die Anpassungsschwierigkeiten immer wieder rechtzeitig überwinden könne. Dabei handelt es sich um eine eigentümliche Mischung: Die konkrete Erfahrung ökonomischen Wohlstands und sozialen Aufstiegs im Gefolge des westdeutschen «Wirtschaftswunders» seit 1948/49 verbindet sich mit einer vertrauensseligen Naivität, die eine auffällige Ausnahmesituation zum Dauerzustand erhebt. Sie verbindet sich auch allmählich mit einem platten Utilitarismus und materiellen Hedonismus, der ganz auf die angenehme Gegenwart fixiert ist, die Zukunft als deren gradlinige Verlängerung sieht und auf Geschichte als tote Vergangenheit ganz verzichten zu können glaubt.

An diesem ziemlich kurzlebigen Gebäude aus überschätzten Erfahrungen und trügerischen Illusionen traten die ersten Risse auf, als seit 1966 eine Serie von wirtschaftlichen Krisen einschließlich der beiden Ölschocks die dauerhafte Aufwärtsbewegung der Wachstumskurve in Zweifel stellte. Weitere tiefe Risse traten auf, als die Studentenbewegung und APO von 1967/68 den Zerfall alter, verbindlicher Werte und den Aufstieg neuer, umstrittener Werte signalisierten. Und nicht nur das: Dieser Wertewandel hat seither mit wechselnder Intensität angehalten. Unerwartete Probleme überfielen die Wohlstandsgesellschaft, als die Umweltprobleme auftraten, denn gegen ökologische Krisen gab es im herkömmlichen Haushalt der Ideen und politischen Maßnahmen keine schnell wirksamen Gegenmittel. Gleichzeitig hielt die Drehung der Rüstungsspirale an. Im Verhältnis Westeuropas sowohl zur amerikanischen Führungsmacht als auch zur Sowjetunion zeichnete sich eine neue Konstellation ab. Im Inneren der Bundesrepublik begann sich die Parteienlandschaft zu verändern. Neue Technologien stülpten die industrielle Struktur um. Millionenfache Arbeitslosigkeit und schließlich sogar wieder Dauerarbeitslosigkeit traten als schwere Belastungen einer Gesellschaft auf, in der sich eine scharfe Segmentierung zwischen gut verdienenden Arbeitsbesitzern und den von zahlreichen Lebenschancen ausgeschlossenen Arbeitslosen immer deutlicher abzeichnet.

In einer solchen Situation, als nicht nur die «sozialen Kosten» der sozioökonomischen Dynamik immer deutlicher zutage traten, sondern auch die politischen Grundorientierungen durch Veränderungen im innenpolitischen und internationalen System gewissermaßen ins Schwimmen gerieten; als konträre Wertvorstellungen die Spannung zwischen den Generationen vertieften, ja den Intimverband der Familie durch den Gegensatz zwischen Eltern und Kindern zu zerreißen drohten; als die «neue Unübersichtlichkeit» und Krisenanfälligkeit zu schweren Orientierungsstörungen führten – in einer solchen Situation begann in der Gesellschaft eine intensive Suche nach verläßlichem Halt. Sie richtete sich auf die Religion, die neuen Sekten, die sozialen Bewegungen – da gibt es zahlreiche Optionen und Angebote. Sie führte jedoch auch dazu, daß eine wachsende Anzahl von Menschen sich ihrer historischen Herkunft und ihrer historischen Traditionen zu vergewissern strebten, da sie sich davon eine Stabilisierung erhofften.

Die Fragen: Woher kommen wir? Welche Einflüsse haben unsere Lebenswelt geprägt? Welche Kräfte treiben uns weiter in die Zukunft? Welche Barrieren hemmen uns auf dem Wege dorthin? – diese Fragen gewannen eine neue Dringlichkeit. Wer sich mit dem Beistand der Amtskirchen, den Verheißungen orientalischer Schwindel-Gurus und der Scharlatanerie der Jugendsekten nicht zufrieden geben wollte, entwickelte um so leichter ein Interesse an der Geschichte. Es erklärt zum guten Teil die überraschend breite Aufgeschlossenheit, welcher die zahlreichen landesgeschichtlichen Ausstellungen – die Preußen-Ausstellung, die Bayern-Ausstellung, die Staufer-Ausstellung sind nur die bekanntesten unter ihnen – in den letzten Jahren ihren Zulauf verdanken. Aus denselben Motiven erklärt sich der «Boom» der neuen historischen Stadtmuseen, der neuen Regionalmuseen, der neuen Industriekultur-Museen. Nicht zuletzt rührte daher auch das neu erwachte Interesse an der Geschichte traditionsreicher historischer Landschaften, neuerdings auch wieder an der «Heimatgeschichte» – ein Wort, das unter Historikern, Studenten und Schülern der 50er, 60er und frühen 70er Jahre schlechterdings verpönt war. Wer von ihnen hätte damals auf die Renaissance von «Heimat» auch nur einen Pfennig zu wetten gewagt? (Die berüchtigten Heimatfilme und die nicht minder umstrittenen Heimatreden der Vertriebenenfunktionäre bewegten sich in anderen Bereichen!)

Da der verunsichernde Wandel im öffentlichen und privaten Leben anhält, läßt sich unschwer voraussagen, daß das daraus erwachsende historische Interesse eher wachsen als untergehen wird. Für diese Prognose spricht außerdem, daß es ein zweites Bündel von Einflüssen gibt, die sich zugunsten dieses Interesses auswirken. Damit ist die Protestreaktion gemeint, die sich seit der Mitte der 60er Jahre in unübersehbar beschleunigter Geschwindigkeit gegen Großorganisationen, Großbürokratien, Großtechnologien herausgebildet hat.

Zuerst versteckte sie sich hinter den überkommenen kulturkritischen Klischees der «Nivellierung» durch die sogenannte «anonyme Massengesellschaft». Mit dem Jugendprotest seit 1967/68 tauchten neue kritische Einwände gegen Mammutorganisationen – ob in der Gestalt des Industrieunternehmens oder der Bundeswehr – überall auf und gewannen schnell an Boden. Aus Amerika, das damals durchaus als zivilisationskritischer Vorreiter wirkte, drang die Heilsbotschaft des «Small Is Beautiful» herüber; sie löste eine im Grunde erstaunliche Resonanz aus, wie man sie z. B. in bestimmten Strömungen der «Grünen» finden kann. Insbesondere die anonyme Bürokratie, die schon Max Weber als Fundament eines «stählernen Gehäuses der Hörigkeit», als Herr über das «Fellachendasein» der Mehrheit mit schneidender Schärfe kritisiert hatte, löste zusehends Widerstand aus. Bürgerinitiativen bildeten sich, die gegen neue Autobahnstrecken und Atomkraftwerke protestierten, nachdem sie durch bürokratische Verordnung von oben, ohne Berücksichtigung der direkt Betroffenen vom «grünen Tisch» aus genehmigt worden waren. Ebenso wurden Projekte der Altstadtsanierung oder was auch immer den verständlichen oder bizarren Unmut betroffener Bürger auslöste als Entscheidungen einer «volksfernen» Bürokratie bekämpft.

Der Tendenz nach ganz ähnlich ist der ungefähr gleichzeitig aufkommende Kampf gegen neue Formen der Großtechnologie: gegen autobauende Roboter anstelle der arbeitsintensiven Tätigkeit am Fließband, gegen leistungsstarke EDV-Anlagen anstelle der zahlreichen Mitarbeiter einer Verwaltungsabteilung, gegen computergesteuerte Walzstraßen, die von zwei Experten bedient werden und dreihundert Stahlarbeiter ersetzen. Dieser Widerstand überschnitt sich mit den Bemühungen, sich gegen die neuen Rationalisierungsschübe zu stemmen, welche durch moderne Technologien ermöglicht und durch die Höhe der Lohnkosten nahegelegt wurden.

Kurzum: Gegen die Befürchtung oder gegen die Erfahrung, nur mehr als ein winziges, seelenloses Rädchen im Getriebe großer Bürokratien und Unternehmen behandelt zu werden, regte sich ein – zunächst oft unterschätzter – Widerstand, der sich häufig historischer Argumente bediente, um diese

Entwicklung in Frage zu stellen, sie des Anscheins der Unaufhaltsamkeit zu entkleiden.

So wurde etwa gegen die Zentralverwaltung einer Großstadt oder Großgemeinde die lange bewährte «bürgernahe», dezentralisierte Verwaltungsbehörde von früher gefordert. Gegen die durchrationalisierte Massenproduktion wurde die jahrhundertelang vorherrschende Alternative einer dezentralisierten Produktion mit einer leichter zu humanisierenden Arbeitswelt ins Feld geführt. Diese Haltung verband und verbindet sich mithin nicht selten mit einem Rückzug auf kleinere Einheiten: in den Kleinbetrieb, in die Stadtstraße, in das Dorf, in die Wohngemeinschaft, aber auch in die historischen Landschaften und Gefilde einer Heimat, wo die Verhältnisse überschaubarer waren – oder auch nur als überschaubar im Gedächtnis hafteten.

Diese kurz skizzierten Reaktionsweisen, die völlig unterschiedliche Ursachen haben, unter anderem aber auch zu einer Aufwertung des Interesses an Geschichte beitragen, besitzen einen ambivalenten Charakter, der das Urteil erschwert. Auf der einen Seite regt sich da ein echtes Interesse, eine ungekünstelte Neugier, ob angeblich überlebte historische Traditionen nicht doch noch weiter lebensfähig sind; ob im Arsenal der Geschichte nicht doch Alternativen aufgespürt werden können, die durch den Modernisierungsprozeß verschüttet worden waren, aber eine erneute Beschäftigung oder Wiederbelebung lohnen. Überhaupt werden die «sozialen Kosten» der Modernisierung in ihren verschiedenen Bereichen stärker ins Bewußtsein gehoben. Daß mit dem Fortschritt der Modernisierung, dem Zugewinn an Lebenschancen für viele zugleich auch die Schattenseite von Zerstörung, Entfremdung und Unterdrückung verbunden ist, haben zwar die großen Analytiker dieses Prozesses – Männer wie Karl Marx und Max Weber etwa – immer wieder hervorgehoben. Seit einiger Zeit aber scheint die Doppelköpfigkeit der Modernität wieder verstärkt in das Bewußtsein breiterer Schichten einzudringen. Das kann dazu beitragen, ein kritisches, korrigierendes Verhältnis zur Modernisierung an die Stelle unreflektierter Bewunderung und Unterstützung zu setzen.

Auf der anderen Seite regt sich viel falsche Nostalgie und verfälschende Verklärung. Das Leben auf dem Dorf, in der Kleinstadt – es war alles andere als idyllisch. Vielmehr war es von Not und Mißernte, von unheilbaren Krankheiten und brutalen Herrschaftsbeziehungen, von Aberglauben und Fremdenhaß geprägt. Im Ernst möchte auch die «grüne» Wohngemeinschaft auf einem alten Bauernhof nicht in die extrem gefährdete ländliche Welt vergangener Jahrhunderte zurück. Die Bürokratie läßt sich vortrefflich kritisieren – und sie verdient in der Tat argwöhnische Beobachtung –, aber wer möchte schon auf den Sozialstaat, den Wohlfahrtsstaat mit seinen zahllosen Leistungen verzichten? Und dieser Staat, dieses «soziale Netz» beruht nun einmal weithin auf bürokratischer Verwaltung. Das

Berufsleben im Gehäuse eines Großunternehmens mag endlose Kritik provozieren, die moderne Industriewirtschaft mag pragmatische oder fundamentalistische Einwände auslösen – aber eine ökonomische Alternative zu dieser Form der Massenbeschäftigung und Wohlstandssteigerung ist überzeugend noch nicht entwickelt worden.

Kurz: Verständliche und begrüßenswerte Interessen verschlingen sich mit realitätsfernen und irreführenden Hoffnungen. Noch so prachtvolle historische Ausstellungen geben keine unmittelbar verwertbare Antwort auf aktuelle Probleme, die als Begleiterscheinungen einer weitgefächerten, rasanten Modernisierung auftreten. Nur zu leicht drängt sich apologetischer Kitsch und die Flucht aus der politischen Verantwortung auf. Ein typisches Beispiel dafür bietet die offenbar erfolgreiche Filmserie «Heimat» – sofern man Erfolg an der Einschaltquote und an dem hörbaren Echo mißt. Was immer auch sonst zu diesem Film zu sagen ist: Der Nationalsozialismus und sein barbarisches Regime werden – um es in der Sprache der Ökonomen auszudrücken – völlig externalisiert: abgewälzt auf den unverständlichen Einbruch des Bösen von außen. Keineswegs wird die deutsche Spielart des Faschismus als das Ergebnis historischer Umstände, gerade in den Dörfern und Kleinstädten, mit filmgemäßen Mitteln – mit Bildern, Dialogen, Kontrastschnitten – analysiert und verständlich gemacht. Nicht einmal ansatzweise kommt ein Minimum an aufklärerischer Absicht zum Vorschein. Dieser «Heimat»-Film, der typischerweise in den verschiedenartigsten politischen Lagern über den grünen Klee gelobt wurde, verschafft das gute Gewissen, daß man damals einem übermächtigen bösen Dämon erlegen sei, dazu noch einem aus Österreich hergelaufenen Verführer. Woher die Anfälligkeit für seine Parolen stammte, woher die Wahlerfolge kamen, warum die Folgebereitschaft bis zum April 1945 bestehen blieb, welchen Schaden dieses Regime anrichtete, was seine Untaten mitten im 20. Jahrhundert bedeuteten – für solche Fragen ist im Filmambiente dieser «Heimat» kein Platz, geschweige denn für eine einzige überzeugende Antwort. Kein Wunder, daß der Film und sein Erfolg bei amerikanischen und israelischen Deutschlandexperten Empörung und Zorn ausgelöst haben!

Andere Faktoren kommen noch hinzu: Nachdem die Sozial- und Wirtschaftswissenschaften mit einem so hochgemuten Anspruch auf Zukunftsplanung und Politikberatung angetreten waren, haben ihre Mißerfolge zu einer desillusionierenden Enttäuschung, andrerseits aber zu einer Aufwertung historischer Sachkenntnisse geführt. Im Wissenschaftsbetrieb sind Globaltheorien wie der Neomarxismus, die Systemtheorie, die Modernisierungstheorien auf schwer überwindbare Grenzen gestoßen. Das hat die Hinwendung zu überschaubaren, gewissermaßen handlichen Problemen verstärkt. Dadurch wurde die Lokal- oder Regionalstudie, überhaupt die Mikrohistorie aufgewertet – eine Entwicklung, die sich an der «Alltagsgeschichte» und am Betrieb der sogenannten «Geschichtswerkstätten» mit allen Nachteilen und gelegentlichen Vorzügen sehr deutlich verfolgen läßt. In der Schule wurden die Kinder und jungen Leute durch allzu anspruchsvolle und verallgemeinernde Ansprüche didaktisch überfordert. Der Rückzug auf die Zeitgeschichte des eigenen Wohnviertels, Städtchens oder Dorfes schien eine dauerhaftere Motivierung zu versprechen. An den Schülerwettbewerben zu Themen der neueren deutschen Geschichte läßt sich dieser ebenfalls ansteigende Trend ablesen.

Ein solcher Überblick ließe sich noch weiter ergänzen. Weit wichtiger aber ist neuerdings der Versuch, das historische Interesse – und die Geschichte überhaupt – im Sinne eines zielstrebig gesteuerten konservativen Wertewandels, eines regierungsfreundlichen Nationalismus, einer – um das zur Zeit allgegenwärtige neokonservative Modewort aufzugreifen – historisch neuverankerten stabilen «Identität» auszunutzen, ja eilfertig auszubeuten. Das ist ein hochinteressanter, politisch hochbrisanter Vorgang, der fraglos nicht nur ein Maximum an kritischer Beobachtung verdient, sondern auch energische Gegenbewegungen ausgelöst hat und weiterhin auslösen wird. Diese angestrengten neokonservativen Bemühungen stehen ganz wesentlich im Mittelpunkt des seit dem Sommer 1986 anhaltenden neuen «Historikerstreits» über die deutsche Vergangenheit seit 1933. Sie stecken auch in den Auseinandersetzungen um die entstehenden Historischen Museen in Berlin und Bonn. Sie stehen hinter der Beschwörung nationaler Traditionen zur ideologischen Abstützung der «Wende»-Politik und was sich mit diesem Schlagwort an konservativer Einflußnahme auf die «politische Kultur», das öffentliche Leben, die Mentalität der Bürger in der Bundesrepublik verbindet.

Es wäre falsch, sich hinter all diesen Bemühungen ein Herrschaftszentrum vorzustellen, von dem aus zielstrebig an der Manipulation des Geschichtsbilds und der Mentalität der Westdeutschen gearbeitet würde. Diese Bemühungen sind vielmehr überaus diffus. Unterschiedliche Zielvorstellungen konkurrieren miteinander. Die Dämonisierung irgendeines großen «Meinungsmachers» führte geradewegs in die Irre. Dennoch lassen sich hinter den teils plumpen, teils wolkigen, teils unverschnörkelt-direkten, teils maniriert-hochgestochenen Äußerungen einige Grundanschauungen erkennen.

Da plädieren die Fürsprecher einer Richtung dafür, «endlich aus dem Schatten des Dritten Reiches» herauszutreten und – so Franz Josef Strauß – endlich «wieder den aufrechten Gang» zu erlernen. Vierzig Jahre nach dem Ende der NS-Diktatur soll angeblich die Zeit für ein Abkappen dieser lästigen Vergangenheit gekommen sein, damit man – von keines kritischen Gedankens Blässe mehr angekränkelt – selbstbewußt in die Zukunft schreiten kann. Denn merke: «Die ewige Vergangenheitsbewältigung als gesellschaftspolitische Dauerbüßeraufgabe lähmt ein Volk.» Nicht ein verständlicher Leistungsstolz auf den Verfassungsstaat, den Rechtsstaat, den

Sozialstaat soll den Bundesrepublikaner fortab beseelen, sondern ein gedächtnisloser neudeutscher Nationalismus, der voll unreflektierten Drangs nach Gleichberechtigung ganz so auf Waffenexporten insistiert wie er das kitschige Hollywood-Spektakel von Bitburg als Labsal für die geltungsbedürftige Seele goutiert.

Andere Mitläufer der «Wende» plädieren sogar, offenbar bedenkenlos, für eine Relativierung der NS-Verbrechen, indem sie – obwohl geschulte Historiker – den Vergleich für ihre Zwecke wortreich und dennoch leicht durchschaubar mißbrauchen. Nun gehört die vergleichende Studie zu den höchsten und schwierigsten Künsten der Geschichts- und Sozialwissenschaften. Wer sich darauf einläßt, muß vorher vor allem sicherstellen, daß die Vergleichsgrößen zueinander passen. Es geht schlechthin nicht an – wie das während des «Historikerstreits» mehrfach geschehen ist –, die systematische Judenvernichtung durch den Machtapparat des «Dritten Reiches» mit den Stammeskämpfen in Idi Amins Uganda, mit der Liquidierung der Gegner von Pol Pot oder mit den Stalinschen Massenverbrechen zu vergleichen – etwa auf der Linie Ernst Noltes, daß offenbar jedes Volk – schade drum, aber so sei es nun einmal – seine «Hitlerzeit» erlebe. In dieser Nacht werden alle Katzen grau, das sorgfältig unterscheidende historische Urteil unterwirft sich der bedingungslosen Kapitulation vor Pseudoargumenten. Tatsächlich liegen die Vergleichsländer für Deutschland – das Land der Reformation, der Aufklärung, des Rechtsstaats, der westlichen Modernisierung – im europäisch-amerikanischen Kulturkreis. Warum hat es – auf diese alte, unverändert schmerzhafte Frage läuft wieder alles zu – in Deutschland als einzigem hochindustrialisierten zivilisierten westlichen Land den Radikalfaschismus des Nationalsozialismus gegeben – aber nirgendwo sonst im Westen? An den Maßstäben der westlichen Kultur und Gesittung muß die deutsche Geschichte im 20. Jahrhundert gemessen werden, nicht aber an willkürlich herbeigezerrten (und unstreitig barbarischen) Verbrechen der Roten Khmer, der frühen Sowjetunion, der Inder und Pakistani im Unabhängigkeitskrieg, der indonesischen Stämme nach der Dekolonisation. Wissenschaftlich ist dieser Mißbrauch des Vergleichs inzwischen bloßgestellt worden. Aufschlußreich für einen durchsichtig manipulatorischen Umgang mit Geschichte bleibt er freilich dennoch.

Ein wahres Hätschelkind der neokonservativen Geschichtsfreunde ist die «Identität», die den Westdeutschen angeblich abhanden gekommen ist und die sie, tiefbesorgt über den schmerzhaften Verlust, angeblich wiederfinden können, wenn sie nur folgten. Nachdem Religion und Nationalismus als die großen Sinnstifter gescheitert seien, wollen Historiker wie Michael Stürmer die Maxime beherzigen, «daß in geschichtslosem Land die Zukunft gewinnt, wer die Erinnerung füllt, die Begriffe prägt und die Vergangenheit deutet». Der Historiker als rückwärts gewandter Prophet, als Prediger einer neuen politischen Religion, als beamteter Identitätsstifter? Mit welchen Begriffen soll denn bloß, wird man fragen, diese Identität aufgebaut und die Vergangenheit gedeutet werden? Da taucht nun das alte Gerümpel der hinlänglich diskredierten Geopolitik wieder auf: Die deutsche «Mittellage» wird zum Schlüsselphänomen. Das Land «mitten in Europa» brauchte eine starke, autoritäre Regierung, um im Staatensystem bestehen und die eigene innere Dynamik bändigen zu können. Dem Kaiserreich etwa fehlte es nicht anLiberalismus, Parlamentarismus, Demokratie, wie viele von uns bisher geglaubt haben. Nein, davon gab es schon zuviel, der Deckel über der brodelnden Unruhe hätte noch fester zugeschraubt werden müssen.Wenn aber – ständig diese wagnerianische Rhetorik – «die Geographie Deutschlands Schicksal» ist, was hilft die geopolitische Perspektive denn wirklich zu erklären? Die «Mitte» – sie hängt doch ganz vom Standort ab. Jahrhundertelang galt Böhmen als das Herz Europas. Polnische Historiker können Krakau, schweizerische Historiker das helvetische Phäakenland als die europäische Mitte bezeichnen. Gerade im deutschsprachigen Mitteleuropa hat es eine Unzahl von Verfassungsformen, politischen Regimes, kulturellen Eigenarten, unterschiedlichsten Wirtschaftsformen gegeben. Die «verkeilte Mittellage», die geopolitisch vorherbestimmte «via dolorosa» der preußisch-deutschen Geschichte – so Originalton Stürmer – erklärt im Grunde genommen so gut wie gar nichts. Ja, mehr noch, sobald die ständige Beschwörung der schicksalsträchtigen «Mittellage» zur Dogmatik erstarrt, enthält sie ein Denkverbot, das von der oft mühsamen, aber klaren Analyse komplizierter Probleme abhält, indem sie sich viel zu früh mit einer nebulösen Größe als Erklärung zufrieden gibt. Auch hier wird mit der Geschichte Schindluder getrieben, der Erkenntnisgewinn vergangener Jahrzehnte leichtherzig verraten, die Komplexität der Vergangenheit dem neuen Götzen «Identität» zum Opfer gebracht.

Vor solchem durch und durch politisierten Umgang mit der Geschichte, vor untauglichen Zielwerten und schwammigen Begriffen kann nur immer wieder nachdrücklich gewarnt werden. In diesem leicht durchschaubaren manipulatorischen Gebrauch von einigen Versatzstücken aus dem Steinbruch der Geschichte, aus dem Arsenal historischer Begriffe darf das neue Interesse an der Geschichte nicht ein klägliches Ende finden. Der kleinen «Kulturrevolution von rechts», die seit einiger Zeit mit dem Ruf nach «Identität» und positivem Nationalismus, mit der Berufung auf die «Mittellage» und vermeintliche geopolitische Sachzwänge das öffentliche Bewußtsein zu verbiegen sucht, muß vielmehr entschieden entgegengetreten werden. Wohlverstandene Geschichte und nüchtern betriebene Geschichtswissenschaft kann über die Vergangenheit aufklären und daher in einem sehr vermittelten Sinn auch gegenwärtiges politisches Handeln durch die Schärfung des Bewußtseins für Handlungsspielräume und gesellschaftliche Barrieren, für Risiken und verschüttete Chancen anleiten. Für die Zementierung einer neokonservativen «Wende» eignet sie sich indes gewiß nicht.

Die Deutsche Frage in der europäischen Politik 1648–1986

Unstreitig gibt es seit einiger Zeit ein neues Interesse an der «deutschen Frage», d. h. an der Form der politischen Existenz von rund 80 Millionen Deutschen, die seit 1949 in zwei Staaten leben, zwischen denen die Grenzlinie der beiden hegemonialen Blocksysteme verläuft.[1] Was sind die Motive dieses neuen Interesses?

1. Da gibt es das generationsspezifische Problem, daß die Teilung des kurzlebigen deutschen Nationalstaats, daß auch die Polarisierung der Blöcke von Jüngeren neu erfahren und nicht mehr als ein Ergebnis des Zweiten Weltkriegs schlichtweg hingenommen wird. Daher wird auch folgerichtig der Status quo auf deutschem Boden in Frage gestellt. Oft äußert sich das eher in vager Unzufriedenheit als in präzisen neuen Zielvorstellungen.

2. Zum Teil geht das neue Interesse aus der Reaktion auf die internationale Rüstungspolitik hervor, die nach der Mißachtung der Entspannung durch die russische Hochrüstung zu einer Reaktion in Washington führt, die bald enthüllt, daß die Regierung Reagan nicht nur die unumgänglich gebotenen politisch-militärischen Gegenzüge einleitet, sondern jahrelang in den Klischees des Kalten Kriegs befangen bleibt. Diese neue Drehung der Rüstungsspirale wird von vielen ebenfalls als neue politische Erfahrung empfunden, als neue Bedrohung bekämpft, m. E. auch übermäßig dramatisiert.[2]

3. Ein dritter Grund liegt in dem Wiederauftauchen eines illusionären Wunschdenkens, das leider zur deutschen politischen Tradition gehört und schon wieder bis hin zu einer neuen politischen Romantik reicht. Man braucht nur an die seit einigen Jahren beschworene Fata Morgana von einem wiedervereinigten Gesamtdeutschland zu denken, von einem neutralisierten, demilitarisierten Staat in der Mitte Europas als Pufferzone zwischen den Globalblöcken, einer friedfertigen Insel der Glückseligen, die wieder einmal beanspruchen, einen «dritten Weg» zwischen östlichem Kommunismus und westlichen Kapitalismus weisen zu können, wie das den utopischen, realitätsfernen Denkfiguren dieser schlechten deutschen Tradition entspricht – dazu gleich mehr.

4. Natürlich ließen sich noch weitere Ursachen aufzählen. So ist z. B. mit der sogenannten «Wende», die bisher noch nicht in dem befürchtet-erhofften Maße die überkommene pragmatische Politik gegenüber der DDR verabschiedet hat, unleugbar auch ein Auftauchen restaurativer Nationalstaatsgedanken verbunden. Man braucht nur an die atemberaubenden Formulierun-

gen im Dunstkreis des ominösen Schlesiertreffens zu denken; an den frechen Ton zahlreicher Leserbriefe, in denen unbelehrbar Auge um Auge erneut verrechnet wird; an die hingebungsvolle Porzellanzertrümmerung durch Vertriebenenfunktionäre, welche die verlorenen Ostgebiete für «unser» erklären und schon wieder eine unterdrückte «deutsche Minderheit» in Polen entdecken. Da hat sich die Bundesrepublik äußerst mühsam, auch mit hohen finanziellen Kosten, als Rechtsnachfolger des untergegangenen Reiches international etabliert und endlich völkerrechtlich bindende Verträge über die Grenzen in Osteuropa geschlossen, aber der Kanzler hält eben diese beigelegten Grenzprobleme für völkerrechtlich offen bis zum St. Nimmerleinstag eines Friedensvertrags. Und das ehrliche Wort von der «politischen Bindewirkung» der Ostverträge, ganz gleich, was solche fiktiven Friedensverhandlungen sonst brächten, liegt, seitdem es ausgesprochen, unter dem Beschuß der Unbelehrbaren.[3] Zugleich aber hat die Rüstungs- und Raketenkrise eigentümliche deutsch-deutsche Gemeinsamkeiten der Interessenlagen enthüllt und damit ebenfalls Überlegungen über die deutsche Frage angestoßen.

Kurz, um einen langen Katalog mehr oder minder klar erkennbarer Motive abzukürzen: Es gibt eine Neuauflage der alten Debatte über die «deutsche Frage». Sie wird uns auch auf absehbare Zeit noch weiter begleiten.

Bekanntlich besteht ein schwerer Berufsschaden der Historiker darin, daß sie dazu neigen, bei jedem Problem zuerst einmal im ewigen Regreß rückwärts zu gehen – bis sie mindestens in der Antike oder bei den zwölf Stämmen Israels angelangt sind –, ehe sie, vielleicht, wieder zur Sache kommen. Auch wenn man dieser Milieuschädigung *nicht* erliegen will, ist es doch verführerisch und auch lehrreich, im Lichte der Thematik einen kurzen Blick auf drei Problemkomplexe *vor* der Reichsgründung zu werfen.

1. Als sich nach dem 30jährigen Krieg alle maßgeblichen europäischen Reiche mit den deutschen Staaten auf zwei Friedenskongressen einfinden, um die politische Zukunft vor allem des deutschsprachigen Mitteleuropas zu bestimmen, ist das Ergebnis der unter internationale Garantie gestellte Fortbestand des Alten Reichs mit seinen knapp 1800 Herrschaftseinheiten, die in einem buntscheckigen föderalistischen Polyzentrismus nebeneinander existieren. Das internationale Garantieversprechen von 1648 zeigt: Man hält im Staatensystem die Sprengkraft der langjährigen kriegerischen Eruptionen im Reich für so gefährlich, den europäischen Frieden auf Dauer für so bedroht, daß diese Friedenstraktate unter das Kuratel der Nachbarmächte gestellt werden.[4]

2. 1806 zerbricht das Reich unter dem Druck der von Napoleon exportierten Revolution. Im Verlauf eines großen politischen Konzentrationsprozesses werden seine 1789 Herrschaftsgebilde auf knapp 40 reduziert, deren Selbständigkeit so ausgeprägt ist, daß auf dem Wiener Friedenskongreß von 1814/15 die Alternative zwischen der Wiedererrichtung des Alten Reiches und der Anerkennung des neuen Zustandes nie ernsthaft diskutiert wird. Es

geht nur um die angemessene politische Form für diesen neuen Zustand, und die radikal verkleinerte deutsche Staatenwelt, das ist mit den Interessen aller Beteiligten am ehesten vereinbar, wird in dem föderativen System des Deutschen Bundes locker zusammengeschlossen. Erneut wird die Lösung der damaligen deutschen Frage von den tonangebenden europäischen Mächten unter eine völkerrechtliche Garantie gestellt. Erneut bleibt der deutsche Staatenpluralismus mit einem hohen Maß an Autonomie für alle Mitglieder erhalten.

Enttäuscht werden von dieser Lösung die Anhänger des neuen Nationalismus und Nationalstaats. Beides ist ein Ergebnis der Revolution, in Frankreich wie in Amerika, und nach diesem Vorbild wünschen sich vor allem kleine Intellektuellenzirkel einen deutschen Nationalstaat. An übermächtigen Gegeninteressen prallt dieses Wunschdenken ab. Der Staatenbund verkörpert eine realistische Lösung. Entschärft ist damit jedoch, wie sich bald zeigen wird, die Sprengkraft dieses modernen Nationalismus keineswegs.

3. Vielmehr bedeutet seit 1815 in eben dem Maße, in dem der Elitennationalismus zu einem Massenphänomen wird, die «deutsche Frage» im wesentlichen: Gelingt es, einen deutschen Nationalstaat zu schaffen – oder zu verhindern? Wer bildet den Kern: Österreich oder Preußen? Sollen die fremdsprachigen Minderheiten in deutschen Staaten (die Polen, Tschechen, Italiener) dem künftigen Nationalstaat angehören? Oder soll er allein deutschsprachige Bürger besitzen, d. h. die bestehenden Staaten nicht nur in einen Nationalstaat einschmelzen, sondern gerade die großen unter ihnen – Österreich und Preußen – vorher noch zerteilen? Bedeuten die «querelles allemandes» bis 1815 konfessions- und machtpolitische Konflikte im Zentrum Europas, wirft die neue «deutsche Frage» seit 1815 im Prinzip die Frage auf: Soll das Föderativsystem des Bundes mit autonomen Einzelstaaten fortbestehen? Oder soll und kann ein gesamtdeutscher Nationalstaat gebildet werden?

Da der frühe Nationalismus – das wird oft vergessen – eine liberale Emanzipations- und Oppositionsideologie ist, die sich gegen die spätabsolutistischen Territorialstaaten, gegen die Vorrechte des Adels, gegen das Gottesgnadentum richtet, aber für die souveräne Nation, für die allgemeine Staatsbürgergesellschaft, auch für die harmonische Kooperation aller Nationalstaaten streitet, liegt es im Sinn der konservativen Selbstverteidigung, den Nationalismus nach Kräften zu unterdrücken. Das gelingt eine gewisse Zeit, aber bis 1848 ist der deutsche Nationalismus trotzdem eine massenbewegende Kraft geworden. Während der Revolution bricht er durch die Decke, die das Metternichsche System mühsam über ihn gespannt hatte, hindurch. Sofort werden, Details stehen hier nicht zur Debatte, die inzwischen vertrauten Optionen debattiert: Großdeutsche Lösung unter österreichischer oder kleindeutsche Lösung unter preußischer Führung? Einbeziehung der fremdsprachigen Nationalitäten, da der neue Nationalstaat als Machtstaat einmal gewonnene Gebiete behaupten müsse, oder Zerlegung der multinationalen Staaten?

Das Ergebnis ist bekannt: Die Revolution scheitert mit all ihren Projekten. Nach dem Sieg der Gegenrevolution wird der Deutsche Bund erneut installiert und genießt eine Art Spätsommer bis 1866. Die «deutsche Frage» jedoch, das Drängen auf den deutschen Nationalstaat hin, läßt sich dennoch nicht mehr unterdrücken. Die Debatte geht weiter, sie wird leidenschaftlich, als die italienische Einigung demonstriert, daß eine Nationalstaatsbildung in der Gegenwart, in der unmittelbaren Nachbarschaft möglich ist. Unleugbar ist der deutsche Nationalismus in den 1860er Jahren eine Macht des öffentlichen deutschen Lebens geworden: Sie gehört zur Vorgeschichte der Reichsgründung.

Bismarck – letzte Trumpfkarte der Konservativen, aber politische Potenz sui generis – reagiert auf die Fundamentalkrise des preußischen Regimes, wie sie im «Verfassungskonflikt» grell zutage tritt, mit einer extrem riskanten, geradezu desperaten Therapie. Mit Hilfe von drei im rechten Augenblick herbeigeführten Kriegen, die nach außen (im Bund und in Europa) Hegemonialkriege, nach innen gleichzeitig nationale Einheitskriege sind, fängt er die innere Bedrohung durch die großpreußische Expansion auf, deren Ergebnis in Versailles auf «Deutsches Reich» umgetauft wird. Bismarck erkennt rechtzeitig die Unvermeidbarkeit einer Allianz mit der deutschen Nationalbewegung, bezieht sie souverän in sein Kalkül mit ein und betreibt auch mit ihrer «Dampfkraft» seine militante Einigungspolitik.

Wenn es heute wieder Mode ist, Bismarck als den großen diplomatischen Dompteur zu rühmen, der trotz der deutschen «Mittellage» die neue Großmacht zwanzig Jahre lang durch alle Konflikte sicher hindurchgesteuert und damit auch demonstriert habe, daß ein großer deutscher Nationalstaat mit dem Frieden im europäischen Staatensystem vereinbar sei, kann man sich zunächst über die Renaissance platter, nichtssagender geopolitischer Floskeln, die eine Art Denkverbot für die Analyse sehr komplizierter Probleme enthalten, umstandslos hinwegsetzen. Nicht hinwegsetzen kann man sich über die Tatsache, daß der Bismarcksche Nationalstaat erst einmal im Verlauf einer äußerst riskanten Kriegspolitik errichtet wird, bevor die Verteidigung des Erreichten den Reichskanzler erst zum besorgten Verfechter des 1871 erzielten Status quo macht.

Dieser großpreußische Kaiserstaat – das ist die kleindeutsche Lösung unter straffem Berliner Primat, anders als die Liberalen sich das von 1815 bis 1866 gedacht haben. Noch aber sind sie voller Optimismus, daß die gesellschaftliche Entwicklung auf ihrer Seite ist und daß es ihnen dank der Macht des verbündeten süddeutschen und norddeutschen Liberalismus gelingen wird, den neugegründeten Staat politisch zu modernisieren, sprich: auf längere Sicht in ein parlamentarisches System mit liberaler Mehrheit zu verwandeln. Als die von 1850 bis 1873 währende Hochkonjunktur der deutschen Industriellen Revolution abrupt in einer Weltwirtschaftskrise endet, auf die eine schwere sechsjährige Depression folgt, werden all diese Hoffnungen rüde zerstört. Liberale Wirtschaft, liberale Politik wird durch die Krisenerfahrungen tief diskreditiert. Beim Übergang zur Schutzzollpolitik spalten sich die Liberalen. Nach der glanzvollen Dekade von 1867 bis 1877, in der die Liberalen die Quasi-Regierungspartei stellen, ist bis zu der eigentümlichen Spätblüte in Westdeutschland nach 1948/49 die Zeit liberaler Politik vorbei. Eine folgenschwere Entliberalisierung des öffentlichen Lebens setzt ein. Sogar die Liberalen selber stimmen zutiefst illiberalen Ausnahmegesetzen gegen Katholiken und Sozialisten zu. Nach einer kurzen Anfangsphase, in der es anders aussieht, wird der junge deutsche Nationalstaat nicht von der politischen Kultur eines selbstbewußten bürgerlichen Liberalismus geprägt. Das hat verhängnisvolle Folgen bis 1933 und darüber hinaus.

Im Hinblick auf das internationale System nach 1871 bleibt es in der Tat das Kunststück des «weißen Revolutionärs», das wird auch jeder Kritiker Bismarcks einräumen müssen, daß es ihm gelingt, die europäischen Mächte entweder mit der Existenz des neuen Nationalstaats zu versöhnen (wie England und Österreich-Ungarn) oder sie sogar auf seine Seite zu bringen (wie Rußland und Italien). Daß er das zwischen 1867 und 1890 durchhält, zeigt den politischen Rang des Mannes. Als er jedoch 1875, während der sogenannten «Krieg-in-Sicht-Krise» Unsicherheit weckt, ob die vielbeschworene «Saturiertheit» gegenüber Frankreich weiter gilt, wird er durch das kaum verschleierte Veto aller Großmächte in seine Schranken verwiesen. Insofern beruht seither die vorsichtige Behauptung einer halbhegemonialen Stellung nicht nur auf Bismarcks Klugheit, sondern auch auf der Funktionsfähigkeit des europäischen Staatensystems, auf dem Einfluß unumgehbarer mächtiger ausländischer Akteure.

Das Grundmuster ist zu dieser Zeit längst klar: Das Staatensystem versucht, den politischen Pluralismus der deutschen Staaten möglichst zu erhalten, politisch zu steuern, international zu überwachen, völkerrechtlich einzufrieren. Von innen her bricht dann jeweils eine Dynamik auf, die diesen Status quo in Frage stellt: vor 1648 und vor 1815, 1848/49 und 1866/1871. Als der Koalition von Bismarck, preußischem Militärstaat und deutscher Nationalbewegung die neue Staatsgründung gelingt, findet sich die europäische Umwelt mit der deutschen Großmacht ab. Aber selbst Bismarck gelingt es nicht, das Reich in jeder Hinsicht «saturiert» zu halten. In der Außenwirtschaft z. B. unterlaufen Waren- und Kapitalexport die nationalen Grenzen. Dem Kolonialimperialismus muß Bismarck seit 1884 nachgeben, er selber führt den keineswegs saturierten Neuling auf das weite Feld der «Weltpolitik». Bismarck auch ist es, der durch die Annexion von Elsaß-Lothringen Frankreich zum Dauerfeind macht und Rußland durch einen kalten Wirtschaftskrieg an die Seite Frankreichs treibt. Damit wird durch Bismarck selber die Grundlage für die Russisch-Französische Allianz gelegt, die im

Konfliktfall den tödlichen Zweifrontenkrieg unvermeidbar macht. Es ist – hypothetische Geschichte – äußerst fragwürdig, ob angesichts der innerdeutschen Kräftekonstellation Frankreich und Rußland anders behandelt werden konnten. Fest steht aber, daß, wer Bismarck wegen seiner diplomatischen Künste lobt, auch einräumen muß, daß seine eigene Politik u. a. den künftigen Zangenangriff zur Gewißheit macht. Man kann nicht nur Bismarck im Goldrähmchen haben, sondern muß auch die politischen Kosten seiner Entscheidungen in Anschlag bringen: Sie besitzen ein fatales Gewicht.

Daß die wilhelminische Politik sich «saturiert» gefühlt und gegeben habe, hat ernsthaft noch keiner behauptet. Frankreich und Rußland werden weiter verprellt. Durch die unsägliche Dummheit des von Anfang an – und klar erkennbar – nur gegen England gerichteten Schlachtflottenbaus wird die einzige wahre Weltmacht jener Zeit an die Seite der Gegner des Reichs getrieben. In der Julikrise von 1914 übernehmen die Vertreter deutscher Machteliten bewußt das Risiko eines heißen Kriegs, als sie Österreich grünes Licht für den erwarteten vierten Balkankrieg geben. Der Allianzmechanismus schnappt daraufhin ein: Deutschland kämpft fortab an zwei Fronten und zur See, besser: überall, gegen England noch dazu, schließlich sogar gegen die Vereinigten Staaten. Zwischen 1916/17 und 1918 wird der europäische Krieg zum Weltkrieg und – erstmals seit dem amerikanischen Bürgerkrieg und den Kolonialkriegen – auch zum totalen Krieg.

Als das Deutsche Reich erwartungsgemäß den Krieg gegen eine Welt voll selbstgeschaffener Feinde verliert und die Siegermächte in Versailles über den knapp 50jährigen Staat zu befinden haben, wird die neue deutsche Frage von 1918/19 im Grund auf erstaunliche Weise gelöst: Trotz einiger Gebietsamputationen bleibt das Reich, ungeachtet aller Bitterkeit und allen Hasses auf der Friedenskonferenz, als Staat, damit aber auch als potentielle Großmacht erhalten. Ebenso gut hätte es wieder aufgeteilt werden können, keine deutsche Gegenmacht hätte diese hypothetische Alternative zu verhindern vermocht. Ein Hauptmotiv für das Gegenteil ist der Aufbau eines möglichst auch Deutschland umfassenden «cordon sanitaire» gegenüber der jungen Sowjetunion. Aber selbst wenn man davon absehen könnte, ist es im Vergleich mit dem Frieden von Brest-Litowsk, den Deutschland unlängst noch Lenins Rußland zugemutet hat, alles andere als ein karthagischer Frieden. Im Gegenteil, er fällt mild aus, auch wenn die deutsche Öffentlichkeit von rechts bis links den Frieden, das «System von Versailles» beklagt und, jäh aus aller Kriegszieleuphorie gerissen, jede Erinnerung an das eigene Verhalten verbannt. Fraglos wird die Innenpolitik der neuen deutschen Republik durch den dramatisch hochstilisierten «Schandfrieden» vergiftet, ihre Außenpolitik unter den Primat der Revision der Kriegsergebnisse gestellt. Das ist die neue «deutsche Frage» nach 1919. Kurze Zeit wird sie dadurch erweitert, daß die Mehrheit der Deutschösterreicher den Anschluß an die Weimarer Republik, die sich weiter Reich nennt, wünscht. Selbstverständlich denkt jedoch keiner der Alliierten daran, auf diese Weise einen gut Teil der reichsdeutschen Niederlage sogleich wieder wettzumachen.

Als die «Machtergreifung» den Untergang der Republik besiegelt, geht die sogenannte «nationalsozialistische Revolution» ohne Erschütterung des internationalen Systems über die Bühne. Die Erfolgsursachen des Nationalsozialismus sind hier nicht zu erörtern. Ganz gewiß aber liegen sie auch nach 1933 während der auch durch außenpolitische Erfolge aufgebauten Diktatur zu allerletzt bei den westeuropäischen Staaten. Ihnen Versäumnisse oder Willfährigkeit gegenüber pazifistischen Strömungen vorzuwerfen, ignoriert erstens völlig die historische Toleranzbreite, mit der auch in Europa auf innere Veränderungen von Staaten reagiert wird; fordert zweitens von anderen Staaten Kriegsbereitschaft zugunsten der «besseren Mehrheit» der Deutschen und externalisiert drittens in klassischem Stil die Kosten – oder, wenn man so will: die historische Schuld an der Ermöglichung des Hitlerregimes.

Was Hitler schon seit den 20er Jahren, jetzt aber aus der Position des verantwortlichen Reichskanzlers als «deutsche Frage» wachhält, ist, erstens, ein radikalisierter Revisionismus, der das «Versailler System» möglichst schnell zugunsten NS-Deutschlands zerstören soll. Dieses Ziel ist für die große Mehrheit, für die alten Machteliten durchweg, konsensfähig. Zweitens kommt jetzt aber noch die sehr viel weiter ausgreifende Politik der Lebensraum-Expansion hinzu, d. h. eines Kontinentalimperialismus nach Osten, wo das großgermanische Reich unter seiner arischen Herrenrasse den größten Zugewinn zu erobern hat. Beide Motivstränge verschlingen sich, für jedermann sichtbar, spätestens seit 1938: mit dem «Anschluß» Österreichs, mit der Zerschlagung der Tschechoslowakei, mit der Vernichtungspolitik seit dem Ende des Polenkriegs. Völlig neu sind alle Elemente des zweiten Motivkomplexes keineswegs: In der Ostpolitik Ludendorffs, der Alldeutschen, des Ostmarken-Vereins, der «Vaterlandspartei» ist viel von der NS-Ostexpansion vorgeformt, diese Erfahrung gehört zur Erinnerung Hitlers und seiner Generation. Die rassistische Aufladung jedoch, die archaische Utopie einer germanischen, über slawische Sklaven herrschenden Wehrbauerngesellschaft, die wahnwitzige Maßlosigkeit und Unmenschlichkeit des «Grand Design» nationalsozialistischer Politik – diese Fusion ist doch etwas historisch Neues. Als der Krieg des NS-Regimes seit dem Herbst 1939, vollends seit dem Rußlandkrieg seinen Charakter als «Weltanschauungs»- und Vernichtungskrieg enthüllt, hat der zweite Motivkomplex längst die Überhand über den Revisionismus gewonnen. Die Folgen dieses Rückfalls in die Barbarei sind uns allen bekannt. SS und Wehrmacht, Reichsbahn und Polizei – alle waren beteiligt, und natürlich traf unlängst das Wort ins Schwarze, daß die KZ nur so lange funktionierten, wie die Front hielt![5]

Ein mächtiger Treibstoff des Nationalsozialismus ist bekanntlich der «extreme Nationalismus», der zusammen mit dem rassistischen Antisemitismus, dem Sozialdarwinismus, den wiederbelebten Hegemonialzielen eine maßgebliche Rolle spielt. In seiner Fusion mit anderen Elementen der NS-Ideologie entfesselt dieser «extreme Nationalismus» eine Dynamik, die den Zweiten Weltkrieg und seine Natur als totalen Krieg mitverursacht. Wie Hitler die deutsche Frage für tausend Jahre zu lösen versucht, kostet Abermillionen das Leben und stellt für unabsehbare Zeit jede nationaldeutsche Politik unter berechtigten Verdacht.

Erneut verzichten die Siegermächte von 1945, kaum eine Generationsspanne nach Versailles, darauf, das Deutsche Reich in Teilstaaten zu zerlegen, wie Churchill das zeitweilig anstrebt, sondern sie richten zunächst nur Besatzungszonen ein, aus denen innerhalb von vier Jahren die beiden deutschen Staaten hervorgehen. Nach dem traumatischen Schock der zwölf braunen Jahre wirkt die deutsche Frage seit 1949, allen anders lautenden öffentlichen Bekundungen zum Trotz, im Grunde dreißig Jahre lang wie eingefroren; die offenbar unausrottbare Legende von den verpaßten Chancen nach der Stalin-Note von 1952 ändert, wie das die Eigenart von Legenden ist, an der wirklichen Härte dieses Zustands gar nichts.

Inzwischen ist jedoch, um zum Beginn zurückzukehren, erneut Bewegung in die deutsche Frage der 80er Jahre gekommen. Gibt es heute, muß man fragen, neue, aussichtsreiche Ziele einer deutschen «Nationalpolitik», die in dem vom internationalen System vorgegebenen Rahmen versuchen könnte, auf lange Sicht vielleicht sogar wieder einen gesamtdeutschen Nationalstaat zu schaffen? Läßt sich, anders gesagt, die 1945 «gescheiterte Großmacht» durch eine neue Nationalpolitik wieder beleben? Kurz: Ich kann und will nicht mit 1945/49 abrupt schließen, sondern auch noch einen kurzen Blick auf die Folgen des Zweiten Weltkriegs und der unmittelbaren Nachkriegszeit werfen. Gegen jede sogenannte Nationalpolitik, die über die unstreitig notwendige Wahrnehmung der Verantwortungsgemeinschaft mit den vom Weltkrieg bis heute schlimmer Betroffenen in Ostdeutschland und Berlin hinausgeht, möchte ich thesenartig einige Einwände geltend machen und zur Diskussion stellen:

1. Das neue generationsspezifische Interesse ist verständlich, aber die Bürde, die uns der extreme Nationalismus, die Kriegspolitik des NS-Regimes mit all ihren Folgen einschließlich der Teilung, hinterlassen hat, muß jedermann bewußt bleiben. Man kann auch nicht dank der ominösen «Gnade der späten Geburt» aus dem Strom der Geschichte beliebig hinaussteigen! Ein neuer gesamtdeutscher Nationalstaat in der Mitte Europas ist für alle Staaten in Ost und West schlechterdings unerträglich, da er unkalkulierbar, aber mächtig ist. Ökonomisch sogleich an zweiter Stelle hinter den USA stehend, bildeten 80 Millionen Deutsche in einem Staat ein im Prinzip nicht mehr berechenbares politisches Potential. Über kompromißlosen Widerstand dagegen läßt sich in jeder Runde von amerikanischen, russischen, polnischen, französischen Politikern mühelos Konsens erzielen.

2. Ein Gesamtdeutschland als neutralisierte Pufferzone zwischen West und Ost ist reine Utopie, und keine schöne dazu. Die Staatsräson der Bundesrepublik ist das Westbündnis. Nur dort sind unsere Gesellschaftsform und unser politisches System zu verteidigen. Rüstungsprobleme rechtfertigen keineswegs die Flucht in bizarre Wunschträume. Man kann über manches Urteil über die Verhältnisse in der DDR, wie man es bei Günter Gaus findet, streiten, aber sein Appell, unter allen Bedingungen die Diskussion der deutschen Frage zu «ent-staatlichen», ist eine goldene Maxime. Wird sie von der öffentlichen Diskussion oder gar von der praktischen Politik mißachtet, können wir alsbald auch nicht mehr pragmatische Politik im Sinne der Verantwortungsgemeinschaft treiben.

3. Die Summe der Illusionen in der neueren Debatte ist verblüffend groß. Da werden, wie erwähnt, die harten Bedingungen der internationalen Politik leichterhand ignoriert. Wenn es eine Übereinstimmung zwischen den Machtzentren in Ost und West gibt, besteht sie darin, kein neues Gesamtdeutschland mit seinem riesigen ökonomischen, wissenschaftlich-technologischen und letztlich politischen Potential entstehen zu lassen. Wer diesem Grundtatbestand der «Großen Politik» nicht konsequent Rechnung trägt, verrät seine Realitätsferne, wie auch immer die in Samt und Watte verpackten Pressekommuniqués ausländischer Politiker lauten mögen.

4. Wider alle politische Vernunft ist auch die Romantik des «dritten Wegs» wieder aufgetaucht. Das Lebensgesetz der Bundesrepublik ist jedoch, wie schon gesagt, die Westbindung, wenn denn eine freiheitliche Gesellschaft mit freiheitlicher Politik erhalten bleiben soll. Niemals darf die traumtänzerische Formel von der «Äquidistanz» zum Imperativ operativer Politik werden. Wirtschafts- und Gesellschaftsordnung, Politik und Kultur, Interessen und das Geflecht zahlloser Gemeinsamkeiten binden uns endlich fest an den Westen. Jedes neue Jahr bedeutet einen Zugewinn an Stabilität, einen Traditionsring mehr vor allem für die liberal-demokratische Kultur der Bundesrepublik. Das alles soll für die Chimäre eines «dritten Wegs» schon wieder aufs Spiel gesetzt werden, obwohl doch jedem historisch Denkenden bewußt ist, wo eine solche Schaukelpolitik bisher immer geendet hat? Ohne die Westbindung ist die Bundesrepublik, erst recht ein fiktives Gesamtdeutschland, ein Spielball derjenigen Hegemonialmacht, in deren unmittelbarem Vorfeld wir liegen. Wie will ein solches unsicher vagabundierendes Gebilde unter dem löchrigen Schirm seiner Neutralität eine autonome Politik mit Zielen betreiben, wie sie eine große Mehrheit in der Bundesrepublik glücklicherweise noch immer wünscht? Wer will, wer soll eigentlich den extrem hohen Preis für die antiquierte Utopie eines neuen deutschen «Sonderwegs» zahlen?

5. Es gibt freilich auch, das gebietet die Fairneß einzuräumen, ein schwerwiegendes allgemeines Gegenargument zugunsten des Nationalismus und Nationalstaats. Unabhängig von den schlimmen Erfahrungen der Deutschen hat der Nationalismus seit 1945 seinen Siegeszug in der Welt unaufhaltsam

fortgesetzt, ja beschleunigt. Er behält in den alten etablierten Nationalstaaten seine ungebrochene Lebenskraft. In den sogenannten Entwicklungsländern besitzt er die Attraktivität der einzigen erfolgversprechenden Integrationsideologie. Auch in den kommunistischen Staaten hat er die integrierende Wirkung der Parteidoktrin entweder längst verdrängt oder er existiert mindestens gleichberechtigt neben ihr. Warum sollen wir, lautet daher der vertraute Einwand, eine Ausnahme bleiben, eine Art künstliche Isolierung von einem offensichtlich globalen Trend akzeptieren? Nun denn: Wir sind verpflichtet, aus den bitteren Erfahrungen unserer Vergangenheit zu lernen – nicht im Sinn eines unmittelbar verfügbaren, aktuelle Entscheidungen sicher bestimmenden Handlungs- und Herrschaftswissens, sondern im Sinn eines möglichst breiten Orientierungswissens, das jedoch auch Verhalten und politisches Handeln in vermittelter Form anzuleiten vermag.[6] Nehmen wir unsere Erfahrungen mit dem Nationalismus und dem deutschen Nationalstaat nicht ernst, werden die alten und neuen Gefahren im Nu unübersehbar groß. Das kann keine rationale Politik wollen, zu allerletzt die Politik in Bonn.

6. Conclusio: Ein neubelebter gesamtdeutscher Nationalismus mit dem Fluchtpunkt eines Nationalstaats birgt schier zahllose Risiken, verspricht aber nichts dauerhaft Positives. Wir sollten daher den Pluralismus mehrerer deutscher Staaten akzeptieren, wie es auch vor 1866 fast 900 Jahre lang immer mehrere, ja Hunderte von deutschen Staaten in Europa gegeben hat. Ein pluralistisches, im besten Fall föderalistisches System deutscher Staaten ist – historisch gesehen – die für alle Nachbarn einzig erträgliche Lösung. Das bildet – wie längst klar geworden ist – den Fluchtpunkt meiner etwas riskanten Argumentation zur «deutschen Frage» von 1648 bis 1986.[7] Wir sollten jedes Wort über sogenannte «nationale Aufgaben» kritisch prüfen, anstatt einen neuen Nationalismus nostalgisch herbeizureden. Zu schnell wird damit die Situation des Zauberlehrlings wieder heraufbeschworen. Es ist beruhigend, daß die Konstellation der internationalen Politik einem gesamtdeutschen Nationalismus die allerengsten Grenzen zieht, vermutlich auch einer Dynamisierung massiven Gegendruck entgegensetzen würde. Vor allem aber bleibt es eine kluge westdeutsche Politik, die Folgen des Zweiten Weltkriegs und die seither im internationalen System fixierten Grenzen zu akzeptieren und sie, eben deshalb mit Glaubwürdigkeit, über die West-Ostgrenze hinweg pragmatisch erträglicher zu machen. Die Fixierung auf die bis 1945 verspielte, inzwischen anachronistische Nationalstaatslösung von 1871 hilft den wohlverstandenen Eigeninteressen der Bundesrepublik und der Stadt Berlin, gerade auch im Verhältnis zur DDR, nicht einen einzigen Millimeter weiter.

1933 – ein halbes Jahrhundert danach

Wenn 1983 eine wahre Flut von Fernseh- und Rundfunksendungen, eine Unzahl von politischen Veranstaltungen und wissenschaftlichen Kongressen, eine Welle von populärwissenschaftlicher Literatur und Illustriertenberichten über uns hereinbricht, weil fünfzig Jahre nach der sogenannten «Machtergreifung» der Nationalsozialisten die Erinnerung an dieses fatale Ereignis und seine bis heute fortwirkenden Folgen wachgehalten oder kommerziell ausgebeutet werden soll, wird sich mancher, gleich welcher Generation er angehört, danach fragen, welche Bedeutung dieses Datum überhaupt noch für ihn hat. Fünfzig Jahre sind keine geringe Spanne, und es gibt Epochen, in denen die Zeit in den Katarakten der Geschichte beschleunigt verläuft. Ein halbes Jahrhundert nach dem Wendepunkt, als Napoleons Kaisertum die Zähmung der Revolution zu symbolisieren schien, brachen die europäischen Revolutionen von 1848 aus. Ein halbes Jahrhundert nach 1848 starb mit Bismarck jene Persönlichkeit, ohne welche die neue Staatsbildung des großpreußischen Reiches in der Form von 1871 nicht zustande gekommen wäre, und der Spanisch-Amerikanische Krieg besiegelte mit dem Aufstieg der Vereinigten Staaten zur Weltmacht das Vordringen jener zweiten Flügelmacht neben Rußland, die der globalen Vorherrschaft Europas binnen kurzem ein Ende bereiten sollte. Ein halbes Jahrhundert nach 1898 hatte Europa einen zweiten Dreißigjährigen Krieg erlebt und war in zwei Weltkriegen, wie es zunächst schien, nahezu ausgebrannt; aus dem hypertrophen «Großdeutschen Reich» waren am Ende dieser Periode zwei deutsche Kleinstaaten hervorgegangen. Und ein halbes Jahrhundert nach 1933 ist die Bundesrepublik Deutschland rund dreimal so alt wie die Weimarer Republik – jenes erste Experiment mit einer deutschen Demokratie, die zwischen 1930 und 1932 bereits ihrem Scheitern entgegen ging. Es lohnt sich, daran zu erinnern, was die Geschichte in den Verlauf eines halben Jahrhunderts alles hineinpressen kann. Und es ist ganz besonders notwendig, die Erinnerung an die Taten des NS-Regimes wachzuhalten, das seit dem 30. Januar 1933 in Europa die tiefsten Spuren hinterlassen hat, aber auch vielerorts auf dem Globus zu unübersehbaren Veränderungen geführt hat, die mittelbar damals in Berlin begannen.

Im Rückblick drängt sich erneut die Frage auf, wie man sich in der Bundesrepublik mit der ungeheuren Bürde der NS-Zeit auseinandergesetzt, wie man die schier erdrückenden Probleme dieser jüngsten Vergangenheit zu verarbeiten versucht hat. Dabei lassen sich einige Phasen ziemlich klar unterscheiden. Als nach Kriegsende die Betäubung durch den totalen Krieg, durch Bombennächte, Flucht und Evakuierung noch anhielt, setzte in den drei westlichen Besatzungszonen die «Reeducation» ein. Insbesondere in der amerikanischen und englischen Zone verstand man darunter den Versuch, durch Aufklärung über die wahre Natur des nationalsozialistischen Regimes, die Steigerung seiner Verfolgungspolitik bis zur «Endlösung», die Brutalität eines fünfeinhalb Jahre lang von Deutschland geführten Weltkriegs, nicht zuletzt aber auch über die Vorgeschichte der «Machtergreifung» und verhängnisvolle Fehlentwicklungen in der deutschen Vergangenheit überkommene Illusionen aufzulösen und ein realistisches Verhältnis zur eigenen Geschichte zu schaffen. Diese neue Einstellung galt als der Nährboden, auf dem sich dann eine bereitwillige Übernahme demokratisch-parlamentarischer Verfassungsformen vollziehen werde. Indem die Besatzungsmächte auf den Inhalt der Schullehrbücher und die Tendenz der neu lizensierten Zeitungen Einfluß nahmen, zahlreiche politische und wissenschaftliche Veranstaltungen über einschlägige Themen förderten, dem Besuch von Dokumentarfilmen über das «Dritte Reich» nachhalfen usw., bemühten sie sich, diese «Umerziehung» zu verwirklichen. Als der «Kalte Krieg» seinem Höhepunkt entgegenstrebte, die Bundesrepublik gegründet wurde und das Ost-West-Verhältnis neue Probleme aufwarf, wurde das großangelegte Experiment stillschweigend aufgegeben. Seither ist es üblich geworden, das ganze Unternehmen mit ironischer Kritik oder arroganten Bemerkungen über die Naivität der «Besatzer» abzutun. Ist diese Einstellung jedoch angebracht?

Nach der von den Alliierten soeben buchstäblich hautnah erlebten mörderischen Menschenverachtung des NS-Regimes, das sich bis weit in den Krieg hinein auf die bereitwillige Akklamation einer großen Mehrheit der Bevölkerung hatte verlassen können, bedeutete die «Reeducation» im Grunde einen noblen Versuch, in der Tradition der Aufklärung Menschen für demokratische Formen des politischen und gesellschaftlichen Lebens zu gewinnen, indem man sie über die Ursachen ihrer selbstverschuldeten Misere aufklärte. Erziehung zu selbstkritischer Haltung, zur Mündigkeit, zum demokratischen Staatsbürger wurde oft mit dem Pathos, das auch den Pädagogen der Aufklärung eigen gewesen war, betrieben, wohl auch mit zuviel weltfremdem Vertrauen auf die schnelle Wirkung vernünftiger Anleitung zum Besseren. Kritik ist da leicht möglich. Vergleicht man aber diese Anstrengung, unmittelbar nach einem zweiten totalen Weltkrieg Millionen von Menschen durch eine neue politische Erziehung zur Distanzierung von Nationalsozialismus und für die Sache der Demokratie zu gewinnen, mit der gnadenlosen Liquidierungs- und Unterdrückungspolitik, wie sie im Bereich der sowjetischen Besatzungszone und dann in der Frühphase der DDR praktiziert wurden, kann die kurzlebige «Reeducation»-Politik vor der historischen Kritik wohl bestehen. Obwohl sie ihre selbstgesetzten Ziele nicht erreichte, sind von ihr doch zahlreiche wichtige Impulse ausgegangen, denen ein herablassendes Achselzucken keineswegs gerecht wird.

Die «Reeducation» überschnitt sich mit der ebenfalls von den Besatzungsmächten initiierten «Entnazifizierung», die im Grunde auch schon nach wenigen Jahren aufgegeben wurde. Vielleicht waren die Spruchkammern von Anfang an überfordert, als sie aus einer Bevölkerung, die nach dem «Anschluß» Österreichs in einem Plebiszit wahrscheinlich mit 95% der Stimmen Hitlers Politik bejaht hätte und jahrelang die Kriegsanstrengung bereitwillig mitgetragen hatte, möglichst alle Schuldigen herausfiltern sollten. Viele der wahren Verbrecher verbargen sich lange genug, entkamen nach Südamerika, fielen unter eine Amnestie oder fanden später geschickte Anwälte, die für den begehrten «Persilschein» oder eine niedrige Einstufung sorgten. Die weithin unbekannten «Schreibtischtäter», deren bürokratisch exakte Vorbereitung des Massenmords an Juden und «Fremdvölkischen» die «Banalität des Bösen» (H. Arendt) demonstrierte, blieben meist unbehelligt, fanden alsbald den Weg zurück ins sogenannte bürgerliche Leben. Niedere Chargen unter den «Goldfasanen» jedoch, gegen die sich in einer überschaubaren Umwelt genug Groll angehäuft hatte und die bekannt geblieben waren, wurden häufiger verurteilt. Die «kleinen Fische», hieß es, zappelten im Netz, die großen wurden nur in seltenen Fällen gefangen. Einige der spektakulären Nürnberger Prozesse führten zu Todesurteilen oder längeren Haftstrafen für SS-Führer, Offiziere, Unternehmer und Manager an den Schalthebeln der NS-Wirtschaft. Freilich umgab die Nürnberger Prozesse von Anfang an der Ruch der Siegerjustiz, ihre psychopolitische Demonstrationswirkung sollte man daher nicht überschätzen, und außerdem erfaßte die alliierte Gerichtsbarkeit nur eine schmale Spitzengruppe, die an prominenter Stelle der braunen Diktatur gedient hatte.

Das Versickern der «Entnazifizierung» und «Reeducation» stand in einem eigentümlichen Kontrast zu der Häufigkeit, mit der man seit dem Ende der 1940er und dem Beginn der 1950er Jahre die «Bewältigung der Vergangenheit» beschwor. Der Ausdruck als solcher war nicht besonders glücklich gewählt – suggerierte er doch die Vorstellung, man könne in überschaubarer Zeit die Erfahrungen mit der nationalsozialistischen Barbarei wie eine schwierige Schulaufgabe «bewältigen» und dann endgültig einen Schlußstrich ziehen. Dennoch drückte diese Formel auch die Bereitschaft aus, sich mit dem Nationalsozialismus, mit seiner Vorgeschichte, seiner Regimephase, seiner Kriegszeit mehr oder minder intensiv zu beschäftigen. Hier ist eine scharfe Unterscheidung zwischen der politischen und privaten Reaktion auf den Nationalsozialismus einerseits, der wissenschaftlichen Auseinandersetzung andererseits geboten. Im Bereich der Öffentlichkeit und der politischen Entscheidungen stellte sich im Prinzip eine klare Alternative. Entweder konnte man den Kurs einer kompromißlosen Distanzierung von der braunen Vergangenheit befürworten und ihn in praktische Maßnahmen übersetzen. Das hätte eine Unzahl von nachweislich Kompromittierten vor die Gerichte des Landes gebracht, sie zumindest in eine einflußlose Randzone von Gesellschaft und Politik verwiesen. Für Verwaltung und Wirtschaft, um nur zwei Beispiele zu nennen, wäre dadurch fraglos eine einschneidende Beeinträchtigung ihrer Funktionsfähigkeit eingetreten, bis neu heranzubildende Fachkräfte mit hinreichender Sachkompetenz hätten einspringen können. Die vermutlich langwierigen Schwierigkeiten einer solchen rigorosen Umstellung lassen sich nicht leugnen, aber man könnte sehr wohl argumentieren, daß nach der Ungeheuerlichkeit des Hitlerreiches eine solch tiefe Zäsur eine angemessene Reaktion dargestellt hätte und die «sozialen Kosten», welche diese Entscheidung fraglos involviert hätte, zu tragen waren.

Die zweite Möglichkeit bestand darin, sich auch mit aller Entschiedenheit vom Nationalsozialismus zu distanzieren, in der praktischen Politik aber kompromißbereit, gewissermaßen mit laxer politischer Moral zu verfahren, sich über eine böse Vergangenheit in der Bürokratie, in der Justiz, im Schulwesen, in der Wirtschaft sogar ganz hinwegzusetzen, wenn Expertenfähigkeit als Gegenleistung geboten wurde. Auf diese Weise konnte man fast jedermann für den Wirtschaftsprozeß oder seine frühere Amtsstellung in Anspruch nehmen, zum guten Teil auch durch Parteien (wie die CDU/CSU, die Deutsche Partei, den Bund der Heimatvertriebenen u. a.) in das neuentstehende politische System einbinden. Eine entschiedene Kritik daran ist leicht vorzubringen. Aber man darf nicht übersehen, daß diese Politik angesichts der Vielzahl von Menschen, die sich im Dienst des Nationalsozialismus exponiert hatten, durch den Verzicht auf einen rigorosen Bruch mit der Vergangenheit es verhinderte, ein rein numerisch gewaltiges Potential von Unzufriedenheit, Diskriminierten, Bestraften zu schaffen, das sich mit den 13 Millionen Flüchtlingen, die aus dem Europa östlich der Elbe in wenigen Jahren nach Westdeutschland strömten, zu einem unbestreitbar hochbrisanten politischen Sprengstoff hätte verbinden können. Es gehört nicht viel Phantasie dazu, sich diese explosive Situation vorzustellen, und mancher zeitgenössische Beobachter und politisch Handelnde im In- und Ausland hat damals ohnehin geglaubt, daß sie wegen der Not in den zerbombten Städten, wegen der Millionen von Vertriebenen und Geflüchteten nur durch ein Wunder vermieden werden könne.

Man kann schwerlich bestreiten, daß die westdeutsche Politik in der Ära Adenauer sich im wesentlichen für den zweiten Weg entschieden hat. Dafür gab es damals – und gibt es heute – triftige pragmatische Gründe.[1] Vielleicht wäre jede Regierung, die der Maxime eines rigorosen Purismus gefolgt wäre, vor den hohen Hürden steckengeblieben. Vielleicht ist der Zustand, den Richard Löwenthal geradezu die «Ultrastabilität» der Bundesrepublik in den ersten drei Jahrzehnten ihres Bestehens genannt hat, auch ein Ergebnis dieses frühzeitig eingeschlagenen pragmatischen Kurses gewesen, der unausgesprochen von der Mitschuld fast aller ausging und – anstatt eine allgemeine Katharsis zur Vorbedingung eines neuen Anfangs zu machen – alle Energien in den Wiederaufbau und das bald einsetzende «Wirtschaftswunder» lenkte.

Ökonomische Prosperität aber erzeugte soziale Stabilität, und diese gewährleistete die Funktionsfähigkeit des politischen Systems. Die Einsicht in diesen Zusammenhang kann man dem politischen Establishment der Bundesrepublik seit den frühen 1950er Jahren unterstellen, und die unbestreitbaren Erfolge, die aus der Verwirklichung dieser Einsicht resultierten, wird keiner geringschätzen.

Zweifellos mußte aber auch ein Preis für diese Politik bezahlt werden. In der Bürokratie, der Politik, der Wirtschaft tauchten in einflußreichen Positionen Männer wieder auf, die dem Nationalsozialismus bereitwillig gedient hatten – «um Schlimmes zu verhüten», wie sie gewöhnlich behaupteten. Namen, die keiner mehr kennt? Mußten die Globke, Vialon, Oberländer, Schlüter und viele andere nicht die Glaubwürdigkeit der jungen Republik gefährden? Denn mit dem Hinweis auf Effizienz und fachliche Tüchtigkeit ließen sich nicht für jedermann die anhaltenden Zweifel zum Schweigen bringen. Warum fand sich von den zahlreichen Unrechts-Richtern, welche die Perversionen der NS-Volksjustiz exekutiert hatten, nur äußerst selten jemand im Status des Angeklagten wieder? Wurden die Mitglieder des Freislerschen Volksgerichtshofs je zügig zur Rechenschaft gezogen? Die Verdrängung der Vergangenheit erreichte ein erschreckendes Ausmaß. In der privaten Sphäre setzte sie sich fort. Welcher Vater sprach schon gern von seinen Erfahrungen mit den Lagern, in denen Millionen russischer Kriegsgefangener um ihr Leben gebracht worden waren? Wer zog sich nicht bereitwillig auf die «Verstrickung» in schlimme Zeitläufe zurück? Wer wollte noch begründen, warum er seine Kinder nach den Weihnachtsferien 1944/45 auf die «Napolas», die «Adolf-Hitler»- und «SS-Heim-Schulen» zurückgeschickt hatte?

Die Quittung präsentierte erst die Generation von 1967/68, die sich dank ihrer neuen moralischen Sensibilität mit den ausweichenden Antworten, mit der weithin praktizierten Verdrängung nicht mehr zufrieden geben wollte. Gewiß, der gesinnungsethische Rigorismus fiel den Nachgeborenen leicht. Aber gab es nicht allzu gute Gründe, die Leichtfertigkeit der Verdrängung, das moralische Versagen, die Unfähigkeit zu trauern ungeschminkt beim Namen zu nennen und nicht länger mehr jeden Zweifel, ob nach 1949 nicht doch Alternativen verschüttet, viele notwendige Entscheidungen versäumt worden seien, durch den Hinweis auf das «Wirtschaftswunder» unterdrükken zu lassen? Es wirkt unverändert wie eine groteske Übertreibung, wenn neokonservative Kritiker die Studenten- und Assistentenbewegung der späten 60er Jahre als «Kulturrevolution» stilisieren. Aber eine Zäsur im gesellschaftlichen und politischen Leben der Bundesrepublik bedeutet sie durchaus – und wer möchte schon, die Kritiker mit einbezogen, in die späten Adenauer- und Erhard-Jahre mit ihrer spießbürgerlichen Muffigkeit, ihrem unredlichen Verhältnis zur Vergangenheit, ihrem plump materialistischen Hedonismus freiwillig zurückkehren?

Wenn der Einschnitt so tief ausfiel, daß fortab die ersten zwanzig Jahre der Bundesrepublik von der Folgezeit scharf geschieden sind, war das allerdings zum guten Teil dem Bonner «Machtwechsel» zu verdanken, da die sozialliberale Koalition in den Jahren des Reformoptimismus in der Tat manchen anachronistischen Zopf abgeschnitten hat. Vor allem gelang es dadurch dieser Koalition, die ursprünglich systemfeindlich eingestellte APO bis auf kleine dogmatische Gruppen, die den Marsch ins politische Abseits antraten, in die SPD und FDP einzubinden, manche Impulse aufzugreifen und insgesamt die Reformfähigkeit der Bundesrepublik nachdrücklich zu beweisen. Das stellte keine geringe politische Leistung dar, von der die Glaubwürdigkeit der Bonner Politik lange gezehrt hat. Und daß diese Leistung unmittelbar nach dem Zwischenspiel der «Großen Koalition», die von nicht wenigen voreiligen Kritikern als Ende der parlamentarischen Demokratie grotesk überschätzt worden war, vollbracht wurde, hat ihre Wirkung fraglos erhöht. Wer nach dem Regierungswechsel von 1982 kritisiert, daß in den ominösen dreizehn Jahren seit 1969 die «bürgerliche Gesellschaft» in der Bundesrepublik wegen der Aktionen weltfremder Utopiker irreparablen Schaden genommen habe (H.-P. Schwarz), verweigert sich selbst und anderen die Erinnerung daran, wie veränderungsbedürftig diese bürgerliche Gesellschaft am Ende der 60er Jahre dastand, und vor allem verkennt er auch, für wie viele erst seither der Eintritt in die bürgerliche Welt möglich gemacht worden ist.

Auch besteht kein Grund zu leugnen, welche positive Wirkung der Bonner «Machtwechsel» von 1969 und das folgende Dutzend Jahre sowohl auf das Fremdbild, das man im Ausland von der Bundesrepublik besaß, als auch auf das Selbstverständnis der Westdeutschen von ihrem Staat und ihrer Gesellschaft ausgeübt hat. Der Übergang der Geschäfte von der früheren Regierungs- zur langjährigen Oppositionspartei vollzog sich reibungslos, Institutionengefüge und Parteien bewährten sich im Wandel. Mit Brandt übernahm ein Politiker das Kanzleramt, der eine untadelige Vergangenheit im Kampf gegen den Nationalsozialismus besaß. Die symbolische Bedeutung dieser Tatsache, daß ein Mann aus der politisch aktiven Emigration die Leitung der Bonner Politik übernahm, kann gar nicht hoch genug eingeschätzt werden. Für die Bundesrepublik bedeutete das einen nachhaltigen Zuwachs an Respekt und Glaubwürdigkeit. In diesem Sinn kann man in der Tat davon sprechen, daß nicht das fade Erhard-Interregnum, sondern die erste Phase der sozialliberalen Koalition «das Ende der Nachkriegszeit» markiert.

Bis zu dieser Zäsur von 1968/69 hatte die wissenschaftliche Auseinandersetzung sowohl mit dem Nationalsozialismus als auch mit den spezifischen Belastungen der deutschen Geschichte im 19. und 20. Jahrhundert einen Verlauf genommen, der ein differenzierendes Urteil verlangt. Die westdeutsche Geschichtswissenschaft hat nach 1945 rund fünfzehn Jahre lang eine, aufs Ganze gesehen, eigentümliche Zurückhaltung gegenüber der Beschäftigung mit dem «Tausendjährigen Reich» geübt. Natürlich gab es Ausnahmen: die ersten Arbeiten am Münchener «Institut für Zeitgeschichte», die materialreichen Studien in seinen «Vierteljahresheften für Zeitgeschichte» (seit 1954), Hans Rothfels' Widerstandsbuch, einige Aufsätze insbesondere von Angehörigen der älteren Generation, von der vor allem Gerhard Ritter die Diskussion in eine grundfalsche, apologetische Richtung zu steuern versuchte. Von breiter, intensiver Forschung und zusammenfassenden Darstellungen kann jedoch für diese Zeit noch keine Rede sein. Teils zog man sich auf die Position zurück, daß es um miterlebte, allerjüngste Vergangenheit gehe, der gegenüber erst noch die Distanz des klärenden historischen Urteils gewonnen werden müsse (Alan Bullocks Hitler-Biographie bewies übrigens früh das Gegenteil!). Teils spürte auch mancher, daß er selber zumindest auf die Karte der Revision des «Versailler Systems», der «großdeutschen» Einigung, der europäischen Hegemonie des Reiches gesetzt hatte, mithin fiel Schweigen leichter als das Eingeständnis eigener Irrtümer. Vor allem verhinderte ein weithin noch ungebrochen fortlebender Historismus, der unverändert eine Zeit nur aus ihren eigenen Bedingungen und Möglichkeiten immanent zu «verstehen» unternahm, eine kritische Analyse, da sich die Barbarei der NS-Diktatur gegen das überkommene «Verstehen» sperrte. Ein spiritualistisch verdünnter Historismus – Friedrich Meinecke selber hatte das gefürchtete geistige Vakuum nach 1945 mit «Goethe-Gemeinden» auffüllen wollen – vertrug sich ebenso wie die verbreitete Abstinenz gegenüber der deutschen Geschichte unter dem Nationalsozialismus recht gut mit dem allgemeinen politischen Klima der 1950er Jahre.

Es bleibt das unbestreitbare Verdienst der neben der herkömmlichen Historiographie aufkommenden neuen Zeitgeschichte, daß ihr dank der frühen Verbindung mit der Politikwissenschaft bereits 1955 mit Karl Dietrich Brachers «Auflösung der Weimarer Republik» ein großer Wurf gelang. Welche Qualität dieses bahnbrechende Buch besitzt, wird u. a. daran deutlich, daß es bis heute, nach 28 Jahren intensiver Forschung, noch immer ein unübertroffenes Standardwerk darstellt. Historiker haben damals in ihren Rezensionen an der ungewohnten Verbindung von systematischer Sozial- und hermeneutischer Geschichtswissenschaft herumgemäkelt. Kaum waren jedoch ihre Besprechungen erschienen, legte Bracher mit seinen beiden Mitarbeitern Gerhard Schulz und Wolfgang Sauer 1960 ein ebenso eindrucksvolles Sammelwerk über «Die nationalsozialistische Machtergreifung» vor, das in mancher Interpretation überholt, als monographische Detailstudie aber noch immer nicht ersetzt ist. Der mit solchen Leistungen aufwartenden Zeitgeschichte war es, pointiert gesagt, erst zu verdanken, daß die Erforschung des Nationalsozialismus bis 1960 fest etabliert war.

Die in den 50er Jahren begonnene Kärrnerarbeit der Gewinnung gesicherten empirischen Wissens über möglichst viele Aspekte des Nationalsozialismus wurde in den folgenden Jahrzehnten fortgesetzt. Auf ihr basierten dann Werke, die jeweils Höhepunkte der Erforschung und Darstellung zentraler

Dimensionen des Nationalsozialismus bedeuteten: Unter dem kühnen Titel «Der Faschismus in seiner Epoche» brachte Ernst Nolte 1963 seine vergleichenden «phänomenologischen» Studien über den deutschen, italienischen und französischen Faschismus heraus, denen in kurzen Abständen zwei weitere Bücher desselben Verfassers folgten, der dadurch die Forschung wieder dazu zwang, einen allgemeinen Faschismusbegriff ernst zu nehmen und zu präzisieren und zum zweiten, auch durch sein eigenes Werk, zum differenzierenden Vergleich anregte. 1965 erschien (erstmals) Andreas Hillgrubers Pionierstudie «Hitlers Strategie-Politik und Kriegführung 1940/1941», in der die Ausweitung des europäischen Kriegs zum totalen Welt-Krieg durch Hitlers Rußlandfeldzug und Amerikas Kriegseintritt sowie die qualitativ veränderte Natur des rassenideologisch inspirierten Vernichtungskampfes der NS-Truppen aus genauer Quellenkenntnis und mit Hilfe weiter Interpretationsperspektiven analysiert wurden. Nach zwanzigjähriger Beschäftigung mit diesem Gegenstand veröffentlichte Bracher 1969 seine Gesamtdarstellung: «Die Deutsche Diktatur», die von einer dezidiert anderen Position aus, als sie etwa Nolte und Broszat einnahmen, den Nationalsozialismus im Rahmen der Totalitarismustheorie als spezifisch modernes Diktatorialregime deutete. 1969 gelang es Martin Broszat in einer bisher noch nicht wieder übertroffenen Verbindung von systematischer Analyse und quellendichter Darstellung, den «Staat Hitlers» in seiner Doppelnatur von charismatischem Herrschaftssystem und bürokratisiertem Anstaltsstaat zu erfassen. 1973 folgte mit Joachim Fests Hitler-Biographie der große Wurf eines Außenseiters der akademischen Geschichtswissenschaft, in der die arbeitsteilige Spezialistenforschung zunehmend die Überhand gewann und eine typische Synthesescheu entwickelte. Seither hat die Zahl der Monographien und Aufsätze stetig zugenommen. Zugenommen hat freilich auch die Intensität der Debatte über eine angemessene historische Theorie – oder anders gesagt: über die überzeugendste Interpretation – des Nationalsozialismus bzw. des Faschismus.

Seit den 1960er Jahren hatte sich bei der Erforschung des Nationalsozialismus eine Strömung herausgebildet, die der Totalitarismustheorie mit wachsender Skepsis entgegentrat und eine Revision des damals gängigen Interpretationsmodells forderte. Sie bestritt den monolithischen Charakter des Herrschaftssystems und sah statt dessen eine Vielzahl miteinander rivalisierender Machtzentren am Werk. Von daher griff sie den Begriff der Polykratie als Charakteristikum des nationalsozialistischen «Doppelstaats» auf. Gegen die Vorstellung, daß Hitler seinen seit den 1920er Jahren entwickelten Vorstellungen geradlinig gefolgt und sie, nachdem er in den Besitz der Macht gelangt, zielstrebig verwirklicht habe, setzte der «Revisionismus» ein pragmatischeres Politikverständnis, betonte die auch von anderen Akteuren mitbestimmten restriktiven Bedingungen für die Politik Hitlers und warnte vor einer Überschätzung seiner Entscheidungsrationalität, ohne die Verbindlichkeit bestimmter dogmatisch fixer Ideen als handlungsleitender Fixpunkte zu leugnen. Martin Broszat, Hans Mommsen, Wolfgang Schieder und andere ihrem Ansatz folgende Historiker eröffneten damit eine Debatte, die bis heute anhält.

Gegenüber der Kritik verteidigte Bracher seine Position und eine modifizierte Totalitarismustheorie, die dem Charakter des NS-Regimes am ehesten gerecht werde. Er beharrte auf dem Fundamentalgegensatz von Diktatur und Demokratie und wandte sich mit zunehmender Schärfe schließlich gegen jedweden Faschismusbegriff. Unbestreitbar behält eine elastisch gehandhabte Totalitarismustheorie ihren Nutzen für die Interpretation auch der nationalsozialistischen Herrschaft. Insofern ist ihre flinke Verketzerung als ein Produkt des «Kalten Krieges» verfehlt. Aber sie ist nicht sonderlich hilfreich im Hinblick auf die sozialökonomischen Voraussetzungen, die Vorgeschichte und den Aufstieg des Nationalsozialismus zur Massenbewegung; sie tendiert dazu, das Polykratieproblem nicht ernst genug zu nehmen, und sie ist der Politischen Soziologie Max Webers weit unterlegen, wenn es um eine zentrale systematische Frage: den Aufbau des Charismas und den Stellenwert von Hitlers «Führer»-Stellung geht.

Ganz so dezidiert wie Bracher verteidigte sich eine andere Richtung, die sich primär für die Außenpolitik des NS-Regimes interessierte und – zum guten Teil dadurch bedingt – die Figur Hitlers ganz und gar in den Mittelpunkt stellte. Aus dieser Entscheidung ergab sich die Notwendigkeit, das wüste Gemisch der Hitlerschen Ideologie als Ursprung seiner Antriebskräfte ernst zu nehmen; es ergab sich aber auch die Gefahr, die Zielstrebigkeit seiner Programmatik zu überschätzen und die Ausführung seines sogenannten «Stufenplans» (Hillgruber) als eines neuen deutschen Griffs nach der Weltmacht zu einseitig von einem einzigen Aktionszentrum, nur von Hitler her, zu interpretieren. Auch diese «Programmologen» (W. Schieder), die den Nationalsozialismus zum «Hitlerismus» verengten, wurden durch die wissenschaftliche Kontroverse unter wachsenden Legitimationsdruck gesetzt.

Die Debatte über den Nationalsozialismus gewann außerdem dadurch eine neue Dimension, daß seit dem Ende der 1960er Jahre im Zusammenhang mit der Studentenbewegung die älteren sozialistischen und kommunistischen Faschismustheorien eine Art Renaissance erfuhren. Selbstredend gab es dafür politische Gründe, aber ein gut Teil des Engagements entstand auch aus einer moralischen Verletzung: aus dem Eindruck, daß bisher nicht radikal genug nach den sozialen und ökonomischen Bedingungen und Antriebskräften «des» Faschismus gefragt worden sei. Zahlreiche Varianten von Faschismustheorien wurden seither mit Leidenschaft verfochten. Im Kern aber lassen sich alle auf eine neomarxistisch beeinflußte Kapitalismuskritik zurückführen, derzufolge «der» Faschismus – geschrieben und geredet wurde aber fast ausschließlich über den deutschen Nationalsozialismus – als eine spezifische Form «bürgerlicher Herrschaft» zu «begreifen» sei, die aus einer tiefen Krise des Industriekapitalismus, wie sie die Weltwirtschaftskrise seit 1929 enthüllte, mit innerer Notwendigkeit hervorgegangen sei und erneut hervorgehen könne.

Rund zehn Jahre lang wurde eine z. T. leidenschaftliche Debatte über Faschismustheorien geführt, der empirische Ertrag indes blieb minimal. Aus einem einzigen Buchkapitel oder zusammenfassenden Aufsatz von Broszat, Mommsen, Schieder, Bracher, Hillgruber u. a. lernt man mehr als aus dieser ganzen sterilen Debatte, die Forschung und Darstellung kaum vorangebracht hat. Außer ihrer Empiriescheu blieb sie von Anfang bis Ende durch eine spezifische Einseitigkeit gekennzeichnet: Zwar war unentwegt von «dem» Faschismus die Rede, fast ausnahmslos stand jedoch, wie gesagt, nur der Nationalsozialismus zur Debatte. Wegen dieser Verengung konnte weder von einer Erörterung «des» Faschismus ernsthaft die Rede sein, noch eine Frage, die schlechterdings zum eigentlichen Kern der Problematik gehört, angemessen weiterdiskutiert werden – die Frage nämlich, warum es in Deutschland als einzigem hochindustrialisierten Land zu der besonders extremen Ausprägung des Nationalsozialismus, zu einem «Radikalfaschismus» (Nolte) gekommen war. Diese Frage kann nur durch intensive komparative Arbeit geklärt werden, und zu dieser vergleichenden Forschung haben die großen Strategen der Faschismus-Diskussion so gut wie nichts beigetragen. Man braucht z. B. nur die zahlreichen und leider einflußreichen Veröffentlichungen von Reinhard Kühnl durchzulesen, um festzustellen, mit welcher Eintönigkeit und Unergiebigkeit ein vulgärmarxistischer Ansatz, der für neue undogmatische Forschungsergebnisse völlig unzugänglich ist, mit minimalen Varianten wiederholt wird. Auf diese und ähnliche Weise ist der ursprünglich aufklärerische Impuls von 1968 an den Dogmatismus verraten worden.

Zwei Ergebnisse der allgemeinen Kontroverse über Nationalsozialismus und Faschismus wird man heute festhalten dürfen: Zum ersten kann man auf einen idealtypisch scharf zugespitzten Sammelbegriff für die gegen den Kommunismus und den Kapitalismus, gegen die Kriegsniederlage und die politische Ordnung nach 1918/19 gerichteten «rechtsradikalen», antidemokratischen, antiliberalen und antiparlamentarischen Protestbewegungen unter der Leitung hervorgehobener Parteiführer nicht verzichten. Ein exakt definierter Faschismusbegriff ist daher trotz aller ideologischen Überfrachtung, wie sie politischen Kampfbegriffen in der Regel eigen ist, mangels überlegener Begriffe ein unentbehrlicher Bestandteil des kategorialen Apparats der Forschung. Ohne einen solchen Idealtypus sind gerade vergleichende Analysen kaum möglich, ganz gleich ob sie nun die Annäherung oder sogar Kongruenz der untersuchten Realitätsbereiche mit dem Idealtypus oder die Entfernung und den Zwang zur Umformulierung des Idealtyps ergeben mögen. Zum zweiten kann eine seriöse historische Faschismustheorie, die über das heuristische Instrument eines Idealtypus hinausgelangt, nur dann zustande kommen, wenn anstelle der Fixierung allein auf den Nationalsozialismus die beiden autonom bzw. mit Hilfe der typischen Koalition mit alten Machteliten zur Macht gelangten «Faschismen»: der italienische und der deutsche, unter vergleichenden Fragestellungen, die Gemeinsamkeiten und Unterschiede pointiert hervorhebend, weiter erforscht und in synthetischen Darstellungen erfaßt werden. Von dieser Basis aus muß dann erneut der Frage nachgegangen werden, ob wir wirklich von einer Vielzahl von faschistischen Bewegungen «in ihrer Epoche» zwischen 1918 und 1945, ja darüber hinaus mit stichhaltigen Gründen sprechen können.

Schließlich scheint auch inzwischen der Zeitpunkt herangekommen zu sein, wo es nicht mehr genügt, die Unterschiede zwischen den rivalisierenden Ansätzen (Totalitarismustheorie, «Hitlerismus», Revisionismus) immer wieder zu unterstreichen. Die Fronten sind allmählich jedermann bekannt, der ritualisierte Schlagabtausch wird nicht nur langweilig, sondern er führt vor allem wissenschaftlich nicht weiter. Die Frage lautet daher, ob es nicht ein systematisches Erklärungsangebot gibt, das eine gewisse Verknüpfung der konkurrierenden Interpretationen erlaubt und selbstverständlich mit den Ergebnissen der historischen Filigranarbeit kompatibel sein muß. Nachdem ältere Anregungen von Franz Neumann in seinem «Behemoth» (deutsche Ausgabe erst Frankfurt 1977) und von Joseph Nyomarkay (Charisma and Factionalism in the Nazi Pary, 1967), die beide auf Max Webers Konstrukt der charismatischen Herrschaft zurückgegriffen haben, von der internationalen Forschung nicht gebührend berücksichtigt worden sind, hat M. Rainer Lepsius in letzter Zeit mehrfach an die Webersche Politische Soziologie angeknüpft (z. B. in seinem Beitrag in: J. Linz und A. Stepan Hg., The Breakdown of Democratic Regimes: Europe, Baltimore 1978, 34–79) und eine sinnvolle Diskussions- und Forschungsstrategie vorgeschlagen. Einmal ist der Tatsache Rechnung zu tragen, daß die NSDAP immer auch Hitler-Bewegung, der NS-Staat stets auch der «Staat Hitlers», die Außenpolitik in der Tat eine Domäne der Entscheidungen Hitlers war. Die erste Aufgabe besteht deshalb darin, den Aufbau des Charismas, das Hitler nicht frühzeitig umgab, sondern das er erst allmählich entwickelte und maximal optimierte, bis er als unbestrittener «Führer» an der Spitze von Bewegung und Staat stand, historisch-systematisch zu analysieren. Es bleibt unverändert eine spannende Arbeit, den Weg des «böhmischen Gefreiten», der trotz der unglaublichen Verluste des deutschen Führungspersonals nach vier Jahren Krieg noch nicht einmal zum Unteroffizier befördert worden war, unter diesem Gesichtspunkt des teils instinktiv, teils planmäßig verfolgten Ausbaus seines Charismas, der erfolgreichen Ausnutzung und des außergewöhnlich spät einsetzenden Verfalls in dem Vierteljahrhundert nach dem Ersten Weltkrieg zu verfolgen. Insofern könnte den Vorstellungen derjenigen Schule, die von der zentralen Rolle Hitlers ausgeht, innerhalb systematischer Grenzen Rechnung getragen werden. Zum zweiten könnte das mit den Verfechtern der nationalsozialistischen «Polykratie» – ein Theorem, das sich als außerordentlich stimulierend erwiesen hat – auch geschehen, da der Kampf der verschiedenen Machtzentren im NS-Regime geradezu als systemeigene, notwendige Voraussetzung für den über dem Streit der Parteien thronenden, gewissermaßen als Unparteiischer in letzter Instanz durch «Führerbefehl» entscheidenden Charismatiker angesehen werden kann. Daß der Nationalsozialismus in seiner Regime-Phase ausgeprägt totalitäre Züge besaß, scheint mir evident zu sein. Daher ließen sich auch nicht wenige der Argumente, die vor allem Bracher für die historische Natur der «deutschen Diktatur» vorgetragen hat, in diesem Rahmen berücksichtigen.

Von einem historisch spezifizierten Interpretationsmodell der Entstehung und Ausübung charismatischer Herrschaft in dem vorn mit äußerster Knappheit umrissenen Sinn läßt sich m. E. eine tragfähige Synthese erwarten. Und heutzutage steht hierzulande nicht die 333. Spezialmonographie, sondern vor allem die überzeugende Synthese der immer weiter ausufernden, kontrovers beurteilten Forschungsergebnisse auf der Tagesordnung.

Mit diesem Plädoyer soll nicht einer Harmonisierung, die womöglich unaufhebbare Unterschiede überspielt, das Wort geredet werden. Auch mag sich die vorgeschlagene Synthese als Weg in eine falsche Richtung erweisen oder einer überlegenen weichen müssen. Unstreitig aber besteht der Anspruch des sogenannten «gebildeten Laien», erst recht des interessierten Studenten, Schülers, Lehrers und Fachwissenschaftlers zu Recht, daß ihm eine stringente, systematischen Gesichtspunkten folgende historische Synthese anstelle der zahllosen, in ihrem Wert an sich unbestrittenen Spezialistenergebnisse geboten wird. Darauf sollte sich die Anstrengung der kompetenten Sachkenner richten, nicht zuletzt auch aus dem Grund, daß sonst das Bedürfnis nach Gesamtinterpretation durch populärwissenschaftliche Surrogate befriedigt wird.

Diese Gefahr lenkt auf einen anderen wichtigen Gesichtspunkt hin. Die Geschichtswissenschaft ist der politischen Öffentlichkeit solche zusammenfassenden Darstellungen schuldig, da der inflationierte faschismustheoretische Jargon in dem vergangenen Dutzend Jahre in die Sprache von politischen Studentenverbänden, von Redakteuren, von Lehrern usw., mithin in die Sprache von meinungsbildenden Gruppen eingesickert ist. Oft ist von dem ursprünglichen theoretischen Anspruch nur mehr ein geradezu pseudomarxistischer kruder Restbestand von Vorstellungen übriggeblieben, etwa im Sinne einer plumpen Agententheorie, wonach «die» kapitalistischen Interessenaggregate «die» Politiker mehr oder minder autoritäre Politik hinter der Fassade des demokratischen Verfassungsstaats betreiben lassen, und das Abgleiten in einen neuen Faschismus lauert dann stets in der nächsten Krisensituation. Es gibt z. B. seit geraumer Zeit in gewerkschaftlichen Akademien und Zeitungen einen erbitterten Streit zwischen orthodoxen kommunistischen Politikwissenschaftlern einerseits, die in einem «faschismustheoretischen» Rahmen und mit tollkühner Simplifizierung, aber in einer eingängigen, die Problemkomplexität auf ein Minimum reduzierenden Sprache vielgelesene Darstellungen zur Geschichte der SPD und der Gewerkschaften geschrieben haben. Ihnen stehen andererseits wenige sachkundige Historiker und Sozialwissenschaftler gegenüber, die diesen alle historische Realität verfälschenden Klischees energisch entgegentreten. Eine solche notwendige Auseinandersetzung wird u. a. dadurch erschwert, daß es aus der Feder führender Vertreter der «Revisionisten» unter den Zeithistorikern keine knappen, in klarem Stil geschriebenen Darstellungen gibt, die bei einer derartigen Kontroverse äußerst nützlich wären. Die Konsequenz ist, daß platten Vorurteilen und wirklichkeitsfernen Stereotypen das Feld häufig überlassen bleibt. Ähnlich kann man bei Diskussionen mit Schülern und Studenten die Erfahrung machen, daß abgesackte Elemente der Faschismustheorien ganz unbefangen für die Wahrheit und nichts als die Wahrheit gehalten werden. Die Denkfiguren sind so bequem, das intellektuelle Niveau der «Beweise» gestattet jedermanns Teilnahme, eine kräftige Schwarz-Weiß-Zeichnung fordert zur Identifizierung mit den Guten, zum Abscheu gegen die Volksverderber auf. Gegen die daraus resultierende Arroganz der «schrecklichen Vereinfacher» ist manchmal, zumal wenn sie in ihrer Heilsgewißheit den Lauf der Geschichte zu kennen vermeinen, selbst mit den besten Argumenten nicht leicht anzukommen. Gewiß, man sollte derartige Erscheinungen nicht übermäßig dramatisieren. Aber da die kritisierten Pseudotheorien insbesondere dem Anfänger, dem Unwissenden, dem unsicher Suchenden ein festes Leitseil an die Hand geben, ist es mit vornehmer Zurückhaltung oder dem Vertrauen darauf, daß der Weg in die Sackgasse die meisten schon kurieren werde, nicht getan. Dies gilt auch deshalb, weil weite Kreise der «Grünen» und «Alternativen» ebenfalls zu einer Dämonisierung «des» Kapitalismus und politischen Agententheorien neigen. Das läßt sich dann leicht mit einer faschismustheoretischen «Perspektive» verbinden, so daß von der Kontinuität des Bösen eine gewisse Suggestion ausgeht.

Man möchte sich daher mehr Fachwissenschaftler wünschen, die den Mut zur (immer vorläufigen) Synthese besitzen, öffentlich ihre Stimme erheben und sich des Forums der verschiedenen Medien bedienen, um den Ergebnissen einer freien, undogmatischen Geschichtswissenschaft zu ihrer aufklärenden Wirkung zu verhelfen. Dieses Engagement ist auch deshalb geboten, weil sich das Verhältnis der politischen Generationen in der Bundesrepublik grundlegend verschoben hat. Um 1970 konnte man – grosso modo – drei politische Generationen unterscheiden: eine erste, welche das Ende des Kaiserreichs und die Weimarer Republik, dann vor diesem Hintergrund den Nationalsozialismus und die Folgezeit erlebt hatte. Eine zweite Generation war stärker durch die Jahre des NS-Regimes, vor allem durch die Kriegs- und Nachkriegsjahre geprägt worden. Eine dritte Generation schließlich hatte einige Jahre im Jungvolk oder in der Hitlerjugend, Flucht, Hunger und dann die Aufstiegsphase der Bundesrepublik als formative Periode erlebt. Diese Koexistenz unterschiedlichster Generationserfahrungen erzeugte manche Spannung, aber es gab auch einen gemeinsamen Nenner: Man konnte das Leben in einem liberaldemokratischen Verfassungs- und Rechtsstaat während einer langen Dauerkonjunktur mit den beiden schlimmen Jahrzehnten vor 1949 vergleichen. Nur die Borniertheit eines NPD- oder KPD-Anhängers konnte die Lektion ignorieren, welche durch die eigene Lebenserfahrung vermittelt wurde. Inzwischen stellt, sozialstatistisch gesehen, die politische Generation der nach der Währungsreform und neuen Staatsgründung Geborenen die Mehrheit der westdeutschen Bevölkerung. Machtergreifung, Hitler-Diktatur, totaler Krieg – das alles sind jetzt sekundäre Erfahrungen, die durch den Schulunterricht, das Studium, die Medien gefiltert und weitergegeben werden. Mag dieser Unterricht auch noch so gut, eine Fernsehsendung über das «Dritte Reich» auch noch so zuverlässig sein – direkte Erfahrungen lassen sich nicht an die folgenden Generationen weitergeben, unvermeidbar bleiben größere Hohlräume als früher bestehen, in die alte und neue Irrlehren eindringen können. Daß dies Vakuum durch ein freiheitlichen, undogmatischen Wertmaßstäben verpflichtetes, klar geordnetes Orientierungswissen gefüllt wird, ist auch eine wichtige Aufgabe des öffentlich tätigen Historikers und historisch denkenden Sozialwissenschaftlers.

Das zugrundeliegende Problem, daß Nationalsozialismus und «Radikalfaschismus» für viele inzwischen einer fernen Welt angehören, jedoch durch einige faschismustheoretische Taschenspieler-Kunststückchen in die unmittelbare Gegenwart verlängert werden, könnte sich bald in neuer Schärfe stellen, wenn die ökonomische Krisenzeit anhält, die Arbeitslosigkeit steigt, die Verteilungskämpfe härter werden und dadurch die Funktions- und Lernfähigkeit des politischen Systems auf eine Belastungsprobe gestellt wird, wie es sie in dieser Form seit 1949 vermutlich noch nicht gegeben hat. Das könnte (zu Recht) der Kapitalismuskritik neuen Auftrieb geben, dann aber ist der Faschismusverdacht nicht mehr weit. Gegenüber einer so kurzschlüssigen Verbindung kann nicht nachdrücklich genug auf den prinzipiellen Unterschieden zwischen der Zeit vor 1933 und der Gegenwart bestanden werden.

Max Horkheimer hat in einer viel zitierten Formulierung geurteilt, daß vom Faschismus schweigen solle, wer nicht zugleich vom Kapitalismus reden wolle. Jeder, der mit der jüngeren deutschen Geschichte vertraut ist, weiß, daß vom Nationalsozialismus auch schweigen sollte, wer nicht den Einfluß und die prägende Kraft traditionaler, vorindustrieller Faktoren hoch zu veranschlagen bereit ist. In Deutschland ist nicht eine auf erfolgreichem Industriekapitalismus aufruhende «bürgerliche Herrschaft» in den Faschismus umgekippt, sondern ein Defizit an Bürgerlichkeit, an bürgerlichem Parlamentarismus und an fest verankerter bürgerlicher politischer Kultur hat auf den Weg in den Abgrund geführt. Noch einmal ist daran zu erinnern, daß

Deutschland das einzige zivilisatorisch und industriell hochentwickelte Land des okzidentalen Kulturkreises gewesen ist, daß einen Nationalsozialismus hervorgebracht hat. In Italien gab es zur Zeit von Mussolinis Machtergreifung nur in Oberitalien größere Industrieregionen, und Faschismustheorie als Kapitalismuskritik trifft nach meinen Begriffen in Italien auf vergleichbare Schwierigkeiten wie in Deutschland. Dort ist wegen der Zähmungsillusionen der traditionalen Machteliten, dank der Steigbügelhalter aus dem Großagrariertum, der Bürokratie, der Schwerindustrie, der Reichswehr, der protestantischen Geistlichkeit und Professorenschaft Hitler in den Sattel gehoben worden. Reiten konnte er dann weit besser als diejenigen, die ihn gut konservativ hatten einrahmen und die Dynamik seiner Bewegung in ihrem Sinne hatten lenken wollen. Ohne den Klassen- und Gruppenegoismus dieser politisch zählebigen und ihren Einfluß kompromißlos verteidigenden Koalitionspartner des «großen Trommlers» wäre die «Machtergreifung» nicht so zustande gekommen, wie sie bis Sommer 1934 erfolgt ist.

Die tiefe Krise der kapitalistischen Industriegesellschaft seit 1929 reicht, so verhängnisvoll ihr Einfluß auch gewesen ist, als Erklärung für den nationalsozialistischen Aufstieg nicht aus. Vergleichbare Depressionserscheinungen gab es in den anderen Industriestaaten auch. Aber die politische Kultur und das Institutionengefüge, das Parteiensystem und die Mentalität der Führungsgruppen in England, Frankreich und Amerika wurden mit den Problemen innerhalb des etablierten politischen Systems einigermaßen fertig. Also müssen entscheidende Erklärungsmomente ganz offensichtlich nicht in den Gemeinsamkeiten der industriewirtschaftlichen Krisenära, auf die politisch so unterschiedlich reagiert werden konnte, sondern in nationalhistorischen Unterschieden gesucht werden.

Ausschlaggebende Faktoren, die diesen Unterschieden ihr Gepräge gegeben haben, sind jedoch in der Bundesrepublik nicht mehr vorhanden. Es gibt keinen preußischen Militarismus mehr, keine Junkercliquen, keine Staatsvergottung durch Geistlichkeit und Hochschullehrer, kein Übergewicht der Schwerindustrie in politischen Entscheidungsprozessen. Es fehlt auch ein vergleichbarer Stachel wie die Niederlage von 1918 nach all den phantastischen Kriegszielträumen, denn die totale Niederlage nach dem zweiten totalen Krieg war zu eindeutig, als daß sie durch neue Legenden hätte in Frage gestellt werden können; es gibt kein verhaßtes «System von Versailles», kein Reparationsproblem, keinen nostalgischen Rückblick auf das braune Reich wie damals auf das verklärte Kaiserreich. Gewiß, nur um den Preis des NS-Regimes, des Zweiten Weltkriegs, der territorialen Zerstückelung und der millionenfachen Vertreibung in der Nachkriegszeit ist der westdeutsche Staat einen gut Teil der Probleme losgeworden, welche das erste Demokratieexperiment erdrückt haben. Unstreitig aber hat die Bundesrepublik im Effekt dadurch ungleich günstigere Startbedingungen besessen und – von der Weltpolitik und Prosperität des ökonomischen Aufschwungs begünstigt –

inzwischen Leistungserfolge vorzuweisen, die ihr dreißig Jahre lang eine auffallende Stabilität verliehen haben. Es ist keine vermessene Annahme zu glauben, daß diese Stabilität auch erheblichen Belastungen gewachsen sein wird. Blickt man z. B. auf die Lebensverhältnisse der sieben Millionen offiziell erfaßten Arbeitslosen nach 1929 mit ihrem hohen Anteil von Dauerarbeitslosen und denkt man an die Dunkelziffer der unbekannten Arbeitslosen, die ihren degradierenden Zustand nicht weitermeldeten, tritt der Unterschied im Vergleich mit der gegenwärtigen Arbeitslosigkeit scharf zutage. Nicht der geringste Zweifel ist erlaubt, daß Arbeitslosigkeit immer eine deprimierende Erfahrung bedeutet. Aber das «soziale Netz» von heute fängt Arbeitslose ganz unvergleichlich besser auf als die kümmerlichen Sozialleistungen nach dem «schwarzen Oktober» von 1929. Strukturelle Arbeitslosigkeit effektiv zu bekämpfen, wirft offenbar immer schwierigere Probleme auf. Aber die Schwierigkeiten werden mit einem ganz anderen Problembewußtsein, gerade auch im Hinblick auf die Glaubwürdigkeit der gesellschaftlichen und politischen Verfassung der Bundesrepublik, angegangen als etwa zu Brünings Zeiten, der die klar vor Augen gestellte Alternative einer antizyklischen Konjunkturpolitik verwarf und auf seinem deflationären, krisenverschärfenden Kurs beharrte, um mit dem Hinweis auf die inneren Schwierigkeiten außenpolitische Erfolge: die Lösung der Reparationsfrage, allmählich die Revision des «Versailler Systems», erzielen zu können. Den Preis der inneren Radikalisierung nahm er bewußt in Kauf, damit aber trug er maßgeblich dazu bei, der NSDAP den Aufstieg bis dicht vor die Traumgrenze der absoluten Mehrheit im Reichstag zu erleichtern. Heute dagegen ist allen Politikern im Bonner «Korridor der Macht» die polarisierende Wirkung von Wirtschaftskrisen, ihre Begünstigung von Rechts- und Linksextremismus bewußt, und diese Einsicht hat den politischen Entscheidungsprozeß mitzubestimmen. Selbst einem antediluvianischen Wirtschaftsliberalismus, der neuerdings wieder Lebenszeichen von sich gibt, kann an einer millionenstarken «industriellen Reservearmee» nicht gelegen sein.

Mit anderen Worten: Nicht nur die Historiker erliegen manchmal der Berufskrankheit des falschen historischen Analogieschlusses, sondern auch in der öffentlichen Debatte spielen voreilige, in die Irre führende Analogien keine geringe Rolle, wie wir in den letzten Monaten immer wieder beobachten können. Ein schwerer Konjunktureinbruch bedeutete noch nicht eine Wiederholung der dritten Weltwirtschaftskrise seit 1929; die gegenwärtige Arbeitslosigkeit ist trotz aller Härten, die sie insbesondere für Jugendliche und ältere Menschen besitzt, mit der Hoffnungslosigkeit von Millionen in den frühen 1930er Jahren nicht zu vergleichen; die politische Wachsamkeit und die Interventionsbereitschaft sind in einem grundverschiedenen Maße stärker ausgeprägt als damals. Auch wenn die ökonomische Depression anhalten und sich noch verschärfen würde, die sozialen und politischen Probleme weiter zunähmen, stünde dennoch kein zweiter Nationalsozialismus vor der Tür. Die Geschichte wiederholt sich nicht, und als der kurzlebige Erfolg der NPD die Kassandrarufe lauter werden ließ, traf doch – um Marx' boshaften Kommentar über Napoleon III. abzuwandeln – für den zweiten Adolf (v. Thadden) zu, daß er nur eine kümmerliche Farce im Vergleich mit dem grauenerregenden ersten zu spielen imstande war.

Weil sich die Geschichte nicht wiederholt, führen auch diejenigen Faschismustheorien ins Abseits, die aus einer Wirtschaftskrise gleichsam automatisch ein faschistisches Herrschaftssystem hervorgehen sehen. Ja, nicht nur das: Solche Vorstellungen machen geradezu blind für neue Gefahren, die mit dem an seine Zeit gebundenen Nationalsozialismus wenig oder nichts zu tun haben. Denn selbstverständlich wäre der Hochmut, daß die Bundesrepublik gegen jede neue Gefahr gefeit sei, von Übel und könnte sich schneller als erwartet als politisch folgenschwere Fehlkalkulation erweisen. Die Janusköpfigkeit des Industriekapitalismus besteht unverändert fort: Er kann ungeahnten Wohlstand hervorbringen, aber andererseits ist seine Fähigkeit noch längst nicht erschöpft, durch ökonomische Krisen soziale Labilität zu erzeugen und über kurz oder lang die Funktionstüchtigkeit des politischen Systems härtesten Belastungsproben auszusetzen. Es mag dann ein Abgleiten in einen autoritären Interventionsstaat geben, der mit dem Nationalsozialismus nichts gemein hätte, trotzdem aber den demokratisch-parlamentarischen Verfassungsstaat und die Lebensformen einer freiheitlichen Gesellschaft von innen aushöhlen könnte. Kritische Wachsamkeit muß daher auch heute unentwegt von der Öffentlichkeit und allen auf Geschichte und Gegenwart bezogenen Wissenschaften unentwegt erwartet werden. Selbstgefällige Zufriedenheit ist gegenüber den anstehenden Problemen die am allerwenigsten angebrachte Einstellung. Die wissenschaftlich zuverlässig überprüfte Erinnerung an die Vergangenheit, auch an die Bedingungen des Aufstiegs und an die Regimezeit des Nationalsozialismus, kann das Problembewußtsein wachhalten und schärfen. Aber sie sollte nicht dazu führen, daß man sich auf die Wiederkehr des Gleichen einstellt, sondern muß dazu beitragen, daß auf nur teilweise vergleichbare Krisenbedingungen, die neue Probleme heraufbeschwören, angemessen reagiert werden kann, ohne daß die Substanz der Bundesrepublik irreparablen Schaden erleidet.

Deutscher Liberalismus am Anfang

Die Wette wäre mühelos zu gewinnen gewesen: Wer vor dem Mai 1982 darauf gewettet hätte, daß die große Mehrheit der Bundesbürger keinerlei Erinnerung mehr mit dem Hambacher Fest verbände, das vor genau 150 Jahren die Gemüter im damaligen Deutschen Bund erregt hatte, dem hätte ein Umfrageergebnis aller Wahrscheinlichkeit nach einen leichten Erfolg beschert. Zum lebendigen politischen Bewußtsein unserer liberaldemokratischen Republik gehört das Hambacher Fest nicht, obwohl es in der Frühgeschichte der deutschen liberalen und demokratischen Bewegung eine bedeutende, auch symbolisch weithin wirkende Rolle gespielt hat. Erst die Gedächtnisfeiern und -artikel im Frühjahr 1982 haben die Aufmerksamkeit auf dieses Ereignis zurückgelenkt.

Wie kam es zu diesem Fest? Weshalb wurde es 1832 gefeiert? Warum in der bayerischen Pfalz und nicht anderswo? Worum ging es bei dem Fest selber? Worin lag und liegt seine Bedeutung?

Das Hambacher Fest war der äußerlich am meisten sichtbare Höhepunkt und die weitaus bekannteste Aktion einer liberalen und demokratischen Protestbewegung, die seit einigen Jahren im Entstehen begriffen gewesen war und zu Beginn der 1830er Jahre an die Oberfläche trat. Die Rheinpfalz hatte in der Ära der Kriege der Französischen Revolution und Napoleons unter der fremden Besatzung die Vorzüge des modernen französischen Rechts, z. B. des berühmten Code Civil, der u. a. dort eingeführt worden war, ebenso schätzen gelernt wie eine liberale Verwaltung. Als die Pfalz nach dem großen Länderschacher zwischen 1803 und 1815 beim Königreich Bayern blieb, beharrte das Land auf einer gewissen Sonderstellung. Die Münchener Zentrale vergalt das der Rheinpfalz mit verschärfter Besteuerung: Die Grundsteuer war doppelt so hoch, die Personal- und Gewerbesteuer viermal so hoch wie in Altbayern. Daher wurden jährlich zweieinhalb Mill. Gulden nach München abgeführt. Das schuf eine gereizte Grundstimmung. Von 1829 bis 1831 kamen schwere Mißernten hinzu, die vor allem die auf den Export angewiesenen pfälzischen Weinbauern hart trafen, ja z. T. in ganzen Landstrichen eine notleidende Bevölkerung entstehen ließen. Verschärft wurde diese ohnehin prekäre Situation durch den wichtigen Vertrag im Juli 1829, der die norddeutsche Zollunion zwischen Preußen und Hessen mit der süddeutschen Zollunion zwischen Bayern und Württemberg zusammenschloß. Diese Vereinbarung bildete zwar eine entscheidende Etappe auf dem Weg zum allgemeinen Deutschen Zollverein von 1834, für die Pfälzer aber bedeutete der neue hohe Außenzoll, die verschärfte Konkurrenz im

Inneren und die Störung alter Handelsbeziehungen eine zusätzliche Belastung. Die Rheinpfalz fühlte sich wirtschaftlich isoliert. Für die breite Masse der Bevölkerung brachte dann die Mißernte von 1831 eine extreme Verteuerung der Grundnahrungsmittel, z. T. schon die offene Hungersnot. Man kann daher eindeutig von einer Krisensituation sprechen, die zu Beginn der 30er Jahre vorherrschte. Die französische Revolution von 1830 hatte diese Unruhe noch vermehrt, ohne daß es in der Rheinpfalz – wie z. B. in Sachsen und Hessen – zu offenen Konflikten kam. Aber die Mißstände in der Rheinpfalz wurden von mutigen Landespolitikern, wie den Advokaten Schüler, Savoye und Geib, im Bayerischen Landtag, wo seit den Wahlen vom Dezember 1830 die Liberalen in der Zweiten Kammer die Mehrheit besaßen, scharf angeprangert. Neben ihnen griffen liberaldemokratische Publizisten, wie der von der Regierung gemaßregelte ehemalige Beamte Philipp Jakob Siebenpfeiffer in seiner Zeitschrift «Bote aus dem Westen» und der Rechtsanwalt Johann Georg Wirth in seiner häufig verbotenen Zeitschrift «Deutsche Tribüne» die strittigen Probleme auf, forderten aber auch – schnell darüber hinausgehend – allgemeine politische Reformen wie den Übergang zur parlamentarischen Monarchie oder gar Republik.

Als der oppositionelle Landtag nach bitteren Auseinandersetzungen von König Ludwig I. im Dezember 1831 aufgehoben wurde und wenig später der altkonservative Fürst v. Wrede die Regierung übernahm, verlor die liberale Opposition ihren ursprünglichen Handlungsort in München. Angesichts der krisenhaft zugespitzten Situation wanderte das Gravitationszentrum der liberal-demokratischen Protestbewegung unmittelbar in die Rheinpfalz. Fortab spalteten sich die pfälzischen Abgeordneten in eine Gruppe, die den offenen Bruch mit der Regierung noch vermeiden wollte, und in eine von Schüler geführte Gruppe, die jetzt die «unbedingte Opposition» vertrat und in Zukunft auch zum außerparlamentarischen Protest bereit war. Außerdem strömten seit Ende 1831 zahlreiche liberale, ja radikaldemokratische Flüchtlinge vom Schlage Wirths und Siebenpfeiffers in die Pfalz – sie alle wollten den Schutz des rheinischen Rechts und einer liberalen Justiz genießen –, so daß die Protestbewegung schreib- und wortgewandte Anführer erhielt, welche die Kritik öffentlich artikulieren konnten. Intellektuelle, liberale Politiker und eine ständig sich ausweitende Protestbewegung, die nicht nur das politisch aufgeschlossene Bildungs- und Besitzbürgertum erreichte, sondern bis tief hinein in die Schichten der kleinbürgerlichen Händler und Handwerker sowie der hart bedrängten Weinbauern hineinwirkte, erzielten in erstaunlich kurzer Zeit eine breitenwirksame politische Mobilisierung. Sie äußerte sich in drei der Zeit und der Rechtslage entsprechenden Protestformen:

Erstens in der Form politischer Festessen mit Aberhunderten von Teilnehmern, da das Vereinsrecht die öffentliche Zusammenkunft von mehr als 20 Personen verbot. Bei diesen Festessen wurden nicht nur die politischen Prominenten wie Schüler, Savoye, Geib, Wirth, Siebenpfeiffer u. a. gefeiert und unverhüllt politische Ansprachen gehalten, sondern fraglos wurde auch ein erheblicher Solidarisierungseffekt erzielt.

Zweitens wurden zahlreiche Petitionen in Umlauf gebracht, z. T. von vielen hundert Bürgern unterzeichnet und dann in den oppositionellen Zeitungen oder in Form von Flugblättern gedruckt. Daß man mit seiner öffentlichen Namensnennung für liberale und demokratische Forderungen eintrat, zeigte nicht nur die Zivilcourage der Unterschreibenden, sondern auch den hohen Grad der Politisierung, der damit erreicht worden war.

Drittens wurden schließlich politische Vereine gebildet. Am wichtigsten war der «Deutsche Vaterlandsverein zur Unterstützung der freien Presse», der sich schnell über die Pfalz hinaus nach Süd- und Mitteldeutschland verbreitete. Er forderte die allgemeine Pressefreiheit, um offen für die demokratisch-republikanische Verfassung eines gesamtdeutschen Staates wirken zu können. Als erste überstaatliche Opposition seit dem Verbot der studentischen Burschenschaften (1819) wurde er mit Wirths und Siebenpfeiffers Zeitschriften im März 1832 vom Deutschen Bundestag zu Frankfurt ohne weitere Umschweife verboten. Die Protestbewegung ließ sich dadurch jedoch weder entmutigen noch aufhalten und überschüttete das Land mit Petitionslisten und Flugschriften. Als Wirth noch im März wegen «umstürzlerischer» Tätigkeit angeklagt wurde, sprach ihn das liberale Appellationsgericht in Zweibrücken frei, und sogleich teilten 60000 Exemplare eines Flugblatts das Ergebnis der Öffentlichkeit mit.

Auf den Festessen im März und April 1832 ging es entsprechend lebhafter zu. Dort tauchte auch der Ruf nach einem großen «Eintrachtsfest» auf, wo sich die liberalen und demokratischen Kräfte öffentlich zu ihren Zielen bekennen sollten. Als Gegenveranstaltung zur Feier des bayerischen Verfassungstags am 26. Mai bewußt konzipiert, wurde, maßgeblich von Siebenpfeiffer vorangetrieben, ein großes «Nationalfest der Deutschen» geplant, zu dem man auf den 27. Mai in die Ruine des Hambacher Schlosses bei Neustadt am Haardtrand einlud. Erschreckt verbot die bayerische Regierung am 8. Mai nicht nur das geplante Oppositionsfest, sondern auch allen Fremden den Aufenthalt in und um Hambach. Eine Welle des Protests erhob sich, und erstaunlicherweise gab die Regierung nach. Mit 20000 bis 30000 Teilnehmern, von denen die zeitgenössischen Schätzungen sprechen, wurde am 28. Mai das Hambacher Fest feierlich begangen: «die erste politische Volksversammlung der neueren deutschen Geschichte», wie Theodor Heuss geurteilt hat. Vor Tausenden von Pfälzern: Bürgern, Handwerkern und Bauern, vor Abgesandten aus anderen süddeutschen Staaten, Hunderten von Studenten vor allem aus Heidelberg, Delegationen aus Frankfurt, Mainz, Mannheim und dem preußischen Rheinland, auch aus dem französischen Elsaß wurden rund 20 Reden gehalten, in denen ein freiheitlicher deutscher Einheitsstaat, Demokratie und Republik unter scharfer Ablehnung der Fürsten- und Aristokratenherrschaft gefordert wurden. Wirth verlangte sogar die Anklage der

Könige wegen Hochverrats an der Menschheit und erklärte, daß das Glück der Deutschen von der Beseitigung der Monarchen abhänge. Siebenpfeiffer stritt für einen gesamtdeutschen Staat ohne Schlagbäume und «Konstitutiönchen», die man in den süddeutschen Staaten dem Volk zum Spielen gegeben habe. Die Reform der deutschen politischen Verhältnisse bilde die Voraussetzung für eine liberale Reorganisation Europas, hieß es, und nichts konnte in den Ohren Metternichs und aller anderen Restaurationspolitiker bedrohlicher klingen als dieser Anspruch, der die künstliche Ruhe des europäischen Staatensystems radikal in Frage stellte. Unüberhörbar waren auch die sozialrevolutionären Töne, die in manchen Reden anklangen. Der Ruf nach liberalen Freiheitsrechten, demokratischen Gleichheitsrechten, nach einer gesamtdeutschen Republik und sozialen Reformen wurde mit Begeisterung aufgenommen.

In der deutschen Öffentlichkeit rief das Hambacher Fest ein anhaltendes Echo hervor. Mehrere Versammlungen ahmten es nach, zustimmende Artikel und Flugschriften häuften sich. Währenddessen verhängte Fürst Wrede den Belagerungszustand über die Pfalz, die Initiatoren wurden verhaftet, der politische Protest wurde unterdrückt. Ein preußischer Hochkonservativer im Zivilkabinett des Königs urteilte über das Hambacher Fest, es sei «seinem Prinzip nach für Deutschland das, was die Julirevolution für Frankreich war. Es würde auch dieselben augenblicklichen Folgen für Deutschland gehabt haben, welche jene für Frankreich hatte, wenn Deutschland ein einziges Reich wäre, das eine gemeinschaftliche Hauptstadt wie ... Paris hat». Zugleich erkannte er Schwächen der Protestbewegung, in der sich alle «im Umsturz des Bestehenden», jedoch nicht «über die Mittel zur Erreichung des Zwecks» von «Deutschlands künftiger Konstituierung» einig seien.

Aufgeschreckt verabschiedete der Bundestag in Frankfurt nach geheimer Absprache zwischen Österreich und Preußen die «Maßregeln zur Aufrechterhaltung der gesetzlichen Ruhe und Ordnung» vom 28. Juni und 5. Juli 1832. Den Landtagen wurde das Budgetrecht, den Bürgern das Petitionsrecht, die Rede- und Berichtsfreiheit beschnitten. Die Zensur wurde verschärft, die Vereins- und Versammlungsfreiheit erneut aufgehoben. Eine eigene Überwachungskommission des Bundes sollte die Repressionsmaßnahmen kontrollieren. Nach den Karlsbader Beschlüssen von 1819 waren das die härtesten antiliberalen, antidemokratischen und antirepublikanischen Maßnahmen der Restaurationszeit. Der öffentliche Prozeß indes, der vor dem Landauer Schwurgericht gegen die Anführer der Hambacher Bewegung im Frühsommer 1833 geführt wurde, endete – ein weithin sichtbares Symbol des freien rheinischen Rechts und des unabhängigen Urteils der Geschworenen – mit einem Freispruch, den die liberale Opposition noch einmal stürmisch feierte; die großen Verteidigungsreden Wirths und Siebenpfeiffers wurden als Flugschriften zu Tausenden verbreitet.

Aber im anschließenden Verfahren vor einem sogenannten Zuchtpolizeigericht wurden die Angeklagten dennoch verurteilt.

Neue örtliche Unruhen, die Imitation der einst erfolgreichen Festessen wurden genau so unterdrückt wie ein Nachspiel des Hambacher Radikalismus, der Frankfurter Wachensturm vom April 1833. Äußerlich hatten die alten Gewalten gesiegt, aber unterhalb der ruhigen Oberfläche stauten sich die Probleme, bis sie sich im März 1848 in der Revolution entluden.

Die Bundesrepublik, die gute Gründe hat, sich auf die liberalen und demokratischen Traditionen seit dem 19. Jahrhundert zu besinnen, sollte das Hambacher Fest in diesem Traditionszusammenhang mit einbeziehen. Während Liberalismus und Demokratie fortab in der deutschen Geschichte oft auseinandertraten, so daß die liberalen Freiheitsrechte im Widerstreit mit den demokratischen Gleichheitsrechten lagen, verband die Protestbewegung, aus der das Hambacher Fest hervorging, liberale mit demokratischen Forderungen. Bürgerliche Intellektuelle, besitzbürgerliche Honoratioren, Handwerker, Bauern und auch Arbeiter konnten sich auf einen Katalog liberaler und demokratischer Forderungen einigen. Das Postulat sozialer Reformen und der Gründung einer deutschen Einheitsrepublik wies weit über die Möglichkeiten der Zeit hinaus. An diesen liberal-demokratischen Traditionsstrang kann man in der Bundesrepublik, vermittelt durch die historische Erinnerung, auch und gerade heute wieder anknüpfen. Von einer Überfülle solcher Gelegenheiten, sich der liberal-demokratischen, republikanischen deutschen Traditionen zu erinnern, wird ja wohl kaum jemand sprechen wollen. Eine Forderung der Hambacher Protestbewegung kann jedoch heutzutage nicht mehr unmittelbar aufgegriffen werden: der Ruf nach dem deutschen Einheitsstaat. Nach zwei totalen Weltkriegen und der maßgeblichen Rolle, die der deutsche Machtstaat dabei gespielt hat, darf an dem Ergebnis des Zweiten Weltkriegs nicht mit leichtfertigen Parolen gerüttelt werden, die z. B. in Mitteleuropa ein neutralisiertes Gesamtdeutschland mit 80 Millionen Deutschen – zweitgrößte Wirtschaftsmacht der Welt, aber politisch unkalkulierbar – erneut fordern. Der Primat der Friedenssicherung gebietet es heute, auf die Einheitsforderung der Hambacher Bewegung zu verzichten. Dafür sollten die Verwirklichung und der Ausbau liberaler Freiheiten und demokratischer Rechte um so entschiedener in ihrem Sinn vorangetrieben werden. Auch nach 150 Jahren zeigt die historische Rückbesinnung, daß das Hambacher Fest alles andere als tote Vergangenheit ist.

Der neue Mut zur historischen Synthese

Es ist ein Gemeinplatz, daß das, was man den «wissenschaftlichen Fortschritt» zu nennen pflegt, auch in der Geschichtswissenschaft im Bereich der spezialisierten Forschung am deutlichsten zu beobachten ist. Die gelehrte Monographie über einen unzulänglich bekannten Komplex, die in Neuland vorstoßende Abhandlung, der pointiert interpretierende Aufsatz, auch die sorgfältige Quellenedition – sie markieren gewöhnlich jene vorderste Linie, wo der Forschungs- und Wissensstand verläuft. Es ist ebenfalls kaum zu bestreiten, daß die Geschichtswissenschaft in der Bundesrepublik in den vergangenen gut 35 Jahren sowohl im Hinblick auf ihre literarische Produktion, die Ausdehnung ihrer Interessengebiete und Fragestellungen als auch auf ihr Interesse an historischer Theorie und methodischer Verfeinerung eine Expansion und Konsolidierung erfahren hat, die weder den Vergleich mit früheren Zeiten noch mit dem Niveau des Auslands zu scheuen braucht. Die besten Kenner unter den amerikanischen, französischen, englischen Fachleuten stimmen hier überein, so daß der ironische Kommentar, solch ein positives Urteil verrate nur den eitlen Stolz provinzieller Nabelschau, in diesem Fall ganz unangebracht ist.

In einer Hinsicht gab es jedoch bis vor kurzem einen schlechterdings unübersehbaren Unterschied, wenn man die Geschichtswissenschaft der westlichen Länder verglich. Das war die in der Bundesrepublik auffallende Zurückhaltung gegenüber größeren Darstellungen – ob es sich um Epochen der herkömmlichen Politikgeschichte oder um Probleme der Sozial-, Wirtschafts- und Kulturgeschichte handelte. Natürlich ist das «cum grano salis» zu nehmen. Dann und wann erschien eine Darstellung des Reformzeitalters, der deutschen Selbstverwaltung, der Braunen Diktatur. Jedem fallen schnell einige Werke ein. Alsbald aber gerät man ins Stocken, und der Vergleich mit der Überfülle zum Teil glänzend geschriebener Darstellungen in anderen Ländern, die früher einmal die Geschichtswissenschaft aus Deutschland importiert haben, enthüllte jahrzehntelang ein beträchtliches Defizit.

Dafür gibt es eine Reihe von plausiblen Gründen. Gerade in der neueren deutschen Geschichte stellten sich nach 1945 so viele politisch aktuelle und wissenschaftlich spannende Fragen, daß die problemorientierte Spezialforschung die meiste Energie an sich gebunden hat. Der deutsche akademische Lehrbetrieb beruht auch bis heute nicht darauf, daß – wie in den genannten Ländern – «Textbooks» oder Handbücher mit ganz unterschiedlichen Schwerpunkten, auch mit ganz unterschiedlicher politischer Couleur zugrunde gelegt werden, folglich ein expandierender Markt beliefert werden kann und muß. Außerdem gehört die Geschichtswissenschaft zu denjenigen Disziplinen, wo man eine Menge gelesen, einen weiten Überblick und möglichst auch vergleichende Perspektiven gewonnen haben sollte, ehe man sich an eine größere Darstellung, an eine Synthese von gesichertem Wissen und eigener Interpretation zugleich heranwagt. Es ließen sich noch weitere allgemeine und fachspezifische Gründe aufführen, aber der Punkt ist, daß in jüngster Zeit unter den Angehörigen der mittleren Historikergeneration ein neues Interesse an Synthesen der unterschiedlichsten Art zu beobachten ist. Da wurden z. B. die sechs Bände der «Propyläen Geschichte Europas» bald ein Erfolg, der zwanzigbändige Oldenbourgsche «Grundriß der Geschichte» setzte sich schnell durch, die von Joachim Leuschner herausgegebene zehnbändige «Deutsche Geschichte» fand einen weiten Leserkreis; das steht auch für die zehnbändige «Neue Deutsche Geschichte» genau so zu erwarten wie für die dreißigbändige «Deutsche Geschichte der neuesten Zeit». Epochen- und Problemdarstellungen vervielfachten sich, und bedeutende Biographien, die ja um den Strukturierungskern einer Persönlichkeit auch eine allgemeine Darstellung anordnen, machten von sich reden. Diese Entwicklung ist ein gutes Zeichen. Sie verrät den neuen Reifestand einer altetablierten Wissenschaft, ein neues Selbstbewußtsein, ein neues Interesse daran, dem Bedürfnis breiterer Leserkreise, die nicht primär der Spezialistenarbeit ihre Aufmerksamkeit schenken wollen, entgegenzukommen, anstatt für den kleinen Zirkel der Kollegen und potentiellen Rezensenten zu schreiben.

Ein herausragendes Muster dieses neuen Bemühens um Synthese ist Thomas Nipperdeys «Deutsche Geschichte» von 1800 bis 1866, *das* historische Buch des Jahres 1983[1]. Es ist inzwischen nicht nur zu einer Art Bestseller unter den Sachbüchern geworden, sondern kann auch als Pionierleistung gelten, an der sich fortab jeder nachfolgende Versuch wird messen lassen müssen. Dennoch hat sich die Bayerische Akademie der Wissenschaften in geheimer Abstimmung nicht dazu entschließen können – wieviel aufrichtige Freude über den Erfolg des Kollegen mag da hineingewirkt haben! –, den Verfasser dieses Glanzstücks als Mitglied zu kooptieren. Es ist nicht nur jedem unbenommen, unter den Brücken von Paris zu schlafen, sondern sich auch so gut zu blamieren, wie er nur kann.

Heinrich v. Treitschke ist mit seiner berühmten, breit angelegten fünfbändigen «Deutschen Geschichte im 19. Jahrhundert» (1879/94) nach 3640 Seiten nur bis ins Vorfeld der Revolution von 1848 gelangt. Fünfzig Jahre später blieb Franz Schnabel mit seiner ebenfalls weit ausholenden vierbändigen, aber ungleich vielseitiger konzipierten «Deutschen Geschichte im 19. Jahrhundert» (1929/37) nach 2125 Seiten teils um 1840, teils sogar um 1819 stecken. Danach hat sich kein einzelner mehr an solch einem Großprojekt noch einmal versucht, geschweige denn es abgeschlossen. Gewiß gibt es eine Reihe mehr oder minder konventioneller amerikanischer und englischer «Textbooks», welche diese Zeit behandeln; es gibt die dogmatisch eingeschnürten Darstellungen von DDR-Historikern, den lesenswerten langen Essay von Golo Mann, die monumentale, siebenbändige verfassungsgeschichtliche Enzyklopädie von Ernst Rudolf Huber. Eine moderne Synthese jedoch, die sich auf der Höhe der internationalen Forschung und Diskussion bewegt – sie gab es bisher nicht. Für einen großen Teil des Zeitraums liegt sie jetzt mit Nipperdeys Buch vor.

Ohne Vorwort oder Einleitung springt der Verfasser sogleich «medias in res»: Er beginnt («Am Anfang war Napoleon») mit der Zerstörung der barocken Herrschaftswelt des Alten Reichs durch die Französische Revolution in der Gestalt des Korsen, mit der Neubildung und Reform der relativ wenigen überlebenden deutschen Staaten unter dem unwiderstehlichen Druck jener extremen Gesamtkonstellation. Mit diesem Auftakt sieht sich Nipperdey bereits einer Fülle von heftig umstrittenen Fragen gegenüber. Bis zum Zielpunkt von 1866 wirkt ihre Zahl nahezu unendlich groß. Wie hat er die Vielfalt der Probleme, die Stoffmasse der Ereignisgeschichte gebändigt, das Wichtige vom Unwesentlichen geschieden?

Nipperdey legt ein Gliederungsschema zugrunde, das eine chronologische Einteilung (1800–1815, 1815–1848, 1848/49. 1849–1866) mit der Erörterung von Sachgesichtspunkten (z. B. der Bevölkerungs- oder Wissenschaftsgeschichte) verbindet; diese gestattet es, im Längsschnitt einen wichtigen Entwicklungsstrang kontinuierlich zu verfolgen. Auf solche Weise ergeben sich sechs große Kapitel: I. Der Umbruch von 1803/06, Reformzeit und Kriegsära bis zum Wiener Kongreß; II. Sozial- und Wirtschaftsgeschichte – grosso modo jedenfalls – von der Jahrhundertwende bis in die 1860er Jahre; III. Restauration und Vormärz; die neuen Bewegungen wie Liberalismus und Nationalismus; deutsche und europäische Politik; IV. Kulturgeschichte der christlichen Kirchen, des Bildungswesens, der Wissenschaften, der ästhetischen Kultur, erneut epochenüberspannend von 1800 bis rund 1866; V. Die Revolution von 1848/49; VI. Deutsche Politik von 1849 bis 1866, in den Einzelstaaten und in Europa, hinführend auf die Hegemonial- und Einigungspolitik Bismarcks, der im Berliner Entscheidungszentrum zu einer politischen Potenz sui generis aufgestiegen war.

Schon der Umfang dieses Buchs, das übrigens handlich gehalten und typographisch ausgezeichnet eingerichtet worden ist, schließt ein Referat auch nur der wichtigsten Ergebnisse und Thesen aus. Der schier zahllosen Einzelfragen müssen sich die fachwissenschaftlichen Experten annehmen. Hier geht es in erster Linie um einige herausragende Vorzüge dieser imponierenden tour de force, danach um einige offene Probleme und Grenzen des Unternehmens. So schwer es auch fällt, wird doch jeweils nur ein halbes Dutzend Punkte herausgegriffen.

1. Nipperdey ist der von vielen erstrebte, jedoch von sehr wenigen erreichte Kompromiß gelungen, eine durch und durch wissenschaftlich fundierte Problemanalyse mit einer außergewöhnlich gut lesbaren Darstel-

lung für ein allgemein interessiertes Lesepublikum zu verbinden. Der scheuklappenbewehrte Spezialist wird immer etwas zu mäkeln finden, dem flüchtigen Leser ist nicht zu helfen. Aber aufs Ganze gesehen ist die Kombination nicht nur gelungen, sondern über lange Partien hinweg vorzüglich gelungen.

2. Im Gegensatz zu einem modischen, elitären, antiaufklärerischen Kulturpessimismus, wie er sich neuerdings auch in der Geschichtsschreibung wieder breit machen möchte, im Gegensatz auch zum manirierten Stil von Autoren, welche – gleichfalls um weitere Resonanz bemüht – die begriffliche Klarheit jederzeit einer süffigen Formulierung bedenkenlos opfern, schreibt und urteilt Nipperdey rational-abwägend, mit strenger Zurückhaltung um historische Gerechtigkeit bemüht; da gibt es keinen Kotau vor irgendeiner «Tendenzwende». Nipperdey hat in der theoretischen Diskussion der 1960er und 70er Jahre immer auf der regulativen Idee der «Objektivität» dezidiert bestanden; es verdient alle Anerkennung, wie weit er diesem hohen Anspruch selber gerecht geworden ist. Bedenkt man, daß es ein protestantischer Autor ist, so ist seine Fairneß gegenüber dem Katholizismus mustergültig. Die eigene Meinung wird strikt kontrolliert, das Urteil nach Möglichkeit diszipliniert. Das geht sogar so weit, daß nicht einmal der Aufstieg der päpstlichen Diktatur seit den 1830er Jahren oder der ganz und gar reaktionäre «Syllabus Errorum» ungeschminkt charakterisiert werden – hier wird der Preis für eine allzu asketische Zurückhaltung überdeutlich sichtbar.

Durchweg prüft Nipperdey sowohl die restriktiven Bedingungen politischen Handelns oder sozialer Bewegungen als auch die relative Offenheit der historischen Situation, die Verhaltensalternativen, die verschütteten Möglichkeiten. Natürlich argumentiert auch er gegen Kontrahenten, aber die Polemik wird in der Regel gebändigt, Einwände gegen die eigene Gedankenführung werden ernst genommen, sachlich erörtert, mit ausführlicher Begründung zurückgewiesen oder relativiert. Nur selten schlüpft ein Ausfall gegen die «egalitäre Narretei», gegen die Verabsolutierung von «Strukturen», gegen die «Albernheit» des Urteils der Nachgeborenen in den Text.

3. Der Stil ist klar, kraftvoll, geschmeidig; hier zustoßend, dort präzisierend; oft eher eine um Verständnis werbende Rede in lebhaftem Vortragsstil als eine langatmige wissenschaftliche Schreibe, auch wenn es um schwierige Überlegungen und komplizierte Sachverhalte geht. Wer Nipperdey kennt, hört ihn förmlich sprechen, seine Gedanken entwickeln, verteidigen, ein Fazit ziehen. Dieses elastische, unverschnörkelte, hartnäckig und zügig zum Ziel drängende Deutsch kann man angesichts der abstrakten Mammutsätze, zu denen unser Wissenschaftsdeutsch neigt, gar nicht hoch genug schätzen.

4. Die Mehrheit der zentralen Begriffe und Phänomene – klassische Beispiele: Liberalismus, Entstehung der Parteien, Historismus! – werden scharfsinnig definiert, von allen Seiten mit einer Vielzahl prägnant formulierter Charakteristika gewissermaßen eingekreist, bis der Verfasser sich zufrieden gibt und von diesem Fundament aus seine Gedanken weitertreibt.

5. Von den Anteilen, die Politik, Wirtschaft, Religion usw. zugebilligt werden, ist gleich die Rede. Aber so spannend und nuancenreich Nipperdey die Politikgeschichte schildern kann, so kompetent er auch über Familiengeschichte, Alltagsleben, Minderheiten urteilt – den Höhepunkt bildet doch das Kapitel über die Kulturgeschichte: über Christentum und Entchristianisierung, über Schulen und Universitäten, über Wissenschaft, Musik, Architektur, Malerei und Literatur. Diese mit stupender Sachkenntnis und einem vehementen Engagement geschriebenen 190 Seiten macht ihm hierzulande so schnell keiner nach – und, soweit ich zu sehen vermag, anderswo auch nicht. Wenn es einen Sonderpreis für das herausragende Kapitel eines herausragenden Buches gäbe, er gebührte dieser deutschen Kulturgeschichte in nuce.

6. Vor allem aber: Es ist ein Buch voller origineller Einfälle, voll unvoreingenommener, überraschender Perspektiven, voll scharfsinniger Interpretationen. Diesem Autor fällt zu vernachlässigten, nicht weniger aber auch zu den schon hundertmal hin und her diskutierten Problemen immer noch etwas Neues ein. Außerdem besitzt er die Gabe, Menschen und Situationen mit wenigen Worten oder Sätzen treffend zu charakterisieren. Und trotz der Kürze hat man das Gefühl, daß er damit oft an das dicht herankommt, was wir gemeinhin die «historische Realität» nennen. Wie er analysiert, wie er formuliert – so könnte es, in der Tat, oft genug gewesen sein. So häufig wie in diesem Buch habe ich diesen Eindruck sehr selten gehabt.

Auch und gerade ein großer Wurf hinterläßt immer offene Fragen, wirft Probleme auf, besitzt seine Grenzen. Nicht zuletzt darin besteht ein gut Teil seiner weitertreibenden Wirkung, seiner Anregung, nach neuen Antworten zu suchen, in die «terra incognita» vorzustoßen. Welche kritischen Einwände verdienen es, hervorgehoben zu werden?

1. Der Untertitel ist irreführend: «Starker Staat» – ja, aber die «Bürgerwelt» ist erst allmählich im Entstehen, sie ist noch nicht dominant, sie prägt noch nicht die Gesamtgesellschaft. Sozialstatistisch dominiert zu 70% das Land, in den Städten zu 60 bis 80% das graue Heer der Unterschichten. Das Bürgertum hat die Zukunft für sich, aber sie hat damals erst begonnen. Außerdem muß man scharf differenzieren: zwischen dem traditionsstolzen und -verkrusteten alten Stadtbürgertum etwa, dem Bildungsbürgertum der akademischen, meist verstaatlichten Intelligenz gleich welcher Herkunft, der Bourgeoisie im Sinne des freien kapitalistischen Unternehmertums. Dazwischen gibt es oft eine riesige soziale Distanz, jedoch auch schon ein symbiotisches Verhältnis durch gemeinsame Heirats- und Verkehrskreise, politische Überzeugungen und Ziele. Aber eine «bürgerliche Gesellschaft», die diesen Namen verdient, entsteht erst durch die großen Homogenisierungsschübe des 19. und auch noch des 20. Jahrhunderts; einmal deutet Nipperdey es selber an (S. 582).

2. Es fehlt eine Einleitung, die Auskunft über die zugrundegelegte Konzeption gibt, welche diese Synthese zusammenhalten soll; auch das ein-seitige

Nachwort schweigt sich darüber aus. Einer weit verstandenen Politikgeschichte werden rund 430 Seiten zugebilligt (einer durchaus modernen Politikgeschichte, welche die politische Ideengeschichte, die politischen Theorien, die Sozialgeschichte der Parteien mit einbezieht); 190 Seiten erhält das Glanzstück der Kulturgeschichte; 170 Seiten bekommt die Sozial- und Wirtschaftsgeschichte. Warum diese Aufteilung und keine andere? Welche Gründe sprechen dafür? Das möchte man zu gern wissen. Oder aber: warum der glänzende Abschnitt über die Architekturgeschichte, aber kein Abschnitt über die Rechtsgeschichte, obwohl die Folgen der großen Kodifikationen wie des «Allgemeinen Landrechts» bis 1945 nachwirken, obwohl die Durchsetzung des neuen Staatsrechts nach 1803/07, die Ausdehnung des Staatsbürgerrechts, die Reform des Strafrechts, die Erarbeitung eines deutschen Handelsrechts usw. unstreitig wichtige Themen darstellen? Der Glaube, Totalität erfassen zu können, ist wissenschaftlich illegitim. Jeder muß seine Auswahl treffen. Er sollte sie aber dem Leser erläutern, begründen, so gut wie möglich legitimieren und damit auch diskussionsfähig machen.

Wenn man dagegen, wie Nipperdey das tut, kurzerhand mit der napoleonischen Revolution in Deutschland beginnt, entlastet man sich von der gesamten Vorgeschichte bis 1800, deren wichtigste Entwicklungskräfte und Traditionen knapp zu charakterisieren zur Kunst des Verfassers einer solchen Darstellung gehören muß; man kommt um eine Begründung der Selektionskriterien herum, die bestimmte Probleme privilegieren, andere aber ganz aus der Betrachtung ausscheiden; und schließlich beginnt man auf diese Weise mit einem außerordentlich umstrittenen Vorurteil zugunsten der Politikgeschichte. Hier hat es sich der Verfasser gleich in dreifacher Hinsicht sehr leicht gemacht. Damit taucht bereits zu Beginn ein Grundproblem auf: daß der Autor nämlich dazu neigt, analytische Begrifflichkeit, Auskunft über die Struktur der Darstellung, Rechtfertigung ihrer Schwerpunkte der lesbaren Darstellung zu opfern. Das ist allerdings mit hohen Kosten verbunden, die im Verlauf einer aufmerksamen Lektüre immer deutlicher zutage treten.

3. Was die Proportionen angeht, kommt im Vergleich mit der Politik- und Kulturgeschichte die Wirtschafts- und Sozialgeschichte im Zeitalter der durchbrechenden Industriellen Revolution, des erfolgreichen Agrarkapitalismus, überhaupt der aufsteigenden Marktwirtschaft und Marktgesellschaft mit ihrer neuen sozialen Ungleichheit in Gestalt der Klassen, entschieden zu kurz. Die Abschnitte über solche Probleme «sitzen» meistens, aber was begründet die knappe Fassung? Oder aber: Wo ist eine eingehende Analyse der Bürokratie als Herrschaftsinstrument und Herrschaftsträger zugleich – sie war doch weithin der «starke Staat»! Ähnlich kann man nach der Finanz- und Steuerpolitik, der Schlüsselinnovation der Aktiengesellschaft fragen usw. Noch einmal: Es geht nicht um einen illusionären Vollständigkeitsfim-

mel, aber um die Begründung für die Auswahl oder den Ausschluß von Themenbereichen.

Im Hinblick auf die behandelten Komplexe taucht überdies ein weiteres Problem auf: Die Blöcke der Politik-, Sozial-, Kulturgeschichte stehen im Grunde unverbunden nebeneinander. Das hängt natürlich damit zusammen, daß der Verfasser auf eine synthetisierende Konzeption offenbar bewußt verzichtet hat. Daher werden dem Leser die dominanten Antriebskräfte der Epoche, ihre Resultate und Erfolge, werden andrerseits die Traditionen, auf die sie aufprallten, die Grenzen, welche sie nicht überschreiten konnten, nicht klargemacht. Und deshalb fehlt es dann an Klarheit darüber, welche vorwärtstreibenden und welche hemmenden Kräfte die durchlaufenden Prozesse verursachten und die dauerhaften Strukturen schufen. Jeder dieser Blöcke steht, schön gemeißelt, für sich da, aber jeder Historiker und jeder historisch interessierte Leser weiß, daß die verschiedenen Wirklichkeitsbereiche, die von diesen Blöcken repräsentiert werden, aufs engste miteinander zusammenhängen. Daß die Kluft, die sich zwischen den einzelnen Großkapiteln auftut, nicht überwunden wird, stellt ein gravierendes theoretisches, aber auch darstellerisches Defizit dar.

4. So bewundernswert die literarische und gedankliche Leistung auch ist, Nipperdey hat, scheint mir, zu oft auf eine Einführung in die Probleme verzichtet. Für Doktoranden und historisch interessierte Leser ist die Lektüre ein pures Vergnügen, Zustimmung und Widerspruch lassen einen oft nicht zur Ruhe kommen. Die Darstellung setzt auf einem beneidenswert hohen Reflexionsniveau an, und das wird 800 Seiten konsistent durchgehalten. Vermutlich wird aber dadurch jüngeren Studenten, Schülern guter Leistungskurse, historisch weniger bewanderten Lesern der Zugang häufig erschwert. Hätte sich da nicht eine jeweils allmähliche Steigerung des Schwierigkeitsgrades, ein neuer Kompromiß zwischen wissenschaftlichem Anspruch und Vorverständnis der Adressaten gelohnt?

Schlichtweg mißlich ist es, daß jeder Beleg fehlt. Wie soll man bloß die exquisiten Zitate, die (meines Wissens öfters strittigen) Zahlen der Tabellen, die exponierten Thesen kontrollieren? Hätte sich nicht auch hier der Kompromiß gelohnt, die wichtigsten Nachweise am Schluß zusammenzufassen? Die 17seitige Auswahlbibliographie kann, hilfreich wie sie auch ist, Belege nicht ersetzen.

5. Zentrale Begriffe werden manchmal gar nicht oder zu spät definiert, so daß die Auseinandersetzung erschwert wird (z. B. Klasse, Verlag, Fabrik). Zuerst zeigt der Autor eine gewisse Berührungsangst vor Schlüsselkategorien wie «Klasse» oder «Agrarkapitalismus», daher stehen sie in Anführungszeichen; später werden sie wie selbstverständlich verwendet, weil er ohne sie nicht auskommt. An «Klasse» stört Nipperdey die angeblich zu enge Bindung an die ökonomische Lage. Aber warum wird nicht die Vielseitigkeit und Elastizität der Klassenbegriffe Max Webers ausge-

nutzt, der politische Macht, wirtschaftliche Position und soziales Prestige berücksichtigt? Die entstehende Marktgesellschaft schuf nun einmal neue, nichtständische Sozialformationen, die schon die Zeitgenossen eben wegen der Neuartigkeit mit dem neuen Begriff «Klasse» bezeichneten und die zu Recht als «marktbedingte» Klassen auf dem Land und in der Stadt analysiert werden können.

Mit dem Begriffsapparat hängt ein anderes Problem zusammen: Nipperdey spricht oft, wie wir alle, von «Entwicklung». Wird der Begriff ernst genommen, sollte man auch über die Richtungskriterien, die Evolutionsziele Auskunft geben: über den bürokratischen Nationalstaat, die kapitalistische Marktwirtschaft, die marktbedingte Klassengesellschaft. Dafür muß man jedoch, um es zu wiederholen, die treibenden Kräfte der Epoche klar beim Namen nennen: Staatsbildung, Kapitalismus und Bevölkerungsvermehrung, Klassenformation, Wissenschaftsfortschritt und «Rationalisierung» der Kultur. Bei einem so luzide schreibenden Historiker ist das kein verstiegener Anspruch. Eher beiläufig mag man sich darüber amüsieren, daß der Verfasser gern und häufig versichert, er «erzähle». Das ist aber nur eine verbale Verbeugung vor der Forderung nach einer narrativen, angeblich leichter verständlichen Geschichtsschreibung. Tatsächlich überwiegt – so gut Nipperdey auch Ereignisabläufe erzählen kann – ein argumentativer, diskursiver Stil. Das soll in einer solchen Synthese auch so sein.

6. Wie Dynamik und Wirkung der entscheidenden Triebkräfte der Epoche nicht dezidiert genug herausgearbeitet werden, bleibt auch der Schluß unbefriedigend: Das Buch endet mit einem Ausblick auf die politische Konstellation der späten 1860er Jahre. Hier hätten aber auch noch einmal die epochalen Bewegungskräfte der Zeit und die Ergebnisse, die sie in Wirtschaft und Gesellschaft, Politik und Kultur zustande gebracht haben, zusammenfassend erörtert werden müssen. Jetzt bleibt eine weite Lücke offen. Sie ist, wie vorn erörtert, kein Zufall. Denn da der Verfasser seiner Synthese keine explizit entwickelte, straff strukturierende Konzeption zugrunde gelegt hat, entfällt auch der damit verbundene Zugzwang, am Ende eine Bilanz der gesamten Entwicklung zu ziehen. Von daher gesehen bleibt noch Raum für andere Synthesen mit anderen Schwerpunkten und anderen theoretischen Leitvorstellungen.

Vielleicht hängt der knappe Ausblick aber auch mit der nicht voll überzeugenden Zäsur von 1866 zusammen. Der Einschnitt zu Beginn der 1870er Jahre – der Abschluß der Reichsgründung, der Übergang zu einem selbstgeregelten industriekapitalistischen Wachstum nach dem Durchbruch der Industriellen Revolution, die beschleunigte Klassenbildung usw. – bleibt doch bei weitem vorzuziehen. Andrerseits: 1866 waren die Weichen auf die kleindeutsche Lösung hin gestellt, und vielleicht ist die Entscheidung für 1866 auch so zu verstehen, daß sich an dieses Buch der seit langem vom Verfasser erwartete und von ihm auch in Angriff genommene Band über die Epoche von 1866 bis 1918 anschließen wird, kurzum: «Nipperdeys Kaiserreich» steht uns bevor.

Mehr Lob und Kritik ließen sich mühelos anfügen. All das ändert jedoch nichts an dem Urteil, daß es sich bei dieser «Deutschen Geschichte 1800 bis 1866» um ein herausragendes historisches Buch handelt. Jeder, der sich fortab mit dieser Zeit beschäftigt, hat sich mit «dem Nipperdey» – wie man bald sagen wird – auseinanderzusetzen. Es ist nicht nur ein streckenweise brillantes, sondern insgesamt ein bedeutendes Werk von einem intellektuellen Rang, den vielleicht ein halbes Dutzend Bücher, die der deutschen Geschichtswissenschaft nach 1945 zugewachsen sind, für sich in Anspruch nehmen kann.

Welch ein weiter Abstand trennt Nipperdeys moderne Synthese von Gerd Heinrichs Versuch, eine Gesamtdarstellung preußischer Geschichte von den Askaniern im zweiten Drittel des 12. Jahrhunderts bis hin zum Untergang des Staats im Jahre 1945, mithin über 800 Jahre hinweg, auf 530 Seiten zu wagen![2] Der apologetische Grundton wird gleich zu Beginn mit der Wendung gegen die «Diffamierungen» Preußens angeschlagen. Und dann folgt ein in jeder Hinsicht – politisch, methodisch und interpretatorisch – außerordentlich konservatives Buch. Dem Verfasser ist die Dynastie, die doch außer einigen brillanten Talenten eher armselige Tröpfe – eine gemeineuropäische Erscheinung der Erbmonarchie – hervorgebracht hat, angeblich genauso wichtig wie die «Leistungsfähigkeit verschiedener sozialer Gruppen beim Aufbau» Preußens. Tatsächlich aber liegen seine Sympathien vorwiegend bei der Hohenzollern-Dynastie. Das verrät z. B. sein Periodisierungsschema, das weithin der Regierungszeit von Fürsten folgt – also dem uralten Muster barocker Hofhistoriographie mit dem erklärten Ziel der Verherrlichung monarchischer Leistung oder was dafür galt. In dieser Hinsicht ist jedoch Otto Hintzes Standardwerk «Die Hohenzollern und ihr Werk» (1915) schwerlich zu übertreffen, und in einem wie grundsätzlich andersartigen Kontext schrieb dieser aufgeklärte Royalist vor mehr als siebzig Jahren!

Natürlich merkt auch Heinrich, daß er mit seiner monarchischen Obödienzhistorie auf enge Grenzen stößt. Deshalb werden später Bismarck, dem Kaiserreich, der Weimarer Republik, der NS-Diktatur eigene Kapitel zugebilligt. Das allgemeine Periodisierungsraster aber bringt es mit sich, daß langlebige Prozesse, z. B. die innere und äußere Staatsbildung, die wirtschaftliche, demographische, sozialstrukturelle und kulturelle Entwicklung, sinnlos zerschnitten werden, weil eine Majestät ihr Amt zu übernehmen oder dahinzuscheiden geruhte. Als ob die Regierungszeiten eines Friedrich Wilhelm III. und IV. irgend etwas über die grundlegenden Antriebskräfte auch der damaligen preußischen Geschichte: die Entfaltung des Industriekapitalismus, den Aufstieg des Agrarkapitalismus, den Übergang zu marktbedingten Klassen im System der sozialen Ungleichheit usw. zu besagen hätten!

Angesichts der Vorentscheidungen des Verfassers kann es nicht überraschen, daß wichtige Resultate der neueren, kritischen Preußenforschung entweder ignoriert oder nicht angemessen berücksichtigt werden. Preußische Geschichte heute sollte ohne eine eingehende Analyse des legendären Junkertums eigentlich nicht mehr denkbar sein. Aber das glänzende Kollektivporträt dieser herrschaftsgewohnten Machtelite, das Hans Rosenberg in einem seiner besten sozialhistorischen Aufsätze gezeichnet hat (Die Ausprägung der Junkerherrschaft in Brandenburg-Preußen 1410–1618)[3], wird nicht einmal ansatzweise ernstgenommen. Für eine kleine hämische Polemik nimmt sich aber der Autor Raum und Zeit (S. 479).

Beides fehlt ihm wiederum, wenn es um die zentrale Erscheinung des preußischen Militarismus geht. Obwohl Otto Büsch bereits vor mehr als dreißig Jahren den Prozeß der sozialen Militarisierung der preußischen Gesellschaft mustergültig analysiert hat,[4] greift Heinrich diese Ergebnisse nicht auf, geschweige denn, daß er das eindrucksvolle Niveau der Argumentation von Büsch irgendwo erreicht. Auch über die Rolle der Interessenverbände in Preußen, in denen der Adel bekanntlich eine prominente und bis 1933 alles andere als rühmliche Rolle gespielt hat, erfährt man kaum etwas.

Zu dem aufgeplusterten Tugendkatalog, den der Autor offenbar mit der Realität verwechselt, gehört bekanntlich die Legende, daß der Staat über dem Nahkampf der materiellen Interessen das Gemeinwohl verwirklicht habe. In jedem Lehrbuch der Politik kann dagegen der preußische Fall, wie eine breite neuere Forschung bewiesen hat, geradezu als Muster eines interessengebundenen Klassenegoismus abgehandelt werden. Da ist es nicht verwunderlich, daß man nach einem entschiedenen Urteil über den «Osthilfe»-Skandal am Ende der Weimarer Republik vergeblich sucht. Durch seine schlichte Polemik gegen jeden Klassenbegriff verstellt sich der Verfasser konsequent eine realitätsadäquate Analyse des Funktionswandels, den das «Landjunkertum» beim Übergang vom Herrschaftsstand zur agrarkapitalistischen Unternehmerklasse erfahren hat. Man mag, wie Nipperdey das versucht, den preußischen Konservativismus kritisch durchleuchten und dennoch, nachdem die ostdeutsche Adelswelt ganz und gar vergangen ist, ein gutes Wort für «den diskreten Charme» des adligen Landlebens einlegen. Aber sich wie Heinrich um eine begrifflich saubere, ausführliche Analyse dieser traditionalen Führungselite herumzumogeln, kann doch wohl nicht angehen.

Fragwürdig ist auch, wie Heinrich die «Bedeutung des Raumes» aufwertet. Immer wieder taucht die inhaltsleere Metapher von der «Geopolitik» auf, die mit einer schwammigen Allerweltsformel gerade jene Probleme zudeckt, die einer präzisen Analyse erst bedürfen. Einer vernünftigen Berücksichtigung geographischer Bedingungen wird keiner widersprechen. Welchen Erkenntnisgewinn erbringt jedoch die «geopolitische» Lage z. B. seit den 1740er Jahren? Da überfällt Friedrich II., aus den bekannten Motiven, den Nachbarstaat Österreich aus heiterem Himmel, raubt ihm die reichste Provinz, Schlesien, und wird seither 25 Jahre lang politisch unter Druck gehalten, bis die Neueroberung konsolidiert ist. Zu untersuchen sind hier die ganz konkreten Folgen politischer Entscheidungen und der durch sie herbeigeführten Zwangslagen. Was soll da die Rede von der «Geopolitik» und der verkeilten preußischen Mittellage?

Politisch ist das Buch im Ton ständiger Defensive geschrieben. Folgerichtig erliegt es ständig der Gefahr einer positiven Überzeichnung der preußischen Geschichte. Explizit und implizit besteht es aus einer langatmigen Kritik an der Distanzierung der Bundesrepublik von Preußen, obwohl das für die politische Hygiene nach 1945 ein höchst heilsamer Akt war. Wenn Heinrich daran erinnert, daß fünf ehemalige preußische Provinzen auf dem Boden der Bundesrepublik liegen, läßt sich seiner Hoffnung auf die Ausstrahlungskraft preußischer Traditionen entgegenhalten, daß sich das ältere, vorpreußische Regionalbewußtsein glücklicherweise stärker als die Nostalgie nach der Wiederbelebung der meist kurzlebigen preußischen Vergangenheit erwiesen hat. Kurzum: Eine moderne preußische Geschichte – ja, sie steht seit siebzig Jahren aus! Aber auf dieses Spätprodukt der «Preußenwelle» mit seiner extrem einseitigen Ausrichtung, mit seinen antiquiert borussischen, ja reaktionären Urteilen läßt sich getrost verzichten.

Eine «Wirtschafts- und Technikgeschichte Preußens» hat Wilhelm Treue sein jüngstes Buch vielversprechend genannt.[5] Tatsächlich aber präsentiert er Ausschnitte aus der preußischen Wirtschafts-, Finanz- und Technikgeschichte zwischen 1701, dem Jahr der Königskrönung, und 1879, einem eigentümlichen Schlußpunkt. Auch Treue unterteilt, obwohl er nicht Politikgeschichte, sondern in erster Linie sozialökonomische Phänomene behandelt, seine Darstellung nach dem anachronistischen Prinzip der Regierungszeit preußischer Monarchen. Gelegentlich wird das aus pragmatischen Gründen mit Sachgesichtspunkten kombiniert, z. B. dem Einschnitt des Siebenjährigen Kriegs, der Niederlage von 1806, der 1848er Revolution, dem Krieg von 1870/71. Die Anfangszeit kann als ein wenn auch simplifizierendes dynastiegeschichtliches Datum verteidigt werden. Der Endpunkt – das «Ende es preußischen Liberalismus», die Entlassung des liberalen «Vizekanzlers» Rudolph v. Delbrück und das Schutzzollsystem von 1879 – stellt jedoch, auch alle Faktoren zusammengenommen, keine überzeugende gesamtpreußische Zäsur dar. Praktisch endet das Buch ohnehin mit der Reichsgründung, danach folgen nur noch zwölf Seiten Ausblick. Diese Periodisierung muß zu Recht als strittig gelten, da die wichtige Rolle Preußens zwischen 1871 und 1933 völlig ignoriert wird.

Politisch allerdings ist der Einschnitt von 1871/79 sehr bequem: Treue braucht dann auf die gemeingefährliche Interessenpolitik der Großagrarier seit den 1870er Jahren nicht einzugehen; er kann den «Bund der Landwirte», die «Grüne Front» und den «Osthilfe»-Skandal am Ende von Weimar übersehen; er braucht die fatale Rolle preußischer Großagrarier, preußischer Militärs, preußischer Beamter, preußischer Wirtschaftsvertreter in der konservativen Allianz, die Hitler im Winter 1932/33 in den Sattel hob, nicht zu charakterisieren. 1879 überzeugt zwar nicht als das «Ende Preußens», aber vor heiklen Fragen bewahrt es Treue allemal.

Inhaltlich entscheidet sich der Verfasser für eine folgenschwere Präjudizierung, wenn er sich ausdrücklich zu der Auffassung bekennt, «daß es die Individuen sind, die mit ihrer Initiative letztlich die ‹Geschichte machen›». Ein rationales Entscheidungskriterium für «letztlich» gibt es nicht: gefordert wird ein Glaubensakt. Von daher ergibt sich in der Tat, wie Treue bereitwillig einräumt, «eine gewisse Personalisierung der Darstellung». Dem liegt nun, wie auch der Periodisierung, ein altertümliches Prinzip zugrunde, das gerade bei einer Wirtschaftsgeschichte überraschen muß. Die großen überindividuellen, strukturellen Probleme, z. B. des wirtschaftlichen Wachstums und der technologischen Veränderung, schließen eine solche Verengung auf individuelle Akteure aus, ohne daß man die bedeutende Rolle der Erfinder, Unternehmer, Manager, Bankiers zu leugnen braucht. Es ist daher nur konsequent, daß der säkulare Prozeß des wirtschaftlichen Wachstums, der auch die preußische Geschichte in dem von Treue gewählten Zeitraum von Grund auf verändert hat, weder als Sachproblem durchlaufend thematisiert, noch überhaupt als zentrale wirtschaftshistorische Kategorie eingeführt und empirisch aufgefüllt wird. Mutatis mutandis gilt das dann auch für die Folgelasten der ökonomischen Modernisierung. Ganz analog wird der «technische Fortschritt» nicht im Sinne der neoklassischen Theorie oder der Innovationsforschung präzisiert und auf seine Erklärungskraft im Hinblick auf Wachstumsschübe oder Depressionsrückschläge geprüft. Angesichts dieser Zurückhaltung gegenüber grundlegenden Kategorien einer modernen wirtschaftshistorischen Darstellung paßt es durchaus ins Bild, daß Treue auch das Grundmuster kapitalistischen Wachstums: den Rhythmus von Konjunktur, Krise, Abschwung, Stockung, Aufschwung usw. als Strukturierungsschema seiner Darstellung nicht zugrundelegt.

Auf dieser Linie ließe sich noch längere Zeit weiter argumentieren: Präzise theoretische Kategorien, analytische Begrifflichkeit fehlen fast ganz, die narrative Personengeschichte im gefälligen Erzählstil überwiegt. Auch auf dieser Ebene wird jedoch der Forschungsstand oft nicht angemessen wiedergegeben. Die Gewerbepolitik seit der Reformzeit und ihre überprüfbaren Konsequenzen in Preußen und in den ehemaligen Rheinbundstaaten muß man heute anders darstellen. Die Entstehung und Funktion des Zollvereins werden seit geraumer Zeit in einem neuen Kontext ungleich überzeugender diskutiert. Die deutsche – und zum guten Teil preußische – Industrielle Revolution seit den frühen 1840er Jahren verdient als Neubeginn einer Epoche vor allem doch in der Wirtschaftsgeschichte eine ganz andere Behandlung als dramatische Zäsur, als daß sie in dem politischen Daten folgenden Kapitel über die Zeit von 1815 bis 1848 gewissermaßen eingeebnet werden dürfte. Ganz abgesehen von dem theoretischen Defizit wird durch solche auffallenden Mängel auch der Informationswert des Handbuchs noch weiter radikal gemindert.

Ziemlich abrupt und ohne überzeugende Verteidigung der Gründe bricht das Buch mit 1871/79 ab, obwohl viele potentielle Interessenten eine Fortführung mindestens bis 1933, wenn schon nicht bis 1945 für legitim, sachlich erforderlich und vom Thema her geboten halten werden.[6]

Es beginnt damit, daß der Titel ziemlich albern klingt, und die Skepsis, die sich sogleich regt, wird fortab hinreichend bestätigt. Die Rede ist von dem neuen Anlauf zu einer «Deutschen Geschichte» des 19. Jahrhunderts, von Johannes Willms «Nationalismus ohne Nation».[7]

Natürlich gab es in den deutschen Staaten seit dem ausgehenden 18. Jahrhundert einen Nationalismus, wenn man darunter die große Emanzipations- und Integrationsideologie der postrevolutionären Moderne versteht; natürlich gab es nach der neuen Staatsbildung des Kaiserreichs von 1871 allmählich einen spezifisch reichsdeutschen Nationalismus; natürlich bezog er sich nach dem Scheitern aller großdeutschen Pläne jahrzehntelang primär auf die kleindeutsche Reichsnation und steigerte sich zwischen 1914 und 1945 zu einem «extremen Nationalismus»; zur Zeit besitzen oder entwickeln die drei deutschen Staaten ihren je eigenen Nationalismus. Mit diesem Titel ist also schlichtweg nichts anzufangen, suggeriert er doch eine Art von freischwebendem Nationalismus ohne politisch-soziales Substrat. «Nationalismus ohne Nation» besitzt, um den Verfasser zu paraphrasieren, nur die Prägnanz einer des historischen Sinns entleerten Platitüde. Anstelle einer derart wolkigen, substanzlosen Konstruktion hätte sich eine ideologiekritische Geschichte des modernen deutschen Nationalismus gelohnt: wie er von einer liberalen, reformbereiten, anti-fürstenstaatlichen Oppositionsideologie, die Willms nicht zu kennen scheint, aufgrund des Funktionswandels seit den späten 1870er Jahren zu einer konservativen, antiliberalen, expansionistischen Integrationsideologie wurde, der sich bis zum Radikalnationalismus des NS-Regimes zu steigern vermochte.

Auf diesen Schwerpunkt konzentriert sich der umfangreiche Band jedoch nicht. Er wird angekündigt als die «längst fällige Neuinterpretation» der deutschen Geschichte im 19. Jahrhundert, zugleich als sogenannte «Thesengeschichte», die offenbar durch pointiert zugespitzte Formulierungen neues Licht auf diesen Zeitraum werfen will. Das ist ein hochgesteckter Anspruch, eingelöst wird er jedoch nicht. Fast durchweg erzählt der Verfasser konventionelle Politikgeschichte. Konventionell ist sie deshalb, weil sie nicht auf eine zeitgemäße Weise die politischen Theorien, die Sozialgeschichte der politischen Ideen und Parteien einbezieht, auch – merkwürdig enthaltsam – die begriffliche Hilfe der systematischen Sozialwissenschaften überhaupt nicht zur Kenntnis genommen hat. Zwar behauptet der Autor, er werde auch der Wirtschafts- und Sozialgeschichte einen angemessenen Platz einräumen, aber im Text verflüchtigt sich der löbliche Vorsatz zu relativ kleinen Einschüben oder kurzen Erörterungen. Natürlich kennt Willms die Anfänge der Industrialisierung, die Schutzzollkontroverse, die Auflösung der alten ständischen Sozialordnung. Eine begrifflich exakte Analyse des modernen industriellen Wachstums, der Konjunktur- und Krisenperioden, der sie begleitenden wirtschaftspolitischen Auseinandersetzungen – sie sind ihm indes genau so fremd wie die präzise historische Analyse sozialer Ungleichheit während des Übergangs zu den neuen marktbedingten Klassen der heraufziehenden Marktgesellschaft. Überhaupt werden mit dem Klassenbegriff allerhand Kapriolen getrieben, nur sein Erklärungspotential wird nicht ausgeschöpft, es wird nicht einmal erkannt. Allgemein sieht es nicht so aus, als ob der Verfasser mit dem Stand der gegenwärtigen Diskussion im Bereich der deutschen Sozial- und Wirtschaftsgeschichte auch nur annähernd vertraut wäre.

Das weite Feld der Kulturgeschichte wird vom Autor ganz ausgeblendet, da gerade ihre Bedeutung es verbiete, sie anderen Problemkomplexen nur anzuhängen, wie das häufig anzutreffen sei. Nun gut: Wenn kulturelle Phänomene einen so unbestreitbar hohen Rang besitzen, warum gibt es dann nur die Alternative zwischen Verzicht oder Anhängen? Warum konnte nicht die Geschichte der Kirchen, der Bildungsinstitutionen, der Wissenschaften usw. in die Darstellung integriert werden oder wenigstens einen größeren Anteil erhalten?

Gegen scharfe Thesen ist nichts einzuwenden, im Gegenteil – aber hier verfehlen die Pfeile zu oft das Ziel. Einige Beispiele: Die Rheinbundreformen werden völlig unterschätzt, die preußischen Reformen teils überschätzt, teils verquer verurteilt. Knapps längst widerlegte These, eine Folge der Reformen sei das Landproletariat gewesen, wird als Neuigkeit eingeführt. Interessenpolitik hätten die Parteien, mirabile dictu, erst nach Bismarck betrieben. Bei der Schilderung von Kolonialpolitik und Imperialismus werden die ältesten diplomatiegeschichtlichen Ladenhüter bevorzugt. Der wichtigen Debatte über die Problematik von Kontinuität und Diskontinuität in der neueren deutschen Geschichte bis Hitler wird vom hohen Piedestal der «Thesengeschichte» nur «Sterilität» und «Weltfremdheit» zugebilligt. Und wenn sich der Verfasser einmal auf eine laufende Kontroverse über die Politik im Kaiserreich einläßt, schlägt er sich prompt auf die falsche Seite, etwa diejenige einiger junger englischer Historiker, die selbstbewußt neue Mythen in die Welt setzen. Kurzum, Willms scheint die differenzierten Ergebnisse der langjährigen Debatte über die Epoche von 1848 bis 1914 nicht recht wahrgenommen zu haben – daher die zahlreichen Fehlurteile.

Eine Grundthese, die sich wie ein roter Faden durch das Buch hindurchzieht, läuft darauf hinaus, daß die deutsche Geschichte des 19. Jahrhunderts einen von Grund auf verfehlten Gang genommen habe. Dieses Urteil beruht auf der Einäugigkeit der hier praktizierten Politikgeschichte. Über die Vergeblichkeit der Hegemonialanläufe der «gescheiterten Großmacht» (Hillgruber) herrscht unter Historikern kein Streit. Aber auch im politischen System nach 1871 gab es einige ausbaufähige Elemente und zukunftsträchtige Politikfelder (Sozialpolitik). Und selbst wenn man an der deutschen Politik kein gutes Haar läßt, besteht doch eine «deutsche Geschichte» auch aus so dauerhaften Strukturen und langlebigen Prozessen wie der ökonomisch erfolgreichen Industrialisierung, den neuen Formen der sozialen Ungleichheit, der Urbanisierung, der weltweit anerkannten Wissenschaftsentwicklung usw. Das läßt sich nicht alles mit apodiktischen Thesen beiseite schieben oder ganz außer acht lassen.

Vor dreißig Jahren, vielleicht vor zwanzig Jahren noch hätte solch ein Buch eine belebende Wirkung entfalten können. Jetzt ist an der gerühmten «Neuinterpretation» kaum etwas neu. Der «Thesengeschichte» fehlt die Treffsicherheit. Und neue Perspektiven eröffnet sie auch nicht. Indirekt demonstriert das Buch zudem, daß sich mit sogenannter «erzählter Geschichte» eine analytische, an Thesen orientierte Darstellung nicht verträgt. Sein Pech ist es, daß nach dem Erscheinen von Thomas Nipperdeys «Deutscher Geschichte 1800–1866» die Teile bis 1866 Makulatur geworden sind, und im Hinblick auf das Kaiserreich überblickt der Verfasser weder den Forschungsstand noch die internationale Diskussion. Da kann es dann passieren, daß ihm einseitige, verzerrte Urteile als «Neuinterpretation», eine herkömmliche Ereignisgeschichte als «Thesengeschichte» erscheint.

PS. Wie gern hätte ich die Leistung eines Außenseiters der Historikerzunft – Willms arbeitet als Journalist – bereitwillig anerkannt. Ohne breite Sachkenntnis, ohne systematische Strukturierung der Themen läßt sich aber heutzutage eine solche «Deutsche Geschichte» nicht mehr, gewissermaßen freihändig, schreiben.

Der Epochenname für die Zeit zwischen dem 23jährigen Staatenkrieg bis 1815 und dem Bürgerkrieg von 1848/49 ist seit langem umstritten. Keineswegs ist es durchgehend eine Periode der «Restauration», aber auch nicht von Anbeginn an nur die Vorgeschichte der Märzrevolution, mithin kein langer «Vormärz». Gute Gründe sprechen dafür, die erste Phase von 1818/19 bis 1830 als Restauration zu charakterisieren. Durch die zweite französische Revolution von 1830 wird jedoch ein neues Spannungsfeld aufgebaut, das erst 1848 zur Entladung führt. Deshalb kann man seither den Vormärz ansetzen, der sich in den letzten vier, fünf Jahren vor 1848 zu einer vorrevolutionären Situation verdichtet, die aber auch jetzt noch der Pariser Initialzündung bedarf.

Diese Zeitspanne zwischen 1815 und 1848 ist, entsprechend dem Krebsgang, in dem sich die westdeutsche Geschichtswissenschaft vom NS-Regime über die Weimarer Republik und das Kaiserreich jeweils zu einer neuen

Diskussion rückwärts bewegt, seit einigen Jahren zum Gegenstand kontroverser Analysen und Interpretationen geworden. Am bekanntesten sind wahrscheinlich die Darstellungen von Eberhard Weis (1976), Thomas Nipperdey (1983) und Heinrich Lutz (1985). Zu diesen umfangreichen Zeugnissen deutscher Gelehrsamkeit ist soeben die schlanke Darstellung von Rainer Koch hinzugetreten.[8] Der Verfasser, Direktor des Historischen Museums und Privatdozent an der Universität Frankfurt, hat sein Thema in fünf Kapitel untergliedert. Ausführlich werden Verlauf und Ergebnisse des Wiener Kongresses geschildert – zu ausführlich, denn 56 von 256 Textseiten, ein ganzes Fünftel, das ist des Guten zuviel. Da hätte sich mühelos Raum für eine knappe Einleitung finden lassen. Jetzt wird der Leser sogleich ins kalte Wasser der Wiener Intrigen geworfen, ohne zu erfahren, welche Probleme, aus welchen Gründen, der Autor für wichtig hält, welche er weglassen will oder für besonders erklärungsbedürftig hält. Nach dem Wiener Auftakt werden die – schon von den Zeitgenossen so genannten – «Kräfte der Bewegung und der Beharrung» skizziert: Nationalismus, Liberalismus, Konservativismus. Das klingt ziemlich konventionell, ist aber inhaltlich konzis und erhellend ausgeführt, vor allem im Hinblick auf den Liberalismus, mit dem Koch sich besonders gut auskennt.

Wo aber bleiben der Kapitalismus und die Veränderung der sozialen Ungleichheit? Ein dreiseitiger Exkurs über Hegel kann einen Umriß der neuen Wirtschaftsgesellschaft mit ihren entstehenden Klassen nicht ersetzen. Wo bleiben das vehemente Bevölkerungswachstum und die forcierte innere Staatsbildung?

Unvermittelt folgt vielmehr die Erörterung des Verhältnisses von «Staat und Kirche». Die protestantische Entwicklung wird sachlich berichtet, die katholische Erneuerung nach der Zäsur von 1803 gut charakterisiert. Dann aber fehlt es an einem dezidierten, klaren Urteil über den Aufstieg des römischen Absolutismus, während in der weltlichen Politik ringsum der Liberalismus vordringt. Die scharfe Opposition gegen den Machtanspruch der päpstlichen Diktatur, den «Ultramontanismus», der sich bis 1870 noch weiter steigern sollte, wird nicht angemessen gewürdigt. Treffsicher werden dagegen in dem Kapitel über «Wirtschaftsordnung und soziale Fragen» die Agrarreformen analysiert: die Vielfalt der Lösungsversuche, die Leistungen, die Grenzen bis 1848. Auch die Lage des traditionalen Stadtbürgertums, das gegenüber dem aufkommenden Industriekapitalismus häufig feindlich, zumindest skeptisch eingestellt war, wird kenntnisreich geschildert, das tiefverwurzelte Vorurteil, daß «das» städtische Bürgertum schlechthin der Motor der Industrialisierung gewesen sei, gründlich in Frage gestellt. Andrerseits: Eine knappe Mehrheit der erfolgreichen Unternehmer im neuen Fabriken-, Banken-, Verkehrswesen bestand dennoch aus innovationswilligen Söhnen stadtbürgerlicher Familien mit Betriebserfahrung. Da wird das Bild etwas verzeichnet, überhaupt kommen die Anfänge der Industrialisierung zu knapp weg. Und was die sozialen Begleiterscheinungen und Konsequenzen angeht: die fundamentale Veränderung im System der sozialen Ungleichheit beim Übergang von «Berufsständen» zu «marktbedingten Klassen», um mit Max Weber zu reden, bleibt auch hier eine Analyse der realhistorischen Prozesse aus. Ein Blick auf die Theorien der pp. Marx, Stein und anderer Zeitgenossen vermag diese Lücke nicht wettzumachen.

Koch akzeptiert die Epochenzäsur von 1830 und verfolgt danach die allmählich an Brisanz gewinnende Entstehung einer vorrevolutionären Situation. Markante Etappenpunkte: das Hambacher Fest von 1832, der Protest der Göttinger Sieben gegen den hannoverschen Staatsstreich von 1837, die Rheinkrise von 1840, der neue Nationalismus, die Stagnation in der preußischen und österreichischen Verfassungspolitik, die Friktionen im konstitutionellen Süddeutschland – sie werden klar herausgearbeitet. Es fehlt jedoch eine systematische Analyse des inneren Zusammenhangs der schweren Agrar- und Gewerbekrisen in den 40er Jahren, der Stockungsphase in der anlaufenden Industriellen Revolution, der Banken- und Handelskrisen, der eminent folgenreichen schichten- und klassenspezifischen Auswirkungen der erfahrenen Deprivation und zuletzt der ausschlaggebenden Legitimationskrise der vormärzlichen politischen Systeme. Eine solche Analyse müßte hinzutreten, um die verblüffende Anfälligkeit aller deutschen Staaten und Gesellschaften zu erklären, als der Revolutionsfunke aus Frankreich übersprang.

Schließlich fehlt die Geschichte der Revolution von 1848/49 überhaupt! Der Titel ist daher, mit Verlaub gesagt, ein kleiner Etikettenschwindel, da der dramatische Abschluß der Epoche nicht mehr behandelt wird. Ein dreiseitiger Ausblick ist dafür kein Ersatz. Wer aber vom Wiener Kongreß bis an den März 1848 herangeführt werden will, findet hier nach einem langatmigen Anfang eine gute komprimierende, oft sehr informative und klug interpretierende Darstellung, deren Dichte und Problembehandlung freilich ungleichmäßig geraten ist, und die Lücken, von denen einige erwähnt worden sind, fallen um so mehr auf, als der Verfasser sie weder begründet noch verteidigt.

Mit derselben Thematik befaßt sich in der neuen Reihe «Deutsche Geschichte der neuesten Zeit» der Band von Wolfgang Hardtwig.[9] Für die geplanten dreißig Bände dieser Reihe ist den Autoren ein ziemlich starres Schema vorgegeben worden: Jeder Band beginnt mit einem «Appetitanreizer», einem möglichst anschaulich erzählten themenspezifischen Ereignis; dann folgen 80 bis 120 Seiten Text, eine Dokumentenauswahl (25 bis 50 S.), ein Bericht über die Quellen- und Literaturlage sowie eine Zeittafel. Der knappe Raum für den Text verlangt eine extreme Komprimierung oder die Beherrschung des wissenschaftlichen Essays, der eine Kunst für sich ist. Auch ist es nicht jedem guten Historiker gegeben, farbig zu erzählen, wie es hier die Konzession an die modische Forderung nach mehr narrativer Geschichte verlangt.

Wie meistert Hardtwig seine Aufgabe? Er geht, völlig zu Recht, vom Spannungsreichtum der Epoche aus und stellt drei zeittypische Konflikte an den Anfang: die Unterdrückung der Burschenschaften, den Protest der Göttinger Sieben, den Aufstand der schlesischen Weber. Damit ist sofort der Quietismus der Restaurationszeit, die Biedermeier-Idylle in Frage gestellt. In acht Kapiteln werden dann unter Sachgesichtspunkten wichtige Problemfelder analysiert: das «System Metternich», die Anfänge des Verfassungslebens, die Bevölkerungsgeschichte, die Sozialordnung und der Beginn der Industrialisierung, das Bildungssystem, Bürgertum und Staat, politische Ideen und Parteien. Zwar hat der Verfasser 140 S. in Anspruch genommen, angesichts dieser komplexen Probleme war jedoch offenbar nur eine Serie von Essays möglich – oft geistreich, mit aufschlußreicher Information angereichert, in einer kultivierten Sprache formuliert. Die Stärke des Autors ist eine klare Politikgeschichte, der Überblick über «Bildung» und ihre Institutionen, über die Strömungen der politischen Ideen und parteiähnliche Verbände. Hier verbindet sich scharfsichtige Schilderung mit gescheitem Urteil.

Etwas weniger treffsicher fällt die Analyse der demographischen Entwicklung, des Pauperismus, der Industriellen Revolution, der Sozialstruktur, vor allem der ominösen «bürgerlichen Gesellschaft» aus, die zwar als Sozialutopie existiert, faktisch jedoch in scharf getrennte unterschiedliche bürgerliche Formationen zerfällt. Diese Abschnitte verraten eine deutliche Zurückhaltung gegenüber den analytischen Begriffen des modernen Wirtschafts- und Sozialgeschichte. Damit hängt auch die Scheu vor einer Erklärung dieser Phänomene zusammen. Sie werden knapp charakterisiert, aber die Auskunft über die entscheidenden Antriebskräfte, die von ihnen bewirkten Veränderungen und die bis 1848 konstatierbaren Ergebnisse, tritt doch deutlich zurück. Das ist keineswegs immer der Fall: Warum sich z. B. das angeblich weltfremde neuhumanistische Bildungsideal für die Ausbildung von Eliten in einer Zeit rapiden sozialökonomischen und politischen Wandels durchaus funktional auswirken konnte, wird souverän erörtert und sachlich zutreffend erklärt. Kurzum: ein lohnender Band, mit nicht wenigen Glanzlichtern, freilich auch unübersehbaren Grenzen.

Was Hardtwig als Problem vernachlässigt: den Aufstieg des modernen deutschen Nationalismus, das behandelt ein Band in derselben Reihe von Hagen Schulze.[10] Jede Erörterung dieser Frage sieht sich, bis 1871 eine relativ kurzlebige Antwort bringt, einem Dilemma gegenüber: Was ist unter «Deutschland» 1789, 1815, 1848 zu verstehen? Als politische oder geographische Einheit existiert es nicht. Das Heilige Römische Reich und der Deutsche Bund sind alles andere als «deutsche» Einheitsstaaten. Kulturell und konfessionell ist das deutschsprachige Mitteleuropa scharf fragmentiert. Weder versteht der Hamburger Kaufmann den bayerischen Bauern noch der masurische Unteroffizier den rheinischen Rekruten. Fern von ihnen existiert eine

Hochsprache, in der sich die «Gebildeten» verständigen, gibt es eine Hochkultur, die im Bildungsbürgertum als gemeindeutsches Erbe empfunden wird. Die Naivität der älteren Geschichtsschreibung, eine deutsche «Kulturnation» stillschweigend oder wenigstens keimhaft schon in früheren Jahrhunderten vorauszusetzen und den Weg zur «Staatsnation» nach 1871 als Erfüllung historischer Prädestination zu begrüßen, ist uns abhanden gekommen.

Schulze geht das brisante Thema im Längsschnitt vom 18. Jahrhundert bis 1871 an, eine wichtige Phase fällt in die Epoche zwischen 1815 und 1848. Die Einleitung besteht aus einem kleinen Meisterstück narrativer Geschichte, der Darstellung der Berliner Märzrevolution, anschließend durchmißt der Verfasser, chronologische Entwicklung mit der Erörterung von Sachproblemen verbindend, in großen Schritten die Zeitspanne von etwa 1760 bis 1871. Im Gegensatz zu jenen einschlägigen Untersuchungen, die fast ausschließlich Ideengeschichte und politische Ereignisgeschichte verknüpften, greift Schulze ein so kompliziertes Phänomen wie den Nationalismus von einem ungleich breiteren Ansatz aus an. Der Übergang von der Agrar- zur Industriegesellschaft, die Diskussion über «des Deutschen Vaterland», die Ausbreitung des Nationalismus, die Beschleunigungsfaktoren wie die Rheinkrise, das Schleswig-Holstein-Problem und die 48er Revolution, die wirtschaftlichen Faktoren und schließlich die Allianz von großpreußischer Expansionspolitik und liberalbürgerlicher Nationalbewegung, das alles wird klarer und in mancher Interpretation schlechterdings besser als in der älteren Literatur behandelt.

Dennoch sind bei dieser Thematik noch schärfere analytische Fragen unumgänglich, ist noch mehr Präzision geboten. Zuerst ist der moderne Nationalismus vom älteren «Landespatriotismus», von dynastischer Loyalität, vom regionalen Heimatgefühl scharf zu unterscheiden – er ist durch und durch ein Ergebnis der neuzeitlichen Revolutionen, vor allem der Amerikanischen und – für «Deutschland» folgenreicher – der Französischen Revolution. (Der englische «Sonderweg» beginnt auch hier früher im 17. Jahrhundert!) Zweitens müssen die Bedingungen und Voraussetzungen für das erfolgreiche Vordringen des deutschen Nationalismus, trotz des erbitterten Widerstands gegen ihn, klarer herausgearbeitet werden. Dazu gehört vor allem die Zerstörung der traditionalen Legitimationsgrundlagen politischer Herrschaft durch die Revolution und Napoleon, die Landenteignung und der Menschentransfer als Folge der großen «Flurbereinigung» zwischen 1803 und 1807. Dazu gehören die andauernde sozialpsychische «Verstörung» als Folgeerscheinung, die Auflösung vertrauter Wirtschafts- und Sozialstrukturen, bisher gültiger Muster der «Weltdeutung», die Reaktion auf das französische Vorbild, die Fremdherrschaft, kurz: eine Vielzahl sich überlappender Modernisierungskrisen. Genauer geprüft werden müssen auch, drittens, die Funktionen, die der Nationalismus zu erfüllen versprach, um der Herausforderung, dem «Challenge», der Krisensituation zu begegnen. Er versprach die neue Legitimationsbasis des Willens der «Nation», den Republikanern die «Volkssouveränität». Er verhieß eine einheitsstiftende Integration, daher beanspruchte der Nationalismus ein Loyalitätsmonopol. Er stellte ein neues Identitätsgefühl in Aussicht, nachdem vertraute Orientierungen sich aufgelöst hatten oder in Frage gestellt worden waren. Dafür wurde die Vergangenheit glorifiziert, die Zukunft mit dem Mythos einer «nationalen Erneuerung» verbunden. Wie überall schossen Sendungsbewußtsein, ein säkularisierter Auserwähltheitsglaube auch in den deutschen Nationalismus ein, er wurde eine politische Religion. Er rechtfertigte auch die Penetration des Staates durch die zentrale Bürokratie: Der Nationsgenosse sollte jederzeit als Schüler, Steuerzahler, Soldat in Anspruch genommen werden können.

Als Entwicklungsideologie trieb der Nationalismus dazu an, die «relative Rückständigkeit» im Verhältnis zu den westlichen Ländern wettzumachen. Er blieb freilich auch, und das wird oft übersehen, jahrzehntelang eine frühliberale Oppositions- und Emanzipationsideologie, welche die ständische Ungleichheit, die Vormacht des Adels, den deutschen Staatenpluralismus, den Spätabsolutismus beseitigen wollte. Deshalb wurde die Vision des nationalen Einheitsstaats, die Forderung nach Partizipation im nationalen Verfassungsstaat, von den Staatsmännern und Konservativen aller Couleur als prinzipielle Gefahr, als Sprengsatz konzessionslos bekämpft. Dieser Widerstand ist weder bei den deutschen Mittelstaaten noch bei dem «multinationalen» Habsburgerreich schwer zu verstehen. Umgekehrt dachten die liberalen Reformer meist national, die Verfechter des Nationalismus optierten oft für liberale Reformen.

Das lenkt, viertens, auf die Frage nach den sozialen Trägerschichten hin. Zuerst geht es um ein Phänomen kleiner Intellektuellenzirkel mit einem rudimentären nationaldeutschen Identitätsgefühl, das auf den Traditionen der «Kulturnation», auf der verklärten Vergangenheit «der» Deutschen und auf Hoffnungen für eine helle Zukunft beruhte. Die Wortführer, wie Arndt, Schlegel, Humboldt, Schleiermacher, Jahn, Kleist und andere, sind wohlbekannt. Bis 1820 wurden vermutlich nur wenige tausend Bildungsbürger und Burschenschafter erfaßt, ehe die Repression seit 1819 die Entwicklung kurz unterbrach. Dennoch behielt in den drei Jahrzehnten vor 1848 der Nationalismus nicht nur seine Faszinationskraft, sondern er entwickelte sich allmählich zur Massenbewegung, drang vor allem über das Vereinswesen, durch Hunderttausende von Turnern und Sängern, durch Germanisten, Juristen, Historiker, durch Bildungsvereine der Handwerker, «Nationalfeste» und Denkmäler in die Gesellschaft und das öffentliche Bewußtsein ein. Die Enttäuschung über die illiberale Passivität des Deutschen Bundes, Krisen wie die von 1840 oder in Schleswig-Holstein trieben die Ausbreitung ganz so voran wie die Verdichtung der Kommunikation durch Zeitungen, Zeitschriften, Eisenbahn und Postwesen. Die Revolution setzte neue Schubkräfte frei. In den 1850er/60er Jahren wurde die Nationalbewegung, von der italienischen Einigung im Glauben an das Recht auf einen deutschen Nationalstaat bestätigt, vollends zu einer Macht des politischen Lebens. Bismarck erkannte die Unvermeidbarkeit einer Allianz mit ihr, deshalb betrieb er die großpreußische Reichsgründung nicht nur mit der «Dampfkraft» der Einigungskriege, sondern auch mit Hilfe des liberalen Nationalismus. Gut siebzig Jahre später war der deutsche Nationalstaat als zweimal «gescheiterte Großmacht» wieder zerfallen.

Behält man die eher systematischen Fragen nach der Entstehung, nach den Funktionen und Erfolgsbedingungen des Nationalismus im Auge (sein Funktionswandel vom liberalen zum konservativen Nationalismus, seine Radikalisierung in einer späteren Zeit werfen neue Probleme auf), fällt einem an der neuen Reihe «Die Deutschen und ihre Nation» auf, daß der zweite Band von Heinrich Lutz im Grunde, wie Nipperdeys «Deutsche Geschichte» von 1800 bis 1866, den Versuch einer allgemeinen historischen Synthese unternimmt.[11] Auffällig ist jedoch an diesem lesenswerten Buch, dessen spezifische Vorzüge und Grenzen hier nicht ausführlicher zu behandeln sind, daß es recht wenig von dem einflößt, was der Reihentitel verspricht. Der Wiener Historiker fragt nicht konsequent und immer wieder, was «Deutschland» in seinem Zeitraum heißen und meinen konnte, ob es eine deutsche «Nation» überhaupt bereits gab oder wie sie entstand, wie der neue deutsche Nationalismus aussah, was er auf längere Sicht erreichte. Zugegeben, es finden sich viele kluge Einzelbeobachtungen, es gibt jedoch keine Einbettung in ein straffes Strukturierungsschema mit klar begründeten Fragen und Antworten.

Dabei hätte gerade der Autor dieses Bandes besonders aufmerksam auf die Entstehungskonstellation des neuen Nationalismus seit den 1790er Jahren zurückblicken, den Elitennationalismus mit seinen inhaltlichen Schwerpunkten charakterisieren und dann die überaus spannende Problematik verfolgen sollen, wie trotz der harten Repression aus der Oppositionsideologie Weniger eine massenbewegende Ersatzreligion vieler wurde. Dieses keineswegs hinreichend geklärte Phänomen läßt sich im Hinblick auf die Trägerschichten sozialgeschichtlich, auf die Leitideen ideologiegeschichtlich, auf den Ausbreitungseffekt mentalitäts- und politikgeschichtlich einkreisen, um den Durchsetzungserfolg schließlich erklären zu können. Wie soll man sonst die Vehemenz des 1848 auftrumpfenden Nationalismus verstehen, wie sich seine Macht über die Menschen nach 1848 klar machen? Eigentümlicherweise ist gerade die im Reihentitel versprochene eingehende Analyse der Entwicklungsgeschichte des deutschen Nationalismus und der entstehenden «Nation» zu punktuell geraten. Wenig zu beneiden ist übrigens der Autor des ersten Bandes (1763–1815), der in der ersten Hälfte seines Zeitraums weder den modernen Nationalismus noch eine «deutsche Nation» vorfindet.

Anregende Beiträge zu den beiden ersten Entwicklungsphasen des deutschen Nationalismus enthält auch ein neuer Sammelband über «die Rolle der Nation in der deutschen Geschichte und Gegenwart», der aus einer von der «Historischen Kommission zu Berlin» veranstalteten Tagung hervorgegangen ist.[12] Hagen Schulze skizziert hier einen Argumentationsgang, den er inzwischen in seinem vorn erörterten Band breiter ausgeführt hat. Werner Conze prüft begriffsgeschichtlich die Herkunft und Bedeutung von «Deutschland» und «deutscher Nation». Otto Büsch klärt das Verhältnis von «deutscher Einheit» und europäischer Mächtekonstellation. Hervorzuheben sind jedoch vor allem zwei Aufsätze von amerikanischen Historikern: einmal der impressionistische Entwurf von Peter Gay – einem Meister des historischen Essays, der zeigt, wie der Prozeß der kulturellen Integration, der aus Menschen mit den unterschiedlichsten Traditionen zwischen 1849 und 1945 «Deutsche» gemacht hat, verlaufen sein könnte. Und kritisch gegenüber der gesamten älteren Literatur betont James J. Sheehan, Gordon Craigs Nachfolger in Stanford, die grundlegende Rolle der politischen Mythen bei der «Erfindung» des modernen deutschen Nationalismus. Er weist die Hauptrolle den Intellektuellen der ersten Entwicklungsperiode zu, welche die säkularisierte politische Theologie des Nationalismus aus kunstvoll stilisierten Bruchstücken der Vergangenheit und hochgemut entworfenen Zukunftserwartungen zusammengestückelt haben. Treitschke und Meinecke würden, horribile dictu, die Haare zu Berge stehen. Aber: Nationalismus als «soziale Innovation», um Modernisierungskrisen zu begegnen, das ist ein anregender, ein provozierender Gedanke. Freilich ist es unumgänglich, den historischen Kontext der Entstehung, die Ursachen und Antriebskräfte, die Vorbilder und Anknüpfungspunkte, die es für die Vorstellung von einer deutschen «Kulturnation» ja schließlich gab, angemessen zu berücksichtigen.

Bewegung, wie man sieht, gibt es in der Geschichtsschreibung, die sich mit der Epoche zwischen 1815 und 1848 beschäftigt, in der Tat. Ob jedoch die neuen Bewegungen dieser Zeit, die ökonomischen, sozialen, politischen, ideologischen Bewegungen schon treffend identifiziert, zupackend analysiert und befriedigend erklärt werden – diese Frage lenkt eher auf offene Probleme hin als auf einleuchtend geklärte Antworten.

Endlich sind nach jahrzehntelanger Pause in den letzten drei Jahren vorzügliche Darstellungen der deutschen Revolution von 1848/49 erschienen: die bisher beste, gedrängte Analyse von Wolfram Siemann (Die deutsche Revolution 1848/49, 1985), die vergleichende Zusammenfassung von Dieter Langewiesche (Europa 1815–1849, 1985), die ausführlichen Revolutionskapitel in Thomas Nipperdeys «Deutscher Geschichte 1800–1866» (1863, 78 S.) und in Heinrich Lutz' «Zwischen Habsburg und Preußen 1815–1866» (1985, 95 S.); selbst die neue ostdeutsche «Deutsche Geschichte» (IV: 1789–1871, 1984, 96 S.) enthält ein lesenswertes Kapitel von Gerhard Becker und Walter

Schmidt. Just zu diesem Zeitpunkt erscheint eine neue Monographie über 1848/49 mit der Behauptung, seit Veit Valentins umfangreicher Darstellung von 1930/31 mit ihren nahezu anderthalbtausend Seiten habe das Thema «keine allseits anerkannte Behandlung mehr erfahren». Diesem angeblichen Mangel soll mit der handbuchartigen politikgeschichtlichen Übersicht von Günther Wollstein abgeholfen werden.[13]

Verdutzt fragt man sich, warum der Verfasser nicht von den intensiven neuen Interessen ausgeht. Und wo hat es je eine «allgemein anerkannte Behandlung» einer Revolution oder eines anderen bedeutenden historischen Problems gegeben? Ein Vorzug der Geschichtswissenschaft besteht doch in dem Pluralismus ihrer Interpretationen. Eine liberale, konservative, marxistische Interpretation sind zunächst einmal gleichermaßen legitim. Erst bei der genauen Überprüfung der empirischen Grundlagen und der Tragfähigkeit des Urteils erweist sich, welche Teile der internationalen Fachkritik am ehesten standhalten. Einen «allgemeinen» Konsens gibt es freilich so gut wie nie, und ein derart stromlinienförmiges Geschichtsbild ist auch gar nicht wünschenswert.

Das neue Buch von Wollstein, einem Kölner Historiker, bietet eine außergewöhnlich konventionelle Politikgeschichte im Rahmen einer nationalliberal-konservativen Interpretation. Von der heute unumgänglichen gerechten Berücksichtigung der Wirtschaftsgeschichte (Agrar-, Gewerbe-, Industrie-, Bankenkrise 1846–1848!), der Sozialgeschichte (Auftauchen moderner Klassen, soziale Zusammensetzung der Revolutionsbewegungen!), der Mentalitätsgeschichte (Krisenstimmung im Besitz- und Bildungsbürgertum, Protesthaltung der Pauperisierten!) usw. kann keine Rede sein. Politikgeschichte soll im Vordergrund stehen, und sie tut es auch. Muß sie aber auf so altertümliche Weise betrieben werden? Muß sie so evident einen Rückschritt im Vergleich mit den neuen, auf Synthese zielenden Darstellungen von Siemann, Langewiesche und den anderen Historikern bedeuten?

Wollstein erzählt am Leitfaden der Chronologie die Märzereignisse des Frühjahrs 1848, marschiert dann auf die seit jeher und viel zu lange von den Historikern bevorzugte und zugleich überschätzte politische Arena der Paulskirche (kurz auch der Nationalversammlungen in Berlin und Wien) zu und erzählt vor allem aus dieser Perspektive die Ereignisgeschichte, die Pläne und Hoffnungen, das Versagen und schließlich das «Scheitern» der Revolution. Von einem Politikhistoriker, der sich auf der Höhe der gegenwärtigen Diskussion bewegen will, erwartet man jedoch mehr. Zum Beispiel die Untersuchung der sehr verschiedenartigen Handlungsebenen, auf denen die revolutionären und gegenrevolutionären Prozesse abliefen. Da gab es die – von Wollstein nicht einmal annäherungsweise richtig erfaßte – «agrarsoziale Revolution», wie sich der Konservative Hermann Wagener als zeitgenössischer Beobachter ausdrückte, eine über viele deutsche Staaten verbreitete Bauernrebellion, die aber zügig mit der Erfüllung ihrer Reformforderungen zufriedengestellt wurde und daher als vermutlich unverzichtbarer Partner einer Allianz aller revolutionären Kräfte alsbald ausfiel. Da gab es die städtischen Aufstände vor allem in Wien und Berlin. Hier: im Barrikadenkampf der Revolutionäre gegen die Soldaten trat der Bürgerkrieg grell hervor. Da gab es das Aktionsfeld der Vereine, Klubs und Assoziationen, der Interessenverbände und schließlich der Parteien, wo Politik auf ganz andere Weise betrieben wurde. Da gab es die parlamentarischen Entscheidungszentren in Frankfurt, Berlin und Wien, in denen sich nur ein Teil der 48er Bewegung abspielte. Da gab es den Handlungsraum der Regierungen, insbesondere der konterrevolutionären in den beiden deutschen Großstaaten Österreich und Preußen. Und schließlich spielte auch die internationale Konstellation eine gewisse Rolle.

Auf einer Ebene verliefen Aufstände fast autonom ab, wie die Bauernerhebungen, auf einer anderen Ebene berührten sich die analytisch zunächst zu trennenden Prozesse: z. B. städtischer Aufruhr, Vereinswesen und Parlamentsberatung. Wollstein verzichtet auf eine solche – oder eine andere – klärende Konzeption. Daher ist es nur konsequent, daß er dann die Paulskirche erneut überschätzt. Er unterscheidet auch nicht präzis zwischen der Stärke und den Grenzen der Revolutionsbewegungen einerseits, den Stärken und Grenzen der Gegenrevolution andrerseits. Das mag banal klingen, da sich beide Komplexe wechselseitig bedingen. Nützlich ist diese Unterscheidung dennoch, denn sie hätte dem Verfasser ein klares Urteil ermöglicht, daß nach drei Monaten die Revolution eine aussichtslose Sache war. Die Erstürmung Prags, die Niederschlagung des Pariser Aufstands im Juni 1848 bewiesen die Kraft der Konterrevolution im Deutschen Bund und auf dem internationalen Revolutionsfeld. Die Eroberung Wiens und die Besetzung Berlins im Oktober/November 1848 haben nur noch den Schlußstrich gezogen, mit dem die Überlegenheit der Gegenrevolution dargetan wurde. In Frankreich, Berlin und Wien haben mithin die wichtigsten Verhandlungen im Schatten einer bereits unabwendbaren Niederlage stattgefunden!

Andere wichtige politikgeschichtliche Fragen wie die nach den Ursachen des Scheiterns einer revolutionären Allianz einerseits, des Erfolgs einer neuen konterrevolutionären Koalition andrerseits, der entscheidenden Rolle des loyal bleibenden Militärs, den kontraproduktiven Folgen gerade der erfolgreichen liberalen Politik (in den Nationalversammlungen und Landtagen), welche die Grundlagen eines Revolutionserfolgs untergraben halfen – all solche genuin politischen Fragen werden nicht einmal angedeutet, geschweige denn präzise gestellt und befriedigend beantwortet.

Über manche Aspekte der Verlaufsgeschichte der Revolution, vor allem konzentriert auf Frankfurt, berichtet der Verfasser mit der Sachkunde, die er sich durch frühere Studien zu dieser Thematik erworben hat. Am Schluß vermag er jedoch wiederum dem Leser nicht klar zu machen, daß die Revolution von 1848/49 keineswegs generell gescheitert ist, wie das auch der

Untertitel suggeriert. Vielmehr hat sie wichtige indirekte Erfolge erzielt, die ohne die Revolution kaum denkbar sind und deshalb charakterisiert werden mußten. Zu denken ist hier an den erzwungenen Abschluß der Agrarreformen in allen deutschen Staaten; damit erst ging das Feudalzeitalter endgültig zu Ende. Zu denken ist an die neue Sozialpolitik gegenüber der Arbeiterschaft, die neue Mittelstandspolitik, die Verbesserung der Rechtspflege (die preußische Strafrechtsreform!), die Freigabe der industriellen Welt für die ökonomischen Energien des Wirtschaftsbürgertums, und – nicht zuletzt – den fundamental wichtigen Übergang Preußens zum Verfassungsstaat. Die krasse Einseitigkeit der allzu glatten Formel von der «gescheiterten Revolution» tritt deshalb klar zutage. Besiegt worden ist die Revolution ohne Frage, ihre Maximalziele hat sie nicht erreicht. Trotzdem hat sie mittelbar imponierende Erfolge erzielt, welche die Politik und Gesellschaft nach 1850 von Grund auf verändert haben.

Im Hinblick auf die Sachproblematik steht sich jeder Leser mit jedem der vorn genannten Autoren besser – das ist das dürre Fazit. Ein Einwand kommt aber noch hinzu: Sprachlich ist diese Überblicksdarstellung eine Zumutung. Den Stil holprig und mißlungen zu nennen, wäre schon ein purer Euphemismus. Mit einem klaren Deutsch, mit der Satzlogik, der Syntax, manchen grammatikalischen Problemen lebt der Autor auf Kriegsfuß. Welcher Lektor hat bloß dieses Manuskript ungeschoren durchgehen lassen? Wenn Wollsteins Buch ein Beispiel für die von Köln aus propagierte «moderne» Politikgeschichte sein soll, kann man auf dieses konzeptionell anachronistische, interpretationsschwache, hanebüchen ungelenk geschriebene Muster gern verzichten.

Moderne Politikgeschichte exemplarisch
Aufstieg und Krise der westdeutschen Atomwirtschaft 1945–1975

Zwischen 1970 und 1973 hat der Historiker Andreas Hillgruber mehrfach eine «politische Geschichte moderner Prägung» programmatisch gefordert. Mit Nachdruck postulierte er, die Wirtschafts- und Sozialgeschichte, die Ideen- und Ideologiegeschichte in die Politikgeschichte mit einzubeziehen, um vor allem die ausgetretenen Pfade der herkömmlichen Diplomatiegeschichte verlassen zu können.[1] Praktisch ist dieser Appell jedoch auch 15 Jahre später in seinem Umfeld völlig folgenlos geblieben. Weder Hillgruber selber noch seine Epigonen, die gewöhnlich einige Meter hinter ihrem Meister hertraben, haben bisher auch nur ein einziges Muster einer solchen integralen Politikgeschichte zustande gebracht. Da die hochgestimmten Grundsatzerklärungen mit deftigen Sottisen gegen die moderne Sozialgeschichte, die in eben diesen 15 Jahren erneut einen großen Schritt nach vorn getan hat, gespickt waren, ist die Tatsache, daß das eigene Manifest nicht befolgt wurde, zumindest – um es vorsichtig auszudrücken – verwunderlich.

Wie dennoch – ohne Beeinflussung durch Hillgrubers Appell und ohne seine Privilegierung der internationalen Beziehungen – moderne Politikgeschichte geschrieben werden kann, das zeigt die erste zusammenfassende Darstellung der westdeutschen Atomwirtschaft und Atompolitik bis etwa 1975: Hier werden, je nach der Problemlage, Technik- und Wirtschaftsgeschichte, Geschichte der Innen- und Außenpolitik, der Interessenverbände und Wissenschaftlerlobbies souverän in ihrem Zusammenhang analysiert, um der Thematik gerecht zu werden.

Atomkraftwerke – das ist in den letzten Jahren geradezu eine Kampfparole geworden, die bittere Kontroversen ausgelöst und nicht selten Abertausende von Gegnern politisch mobilisiert hat. Mit teutonischer Gründlichkeit sind legitime Auseinandersetzungen alsbald zu einem Fundamentalkonflikt stilisiert worden, in dessen Schatten eine nüchterne Abwägung der Argumente, die für die wirtschaftliche Nutzung von Atomkraft oder gegen sie sprechen, häufig nicht mehr möglich ist. Dabei ist der Tatbestand schlichtweg nicht zu übersehen, daß sowohl zahlreiche Gegner als auch viele Verteidiger keineswegs mit den zur Debatte stehenden Problemen umfassend vertraut sind. In der Literatur zu dieser Thematik standen sich nur zu oft einseitige Polemik und euphorische Verteidigung gegenüber. Für jeden an diesem komplexen Phänomen Interessierten war es ungemein schwierig, sich einen klaren Überblick mit der nötigen historischen Tiefendimension zu verschaffen.

Diesem irritierenden Mangel hat Joachim Radkau mit seiner breit angelegten und über dreißig Jahre hinweg exakt verfolgten Geschichte des Aufstiegs und der Krise der westdeutschen Atomwirtschaft von 1945 bis 1975 endlich abgeholfen.[2] Ein äußerst brisantes, hochgradig aktuelles Thema, das auf absehbare Zeit noch die Innen- und Außenpolitik der Bundesrepublik beschäftigen wird, ist hier auf eine wissenschaftlich seriöse Weise behandelt worden. Nachdem viel zu lange die Neigung bestanden hat, die Geschichte seit 1945/49 den Politikwissenschaftlern, Soziologen und Publizisten zu überlassen, wird in diesem Buch Zeitgeschichte unter spezifisch politikgeschichtlichen Gesichtspunkten von einem Historiker, aufs Ganze gesehen, überzeugend beschrieben, analysiert, erklärt. Die Studie wagt sich in die jüngste Vergangenheit auf eine Weise vor, die ähnlichen Arbeiten geradezu als Vorbild dienen kann. Warum?

Wenn vor einigen Jahren ein jüngerer Historiker gefragt hätte, ob er als Habilitationsschrift die von Radkau behandelte Thematik wählen könne, hätte ihm vermutlich jeder Neuzeithistoriker mit allem Nachdruck vor allem deshalb abgeraten, weil die Quellenfrage unlösbar aussah. Zur Verblüffung des Lesers hat es Radkau jedoch verstanden, seiner Untersuchung eine ebenso solide empirische Basis zu verschaffen, wie sie andere Wissenschaftler etwa für ein Thema aus der Zeit der Weimarer Republik oder des Kaiserreichs gewinnen können. Akten des zuständigen Ministeriums, Protokolle der Bundestagsausschüsse, Nachlässe einflußreicher Akteure, mündliche Informationen – übrigens ein eindrucksvoller Beweis für den Nutzen sorgfältig kontrollierter «Oral History»! – sowie eine Vielzahl gedruckter Quellen ergeben mit der offenbar fast lückenlos ausgewerteten Literatur und aufschlußreichen Teilen der Publizistik, die dem Verfasser vor allem aus der Pressesammlung eines Fachjournalisten zugänglich gemacht wurde, ein tragfähiges Fundament, von dem aus sich gut argumentieren läßt. Überwiegend hat man den Eindruck, unmittelbar nach den geschilderten Ereignissen wie ein «Insider» die Materie genau kennenzulernen.

Radkau hat seine Problem- und Stoffülle in vier Kapitel untergliedert. Teil I. schildert überblickartig die Entstehung der westdeutschen Atomwirtschaft Anfang der 1950er Jahre. Atomkraft wurde damals primär im Zusammenhang mit Atomwaffen gesehen – ein Komplex, der für die unlängst gegründete Bundesrepublik nach allgemeinem Verständnis geradezu tabuisiert war und gewöhnlich nicht einmal in Planungsüberlegungen auf lange Sicht ernsthaft einbezogen wurde. Teil II. analysiert dann breit die sogenannte «spekulative Phase» von der Mitte der 1950er Jahre bis in die Mitte der 1960er Jahre. In jeweils wechselnden Bedingungszusammenhängen wird die Frage der Kernenergienutzung gründlich erörtert. (1. Die Anfänge konkreter westdeutscher Atompolitik, wissenschaftliche Einflüsse, institutionelle Kompetenzkämpfe. 2. Streit um die Entscheidungen über diverse Reaktortypen und Probleme der Brennstoffauswahl. 3. Die Atom-Euphorie in der

Öffentlichkeit, die Ideologie des «Atomzeitalters», die politischen Probleme bis hin zum Göttinger Protestmanifest von 1957. 4. Die Rolle von Großchemie und Elektrizitätserzeugern als potentiellen Verwertern der Atomenergie; die Problematik der «Energielücke»; der Dualismus von Kohle und Atomkraft. 5. Die Herausbildung eines «Dreiecks» von Staat, Wirtschaft und Wissenschaft; Institutionenbildung; Bundesatomministerium, Atomkommission, Atomforum; die Atomkraftwerke als Gegenstand regionaler Strukturpolitik; das Sonderproblem der Schiffsreaktorentwicklung. 6. Die Atomenergie im politischen Kräftefeld der Europapolitik, deutsche Exportstrategien bzw. Autarkieabsichten; die Kämpfe um Euratom; der Einfluß rüstungspolitischer Bedingungen.) Man gewinnt einen differenzierten Eindruck von den vielen Facetten der Atomkraftprobleme in der Bundesrepublik zu einer Zeit, als übertrieben optimistische Vorstellungen von der schnellen, risikoarmen Nutzung der Atomkraft für alle möglichen Zwecke vorherrschten und daher auch die ersten Großforschungsprojekte anliefen.

Teil III. ist der Periode seit der Mitte der 1960er Jahre gewidmet, als sich eine Politik der «vollendeten Fakten» durchsetzte. Exakt beschreibt der Verfasser die veränderte Rolle des Staates als politischer Akteur, Finanzier und Träger einer neuen Wissenschafts- und Technologiepolitik; die Eigendynamik der Großforschung insbesondere in Karlsruhe und Jülich; die unablässig anhaltenden Konflikte, die durch den Wettbewerb unterschiedlicher Reaktortypen ausgelöst wurden; die außenpolitische Dimension der westdeutschen Nuklearentwicklung, die Agonie von «Euratom», die Kontroverse über den Atomsperrvertrag und das Scheitern einer gemeineuropäischen Atomwirtschaftspolitik. Auf erheblich knapperem Raum behandelt Teil IV. das brisante Problem der Sicherheit und die «verspätete Reaktion der Gesellschaft» auf die Gefahren, die von dem keineswegs hinreichend durchdachten und experimentell abgesicherten Bau von Atomkraftwerken ausgingen – oder doch ausgehen konnten. Dabei wird die allgemeine Sicherheitsproblematik kompetent geschildert, das Dilemma einer «Scherenentwicklung» zwischen den realhistorischen Abläufen und der Informationspolitik der Atomwirtschaft bzw. der politischen Instanzen charakterisiert und schließlich die Entstehungs- und Wirkungsgeschichte der Anti-Atomkraft-Bewegung verfolgt.

Der erste, ins Auge stechende Gewinn dieses Buchs besteht darin, daß unsere Kenntnisse über den von Radkau behandelten Komplex nicht nur enorm erweitert, sondern erstmals zugleich auch auf eine wissenschaftlich zuverlässige Grundlage gestellt werden. Ein hochgradig aktuelles Thema, das auf absehbare Zeit die Innenpolitik und vielleicht, man denke nur an das Brasilien-Geschäft, auch die Außenpolitik der Bundesrepublik beschäftigen wird, ist hier auf eine wissenschaftlich seriöse Weise behandelt worden.

Über lange Strecken hinweg rekonstruiert der Verfasser die Vergangenheit seiner Probleme aufgrund von bisher unbenutztem, unveröffentlichtem

Material und verschafft damit Einsicht in bisher ganz unzulänglich oder offenbar überhaupt noch nicht bekannte Zusammenhänge. Das Ausmaß, bis zu dem diese genuin historische Aufgabe der wissenschaftlich zuverlässigen Rekonstruktion von Vergangenheit gelingt, stellt eine eindrucksvolle Leistung dar. Indem Radkau den chronologischen Bericht mit der Analyse unter Sachgesichtspunkten immer wieder verknüpft, gelingt ihm eine präzise Schilderung der Entwicklungsgeschichte der westdeutschen Atomwirtschaft über rund 25 Jahre hinweg. Eine Stärke dieses Verfahrens liegt darin, daß Geschichte unter wechselnden Aspekten in ihrem soziopolitischen, ökonomischen, technischen Kontext erörtert wird. Radkau kommt auf diese Weise dem Ziel nahe, einen Gesamteindruck zu vermitteln. Anders gesagt: Die Vorstellung von «Totalgeschichte» als regulativer Idee wird ernst genommen und so gut wie nur irgend möglich im Auge behalten.

Obwohl der Autor bei diesem Thema auch politisch engagiert ist – wer könnte das vermeiden? –, ist seine differenzierte, nüchterne, um «Objektivität» bemühte Darstellung überzeugend, seine Urteile sind in aller Regel gut begründet. Das lenkt auf ein weiteres wesentliches Verdienst dieser Arbeit hin: Die Klischeevorstellung von den angeblichen «Sachzwängen» der Politik, die Sachzwang-Ideologie des technokratischen Zeitalters, wie sie Freyer, Schelsky, Gehlen und andere vehement vertreten haben, wird durch genaue Analysen, durch eine wahre Akribie der Beweisführung immer wieder aufgelöst. Ständig geht es Radkau darum, die vermeintlich immanenten Zwänge der wissenschaftlichen, der technologischen, der unternehmensinternen, der politischen Entwicklung in Frage zu stellen. Dagegen bringt er sehr konkret den Einfluß von Interessen und Machtträgern, von Meinungsströmungen und Illusionen, von Konflikten und Konkurrenzsituationen zur Geltung. Er betont die diffusen, widersprüchlichen, von kontingentem Verhalten abhängigen Elemente bei der Vorbereitung, Formulierung, Durchsetzung oder Verhinderung von Entscheidungen. Insbesondere den Entscheidungsprozessen der Unternehmer und Politiker wird jene gradlinige Rationalität genommen, die mancher im nachhinein in diese Prozesse hinzulesen geneigt ist. Radkau ist «at his best», wenn er nachweist, wie sich die «Diktatur der kleinen Entscheidungen» so auswirkt, daß der «eigentliche» Entscheidungsprozeß schon weithin vorbestimmt ist; wie politischer Druck, Imitation der amerikanischen Atomwirtschaft, illusionärer Optimismus und unscharfe Fernziele zusammenwirken und Entscheidungen herbeiführen, deren Konsequenzen mit den ursprünglichen Intentionen nur wenig mehr gemein haben. Oft wird den Beteiligten erst allmählich klar, daß früher einmal längst eine Weichenstellung erfolgt war, für die es keinen persönlich direkt Verantwortlichen gibt.

Aus dem Geschiebe und Gezerre der Interessenaggregate gehen Resultate mit gewissermaßen anonymer Herkunft hervor. Von einem eindeutig identifizierbaren handelnden «Subjekt» kann nur selten mehr die Rede sein.

Überhaupt wird hier Politik – häufig ist das eine sehr einleuchtende Denkfigur – weniger als das Ergebnis von rational formulierten Entschlüssen verstanden, deren mögliche Wirkungen nach einer kühlen Kosten-Nutzen-Abwägung vorausbedacht und entsprechend gerechtfertigt werden, sondern sie wird als das mehr oder minder erfolgreiche Bemühen interpretiert, mit den Folgelasten vorhergegangener «Politiken» irgendwie fertig zu werden. Die besten von Radkaus Entscheidungsanalysen besitzen daher geradezu paradigmatischen Wert für das Verständnis von Politik in einer Welt, in der klar identifizierbare Subjekte, wie etwa individuelle Politiker, nicht mehr als *die* Bewegungszentren schlechthin verstanden werden können. Wie sich wegen der wechselnden Interessen, unter dem Druck der sich wandelnden Interessenformationen allmählich die deutsche Atomwirtschaft der 1970er Jahre – so nicht geplant und so von vielen nicht gewollt – ergeben hat, wird auf diese Weise vorzüglich herausgearbeitet.

Kein geringer Vorzug ist es schließlich, daß Radkau konsequent an seiner politischen Absicht festhält, durch die geschichtswissenschaftliche Analyse der westdeutschen Atomwirtschaft zu einem rationaleren Verständnis ihrer Probleme, Vorzüge und Gefahren, mithin zu einer «Rationalisierung» der Diskussion beizutragen. Solche Vorsätze werden in der Einleitung mancher Bücher beschworen. Radkaus Arbeit scheint jedoch nicht nur dem selbstgesetzten Ziel nahezukommen, sondern auch dazu geeignet zu sein, in dem erhofften Sinn auf die öffentliche Kontroverse einzuwirken. Wenn man Theodor Mommsens umstrittenes Wort von der «Pflicht politischer Pädagogik» jeder Geschichtsschreibung, wenn man das Wort von der Geschichte als «Aufklärung» über historische Chancen und verschüttete Alternativen ernst nimmt, wird man es begrüßen, wie sich auf diesem umstrittenen Feld ein Historiker mit Sachkunde, behutsam abwägenden Urteilen, stets um Gerechtigkeit bemüht, an einer wichtigen Debatte auf seine Art beteiligt. Aber auch wer den genannten Ansprüchen kritisch oder zurückhaltend gegenübersteht, kann Radkau die Anerkennung dafür nicht versagen, daß er mit seiner wissenschaftlichen Problemanalyse den rationalen Charakter des unumgänglichen öffentlichen Diskurses über die Atomkraft verstärken will – und wie weit er mit seinem Vorhaben in Gestalt dieses Buches bereits gekommen ist.

Selbstverständlich besitzt auch Radkaus Buch seine Grenzen. So tritt z. B. hinter der ausführlichen Deskription öfters die Erklärung zu sehr zurück. Die Frage nach den Ursachen drängt sich förmlich auf, wenn z. B. von der Externalisierung der Entwicklungskosten die Rede ist. Vielleicht gibt das Quellenmaterial nicht alle wünschenswerten Auskünfte, aber insgesamt könnte systematischer und gleichmäßiger nach funktionalen oder kausalen Erklärungen gesucht werden.

Da die Arbeit auf eine Analyse unverändert aktueller ökonomischer und politischer Probleme hin angelegt ist, müßte auch die Frage nach den Alternativen explizit aufgeworfen und erörtert werden. Im Sinne kontrafaktischer Fragen ließe sich dadurch vermutlich manches schärfer umreißen. Welche Energieträger wären für die Bundesrepublik möglich und finanzierbar, falls auf Atomkraftwerke verzichtet würde? Entstehen höhere oder niedrigere soziale und finanzielle Kosten, schärfere oder geringere politische Probleme, falls andere Energieträger – russisches Erdgas, Kohle, alternative Energiequellen – gewählt und gefördert werden? Der Verfasser brauchte auf diesem Gebiet nicht auch noch mit Expertenwissen aufzuwarten, aber er könnte zeigen, welche Alternativen bestanden haben, noch bestehen und vielleicht weiter bestehen werden – und was ihr Preis ist; er ist imstande, die Kriterien zu explizieren, mit deren Hilfe sie beurteilt werden können. Die möglichen Kosten eines vollständigen Verzichts auf Atomkraftwerke müßten eher deutlich gemacht werden. Zu solchen kontrafaktischen Fragen gehört auch zu prüfen, ob der Konsens hinsichtlich der Notwendigkeit oder Unvermeidbarkeit von Atomkraftwerken in den 1950/60er Jahren so ausgeprägt war, daß die abenteuerliche Externalisierung der Entwicklungskosten – inzwischen wohl mehr als 60 Milliarden Mark aus Bundesmitteln – allgemein gebilligt worden wäre.

Ist unter den Bedingungen der zweiten Hälfte des 20. Jahrhunderts hierzulande ein staatlich regulierter und teilweise vom Staat finanzierter Industriekapitalismus gerade bei Großprojekten mit schwer überschaubaren Investitionsrisiken – wie z. B. denen der Atomwirtschaft – überhaupt vermeidbar? Es ist eins, die Fassade der «autonomen Marktwirtschaft» ideologiekritisch aufzulösen, das gehört zum Normalgeschäft des Historikers. Etwas anderes ist es, die Macht strukturprägender Bedingungen in einem staatlich regulierten Kapitalismus zu identifizieren, zu analysieren und zu bewerten. Diese Bewertung mag durchaus, nachdem die Kriterien ausdrücklich diskussionsfähig gemacht worden sind, polemisch ausfallen, aber der überaus schmale Bewegungsspielraum in diesem politisch-ökonomischen System muß ebenso scharf hervortreten.

Obwohl Radkau öfters einen Blick auf die Vereinigten Staaten, nach Frankreich und England wirft, fehlt doch an nicht wenigen Stellen ein strenger durchgehaltener Vergleich. Deshalb gibt es auch kein befriedigendes Erklärungsangebot, das die spezifisch westdeutsche Vehemenz, zum Teil auch die blanke Irrationalität des Protests verständlicher werden läßt. In Frankreich sind, nahezu stillschweigend, so viele Atomkraftwerke gebaut worden, daß das Land bis 1988 rd. 80% seines Stroms daraus beziehen will. Warum blieb der Protest dagegen so schwach? Fehlten dort «Grüne», Ausläufer der APO, vor allem eine effektive Verwaltungsgerichtsbarkeit? Über die Atomwirtschaft der DDR läßt sich vielleicht zu wenig in Erfahrung bringen. Warum aber gelang in England nach offener Diskussion der Politiker mit ihren Wählern der zwanzig Jahre lang nahezu protestfreie Ausbau einer Atomwirtschaft?

Wäre der Vergleich systematisch durchgeführt worden, träten die Eigentümlichkeiten oder die transnational gemeinsamen Phänomene mit klareren Konturen ins Blickfeld. Zuviel westdeutsche Atomgeschichte erschwert die genaue Beurteilung, was an der Entwicklung in der Bundesrepublik spezifisch, einzigartig im Sinne historischer Individualität war und was diese Entwicklung andrerseits mit dem historischen Verlauf in anderen Ländern gemein hat. Der Vergleich, dieses unübertrefflich genaue Kontrollinstrument des Historikers, könnte häufiger eingesetzt werden, um Beschreibung und Urteil zu präzisieren, vielleicht auch zu relativieren. Insgesamt aber stellen solche Einwände den Gesamtertrag dieses eindrucksvollen Vorstoßes in wissenschaftliches Neuland nicht prinzipiell in Frage. Es handelt sich um eine geradezu exemplarisch gelungene Politikgeschichte «moderner Prägung». Was andere nur fordern, hier ist es verwirklicht.

Was bedeutet Leopold v. Ranke heute?

Hundert Jahre nach seinem Tode am 23. Mai 1886 nach der Bedeutung Leopold v. Rankes zu fragen, heißt, auf ein verwittertes Denkmal zurückzublicken, dessen Konturen im Halbdunkel bereits verschwimmen; heißt, endlich den Mythos auflösen, der sich um diese Figur gebildet hat; heißt vor allem auch, die Tradition der Geschichtswissenschaft, die sich mit seinem Namen verbindet, durch eine weitgespannte, leistungsfähigere, zeitgemäße Orientierung zu ersetzen. Unstrittig ist: Ranke war und bleibt ein bedeutender Geschichtsschreiber, gut 60 Bände hat er als Œuvre hinterlassen. Schreiben, plastisch darstellen konnte der Mann. Die auf sorgfältig geprüften Quellen beruhende wissenschaftliche Monographie hat er zum selbstverständlichen Leistungsnachweis erhoben. Er liebte seine Wissenschaft, aber wann immer möglich eilte er auch zur Politikberatung an den Hof der Monarchen: historisch sachkundig, aber auch devot-beflissen, streng etatistische Gesinnung beweisend. Er hat schulbildend gewirkt und trotz seines Gelehrtenhabitus mit weltläufiger Schlitzohrigkeit seinen Schülern zielstrebig zu wichtigen Lehrstühlen verholfen – und zur Ausdehnung seines Einflusses beigetragen. Sie, die sogenannten Neorankeaner, gaben jahrzehntelang nach seinem Tod noch weithin den Ton in der deutschen Historikerzunft an.

Auch heute noch werden zur Erinnerung an Ranke vielerorts Weihräucherstäbchen angezündet. Ranke-Kritik dagegen gilt weithin als Sakrileg, fast als unzüchtiges Vergehen an einem weit entrückten Über-Ich der deutschen Historiker, jedenfalls der älteren unter ihnen. Gegen die traditionelle Verklärung geht es heute jedoch darum, der überfälligen Kritik zu ihrem Recht zu verhelfen.

Ranke erscheint vielen immer noch, aber ganz zu Unrecht, als der Begründer der deutschen Geschichtswissenschaft. Tatsächlich war er neben Niebuhr der prominenteste Vertreter einer streng konservativen zweiten Generation, die sich von der berühmten Göttinger Schule des 18. Jahrhunderts absetzte. Diese aber war es, die bereits Quellenstudium mit klarer Fragestellung, vor allem aber mit einer von der Aufklärung, ihren Zielen und Hoffnungen geprägten Interpretation verbunden hatte. Ranke dagegen, durch und durch vom Zäsurerlebnis der Französischen Revolution beherrscht, bekannte sich zu einem reflektierten Staatskonservativismus, der die Werte und Lebensformen der vorrevolutionären Vergangenheit hochhielt und die Geschichtsschreibung zur Stabilisierung der politischen Verhältnisse, auch zur Bildung eines traditionsbewußten Identitätsgefühls bewußt einsetzte. Ranke blieb, bis er als 91jähriger starb, ein profilierter Vertreter dieses vormärzlichen Konservativismus, wie er sich nach 1789 herausgebildet und seine prägenden Jahre bestimmt hatte.

Rankes Geschichtsauffassung wurzelte in seinem strengen Protestantismus. Man hat zu Recht von seiner «Geschichtstheologie» gesprochen. Er spürte dem Walten seines Gottes in der Geschichte nach. Die Staaten, deren ewigem Wettbewerb sein Interesse galt, verkörperten nicht ein Ordnungsgefüge von Institutionen, welche das Zusammenleben der Menschen regulieren, sondern sie waren für ihn «real-geistige Wesenheiten» mehr noch: «Staaten sind Gedanken Gottes». Dieser theologisch-protestantische Duktus einer Geschichtskonzeption wirkt längst völlig obsolet.

Auch die Vorliebe für die Staatspolitik, insbesondere für die Konkurrenz der Großmächte im europäischen Staatensystem, wirkt heute viel zu einseitig. Die präzise Analyse von Interessenpolitik mit ihrem harten, machtgierigen, egoistischen Gezerre lag Ranke nicht – staatliche Obrigkeit verkörperte für den strenggläubigen Lutheraner einen, vielleicht *den* wesentlichen Teil der von Gott geschaffenen Weltordnung. Im Staatenkampf rangen göttlich inspirierte Volksgeister miteinander. Über Wirtschaft und soziale Ungleichheit, über den Einfluß von Technik und Wissenschaft, kurz: über die industrielle, die demographische, die wissenschaftliche Revolution, über Klassenbildung und gesellschaftliche Konflikte kann man dagegen bei Ranke so gut wie gar nichts lernen. Er blieb geradezu monoman auf Staatsgeschichte fixiert, obwohl er doch ein Zeitgenosse dieser großen Umwälzung war.

Ranke ist auch einer der großen Verfechter des Individualitätsprinzips gewesen, das der Historismus zum Dogma erhoben hat. Generalisierung, Regelmäßigkeit, geschweige denn Gesetzmäßigkeit – Kategorien, wie er sie an den Aufklärungshistorikern verachtete – lehnte er rigoros ab. Jede Epoche, gleich wie abgründig, stand ihm «unmittelbar zu Gott». In seiner Praxis als Geschichtsschreiber hielt Ranke sich natürlich nicht an seine Regeln, sondern schmuggelte unentwegt Verallgemeinerungen und Werturteile, ohne sie kenntlich zu machen, in seine Texte ein.

Ranke verstand es, wie gesagt, seinen weit angelegten Darstellungen zur Geschichte des Reformationszeitalters und des Papsttums, zur englischen, französischen, preußischen Geschichte ein imponierendes empirisches Fundament, zum guten Teil in mühsamer Archivarbeit, zu verschaffen. Als Schriftsteller besaß er eine sichere Hand, einen ruhigen, anschaulichen Stil, im Sinne seiner Präferenzen eine souveräne Linienführung. Der deutschen Geschichtswissenschaft hinterließ er als Vermächtnis, von dem eine eminent prägende Wirkung ausging, die Bevorzugung der Staatspolitik, das individualisierende Denken, den Empirismus der Archivarbeit, die verfeinerten Methoden der äußeren und inneren Quellenkritik, aber auch die hochideologische Staatsfrömmigkeit, die konservativ-etatistische Grundüberzeugung, die extreme Einseitigkeit der Themen, die für behandlungswürdig gehalten wurden.

Es bleibt ein bemerkenswertes Phänomen, wie lange sich die deutsche Historikerschaft im Bann der Rankeschen Tradition bewegt hat. Im Grunde wurde sie erst durch den Generationswechsel in den 1950er/60er Jahren gebrochen. Es ist kein Zufall, daß die orthodoxen Politikhistoriker seit der «konservativen Tendenzwende» Ranke erneut beschwören, wenn sie ihre antiquierte Pfründe verteidigen, anstatt endlich eine moderne Politikgeschichte zu entwickeln. Denn die gegenwärtige Geschichtswissenschaft kann sich nicht mehr mit Rankes Themenauswahl, seinen Denkfiguren, seiner Geschichtstheologie zufriedengeben. Ihre vordringlichsten Probleme sind längst über seine enge Begrenzung der Fachdisziplin hinausgewachsen. Wirtschaft, Bevölkerung und soziale Ungleichheit, Kultur und Wissenschaft, Technik und Mentalitätswandel, selbstverständlich in einem weiten Sinn jede Art von Politik müssen in der Sprache unserer Zeit, im Lichte unserer Interessen beschrieben und vor allem erklärt werden. Dafür sind die großen historisch orientierten Sozialwissenschaftler wie Max Weber und Karl Marx ungleich wichtiger und anregender. Von ihnen und anderen bedeutenden Persönlichkeiten in den Nachbarwissenschaften der Historie läßt sich schlichtweg mehr zur Lösung dieser Probleme lernen.

Deshalb: Respekt vor der Leistung Rankes, aber eine Absage an seinen engherzigen, erstarrten Konservativismus, an seine methodische Dürre, an seine politisch-religiösen Vorurteile. Erleichterung über das Ende der Rankeschen Tradition ist heute angebracht, nicht dagegen die nostalgische Klage über Traditionsverlust und der vergebliche Versuch, diese Tradition wiederzubeleben. Eine an der Komplexität und Erklärung ausgerichtete Geschichtswissenschaft bedarf heute ganz anderer Orientierungen, die am ehesten Weber und Marx, die Soziologie und Ökonomie, die Rechtswissenschaft und Kulturanthropologie, auf gar keinen Fall aber Ranke bieten kann.

Nachruf auf einen Meister der Historiographie

Mitten aus der gewohnten disziplinierten Arbeit, die sich nach der Biographie Friedrichs des Großen neuen Aufgaben bereits wieder zugewandt hatte, ist Theodor Schieder (11. April 1908 – 8. Oktober 1984) nach einer nur wenige Tage währenden Krise ganz plötzlich aus dem Leben herausgerissen worden. Mit ihm hat die deutsche Geschichtswissenschaft einen Historiker verloren, der in den vergangenen dreißig Jahren zu ihren dominierenden Persönlichkeiten gehörte. Für den, der mit der deutschen Historiographie nach dem Zweiten Weltkrieg näher vertraut ist, tritt seine herausragende Stellung ganz unverwechselbar hervor. Werk und Wirkung, wissenschaftliche Leistung und persönlicher Einfluß sind hier in ihrem Zusammenhang zu würdigen.

Im bayerischen Oettingen zu einem Zeitpunkt geboren, der den Ersten Weltkrieg schon zur bewußten Erinnerung werden ließ, vom bildungsbürgerlich-protestantischen Elternhaus geprägt, hat Theodor Schieder nach dem Studium der Geschichte, Germanistik und Geographie 1933 in München mit einer Studie über «Die kleindeutsche Partei in Bayern in den Kämpfen um die nationale Einheit, 1863–1871» bei Karl Alexander v. Müller promoviert. Das Thema bewegte sich damals mitten im Spannungsfeld von großdeutscher und kleindeutscher Geschichtsauffassung. Seine Behandlung läßt einige Grundentscheidungen und Interessenschwerpunkte erkennen, die seither die wissenschaftliche Arbeit Schieders beeinflußt haben. Er bejahte die Bismarcksche, die kleindeutsche Lösung der «deutschen Frage»; von großdeutscher Schwärmerei ist da nichts zu spüren. Er bejahte auch die Gründung eines deutschen Nationalstaats als eine zeitgemäße Entscheidung, die mächtigen Antriebskräften der Epoche entsprach. Insofern bewegte er sich durchaus in vertrauten Bahnen der deutschen Geschichtsschreibung, wie er sie insbesondere durch Paul Jochimsen und Hermann Oncken kennengelernt hatte. Eher ungewöhnlich war dagegen das ausgeprägte Interesse an der Erforschung von politischem Liberalismus und frühen Parteiformationen in Verbindung mit nationalgeschichtlichen Leitfragen; beide Problemfelder hat er nicht mehr aus dem Auge verloren.

Für den weiteren Werdegang wurden durch den Wechsel nach Königsberg, wo Schieder sich bei Hans Rothfels habilitieren wollte, wichtige Weichen gestellt. Rothfels hatte anregende Perspektiven zur Problematik des deutschen Nationalstaats, zur Nationalitätenfrage in der osteuropäischen Gemengezone der Völker sowie zur Bismarckschen Politik eröffnet; er bewegte sich zugleich im Umfeld jener neokonservativen Überlegungen, die damals einen erheblichen Einfluß auf jüngere Intellektuelle ausübten und auch Schieder zeitweilig anzogen; daraus war u. a. sein politisches Engagement für die «Deutsche Staatspartei» hervorgegangen. Zum Teil sind nun durch Rothfels Schieders Interessen verstärkt, zum Teil aber auch in charakteristischer Hinsicht erweitert worden. Das Problem der multinationalen Staaten und der Koexistenz von Nationalstaaten und Nationen stellte sich fortab in ganz anderer Dringlichkeit, als das dem Süddeutschen bisher bewußt gewesen war. Zugleich vermittelte die konkrete Lebenswelt der ostpreußischen Universitätsstadt, der ostdeutschen Grenzlandsituation überhaupt, neue Erfahrungen. Die wissenschaftliche und die menschliche Beziehung zu Rothfels, dem alsbald von den Nationalsozialisten angefeindeten Gelehrten, ist damals offenbar sehr eng gewesen; ein untrügliches Indiz dafür ist der Umstand, daß Rothfels unmittelbar nach Kriegsende von sich aus den Kontakt mit Schieder wieder aufnahm. Nach der Vertreibung des Gelehrten, dessen prägende Ausstrahlung Schieder stets präsent blieb, übernahm Kurt v. Raumer 1939 die Betreuung der Habilitationsarbeit «Deutscher Geist und ständische Freiheit im Weichsellande, 1569–1773». Schieder hielt sich mit der Themenwahl an die gute Regel, daß die zweite größere wissenschaftliche Arbeit ein anderes Problem aus einer anderen Zeit und anderen Region, als sie in der Dissertation untersucht worden sind, behandeln soll. Dieser Maxime ist er später auch selber bei der Vergabe von Habilitationsarbeiten, wenn irgend möglich, gefolgt.

Die neue Studie stand trotz ihres frühneuzeitlichen Schwerpunkts stärker noch als die scheinbar aktuellere Problematik der Doktorarbeit in einem unübersehbaren zeitgeschichtlichen Kontext. Außer der Erforschung lohnender wissenschaftlicher Fragen handelte es sich auch – in der Sprache der damaligen Zeit – um einen Beitrag zur «geistigen Wiedergewinnung des verlorenen Ostens». Es ging nicht um einen radikalen Revisionismus, der sich gegen das «System von Versailles» richtete, erst recht nicht um den Lebensraum-Expansionismus der braunen Machthaber, sondern vielmehr in der Spur der Vorüberlegungen von Rothfels um eine subtile Legitimierung der Aufgaben Deutschlands als «Ordnungsmacht» in Osteuropa. Gewiß war damit deutsche Hegemonie als Fluchtpunkt gemeint, doch gebändigt durch die erprobte Rechtsstaatlichkeit und die kulturelle Tradition einer zivilisierten europäischen Nation. Wie diese Hoffnungen durch die NS-Politik zuschanden, wie sublimierte Illusionen rüde zerstört wurden, ist Schieder alsbald schockartig bewußt geworden. Anders als viele seiner Kollegen und Generationsangehörigen hat er durchaus die Konsequenzen gezogen – ganz illusionslos und für sein weiteres Leben bestimmend.

Nach der Habilitation folgten zwei Jahre als Königsberger Universitätsdozent, dann erhielt er 1942 seine erste ordentliche Professur am Ort. Schieder galt allgemein als der eigentliche Nachfolger von Rothfels. Da er aus gesundheitlichen Gründen nicht eingezogen wurde, konnte er gut vier Jahre lang in Königsberg lehren. Seine Vorlesungen und Übungen genossen einen besonderen Ruf: Sie zeichneten sich durch nüchterne, strikt sachbezogene Argumentation aus. So wurde in Seminaren über Bismarcks Außenpolitik der Grundzug einer rational gebändigten, maßvollen Interessenverfolgung pointiert herausgearbeitet. Unter den verwundeten Soldaten, die in den Königsberger Lazaretten auf Heilung warteten und währenddessen öfters studieren durften, galt Schieder als der «ganz sachliche» Professor. Offenbar vermied er sehr bewußt das falsche Pathos mancher Kollegen, auf das die jungen Männer mit ihrer desillusionierenden Fronterfahrung empfindlich reagierten. Hierüber gibt es mehrere Berichte von unverfänglichen Zeugen, von Männern, die man heute zum sogenannten linken Establishment der Bundesrepublik oder zu den prominenten Zeitgenossen der DDR rechnen würde und die damals der Zufall in Schieders Veranstaltungen zusammenführte, wo sie einen identischen Eindruck gewannen.

Nach der 400-Jahr-Feier der Albertus-Universität im Sommer 1944 symbolisierte der nächtliche russische Geschützdonner ein unüberhörbares Gefahrensignal. Bald folgten die Flucht nach Süddeutschland und zweieinhalb notvolle, beengte Jahre einer Privatexistenz im völlig Ungewissen, ehe Schieder im Frühjahr 1947 einen Ruf an die Universität Köln erhielt. Hier wirkte er dann ununterbrochen dreißig Jahre lang bis zur Emeritierung im Jahre 1976. Ehrenvolle Rufe nach Freiburg, Göttingen und München hat er abgelehnt. Geschichte in Köln – das war über Jahrzehnte hinweg gleichbedeutend mit seinem Namen.

Worauf beruhten Leistung und Wirkung, die mit dieser Kölner Zeit verbunden sind? Während seiner Studienjahre war Schieder von den Historikern, die ihn am nachhaltigsten beeinflußt hatten, ein Denken in nationalpolitischen Kategorien nahegebracht worden. Die stärkste Prägekraft ging von der modernen deutschen Nationalstaatsgeschichte aus. Alle Erwartungen und Hoffnungen, die sich auf eine neue, kraftvolle, mit dem Bismarckreich vergleichbare Position des deutschen Nationalstaats gerichtet hatten, wurden 1945 zunichte. Mit dem Scheitern der deutschen Großmacht zerfiel buchstäblich der Zielwert der vertrauten Argumente und Denkfiguren von mehreren Generationen. Die Unwiderruflichkeit des Zusammenbruchs ist Schieder frühzeitig klar gewesen. Er zog daraus den Schluß, sich zuerst behutsam, dann immer entschiedener von einer isolierten Nationalgeschichte zu einer vergleichenden europäischen Geschichte hinzuwenden. Gewiß steckte in dieser Öffnung gegenüber Europa eine generationsspezifische Erfahrung, aber nur wenige Historiker haben diese Umorientierung so konsequent, vor allem aber methodisch so abgesichert vollzogen, wie das bei Schieder zu beobachten ist. Auf diese Weise gelang es ihm, den tiefen Abgrund zwischen diskreditierten Traditionen und neuen, dringenden Aufgaben tragfähig zu überbrücken; zu diesen Aufgaben gehörte übrigens auch die von ihm nachhaltig geförderte Zeitgeschichte. Die Anfänge jenes Interesses an dem Burckhardtschen Europa der «Einheit in der Vielfalt» reichen zwar bis in die Königsberger Zeit zurück, als Schieder, der sich auch in der neueren italienischen Geschichte vorzüglich auskannte, offensichtliche Parallelen der modernen Staatsbildung beider Länder verfolgt hatte. Seit 1947/48 vollzog sich jedoch eine anhaltende Ausweitung dieses Interessenbereichs, die Schieder schließlich zu einer komparativen Geschichte des neuzeitlichen Europas befähigte. Ihren Höhepunkt erreichte sie in seinem Beitrag zu dem von ihm herausgegebenen «Handbuch der Europäischen Geschichte», aus dessen siebtem Band, auf 350 Seiten zusammengedrängt, eine vieldimensionale vergleichende europäische Geschichte zwischen 1870 und 1970 herausragt, und im Bd. V der «Propyläen Geschichte Europas», in dem Schieder gesamteuropäische Geschichte zwischen 1848 und 1918 im Zeichen einer «Weltgeschichte Europas» abgehandelt hat. Über drei Jahrzehnte hinweg hat er innerhalb eines sich ständig erweiternden Interessenhorizonts in zahlreichen Aufsätzen und Abhandlungen Probleme der modernen Nationalstaaten, der Nationalbewegungen und der Nationalitätenpolitik verfolgt. Die historische Bedeutung des Nationalstaats und des Nationalismus wurde von ihm zu keinem Zeitpunkt unterschätzt, auch nicht als die Jüngeren um ihn herum ihr Interesse eher sozial- und wirtschaftshistorischen Problemen zuwandten. Schieder hielt das Verhältnis der Westdeutschen zum Nationalismus und zum Nationalstaat, nachdem ein extremer Nationalismus bis 1945 zu einer beispiellosen Radikalisierung der deutschen Politik und zum Staatsuntergang geführt hatte, für eine vorübergehende Sondererscheinung, welche die fortdauernde Dynamik des Nationalismus und die Behauptungskraft des modernen Nationalstaats nicht allgemein in Frage stellen könne. Ebenso beharrte er auf der grundlegenden Bedeutung des neuzeitlichen Staatensystems, erst in seiner klassischen europäischen Ausprägung, dann in der globalen Ausweitung bis in die unmittelbare Gegenwart hinein. Wer den harten Zwang der politischen Konstellationen unterschätze, liefere sich, meinte er öfters, der Gewalt politischer Entscheidungen um so wehrloser aus. Daß er an der Durchsetzungsfähigkeit des Nationalstaats und an der gestaltenden Macht von Staatspolitik festhielt, entsprach sowohl den Denktraditionen, in die er hineingewachsen war, als auch der unbestechlichen Einsicht in die relative Dauerhaftigkeit dieser historischen Phänomene, wie unzweideutig ihm die Geschichte auch stets eine «Wissenschaft des Wandels» blieb.

Diese Thematik einer vergleichenden Nationalgeschichte behandelte auch die 1965 für ihn gegründete Forschungsabteilung des Historischen Seminars unter den verschiedenartigsten Gesichtspunkten. Eine zusammenfassende Ausgabe der vielerorts verstreuten Schriften Schieders zu diesem weiten Fragenkomplex ist ein dringendes Desiderat.

Theodor Schieders Leistungen in der vergleichenden Geschichtsschreibung, die mit seinen großen Gesamtdarstellungen abschließt, sind untrennbar mit seinen ausgeprägten theoretischen und methodischen Interessen verbunden, ja mehr noch: Ohne diese Interessen ist das erreichte Reflexionsniveau kaum vorstellbar. Die anhaltende Beschäftigung mit diesen Fragen war selbst bei den profilierten Köpfen seiner Generation durchaus ungewöhnlich. Schieder schätzte nicht nur die analytische Schärfe in Droysens großem Wurf, der «Historik», die er zu Recht für tieferschürfend als Diltheys Verstehenslehre hielt, sondern er war einer der damals äußerst seltenen Historiker, der mit Weber, Hintze, Tocqueville aufs engste vertraut war. An ihnen hat er immer wieder seine Fähigkeit geschult, klare Ideal-, Real- und Verlaufstypen zu bilden, Typologien historischer Phänomene zu entwickeln, explizite, hochreflektierte analytische Fragestellungen zu verfolgen. Er war in geschichtstheoretischer Hinsicht breit belesen: Die Schriften Kants, Hegels und Marx' waren ihm ebenso geläufig wie der Treitschke-Schmoller-Streit, Webers Werturteilsproblematik oder die Historismus-Debatte. Seine genaue Problemkenntnis gestattete es ihm, ohne engherzige Befangenheit für eine Öffnung gegenüber den Sozialwissenschaften, überhaupt den benachbarten Humanwissenschaften einzutreten. Dabei ließ er keinen Zweifel daran aufkommen, daß die Historiker in ihrer eigentlichen Domäne, der exakten, realitätsnahen Analyse von politischem, sozialökonomischem und kulturellem Wandel in der Zeit, den Primat behielten. Aber er wußte, wieviel man über oft künstliche Fakultätsgrenzen hinweg, von den großen Köpfen benachbarter Fächer lernen kann, wie sehr sich mit ihrer Hilfe das methodische und theoretische Instrumentarium der Historiker verfeinern läßt.

Schieder hat daher schon frühzeitig die wichtigsten Themen der Theoriedebatte während der 60er und 70er Jahre vorweggenommen. Sowohl im Lehrbetrieb als auch in einflußreichen Aufsätzen wies er hin auf Typenbildung und Vergleich, dachte nach über das Verhältnis von allgemeinen Grundzügen und individuellen Besonderheiten, von Strukturgeschichte und Prozeßverlauf, von überindividuellen Kräften und Persönlichkeit. Er besaß einen untrüglichen Blick für heraufziehende Probleme, denen sich die Geschichtswissenschaft zu stellen habe, und er verstand es, sie sowohl selber kenntnisreich zu erörtern als auch bei seinen Schülern das Sensorium dafür zu schärfen. Zugleich gelangte er dank der eingehenden Beschäftigung mit theoretisch-methodischen Fragen in der eigenen praktischen Arbeit über die individualistische Verengung des späten deutschen Historismus hinaus – bis hin zu Aussagen und Urteilen von typisierendem, verallgemeinerungsfähigem Charakter. Mit anderen Worten: Methodisch-theoretische Probleme interessierten ihn nur zum Teil an sich, in aller Regel ging es ihm weit mehr um den Wert für die praktische Alltagsarbeit des Historikers, für eine analytisch schärfere, theoriegeleitete Problemanalyse. Nicht zuletzt deshalb konnte Theodor Schieder neben Werner Conze und Otto Brunner auch zu einem der großen Anreger der modernen, weit verstandenen Sozialgeschichte werden.

Es gehörte freilich zum geistigen Habitus dieses Gelehrten, daß er trotz aller Wertschätzung, mit der er immer wieder auf Weber und Hintze zurückgriff, die Debatte in den «Annales» verfolgte, auch selber zu grundsätzlichen Fragen geradezu regelmäßig und bis in die letzte Arbeitsphase hinein aufgeschlossen und gleichwohl dezidiert im Urteil Stellung bezog, keineswegs allein auf Innovation setzte. Er spürte den Nachholbedarf im Hinblick auf methodische und theoretische Fragen und bemühte sich, ihm nach Kräften abzuhelfen. Zugleich trat er jedoch ebenso entschieden für Traditionen ein – für unaufgebbare Traditionen des Kulturkreises, in dem er aufgewachsen war, aber auch für einen pfleglichen Umgang mit tragfähigen Traditionen der eigenen Wissenschaft. Rankes Werk etwa bildete einen ganz selbstverständlich beibehaltenen Bestandteil seiner geistigen Welt; er verstand es, die hellsichtigen Interpretationen aus Antiquiertem herauszuschälen und gegen Kritiker zur Geltung zu bringen. Wie ernst er diese Traditionswahrung nahm, beweist die mühselige Arbeit, die er als Mitherausgeber der von der Münchener Historischen Kommission veranstalteten Ranke-Ausgabe «Aus Werk und Nachlaß» selber auf sich nahm.

Am engsten fühlte er sich aber mit Jacob Burckhardt verbunden. Das traditionsbewußte Bekenntnis zu den Werten «Alteuropas» sagte ihm zu. An den großen Darstellungen bewunderte er die Fusion von Kunst- und Politikgeschichte, die Verbindung von anschaulicher Erzählung und geschliffener Reflexion in einer mustergültigen Prosa. Die geschichtstheoretischen und -philosophischen Gedanken erschienen ihm als bewundernswürdige Summe der lebenslangen Überlegungen eines weisen Gelehrten und scharfsinnigen Zeitgenossen. Geschichtswissenschaft diene vor allem als «Bewegungsmesser», hat Schieder an seinem 75. Geburtstag geurteilt, aber auch als «Kompaß» im Sinne der geistigen Durchdringung einer hochkomplexen, verwirrenden, bedrückenden Umwelt, in die sich der Historiker, zumal heute, gestellt sieht. Die erste Aufgabe ist vermutlich unter vielen Historikern nicht strittig. Auch auf der zweiten zu beharren, mithin aus der Geschichte sehr bewußt Orientierungswissen gemäß der Hoffnung Burckhardts zu gewinnen, daß Geschichte nicht klug für heute, aber weise für immer machen könne, unterschied Schieder von jeder Spielart des Positivismus, der ihm von Grund auf zuwider blieb.

Unstreitig spürte Schieder auch die innere Affinität, die ihn mit dem tiefen Skeptizismus des Baseler Wertkonservativen verband. An dessen Krisenlehre vor allem hat er deshalb mehrfach angeknüpft, da sie dem eigenen Geschichtsverständnis so sehr entgegenkam, wie das sonst nur noch Webers und Tocquevilles Fortschrittsskepsis taten. Vor dem Abgleiten in einen prinzipiellen Pessimismus hat ihn jedoch die in der Tiefenschicht seiner protestantischen Grundüberzeugung verankerte Haltung bewahrt, daß man den Widrigkeiten der Realität aufrecht, sicherlich auch mit realistischer Skepsis begegnen müsse, ihnen aber nicht hoffnungslos ausgeliefert sei.

An dieser Stelle sei hinzugefügt, daß sich aus einem derart wachen Traditionsverständnis auch Schieders kontinuierliches Interesse an der Geschichte der Geschichtswissenschaft erklärt. Die Vergangenheit der eigenen Fachdisziplin dem aktiven Gedächtnis zu erhalten, verstand er als eine permanente Aufgabe, der er sich in Lehrveranstaltungen und Abhandlungen häufig gestellt hat.

Es wäre jedoch zu eng, wenn man Schieders Wirkung allein darauf zurückführte, daß er in einer Zeit politischer und geistiger Erschütterung eine glaubwürdige Neuorientierung auf die europäische Geschichte verfocht, theoretische Progressivität mit differenziertem Traditionsbewußtsein verband. Beide «Momente», wie er – Ranke folgend – gern sagte, wird man gewiß hoch veranschlagen müssen. Hinzu kamen aber drei weitere wichtige Umstände: seine Vielseitigkeit, seine Organisationsfähigkeit, seine Wirkung auf jüngere Menschen.

Theodor Schieder besaß nicht nur vielfältige Interessen, sondern verfügte auch über adäquate Talente. Er war ein Meister der politischen Ideengeschichte – unvergeßlich bleibt, wie er in Minuten den Bogen von Macchiavelli über Hobbes, Hegel, Clausewitz und Dahlmann zu Weber schlagen konnte. Zeitweilig bevorzugte er die Verfassungsgeschichte im breiten, Hintzeschen Sinn. Hier kamen auch seine stark ausgeprägten staats- und völkerrechtlichen Neigungen mit ins Spiel; Schieder wäre überhaupt, wenn es sich so ergeben hätte, ein hervorragender Rechtshistoriker oder Berater in Völkerrechtsfragen gewesen. Dann wieder verfolgte er sozialgeschichtliche Themen: Parteien, Verbände, die Sozialstruktur von Nationalbewegungen. Mit Rankeschem Duktus las er souverän über die Geschichte des europäischen Staatensystems; im Seminar wurde indes gleichzeitig der intellektuelle und politische Werdegang des «jungen Marx» intensiv verfolgt. Einmal stand deutsche Geschichte im Mittelpunkt, dann wieder der grenzübergreifende, weitläufige Vergleich gemeineuropäischer struktureller Probleme. Als Krönung empfand er letztlich doch wohl eine zeitgemäße Politikgeschichte, breit eingebettet in ihre demographischen, ökonomischen, sozialstrukturellen, kulturellen, ideologischen Bedingungen – auf diesem Gebiet war er ein wahrer Künstler des Komprimierens. Sicherlich gab es in Schieders Generation und der unmittelbar danach keinen deutschen Historiker mit dieser Breite, dieser Sachkunde, dieser Intensität, und nur wenige hatten eine solche hellwache intellektuelle Neugier, die jedem unerwarteten Aspekt nachspürte, ihn oft intuitiv richtig erfaßte, ehe die rationale Kontrolle einsetzte, ihn in allgemeine Zusammenhänge einordnete und auch den Weg zu anderen Wissenschaften nicht scheute, um sich die Gewißheit einer angemessenen Interpretation zu verschaffen. Im Zweifelsfall müsse man, spielte er dann die gedankliche und empirische Anstrengung gern herunter, sich auf jene Residualgröße, den «allgemeinen Historikerverstand», verlassen.

Zu seiner Vielseitigkeit gehörte auch die Beherrschung sehr unterschiedlicher Formen der Darstellung. Er liebte den knappen, gedankenscharfen, stilistisch mit äußerster Sorgfalt ausgefeilten Essay. Nicht wenige fehlen in seinen drei Aufsatzbänden: «Staat und Gesellschaft im Wandel unserer Zeit», «Begegnungen mit der Geschichte» und «Einsichten in die Geschichte». Auch die Biographie Friedrichs fügt sich, genaugenommen, in das herkömmliche Genre nicht ein, sie stellt eher einen Verbund reflektierender Essays dar, welche die Politik, die geistige Welt und die historische Leistung Friedrichs unter verschiedenen Sachgesichtspunkten einkreisen.

Schieder besaß aber auch die Kraft zur umfassenden Synthese, wie sich jeder Leser der Propyläen-Geschichte und seiner Handbuch-Beiträge, die eigentlich selbständige Monographien darstellen, vergewissern kann. Gelegentlich kehrte er zur streng problembezogenen gelehrten Abhandlung zurück, wie das z. B. seine Rapallo-Analyse oder die Überlieferungsgeschichte von Rauschnings «Gespräche mit Hitler» demonstrierten. Aus einer Rezension konnte er einen weit ausholenden, prinzipiellen Beitrag zum Diskurs über Theoriefragen machen. Was andere als fast erdrückende Überlegenheit empfanden, erschien ihm als eine unvollkommene Annäherung an freilich hochgesteckte Ziele. Wache Selbstkritik im Verein mit seinem abwägenden Temperament hielten ihn von apodiktischen, überspitzten Urteilen zurück. Und welcher Aufgabe er sich auch stellte, immer hielt er seinen ruhigen, klaren, geschmeidigen, begriffsscharfen Stil durch, den er wesentlich seinem sensiblen Sprachgefühl verdankte. Dies hing vielleicht mit seiner musischen Begabung zusammen; lange Jahre hat er sie, auch aktiv musizierend, gepflegt.

Nicht gerade häufig ist mit wissenschaftlicher Produktivität auch ein weit überdurchschnittliches Organisationsvermögen verbunden. Bei Schieder war das jedoch der Fall. «Teilnahme an der Wissenschaftsorganisation» verstand er mit typischem «Understatement» als etwas, «was ich immer als unentbehrlich für ein Gelehrtenleben hielt.» Bereits in Königsberg hatte er in schwierigen Zeiten die «Altpreußischen Forschungen» im Geist strenger Wissenschaftlichkeit redigiert. 1957 wurde er Herausgeber der «Historischen Zeitschrift» und bemühte sich, sie für die unterschiedlichsten Themen und Meinungen offenzuhalten; er hing an dieser Tätigkeit, und gern hätte er die lange Herausgeberzeit Meineckes erreicht. Seit den frühen 50er Jahren hat er auch zahlreichen Kommissionen angehört, sie oft geleitet. Zwanzig Jahre lang war er Präsident der Historischen Kommission bei der Bayerischen Akademie der Wissenschaften, zeitweilig Präsident der Rheinisch-Westfälischen Akademie der Wissenschaften. Von 1967 bis 1972 leitete er als Vorsitzender den «Verband der Historiker Deutschlands», von 1962 bis 1964 als Rektor seine Universität, der er – unwahrscheinlich klingt es heute – die erste Verfassung selber schrieb. Mühelos ließen sich zwei Dutzend weitere Institutionen anfügen. Schieder kannte in der Tat die Welt der wissenschaftlichen

Organisationen; er wußte oder fand Mittel und Wege, um Projekte durchzusetzen, meist auch erfolgreich zu realisieren, ob es sich nun um Aufgaben von Institutionen, Vorhaben von Schülern oder eigene wissenschaftliche Pläne handelte; schon ein knapper Überblick würde hier den Rahmen sprengen. Fraglos hatte er als Organisator eine glückliche Hand und flüchtete dennoch nicht vom eigenen Schreibtisch in das wissenschaftliche Management.

Als Krönung der Anerkennung, an der es ihm gewiß nicht gefehlt hat, empfand er die Aufnahme in den Orden «Pour le mérite». Das Ambiente gleichgesinnter Gelehrter, die Mischung aus Sympathie und Respekt, mit der man ihm auch dort begegnete, nahm er als eine beglückende Erfahrung wahr. Nicht wenige, deren Stimme heute auf den hohen Rängen der Wissenschaft zählt, sahen in ihm den nächsten Ordenskanzler – er wäre ein würdiger Amtsträger gewesen.

Unstreitig ging von Theodor Schieder eine nachhaltige, starke Wirkung auf Jüngere aus, insbesondere auf seine Schüler im engeren Sinn. Die wichtigsten Ursachen dieses Einflusses lassen sich wohl nennen; gerade hier kann und will ich aber nicht stillschweigend übergehen, wie stark die persönlichen Erfahrungen sich geltend machen, haben wir uns doch zwischen 1955 und 1970, von Ferienwochen und Archivreisen abgesehen, fast täglich getroffen.

Da gab es zuerst die Ausstrahlungskraft wissenschaftlicher Souveränität: Schieder schien jedes angeschnittene Thema zu beherrschen; seine Vielseitigkeit, die Intensität der Auseinandersetzung mit komplexen Problemen, die Theorieorientierung, die Fähigkeit zu einer nüchtern-sachlichen Kritik an vorläufigen Ergebnissen, das bohrende Nachfragen, wenn sich seine intellektuelle Neugier noch nicht zufriedengeben wollte – das alles vermittelte den Lehrveranstaltungen eine eigentümliche Faszination, wirkte sich aber im kleinen Kreis eines Doktorandencolloquiums, im persönlichen Dialog verstärkt aus. Es ist vielleicht kein Zufall, daß fast die Hälfte von Schieders Doktoranden wieder Hochschullehrer geworden ist; auch das darf als Indiz für den ungewöhnlichen Erfolg des akademischen Lehrers angesehen werden. Für Studenten und seine jüngeren Schüler konnte die Überlegenheit anfangs geradezu entmutigend wirken. Dann aber wurde die Distanz durch die Teilnahme am gemeinsamen Suchen nach einer befriedigenden Antwort, auch durch einen ironischen Kommentar rasch vermindert, mehr noch durch die Anerkennung, daß nur die Güte des Arguments zählte.

Schieder selber verschmolz Engagement mit kritischer Distanz; er erwartete diese schwierige Verbindung auch von seinen Schülern. Das geschah weniger explizit als vielmehr unausgesprochen, indem er diese Haltung vorlebte und darauf vertraute, daß das, was wir heute das «Hidden Curriculum» nennen würden, auf die Dauer verinnerlicht werde. Diese in der Sache strenge Ausbildung verband sich mit einer außerordentlichen Liberalität und Toleranz, die Schieder gegenüber sehr unterschiedlichen politischen Anschauungen, methodologischen Positionen und menschlichen Eigenarten zu praktizieren imstande blieb. Im Kreis der «Schiederianer» fanden sich daher in der Tat völlig verschiedenartige Meinungen und Temperamente zusammen. Wohin die Neigungen auch tendieren mochten, an jedem seiner Schüler nahm Schieder ein persönliches Interesse und verfolgte den weiteren Lebensgang mit Beistand und Hilfe, wann immer sie benötigt wurden. Nie hatte einer seiner Schüler den Eindruck, ein Werturteil werde vorschnell kritisiert, ein Argumentationsversuch zu früh abgebrochen. Freilich beharrte Schieder, sacht und nachdrücklich zugleich, auf der grundsätzlichen Forderung, hierin ganz Weber verpflichtet, daß man sich über die Prämissen des eigenen Denkens, den Charakter der Werturteile, die Implikationen einer These so klar wie nur irgend möglich Rechenschaft zu geben habe; daß es die intellektuelle Redlichkeit gebiete, auch Hörern und Lesern darüber Auskunft zu geben. Jeder verschwommene Gedankengang war ihm ein Greuel, aber seine Geduld und Toleranz bewährte sich daran, wie er die Proportionen zurechtrückte, Argumente auf ihren wesentlichen Kern zurückführte, ihm fremd erscheinende Thesen gelten ließ, ohne daß dabei der Eindruck von Rechthaberei oder geistiger Bevormundung je aufkommen konnte. Wie selbstverständlich und fern jeder Devotion haben daher die Jüngeren ihn auch weiterhin ihren «Lehrer» genannt, als der Begriff im Universitätsmilieu als verpönt galt.

Das Geheimnis des Erfolgs von Theodor Schieder als Lehrer scheint darin zu liegen, daß er seine anspruchsvolle Rationalität mit dieser vorgelebten Toleranz und Liberalität zu vereinigen vermochte. Das hat sich nachhaltig prägend ausgewirkt. Hinzu kamen persönliche Anregungen, Ratschläge und offene Kritik im richtigen Augenblick. Im Rückblick erscheint es wohl vielen seiner Schüler so, daß es geradezu ein besonderer Glücksfall war, während der nicht eben seltenen wissenschaftlichen Auseinandersetzungen auf einen souveränen Gesprächspartner zu treffen, der nicht nur weit und präzis dachte, sondern auch durch sein absolut beherrschtes Konfliktverhalten auf lange Sicht eher noch mehr Einfluß ausgeübt hat als während des ruhigen Gedankenaustausches auf dem Heimweg vom Seminar.

Theodor Schieder war auch ein Mann mit ausgeprägter Loyalität – gegenüber Institutionen, in denen er tätig war, gegenüber Aufgaben, für die er zuständig war, vor allem aber gegenüber Menschen, zu denen er ein näheres Verhältnis gewonnen hatte. Man wußte, daß man sich auch in schwierigen Situationen auf diese Loyalität verlassen konnte, wie er sich andrerseits auch loyales Verhalten ihm gegenüber erhoffte. So verteidigte er etwa umstrittene Arbeiten seiner Schüler mit aller Entschiedenheit, nachdem er vorher seine Kritik intern offen geäußert hatte. Spürte er Ungerechtigkeit, als z. B. eine Bundesbehörde gegen die Veröffentlichung einer «zu polenfreundlichen» Dissertation intervenierte, konnte es zu einem wahrhaft bajuwarischen Temperamentsausbruch kommen, der die Lage unverzüglich klärte. Über die äußerst problematische Rolle, die K. A. v. Müller vor allem nach 1933 gespielt hat, gab er sich keinen Illusionen hin, aber die menschliche Beziehung zu einem seiner ersten Lehrer ließ er deshalb nicht abreißen, wie er überhaupt viel Verständnis für die Schwäche von Menschen unter schwierigen Umständen aufbrachte und eine tiefe Abneigung gegenüber selbstgerechten, pharisäerhaften Urteilen hegte. Er wußte, daß es nicht schlichtweg eigenes Verdienst war, wenn es gelang, kritische Lebenssituationen mit Anstand zu bestehen.

Im Hinblick auf die sozialen Beziehungen im engeren Kreis zeichnete ihn, während ringsum in Köln ständische Hierarchie vorherrschte, eine auffallende Unbefangenheit aus. Nicht nur fand das Doktorandencolloquium, solange es die Teilnehmerzahl gestattete, bei ihm zu Hause statt, sondern Assistenten und Schüler wurden auch zum Abendessen und Gespräch in entspannter Atmosphäre eingeladen. Und Gegeneinladungen folgte er mit einer Selbstverständlichkeit, als ob es das damalige Gefälle zwischen Ordinarius und Assistenten nicht gegeben hätte.

Wenn man sich den Einfluß von Theodor Schieder vergegenwärtigen will, genügt es daher nicht, auf das weit verästelte, imponierende wissenschaftliche Œuvre einzugehen; das wird gewiß noch in manchem ausführlichen Nekrolog geschehen. Man muß vielmehr an die eigentümliche Verbindung von intellektueller Spannbreite und disziplinierter Rationalität mit liberaler Offenheit, nobler Toleranz und Menschlichkeit erinnern. Nur wenn man diese Qualitäten zusammen sieht, kann man dem Mann und seiner Wirkung gerecht werden. Schieder verkörperte in mancher Hinsicht den hierzulande sehr seltenen Typus des dezidiert liberalen Tory. Er besaß durchaus konservative Überzeugungen, verteidigte aber auch standfest liberale Werte und war im praktischen Leben, vor allem im Umgang mit Jüngeren, von einer unbezweifelbar liberalen Großzügigkeit. Als Wissenschaftler blieb er sowohl dem Neuen gegenüber aufgeschlossen als auch dem Bewährten zugetan.

Es ist wahr: Die Geschichtswissenschaft hat eine überragende Gelehrtenpersönlichkeit verloren. Angehörige der Nachkriegsgeneration scheuen vor dem Ausdruck zurück, daß die Fackel weitergegeben oder das Erbe bewahrt und vermehrt werden müsse. Für den großen Kreis seiner Schüler gibt es jedoch ein Vermächtnis, dem gerecht zu werden sie sich bemühen müssen. Es besteht aus einer Grundhaltung, die Theodor Schieder vorgelebt hat: Weite der Gesichtspunkte mit hohem intellektuellen Anspruch und streng rationaler Argumentation zu verbinden mit Liberalität und Toleranz – gerade dann, wenn es sie zu praktizieren schwerfällt. Gelingt es, sich dieser Haltung anzunähern und sie wiederum weiterzugeben, würde eine seiner großen Hoffnungen erfüllt. Auf die Dauer überwiegt die Dankbarkeit, seinen prägenden Einfluß erfahren zu haben, die Trauer, die all jene jetzt und noch lange verspüren, die Theodor Schieder über die Jahre hinweg näher gekannt haben.

II.

Zur Sozialgeschichte der deutschen bürgerlichen Gesellschaft

Was ist Gesellschaftsgeschichte?

Gesellschaftsgeschichte – das ist einer der Schlüsselbegriffe aus der intensiven Theorie- und Methodendiskussion, die seit den späten 1960er Jahren von Historikern in der Bundesrepublik geführt worden ist und inzwischen allmählich abklingt. Natürlich ist es kein keimfrei sterilisiertes neutrales Wort, sondern ein Kampfbegriff, wie das mit solchen Kurzformeln regelmäßig der Fall zu sein pflegt. Wofür gestritten, plädiert, geworben wird, ist sogleich genauer zu erörtern. Zunächst sind jedoch einige Vorbemerkungen und terminologische Klärungsversuche angebracht, um den Kontext der Diskussion über Gesellschaftsgeschichte angemessen zu rekonstruieren.

Das Wort als solches ist kein Novum, vielmehr ist es seit dem 19. Jahrhundert verwendet worden. Soweit ich zu sehen vermag, meinte es aber so gut wie ausnahmslos das, was heutzutage als Sozialgeschichte bezeichnet wird – etwa bei Sombart und v. Srbik –, gelegentlich auch eine von der Sozialgeschichte her versuchte Geschichte neuzeitlicher, nationalstaatlich verfaßter Gesellschaften. Auch heute noch wird der Ausdruck manchmal im Sinne von Sozialgeschichte als einer Sektorwissenschaft gebraucht; dabei handelt es sich jedoch um isolierte, einflußlose Äußerungen.[1]

Daß der ältere Begriff der Gesellschaftsgeschichte während jener westdeutschen Debatte umdefiniert wurde, stellt keineswegs ein isoliertes Phänomen dar, sondern ist – wie der Vergleich zeigt – gemeinsamer Bestandteil einer internationalen Diskussion unter Historikern und Sozialwissenschaftlern des Westens. Der Blick auf die englische, französische, amerikanische Historiographie unterstreicht, daß es sich nicht um eine mit typisch teutonischer Theoriebesessenheit betriebene provinzielle Nabelschau handelt, der die eigenen Probleme stets als absolut vorrangig erscheinen, während die Probe aufs Exempel, indem man sich bewußt dem Vergleich stellt, nicht gemacht wird. Richtig ist dagegen, daß diese Kontroverse nur im Westen stattfand, da die staatssozialistischen Länder mit ihren obrigkeitlich verordneten marxistisch-leninistischen Begriffen der Totalität und Gesellschaftsformation ein eigenes Vokabular, auch eine eigene, ziemlich hermetisch abgeschlossene Binnendiskussion besitzen, die sich allerdings öfters mit den Interessenschwerpunkten und der Stoßrichtung etwa der westdeutschen Auseinandersetzungen berührt.

Die Debatte über Gesellschaftsgeschichte hat außerdem nicht in der Bundesrepublik, sondern in England und Frankreich begonnen. Das ist für Kenner der Materie eine Trivialität. Deshalb soll hier nur an den Pionieraufsatz von Eric J. Hobsbawm («From Social History to the History of Society»), der 1971 eine Art Zwischenbilanz zog, erinnert werden, oder an die französischen Auseinandersetzungen um die «histoire totale», die u. a. auch vergleichbare Entwicklungstrends zum Gegenstand hatten.[2]

Welche länderspezifischen Begriffe auch immer verwendet wurden, es ging dabei nicht primär um eine Erweiterung der Sozial- und Wirtschaftsgeschichte als Spezialdisziplinen, die sich bestimmten Strukturen und Prozessen, Bewegungen und Institutionen wie Schichten, Ständen, Klassen, Verbänden und Parteien oder Konjunkturen, Krisen, Produktionseinheiten, Marktmechanismen und Eigentumsrechten widmen. Vielmehr bildete die Debatte überall ein typisches Indiz für die Suche nach einem tragfähigen Synthesekonzept, das als Orientierung für die historische Analyse von Gesamtgesellschaften – im Sinne von «Society» oder «Societé» – in möglichst allen ihren Dimensionen während bestimmter Zeitspannen dienen konnte.

Englische Historiker, wie etwa auch Hobsbawm, begnügten sich mit der pragmatischen, unmittelbar einsichtigen Auflistung wichtiger Realitätsbereiche und Handlungsfelder, deren Analyse je für sich erfolgen, aber zusammengenommen die angestrebte «History of Society» annäherungsweise ergeben sollte. Dafür galt es z. B., die Geschichte der Bevölkerung, der Wirtschaft, der Sozialstruktur, der inneren und äußeren Politik, der kulturellen Entwicklung usw. gut zu kombinieren. Eine methodologische Vertiefung der Problematik ist eigentlich nicht erfolgt. Der Fluchtpunkt des Unternehmens wurde damit im Grunde eine «General History», wie sich die älteren Historiker ausgedrückt hätten.

Französische Historiker argumentierten tendenziell ganz ähnlich. Nur war hier der Begriff der «histoire totale» mit extrem hohen Ansprüchen befrachtet. Und nicht nur das: Der Totalitätsbegriff blieb weithin undefiniert, er wurde stillschweigend als erstrebenswerte, integrations- und konsensfähige Leitvorstellung behandelt. Das war und ist bei aufgeklärten Neomarxisten nicht anders als bei ihren sogenannten «bürgerlichen» Fachgenossen. Dem klassischen Einwand Georg Simmels gegen jene Totalgeschichte haben sich die Protagonisten dieser Konzeption bisher nicht ernsthaft gestellt. «Eine Wissenschaft von der Totalität des Geschehens ist», hatte Simmel bereits 1892 geschrieben, «nicht nur wegen ihrer nicht zu bewältigenden Quantität ausgeschlossen, sondern weil es ihr an einem Gesichtspunkt fehlen würde, den unser Erkennen braucht, um ein Bild ... zu formen, an einer Kategorie, unter der die Elemente zusammengehören und die bestimmte derselben mit einer bestimmten Forderung ergreifen muß. Es gibt kein Erkennen überhaupt, sondern immer nur eines, das durch qualitativ determinierte, also unvermeidlich einseitige Einheitsbegriffe geleitet und zusammengehalten wird; einem schlechthin allgemeinen Erkenntniszweck würde die spezifische Kraft mangeln, irgendwelche Wirklichkeitselemente zu erfassen. Dies ist der tiefere Grund, weshalb es nur Spezialgeschichten gibt und alles, was sich allgemeine oder Weltgeschichte nennt, bestenfalls eine Mehrzahl solcher differenzieller Gesichtspunkte nebeneinander wirken läßt oder eine Herausarbeitung des nach unseren Wertgefühlen Bedeutsamsten innerhalb des Geschehens darstellt.» Diese neunzig Jahre alte Philippika ist für alle, die ebenso naiv wie behende die «histoire totale» unablässig weiter beschwören, eine unverändert nützliche Lektüre.[3] In der historiographischen Praxis wird denn auch keineswegs «die» Totalität eingefangen, sondern mit Hilfe einiger überschaubarer Selektionskriterien eine bestimmte Problematik eingekreist, wobei die Zeit vor der großen Wasserscheide von 1789 eigentümlicherweise noch immer Priorität genießt.

Auch in den Vereinigten Staaten gewann gleichzeitig mit der europäischen Erörterung dieser Fragen die Einsicht an Boden, daß neue, schwierige Komplexphänomene strukturierende Konzeptionen erprobt werden müßten. Die wichtigsten Versuche in dieser Hinsicht legten das Schwergewicht aber eindeutig auf die Sozialgeschichte oder auf die «neue Wirtschaftsgeschichte» der ökonometrisch arbeitenden Historiker, während sich der mächtige Positivismus der wissenschaftlichen Traditionen des Landes gegen angeblich zu globale Konzepte wie das einer «History of Society» vorerst erfolgreich sträubte.[4]

Die westdeutsche Diskussion ist bereits in den 60er Jahren erst durch das Plädoyer für «Strukturgeschichte»,[5] dann für die Aufwertung der Sozial- und Wirtschaftsgeschichte ausgelöst und schließlich durch das seit 1967/68 vertiefte Interesse an solchen Fragen beschleunigt vorangetrieben worden. Daß es sich bei der «Strukturgeschichte» in erster Linie um ein methodisches Prinzip handle: nämlich gegenüber der Ereignisgeschichte die Traditionen und Optionen bestimmenden, die Handlungsspielräume festlegenden historischen Strukturen der unterschiedlichsten Art zur Geltung zu bringen, setzte sich ziemlich schnell durch. Dieses Prinzip vermochten auch Historiker mit ganz verschiedenartigen Interessen und Überzeugungen – über kurz oder lang – zu akzeptieren. Ganz ähnlich konnte der Sozial- und Wirtschaftsgeschichte, die insbesondere für die mittlere und jüngere Historikergeneration an Attraktivität gewonnen hatte, die längst überfällige Aufwertung verschafft werden. Beide Disziplinen wurden, dieses Verständnis war bald Gemeingut, als Sektorwissenschaften, die sich ausdifferenzierten sozialen und ökonomischen Problemen widmeten, begriffen und als solche in wachsender Breite praktiziert. Eben wegen dieses Aufschwungs, den auch die westdeutsche Sozial- und Wirtschaftsgeschichte in den vergangenen 25 Jahren erlebt hat, drängte sich nach der ersten Anlaufphase die Suche nach einem Synthesekonzept auf, das die zahlreichen heterogenen Ergebnisse wieder integrieren könne. Als griffige Formel für ein solches Konzept wurde der Begriff der Gesellschaftsgeschichte erneut aufgenommen und von den Teilnehmern an dieser Debatte als «History of Society» neu definiert.

Um die wesentlichen Bedingungen der Genese des neuen Interesses an Gesellschaftsgeschichte noch einmal zu unterstreichen: Es ging aus der fraglos lebhaften Diskussion über die Rolle der Sozial- und Wirtschaftsgeschichte in der westdeutschen Geschichtswissenschaft unter expliziter Berücksichtigung der westeuropäisch-amerikanischen Diskussion hervor; Strukturgeschichte wurde als geradezu schon selbstverständliche methodische Maxime akzeptiert. Der unleugbare Nachholbedarf wurde insbesondere von den Jüngeren als überaus dringlich empfunden. Hierbei wirkte sich auch ein generationsspezifisches Interesse an der Industrialisierung aus, der eine historisch beispiellose Wirkungsmacht zugeschrieben wurde. Die Industrielle Revolution wurde als universalgeschichtliche Zäsur begriffen, allenfalls vergleichbar mit der sogenannten «neolithischen Revolution» des Übergangs zu Ackerbau, Viehzucht und Seßhaftigkeit. Die ökonomischen, sozialen, politischen Folgen des von der Industrialisierung ausgelösten und vorangetriebenen Transformationsprozesses, der die gesamte Gesellschaft à la longue erfaßte, erschienen als faszinierende Forschungsprojekte. Gegen das reine Spezialistentum auf diesen Gebieten wurde jedoch frühzeitig die Notwendigkeit integrierender Gesamtdarstellungen geltend gemacht. Diese Einsicht lenkte auch auf die Gesellschaftsgeschichte hin. Zugleich verband sich damit eine Attacke auf den traditionellen Primat der Politikgeschichte, die in der deutschen Geschichtswissenschaft seit dem frühen 19. Jahrhundert nicht selten als «allgemeine» Geschichte hingestellt worden war. Wegen ihrer Beharrungsmentalität war es längst an der Zeit, daß sie unter scharfen Legitimationszwang gesetzt wurde und die beanspruchte Führungsrolle endlich wieder einmal mit rationalen Argumenten, anstatt durch den Rekurs auf schiere «Traditionsheiligkeit» zu verteidigen hatte.

Vor dem Hintergrund dieser geschichtswissenschaftlichen Entwicklung in der Bundesrepublik, im Hinblick auf diese einflußreichen Motive wird verständlich, warum die Gesellschaftsgeschichte in den 70er Jahren hierzulande auf bestimmte Weise als synthetisierendes Konzept empfohlen, zur regulativen Idee erhoben wurde. Die Befürwortung von Gesellschaftsgeschichte ging aufgrund der engen Verbindung mit den sozial- und wirtschaftsgeschichtlichen Interessen und aufgrund des «intellektuellen Klimas» am Ende der 1960er und zu Beginn der 70er Jahre von einigen Annahmen aus, die eine spezifisch deutsche Sozialtheorie seit den 1820er Jahren entwickelt hatte. Die Schlüsselfiguren sind Hegel und seine geistigen Erben: der Linkshegelianer Karl Marx und der Rechtshegelianer Lorenz v. Stein. Im Anschluß an die einschlägigen Schriften dieser Männer und an die von ihnen herrührenden Traditionen wurden grosso modo die folgenden Überlegungen geltend gemacht.

Aus der traditionalen, politisch durchstrukturierten und kulturell durchformten alteuropäischen Gesellschaft differenzierte sich, insbesondere während der sogenannten «Sattelzeit», die moderne Gesellschaft als «societas civilis sine imperio», als relativ eigenständiger, zunehmend unabhängiger Bereich in folgenschweren Autonomisierungsprozessen allmählich heraus.

Diesen Bereich meinte Hegels «System der Bedürfnisse», die «Sphäre zwischen Individuum und Staat», die eine so weitreichende Selbständigkeit gegenüber dem politischen System gewann, daß die Metapher von der «Trennung von Staat und Gesellschaft» zur gängigen Münze wurde. Gemeint war damit die Distanz, die sich zwischen gebietsherrschaftlichem Anstaltsstaat und der aufsteigenden Wirtschaftsgesellschaft auftat. Dank der ungeheuren Dynamik der ökonomischen und sozialen Antriebskräfte, die sich in dieser relativ autonomen «Gesellschaft» durchsetzten, wanderte gewissermaßen die Motorik der modernen Entwicklung in sie ab. Als eigentlichem Modernisierungszentrum wurde ihr eine überlegene, strukturprägende Macht zuerkannt. Anders gesagt: Von ihr gingen die entscheidenden Steuerungsimpulse aus, die eine breitgefächerte Modernisierung zu initiieren und voranzutreiben halfen; sie besaß die höchste Durchsetzungskraft gegenüber anderen Realitätsbereichen.

Die grundlegende Prämisse dieser Überlegungen bildete mithin die Überzeugung, daß sozialökonomischen Prozessen und Strukturen ein «Plus» an historischer Wirkungsmacht im Vergleich mit anderen Potenzen zugebilligt werden dürfe. Deshalb könne einer historischen Theorie, die von der fundamentalen Bedeutung dieser realhistorischen Abläufe ausgehe, auch ein «Plus» an Erklärungskraft im Vergleich mit anderen Interpretationsansätzen zugesprochen werden.

Niemand hat zu irgendeinem Zeitpunkt in naivem Optimismus die Gesellschaftsgeschichte für ein geschwind erreichbares Ziel gehalten. Im Gegenteil: Der steinige Weg dorthin wurde immer wieder entschieden betont. Als regulative Idee jedoch, welche die Bemühungen um eine zeitgemäße Synthese stets anzuleiten habe, wurde sie in der Tat verteidigt. Jeder, der an dem Diskurs über Vorzüge und Grenzen dieses Konzepts teilnahm, war sich des Diktums von Jürgen Habermas bewußt, daß die Auffassung, «Totalität» realiter erfassen zu können, schon vom Anspruch her theoretisch «illegitim» sei, von der praktischen Überforderung eines jeden Wissenschaftlers, wie Simmel früher insistiert hatte, vollends zu schweigen.[6] Unser Wissen in den Humanwissenschaften bleibt Partialwissen, das an bestimmte Erkenntnisabsichten oder an «Kulturwertideen» (M. Weber) gebunden ist und sich mit dem Wandel dieser Ideen wieder verändert. Aber als Fluchtpunkt von Gesamtdarstellungen, als ständigen Appell, diese Totalitätsutopie nicht aus dem Auge zu verlieren, versprach die anspruchsvolle Vorstellung von Gesellschaftsgeschichte einen hohen heuristischen und theoretischen Wert, wie sehr auch die Erwartungen durch die Arbeitsergebnisse pragmatisch eingeschränkt wurden.

Die Vorzüge dieses Konzepts von Gesellschaftsgeschichte, mit dem ein neues «Paradigma« (T. S. Kuhn) für die sich mit der Moderne beschäftigende Geschichtswissenschaft vorgeschlagen wurde, ließen sich plausibel vertreten. Bevölkerungsanstieg, Wirtschaftswachstum, Sozialstrukturwandel – damit wurden dynamische Bewegungszentren in den Mittelpunkt gestellt, von denen her sich andere Dimensionen der Gesellschaft – jedenfalls dem Anspruch nach – aufschlüsseln ließen. Die zentrale Bedeutung von Sozial- und Wirtschaftsgeschichte wurde betont, aber sie besaßen jetzt eher eine dienende Aufgabe, nämlich die, die Gesamtdarstellung zu fundamentieren. Die Gesellschaftsgeschichte blieb aber zugleich offen, z. B. gegenüber der Mentalitäts-, Erfahrungs-, Alltagsgeschichte, die alle – sofern sie begriffsscharf und theoriegeleitet arbeiten – unter ihrem weiten Dach einen Platz finden konnten. Ein neues Synthesekonzept wurde zur Debatte gestellt. Allein das schon war ein Gewinn, daß mit einem sozialökonomisch orientierten Paradigma das traditionelle Übergewicht der Politikgeschichte in Frage gestellt und diese selber nachdrücklich unter Rechtfertigungsdruck gesetzt wurde. Die Verteidigung fiel mit den üblichen Marxismus-Vorwürfen und redundanten Kränkungsbekundungen bisher alles andere als imponierend aus.[7]

Im Fortgang der Diskussion und aufgrund praktischer Arbeitserfahrungen wurden freilich auch die Grenzen sukzessive immer deutlicher. So geriet etwa die entscheidende Prämisse, daß für sozialökonomische Prozesse im Hinblick auf Durchsetzungsfähigkeit und Erklärungskraft ein «Plus» in Anspruch genommen werden könne, unter den Druck von Argumenten, die m. E. nicht entkräftet werden können.

Wenn Gesellschaft durch Herrschaft, Arbeit und Kultur konstituiert wird, wenn jede einzelne dieser Dimensionen – oder «Potenzen» im Sinne Jacob Burckhardts – ihre relativ autonome Geltung und Wirkungsmacht besitzt, jedenfalls nicht auf eine andere reduziert werden kann, müssen Herrschaft und Kultur zweifellos Gleichrangigkeit und Gleichwertigkeit neben der Arbeit eingeräumt werden. Dafür sprechen systematische Gründe, wenn man diese Trias gleichwertiger Dimensionen akzeptiert. Dafür sprechen aber auch schon prima facie Erfahrungen des 20. Jahrhunderts: Lenins Revolution und Hitlers Regime, die Zählebigkeit der deutschen Bildungsbürgertradition und der ungeahnte Aufstieg des Wissenschaftssystems. Erst recht besitzen Herrschaft und Kultur eine zentrale Bedeutung in sogenannten «vormodernen» Gesellschaften ohne die spezifisch neuzeitliche Ausdifferenzierung eigener ökonomischer, sozialer, politischer Systeme, denn in diesen Gesellschaften eines älteren Typs ist die allgegenwärtige Integrationskraft von Herrschaftsbeziehungen und kulturellen Normen schlechterdings nicht zu übersehen.[8]

Kurz: Eine relative Unterlegenheit oder Zweitrangigkeit von Herrschaft und Kultur in den modernisierenden Gesellschaften, insbesondere seit dem Durchbruch der Industriellen Revolution, läßt sich mit rationalen Argumenten nicht überzeugend dartun. Übrigens spricht gerade die neuere deutsche Geschichte gegen solche Annahmen: Ein Hinweis auf die tiefe Prägung durch die Reformation und die klassische idealistische Hochkultur, auf die Folgen des staatlichen Pluralismus im deutschsprachigen Mitteleuropa und die ungeheure Sprengkraft, welche die deutsche Politik in zwei Weltkriegen und unter dem NS-Regime entfaltet hat, mag genügen. Unbezweifelbare Entscheidungskriterien, die es im freien Diskurs überzeugend ermöglichen, die Überlegenheit der einen oder anderen Dimension a priori, abstrakt-definitorisch, festzusetzen, sind schlechthin nicht zu finden. Der Gewalt der Politik, der Macht der Ideen, der Unwiderstehlichkeit sozialökonomischer Triebkräfte per se einen gewissen Vorsprung einzuräumen, setzt einen Glaubensakt voraus. Die unbefangene Beschäftigung mit der Vergangenheit, die nun in der Tat weit gefaßt werden muß und nicht auf die letzten beiden Jahrhunderte eingeengt werden darf, lenkt dagegen ganz so wie die intellektuelle Redlichkeit, die unhaltbare Denkprämissen aufzugeben gebietet, auf die Grundentscheidung hin, die Gleichrangigkeit der großen historischen Potenzen anzuerkennen. Woher sollten auch die trennscharfen Kriterien genommen werden, um beispielsweise eine Entscheidung über die Fragen herbeizuführen, ob die rationale Kultur des Okzidents den Industriekapitalismus erst ermöglicht und in Gang gehalten hat; ob die eigentümliche Sozialstruktur Europas eine essentielle Vorbedingung für den Erfolg seiner Industrialisierung bildete; ob die politische Herrschaftsordnung des Westens – jene weltgeschichtlich einzigartige konsequente Trennung von weltlicher und geistlicher Sphäre in einem ebenso einzigartigen, hochgradig kompetitiven Staatensystem – die conditio sine qua non seiner Modernisierungsoriginalität war. Eine umfassende Konstellationsanalyse ergibt, daß erst der Verbund dieser eigentümlichen Faktoren und Bedingungen den okzidentalen «Sonderweg» zu erklären vermag.

Das vordringliche Interesse aber am deutschen «Sonderweg» und die vorn erwähnte, von Hegel, Marx und Stein geprägte deutsche Wissenschaftstradition haben es ursprünglich nahegelegt, das Plädoyer für die Gesellschaftsgeschichte vor allem auf die neuere deutsche Geschichte hin auszurichten. Wird der Anspruch jedoch ernstgenommen, daß Gesellschaftsgeschichte als Paradigma verstanden werden soll, muß das Konzept erstens, auch für den Vergleich brauchbar, ihm möglichst gewachsen sein; zweitens sollte es nicht nur für die Analyse der letzten 200 Jahre taugen, sondern für ungleich größere Zeitspannen brauchbar sein. Im Hinblick auf den Vergleich wird ja etwa auch die neoklassische Wachstumstheorie, die der «cliometrischen» Wirtschaftsgeschichte zugrunde liegt, wird die weberianische Theorie der Sozialhierarchie, welche die besten Forschungen über soziale Ungleichheit anleitet, dem ersten Anspruch gerecht. Die komparative Perspektive lenkt zudem auch auf grundlegende Unterschiede hin, die das auf spezifisch deutschen Interessen und gesellschaftstheoretischen Traditionen beruhende Konzept in Frage stellen. In England ist die Bedingungskonstellation für den Aufstieg zum «Pionierland» der Industrialisierung so grundlegend anders geartet gewesen, daß man hier in der Tat von einem «englischen Sonderweg» sprechen kann. Auch wenn man von einer phasenverschobenen Entwicklung und einem diachronen Vergleich ausginge, genügte das nicht, um die englische Geschichte seit dem 16. Jahrhundert mit Hilfe des deutschen Konzepts der Gesellschaftsgeschichte realitätsadäquat zu erfassen und zu erklären. Frankreich wirft ebenfalls schwierige Probleme auf: der politische Erdrutsch seit 1789, die bestechende Zählebigkeit sozialer und kultureller Traditionen trotz dieser Zäsur, das langsame Industrialisierungstempo, um einen langen Katalog nur anzudeuten. Und die Vereinigten Staaten sperren sich mit ihrer Geschichte auch gegen die Anwendung des Konzepts. Ein Vergleich mit Osteuropa, mit Rußland vor allem, würde m. E., obwohl mir hier die notwendige Kompetenz fehlt, die Zweifel noch erheblich vermehren. Da unter theorieinteressierten Historikern die Übereinstimmung herrscht, daß der konsequent durchgeführte Vergleich den einzigen Ersatz bildet, den die Geschichtswissenschaft für das Experiment in den Natur- und bestimmten Sozialwissenschaften besitzt, muß der negative Befund eines hier nur flüchtig angedeuteten komparativen Tests der Validität des Konzepts ohne Einschränkung ernst genommen werden.

Um zu dem zweiten Einwand zu kommen: Je weiter man die Anfänge westlicher Modernisierung zurückverfolgt, desto fragwürdiger wird die sogenannte «Sattelzeit». Jahrhunderte davor besitzt der Westen seine unverwechselbaren Eigenarten, zeichnen sich die politischen, sozialen, ökonomischen, kulturellen Sonderbedingungen ab, deren Kombination offenbar das Entwicklungspotential des okzidentalen Kulturkreises bestimmt hat. Nicht nur, aber auch aus diesem Grunde sollte Gesellschaftsgeschichte als legitimes Ziel moderner geschichtswissenschaftlicher Synthesen für die antike, die mittelalterliche, die frühneuzeitliche Geschichte gelten können. Dafür muß die enge Bindung an die moderne deutsche Geschichte und eine hochgradig spezifische Sozialtheorie gelöst, die Gesamtkonzeption allgemeiner gefaßt werden. In ihrer generalisierten Form wiederum stellt sie auch Korrekturen oder sogar eine prinzipielle Neuinterpretation der neueren deutschen Geschichte in Aussicht.

Aus alledem kann man die Konsequenz ziehen, daß das Konzept der Gesellschaftsgeschichte heute allgemeiner, weiter, elastischer definiert werden muß. Das Angebot an Theorien, an die man sich anschließen könnte, ist im Grunde verblüffend schmal. Die Systemtheorie bevorzugt ein Abstraktionsniveau und eine derartige Distanz gegenüber realhistorischen Problemen, daß man ihre Kategorien und Denkfiguren nicht auf jenes Niveau hinuntertransformieren kann, auf dem sich Historiker, selbst als Gesellschaftshistoriker noch immer relativ erdnah, in aller Regel bewegen. Auch ein unorthodoxer, aufgeklärter Neomarxismus besitzt sozusagen von vornherein eingebaute Schwachstellen und geschichtsphilosophisch maskierte Vorurteile, die insbesondere darin zutage treten, daß er sich mit der Anerkennung der relativen Autonomie von Politik und Kultur außerordentlich schwer tut. Ohne hier in eine Debatte über die Einzelheiten einzutreten, kann man, eine langwierige Kosten-Nutzen-Abwägung abkürzend, doch sagen, daß er sich wegen dieses – alles andere als zufälligen – Defizits für eine möglichst undogmatische Gesellschaftsgeschichte nicht empfiehlt. Daher bleibt im Grunde nur der Anschluß an Max Webers «Gesellschaftsgeschichte des Okzidents» übrig.[9]

Weber teilte die Auffassung, daß Herrschaft, Ökonomie und Kultur gleichwertige, gleichberechtigte Dimensionen jeder Gesellschaft darstellten. Historische Prozesse und Institutionen werden mithin in der Regel durch alle drei Potenzen geprägt, durchweg in variierender Mischung und mit wechselnden Schwerpunkten, die ohne empirische Erforschung nicht sicher vorausgesagt, sondern zunächst einmal nur hypothetisch vermutet werden können. Erst die exakte wissenschaftliche Arbeit vermag zu entscheiden, welche Dimension zu einer bestimmten Zeit, im Rahmen einer bestimmten historischen Konstellation die empirisch nachweisbare Prävalenz gewonnen hat. Weber besitzt, das gebietet die Fairneß einzuräumen, eine gewisse Neigung, Herrschaft als öfters dominierende, den anderen Potenzen vorgeordnete Potenz zu sehen. Diese Neigung ist aus verschiedenen Quellen gespeist worden: aus der Erfahrung mit charismatischer politischer Herrschaft unter der Kanzlerdiktatur Bismarcks; aus der strengen juristischen Schulung mit ihrer Betonung herrschaftlicher Verfügungsrechte; wohl auch – wenn man eine individualpsychische Komponente gelten lassen will – aus der eigenen Herrschsucht. «Phänomene der Machtverteilung», heißt es etwa in einer bekannten Formulierung, «sind nun die ‹Klassen›» – nachdem soeben die maßgeblich ökonomische Natur von Klassen ausgiebig betont worden ist![10] Diese eher geheime Präferenz wird jedoch in den eigenen empirischen Arbeiten, insbesondere in der universalhistorisch vergleichenden Religionssoziologie, derart diszipliniert, daß ein Monismus vermieden wird und die gleichrangige Trias zur Geltung kommt. Der klassische Aufriß derjenigen Probleme, die eine Gesellschaftsgeschichte des Okzidents zu berücksichtigen hat, findet sich in der «Vorbemerkung» zum ersten Band der Religionssoziologie, dem meisterhaft komprimierten Text letzter Hand.[11] Wie weit Weber selber gelangt ist, beweist die gesellschaftsgeschichtliche Perspektive, die seine religionssoziologischen Studien durchzieht.

Im Anschluß an Webers Vorentscheidungen ist es dann die empirische Aufgabe des Historikers, die Dominanz einer Dimension oder, weitaus häufiger, die Fusion der verschiedenen Basisfaktoren herauszuarbeiten. Nach 1917 und nach 1933 gibt es einen Primat hochideologisierter Politik; nach 1517 im Reich und nach 1640 in England einen Primat fanatisierter Religion; in der Durchbruchphase der Industriellen Revolution eine Priorität ökonomisch-technologischer Kräfte. In der Regel besteht die handwerkliche und interpretatorische Kunst des Historikers jedoch darin, die komplexen Mischungsverhältnisse möglichst präzise zu bestimmen.

Die Vorzüge dieses generalisierungsfähigen Weberschen Konzepts von Gesellschaftsgeschichte sind kaum zu überschätzen.

– Mit einer solchen Konzeption kann sowohl in der antiken und der mittelalterlichen als auch in der neuzeitlichen Geschichte gearbeitet werden. Die Fixierung auf die vermeintliche oder tatsächliche Umbruchphase im späten 18. Jahrhundert entfällt, andrerseits kann den Sonderbedingungen einer Epoche durchaus Rechnung getragen werden. Der Anschluß an Webers Herrschafts-, Wirtschafts-, Kultursoziologie – eine von Historikern noch längst nicht voll erschlossene Goldmine – ist übrigens häufig unmittelbar oder in vermittelter Form möglich. Im Effekt läuft diese an Weber orientierte Gesellschaftsgeschichte auf eine neue «allgemeine» Geschichte hinaus, die ihren Namen ungleich eher verdient als die altertümliche Politik- und Diplomatiegeschichte.

– In der historischen Realität treten, wie gesagt, die drei Weberschen Dimensionen selbstredend nicht fein säuberlich getrennt, sondern in hochkomplexen Mischungsverhältnissen auf. Das Rittergut ist immer Herrschaftsgefüge, ökonomische Produktionseinheit, Zentrum hegemonialer Kultur. Die Handwerkerinnung bildet immer einen polyfunktionalen Verband mit ökonomischen, sozialen, kulturellen, lange auch politischen Funktionen. Die Familie ist jahrhundertelang eine kleine Herrschaftsordnung unter dem pater familias, wirtschaftliche Produktionsgemeinschaft, Vermittlungsinstanz des kulturellen Erbes, sprachlicher Kompetenz, verhaltenssteuernder Werte und Normen. Eine monokausale Interpretation ist a limine ausgeschlossen. Je nach Maßgabe seiner Erkenntnisziele und Selektionskriterien wird der Historiker die realhistorische Verschmelzung der unterschiedlichen Dimension auflösen. «Die Geschichte liebt das Unreine», hat Ernest Labrousse einmal knapp und weise konstatiert, «alle unsere sozialen Formationen bestehen aus Vermischtem.»[12]

– Gegenüber dem Einwand, daß man dieser «unreinen» Geschichte nicht mit wenigen Hauptkategorien zu Leibe rücken könne, läßt sich zuerst geltend machen, daß Sparsamkeit im Umgang mit fundamentalen Kategorien ein ökonomisches Gebot auch für die Geschichtswissenschaft ist. Zweitens halten diese in der Tat leicht überschaubaren Kategorien dazu an, unter allen Bedingungen zunächst einmal auf einer idealtypisch zugespitzten analytischen Trennung der Hauptdimensionen zu bestehen, ehe im zweiten Arbeitsgang ihre genauen Anteile an den realhistorischen Fusions- und Mischungsverhältnissen bestimmt werden. Denn um Mischungsverhältnisse, um es nachdrücklich zu wiederholen, handelt es sich durchweg, und die Webersche Trias warnt einen davor, eine bestimmte Institution umstandslos einer einzigen Dimension zuzuordnen. Um noch einmal drei Beispiele anzuführen: Die neuzeitliche Universität seit der Reformationsepoche ist politische Institution des Landesfürsten zur Ausbildung juristischer, theologischer, kameralistischer Experten insbesondere für den Staatsdienst; sie speichert das kulturelle Erbe, stellt aber gleichzeitig auch eine geniale soziale Erfindung dar zur institutionell garantierten Entwicklung von Innovationen. Die ökonomischen Prämien, die auf akademische Examina und wissenschaftliche Leistungen gesetzt werden, lenken auf ebenso wichtige Probleme hin wie die soziale Komposition des Lehr- und Studentenkörpers. Natürlich ist die Fabrik ein produktions- und marktorientiertes Unternehmen, aber immer auch Herrschaftsverband und Ort volkskultureller Bräuche, Verhaltensweisen und Wertorientierungen. Gewiß sind die Parteien politische Kampforganisationen, ihre ökonomischen Ziele und die wirtschaftlichen Einflüsse, denen sie unterliegen, sind jedoch schlechterdings unübersehbar. Zugleich werden sie von spezifischen kulturellen Traditionen geprägt, wie z. B. das katholische «Zentrum», oder sie beuten kulturelle Traditionen aus, wie etwa die NSDAP das schroffe Gefälle zwischen «Gebildeten» und «Ungebildeten», das in der «Volksgemeinschaft» beseitigt werden sollte.

Ein Schlüsselphänomen jeder historisch bekannten Gesellschaft, eine ihrer «Achsen», wie es neuerdings öfters heißt, ist die soziale Ungleichheit, neben der Alters- und Geschlechtsungleichheit fraglos eine anthropologische Universalie der Ungleichheit zwischen Menschen. Auch hier bietet die Webersche Systematik einen erfolgversprechenden, inzwischen längst empirisch erhärteten Zugang. Sie zwingt dazu, immer auf das Zusammenwirken von ungleichen Macht- und Herrschaftschancen, ungleicher ökonomischer Lage und verschiedenartigen kulturellen Entwürfen der «Weltdeutung», kulturellen Normen und Werten zu achten. Überall trifft man auf eine ausgeprägt asymmetrische Verteilung von Lebenschancen, aber erst die genaue empirisch-historische Analyse ergibt, welche der drei Dimensionen im System der sozialen Ungleichheit zeitweilig eine dominante Prägung ausübte oder welche spezifische Mischung während einer bestimmten Untersuchungszeit vorherrschte.[13]

Webers Konzept gestattet und erleichtert den Vergleich von verschiedenen neuzeitlichen Gesellschaften, Staaten, Wirtschaftssystemen. Auch sozioökonomischen Antriebskräften kann eine hohe, eventuell dominierende Dynamik unbefangen eingeräumt werden. Die obsolete Geschichtsphilosophie Hegels und seiner Adepten; die eschatologische Erlösungshoffnung, daß ausgerechnet das Proletariat als exemplarisch leidender Teil der Menschheit zur Errichtung des «Neuen Zions» einer kommunistischen Gesellschaft berufen sei; das mehr oder minder kunstfertige Hantieren mit der «historischen Mission» diverser Klassen – all diese Traditionselemente stehen dabei nicht hemmend im Wege.

Nicht zuletzt bieten Webers Überlegungen den Vorteil, daß sie an eine Evolutionstheorie angeschlossen sind. Abgekoppelt von der Hegel-Marxschen Teleologie, von der Vorstellung rivalisierender Volksgeister, säkularisierter Erlöser, prophezeihbarer Endzeiten, kurzum: befreit von dem Prokrustesbett einer anachronistischen Geschichtsdeutung bieten sie dem Historiker ein evolutionstheoretisches Potential ohne gravierende Verengung an. Zumindest kann man Webers «gesellschaftsgeschichtliche Analyse ... eine partielle Evolutionstheorie in realistischer Absicht» nennen. Bei aller Elastizität erkennt Weber weit zurückreichende, tiefprägende historische Konstellationen – eben die Grundlagen des Okzidents – und als ihr Ergebnis durchaus gerichtete Evolutionsprozesse an, die fraglos eine erhebliche Bandbreite besitzen, auch etwa durch charismatische Führerpersönlichkeiten oder technologische Umwälzungen verändert werden können; insofern bleibt die Zukunft stets relativ offen. Unter den vorgegebenen Konstellationsbedingungen überwiegen jedoch die gerichteten Bewegungen. Diese evolutionstheoretischen Prämissen erzwingen Auskunft über die Richtungskriterien für diese historischen Entwicklungsprozesse, und da Historiker ständig von «Entwicklung» sprechen, ist diese Aufforderung, sich über deren Richtung zu äußern, ein heilsamer Druck. Weber selber gibt z. B. ohne Zögern drei wichtige an: für die Wirtschaft den «‹Fortschritt› zum Kapitalismus»; für die soziale Ungleichheit den Fortschritt zu marktbedingten Klassen; für die politische Herrschaft den Fortschritt zum bürokratisierten nationalen Anstaltsstaat.[14] Selbst wenn man Webers evolutionstheoretische Ideen, die leider nirgendwo von ihm im Zusammenhang explizit entfaltet worden sind, nur als einen ständigen Appell versteht, daß der an Gesellschaftsgeschichte interessierte Historiker sich über den Charakter der untersuchten Entwicklungsprozesse unentwegt Rechenschaft geben und seine Leser oder Hörer über die involvierten Probleme informieren muß, haben sie schon einen Zweck erfüllt, da diese Klarstellung einen Zugewinn an Rationalität bedeutet.

Auch wenn man die Chancen eines Anschlusses an das Modell der Weberschen «Gesellschaftsgeschichte des Okzidents» derart positiv beurteilt, sind gewisse Grenzen und Schwierigkeiten selbstverständlich auch in diesem Fall nicht zu übersehen.

Das Projekt einer Gesellschaftsgeschichte – ob nun Deutschlands von 1871 bis 1945 oder Englands von 1688 bis 1914 – stellt eine enorme Beanspruchung des einzelnen Wissenschaftlers, sogar auch noch eines gut eingespielten «Teams» dar. Es verlangt einigermaßen gleichmäßig ausgebildete, vielfältige Interessen und Kenntnisse. Selbst wenn diese vorhanden sind, muß über lange Zeit hinweg angesichts der steigenden Flut einschlägiger neuer Literatur ein großes Arbeitspensum kontinuierlich durchgehalten werden.

Wegen des umfassenden Anspruchs, der mit der Gesellschaftsgeschichte verbunden wird, ist die Auswahl der unumgänglichen Selektionskriterien außerordentlich schwierig und alles andere als leicht zu begründen. Auch die Metapher von der regulativen Idee verschafft begrenzt Erleichterung, wenn einem klar wird, daß neben wirtschaftlicher Entwicklung, sozialer Ungleichheit, politischer Herrschaft z. B. auch große Ordnungsmächte des sozialen Lebens wie Recht und Religion, einflußreiche Denkströmungen und Leitwissenschaften einer Epoche einbezogen werden müssen. Selbstverständlich gibt es hier keine Patentlösung, sondern nur die begründete Auswahl mit all den Grenzen individueller Kompetenz.

Da es eine Gesellschaftsgeschichte ohne explizite Theorieorientierung, Verteidigung der erkenntnisleitenden Interessen und Selektionskriterien schlechterdings nicht geben kann, bleibt sie notwendig abstrakter und anspruchsvoller als die gut erzählte Biographie oder eine farbige narrative Darstellung chronologisch geordneter Ereignisabläufe. Diese Diskrepanz kann im Prinzip nicht voll überbrückt werden. Eine Gesellschaftsgeschichte ist daher, vom engeren Kreis der interessierten Zunftgenossen abgesehen, vermutlich auf einen bestimmten Lesertypus angewiesen, der die gedankliche Mitarbeit zu vollziehen bereit ist. Unleugbar hängt der Fortschritt der Wissenschaften ganz entscheidend vom Grad ihrer Spezialisierung, damit auch von der Verfeinerung der Fach- und Begriffssprache ab. Das dehnt jedoch die Distanz zwischen Experten und jenen Lesern, die nicht professionelle Wissenschaftler, gleichwohl an den behandelten Fragen interessiert sind, ständig weiter aus. Das Klagen über die abschreckende Wirkung des Fachjargons gehört daher zum Repertoire sowohl der sogenannten «gebildeten Laien» als auch der «Insider». Will man aber trotzdem den Leser oder Hörer mit den Grenzen der Forschung, dem neuesten Stand der Diskussion vertraut machen, kann auf die einen Zugewinn an Präzision und Erkenntnischancen verbürgende Fachsprache schlechthin nicht ganz verzichtet werden. Will man trotz dieser Schwierigkeit die Kluft zu überbrücken versuchen, um den allgemein interessierten Leser mit einer solchen Gesamtdarstellung zu erreichen, wird man ständig zu mühsamen Kompromissen gezwungen, um einerseits die analytisch-begriffliche Schärfe zu erhalten, andrerseits aber eine möglichst verständliche Prosa zu schreiben. Konzentration und Anstrengung des Gedankens darf man von diesem Leser erwarten. Ein esoterischer Jargon würde dagegen den Zugang zu denen versperren, die eine Synthese wie die Gesellschaftsgeschichte doch gerade erreichen will.

Auch wenn man sich dieser Bedenken voll bewußt ist – und die Reihe ließe sich noch erheblich verlängern –, bleiben wichtige Vorzüge einer Gesellschaftsgeschichte dieser Art weiterhin bestehen.

Unverändert läßt sich die Gesellschaftsgeschichte als regulative Idee, als Fluchtpunkt vielseitiger Darstellungen, als die empirisch nie voll einholbare «gedankliche Utopie» (Weber) eines geschichtswissenschaftlichen Optimums verteidigen. Dieses Verständnis zwingt zur Offenlegung der theoretischen und methodischen Prämissen, der Werturteile und Erkenntnisabsichten. Das bedeutet einen Zugewinn an rationaler Transparenz.

Gesellschaftsgeschichte bleibt ein lohnendes Paradigma, auch und gerade im Vergleich mit anderen Paradigmata, die in der Geschichtswissenschaft und ihren Nachbardisziplinen bevorzugt werden. Ob man an die Staatsbildung oder den Primat der Internationalen Beziehungen, an den Aufstieg des National- oder Verfassungsstaats in der Politikgeschichte, an das Wachstumsparadigma der neoklassischen Ökonomie und neuen Wirtschaftsgeschichte, an das Strukturierungsschema «Soziale Ungleichheit» in der Soziologie denkt – alle diese Konzeptionen sind gewöhnlich durch eine je spezifische Verengung, eine bewußt oder naiv vollzogene Ausblendung wichtiger Wirklichkeitsbereiche gekennzeichnet. Der Komplexitätsanspruch der Gesellschaftsgeschichte ist dagegen – mögen die Kritiker, die ein überlegenes Konzept bisher ja durchweg schuldig geblieben sind, ihn auch monströs nennen – ein heilsames Korrektiv.

Gesellschaftsgeschichte erinnert unablässig an die Synthese, die wir Lesern und Hörern schuldig sind. Gewiß, es lassen sich sehr unterschiedliche Gesamtdarstellungen einer Ära oder von epochenprägenden Phänomenen denken. Manche hat ihr relatives Eigenrecht, die offene Konkurrenz rivalisierender Synthesen und konträrer Interpretationen auf einem offenen Markt der Ideen wird jeder Liberale begrüßen. Nehmen wir das Bedürfnis nach synthetisierenden Darstellungen nicht ernst, dringen popularisierende, die Geschichte häufig verfälschende und entstellende Publizisten in diese Lücke ein. Mit einem sachkundigen Mann wie Haffner läßt sich ja noch trefflich streiten, aber welches Kraut ist gegen einen Diwald, einen Venohr gewachsen?

Gesellschaftsgeschichte in dem hier befürworteten Sinn läßt Raum für sehr unterschiedliche Interessen, Schwerpunkte, Gliederungsschemata. Man kann mit den demographischen Prozessen beginnen, weil die Bevölkerung «das Subjekt des ganzen gesellschaftlichen Produktionsakts» ist (Marx). Man kann jedoch auch mit dem ständig Konjunkturen und Krisen unterworfenen Wachstum der Wirtschaft, dem Verhältnis zwischen privater Macht und öffentlichem Einfluß auf die Ökonomie einsetzen. Ebenso läßt sich eine Entscheidung dafür begründen, mit der Analyse des Systems der sozialen Ungleichheit sogleich am Anfang zu einem der härtesten Ordnungsgefüge unter Menschen vorzustoßen. Und selbstverständlich könnten auch Natur, Wandel und Wirkung politischer Herrschaftsformen die Ouvertüre bilden. Im Rahmen dieses Konzepts von Gesellschaftsgeschichte wird man zwar die restriktiven Bedingungen allen politischen Handelns weiterhin genau unter die Lupe zu nehmen haben. Das ändert aber nichts an der Anerkennung der relativen Autonomie eines Eigenbereichs «Politik», der nicht auf ökonomische, soziale, kulturelle Faktoren reduzierbar ist.

Einer möglichst klaren Auskunft über die Werturteile, welche die Analyse dieser Komplexe mit strukturieren, sollte sich keiner entziehen. So kann es z. B. im Hinblick auf die soziale Ungleichheit m. E. nicht um ein Interesse an der Gleichheit aller, sondern nur um ein Interesse an der Abmilderung von Ungleichheit, an möglichst weitreichender Chancengleichheit gehen – jedenfalls ist jede Form der sozialen Ungleichheit schärfstem Legitimationszwang auszusetzen. Oder aber: Bei der Beurteilung politischer Herrschaft kann es ebenfalls nicht um eine realitätsfremde allgemeine Herrschaftsfreiheit, sondern nur um eine überzeugende Legitimation und maximale Kontrolle von politischer Herrschaft gehen. Natürlich lassen sich auch andere forschungsleitende Werturteile denken. Das Entscheidende ist die möglichst explizite, argumentative Begründung der eigenen Position, um sie diskussionsfähig und kontrollierbar zu machen.

Am Ende dieser Problemskizze steht eine unentrinnbare Konklusion: «The proof of the pie is in the eating.» Von der empirisch-systematischen Demonstration der Synthesefähigkeit der Gesellschaftsgeschichte wird letztlich das Urteil über diesen neuen, lohnenden Anlauf abhängen, zu einer wahrhaft zeitgemäßen Gesamtdarstellung zu finden.

Alltagsgeschichte Königsweg zu neuen Ufern oder Irrgarten der Illusionen?

«Alltagsgeschichte» ist eins der neuen Wörter, die in den vergangenen Jahren blitzschnell Karriere gemacht haben; in letzter Zeit ist es um die Modeströmung freilich schon wieder ruhiger geworden. Alltagsgeschichte – das ist ein schillernder Ausdruck, der auf ganz unterschiedliche Ansätze von Historikern, Interessen von Laien und ideologische Strömungen unterschiedslos angewandt wird. Einen monolithischen Block «Alltagsgeschichte» gibt es nicht. Auf ihrer buntscheckigen Vielfalt kann man gar nicht nachdrücklich genug bestehen. Da finden sich einmal Veröffentlichungen von gestandenen Historikern, die an Universitäten und Forschungsinstituten tätig sind. Sie haben die «Alltagswelt» von Einzelnen und Gruppen – von westfälischen Adligen, ravensbergischen Bauern, Ruhr-Bergarbeitern – zu erkunden versucht. Aus dieser neuen Art von «Erfahrungsgeschichte» sind die bisher wichtigsten, anregenden Studien hervorgegangen. Daneben gibt es Historiker, welche die Kulturanthropologie als großen Anregungsspender, als methodisches Vorbild gar betrachten und eine ethnologisch inspirierte Kultur- und Sozialgeschichte fordern, wenn auch eher zögern, sie selber zu praktizieren. Neuerdings machen alternativkulturelle «Geschichtswerkstätten» von sich reden, wo mit historischen Projekten experimentiert, gleichzeitig aber auch in geschäftiger Betriebsamkeit wieder auf Selbstfindungs- und Selbsterweckungserlebnisse hingearbeitet wird. In diesen basisdemokratischen «Initiationsgruppen» wird manchmal, vor allem durch zur Zeit arbeitslose Historiker, seriöse Lokalforschung betrieben. Öfters aber ist eine handwerklich und methodisch exakte Geschichtswissenschaft keineswegs gewährleistet. Außerdem werden die ideologischen Scheuklappen der Illiberalität sichtbar, wenn ein Sprecher dieser «Werkstätten» mit Nachdruck nur ein «linkspluralistisches Meinungsspektrum» unter seinesgleichen für erwünscht erklärt.

Dieser vieldeutige Begriff der Alltagsgeschichte und ihre nicht minder umstrittenen Ergebnisse verdienen es, genauer unter die Lupe genommen zu werden. Dabei muß der häufig zu hörende kritiklose Hymnus auf die neue Modeerscheinung durch eine nüchterne Bestandsaufnahme der Ursachen und Motive, der möglichen Vorzüge und Chancen, insbesondere aber auch der deutlich erkennbaren Grenzen und Nachteile ersetzt werden.

Man braucht nach alledem nicht erst umständlich zu fragen, ob sich hier und heute eine Debatte über Alltagsgeschichte lohnt: Unstreitig läuft bereits seit Jahren eine lebhafte Diskussion.[1] Um die Erörterung strittiger, aber auch vermutlich unstrittiger Aspekte zu erleichtern, wird an dieser Stelle ein einfaches Strukturierungsschema zugrundegelegt. Gefragt wird nach: (I.) den Ursachen und Motiven; (II.) den Vorzügen und Chancen und (III.) den Grenzen und Nachteilen.

Die Eindrücke und Überlegungen werden in jeweils zehn Punkten zusammengefaßt, wobei das Schwergewicht auf der Kritik ruht. Ein Anspruch auf vollständige Erfassung der wesentlichen Gesichtspunkte ist damit keineswegs verbunden; vermutlich ist dieser Überblick mancherorts ergänzungsbedürftig, erst recht aber kritisierbar.

I. Wahrscheinlich läßt sich am ehesten eine vorläufige Einigkeit im Hinblick auf maßgebliche Ursachen und Motive der historischen und sozialwissenschaftlichen Debatte über den Alltag erzielen. Eine Hierarchie der Gründe ist damit noch nicht verbunden.

1. Eine entscheidende Antriebskraft bildet die Krisenerfahrung der letzten Jahre: Die Umweltproblematik, der Rüstungswettlauf, die neue Massenarbeitslosigkeit, die nur allzu begründete Unsicherheit im Hinblick auf die eigenen späteren Berufschancen haben einen Nährboden für kritische Fragen und die Suche nach einer realitätsnahen Geschichtswissenschaft mitgeschaffen.

2. Für viele gelten die Grenzen des wirtschaftlichen Wachstums als unübersehbares Menetekel. Hatte in den Zeiten der Hochkonjunktur die Prosperität als naiv unterstellter Dauerzustand gegolten, wird inzwischen nicht weniger voreilig das angeblich endgültige Erlahmen der westlichen und weltwirtschaftlichen «Wachstumsmaschine» diagnostiziert.

3. Mit diesem Phänomen ist eine Art Erschöpfung des Fortschrittsgedankens verbunden. Die optimistische Grundstimmung der 50er und 60er Jahre trifft seit dem Trendwechsel zu Beginn der 70er Jahre auf eine historisch keineswegs neuartige, aber als neu erfahrene Fortschrittsskepsis, die offenbar noch weiter um sich greift.

4. Mit diesem Wechsel der ideell-ideologischen Großwetterlage ist das Bedürfnis gewachsen, die sozialen Kosten der Modernisierung (das Wort pauschal als Summe verschiedenartigster Modernisierungsprozesse verstanden) zu betonen oder auch zuallererst einmal zu erforschen. Das Interesse gilt dem individuellen und kollektiven Lebensschicksal der Benachteiligten, Entrechteten, Pauperisierten, die als Opfer des Wachstumsfanatismus ein gerechteres Verständnis verdienten, in einem nächsten Schritt aber auch dem der zuerst oder zeitweilig Begünstigten. Ein solches Interesse findet die breit aufgefächerte wissenschaftliche Beschäftigung mit der Arbeiterschaft, Arbeiterbewegung und «Arbeiterkultur» vor. Aus diesem Umfeld stammt eine der stärksten ursprünglichen Antriebskräfte der Alltagsgeschichte, nämlich der Wunsch, den Alltag der Arbeiter, der «kleinen Leute», von Unterschichten überhaupt, möglichst konkret und voll Liebe zum anschaulichen Detail zu erfassen.

5. Von daher drängt sich Kritik an der sogenannten Pathologie des Fortschritts, an den Exzessen der Sozialdisziplinierung, an der perfektionierten Lebensregulierung mit innerer Konsequenz auf. Komplementär verbindet sich damit eine nostalgische Neigung zur «kleinen» Alternative, die angestrengte Suche nach Widerstand gegen die Überwältigung durch Rationalisierungsschübe, das Verlangen nach Überschaubarkeit der Lebensverhältnisse, nach «Geborgenheit», nach «Wurzeln», «Identität», «Heimat».[2] Der amorphe Begriff der Alltagsgeschichte, eine durchweg undefinierte Hülse, füllt sich mit dem Versprechen, all diesen Wünschen entgegenzukommen.

6. Hiermit eng verwandt ist der Protest gegen eine Welt, die von anonymen Mammutorganisationen umstellt ist. Ob es sich um die Staatsbürokratie, die Bundeswehr, die Unternehmensverwaltung handelt, überall wird individuellem, spontanem Leben der Ozon geraubt, der Einzelne zum Rädchen im Getriebe ferngesteuerter Entscheidungszentren degradiert. Analog zum Dinosaurier wird auch den hypertrophen Organisationen ein Kleinhirn unterstellt, dem der Einzelmensch nichts gilt. Verdikt und Aufbegehren richten sich daher gegen Großbürokratie, Großbetrieb, Großtechnologie gleichermaßen und schlagen in die Bevorzugung des «einfachen Lebens» um, das die menschenfeindlichen Routinevorschriften in überschaubaren Lebensbereichen überwinden will.

7. Im Wissenschaftsbetrieb hat sich währenddessen an manchen Stellen Enttäuschung darüber ausgebreitet, was die großen Theoriesysteme (Neomarxismus, Modernisierungstheorie, Systemtheorie) unlängst noch versprochen, häufig aber empirisch nicht eingelöst haben. Insbesondere die Kurzlebigkeit der marxistischen Renaissance hat dazu geführt, daß enttäuschte «Linke» auf der Suche nach prallem Leben den Weg zur Alltagsgeschichte eingeschlagen haben. Obwohl die Historiker durchweg ein zu Recht eklektizistisch genanntes Theorieverständnis besaßen und besitzen und aufgrund ihrer berufsspezifischen Sozialisation und Erfahrungen bei weitem nicht so theoriegläubig, ja theoriesüchtig wie viele Soziologen und Politologen waren, wirkt sich die Skepsis gegenüber Globaltheorien auch unter ihnen aus. Geschichte soll im Alltag unmittelbar nachvollziehbar, anschaulich, von sinnlicher Qualität, sozusagen «anfaßbar» sein. Die realen, individuell erfahrenen Folgen von Politik und Ideologie, Krise und Konjunktur, Klassenlage und Wohnviertel sollen im Vordergrund stehen.

8. Gleichzeitig ist Alltagsgeschichte das Heerzeichen einer Opposition gegen die Arrivierten, das Vehikel eines profilierungsbedürftigen Zunftnachwuchses, die «kritische Absetzbewegung» von einer angeblich oder tatsächlich vorherrschenden «struktur-orientierten Sozialgeschichte».[3] Man sollte dieses Moment nicht überbetonen, aber es spielt, da erfolgreiche Innovation auch in der Geschichtswissenschaft prämiiert wird, fraglos eine gewisse Rolle.

9. Ebenso unstrittig ist der kräftige Sog, der von der Kommerzialisierung alles Neuen ausgeht. Publizistik, Verlage, moderne Medien jagen gierig dem neuen Trend nach und verstärken ihn – wie unlängst auch während der «Preußenwelle» – auf schnelle Resonanz und möglichst noch schnelleren Verkaufserfolg bedacht, übermäßig. Oft liegt aber ein konkretes Kalkül des Konsumenteninteresses vor, und der Erfolg wiederum lenkt auf tiefere Ursachen als die pure Neuigkeitssucht zurück. Unversehens war der Alltag «in».

10. Erklärungsbedürftig bleibt freilich das Phänomen, daß die Diskussion über Alltagsgeschichte und -soziologie in der Bundesrepublik mit besonders auffälliger Vehemenz geführt wird, jedenfalls enthüllt der Vergleich mit derselben Debatte in Frankreich, England und den Vereinigten Staaten ein stark ausgeprägtes Engagement, ja leidenschaftlich verteidigte Positionen. Es scheint der Umstand zu sein, daß sich in Westdeutschland eine eigentümliche Überschneidung von Öko-Krise, Aufstieg der Grünen, generationsspezifischer Ersterfahrung des Wettrüstens, Wachstumsverlangsamung, Fortschrittspessimismus und wissenschaftsimmanenter Suche nach Vernachlässigtem und Neuem herausgebildet hat. Diese Problemüberlappung gibt der Diskussion ihre spezifische Brisanz, sie unterstreicht überdies noch einmal, daß es sich um ein Bündel komplexer Ursachen und Motive, keineswegs nur um eine fachinterne Kontroverse handelt. Unstreitig besteht aber, wie jede ideologiekritische Analyse zeigt, ein symbiotischer Zusammenhang zwischen Alternativkultur, grüner Bewegung und einer großen Zahl jüngerer Alltagshistoriker. Auch unter ihnen werden sich die bekenntnisfreudigen «Fundamentalisten» von den arbeitsfreudigen «Realisten» noch scheiden müssen.

II. In mancher Historikerrunde ließe sich schnell eine allgemeine, wenn auch oberflächlich-vorschnelle Euphorie aufgrund der Übereinstimmung erzeugen, daß die Alltagsgeschichte zu einer willkommenen Ergänzung, Bereicherung, Erweiterung unserer bisherigen Kenntnisse beitragen kann, daß dem Innovationswilligen nach einem Erfolg die gebührenden Lorbeerkränze zu winden sind. Es gibt da jedenfalls wertvolle Anregungen und diskutierenswerte Postulate. Soweit ich zu sehen vermag, geht es vor allem um die folgenden Vorzüge und potentiellen Chancen.

1. Das weite Problemfeld der «Kultur» ist in den beiden vorangegangenen Jahrzehnten – und nicht nur während dieser Zeit! –, in denen die westdeutsche Sozialgeschichte und Wirtschaftsgeschichte, auch die Historische Sozialwissenschaft einen unleugbaren Aufschwung erlebt haben, in der Tat vernachlässigt worden. Während die Faszination durch Sozialstruktur, Ökonomie und eine sozialökonomische Erklärung von Politik anhielt, blieben Sitten, Rituale, Feste, Gebräuche, Verhaltensweisen, Symbole, Emotionen, Affektkontrolle, Wahrnehmungsformen vernachlässigte «Wirklichkeitsdimensionen», wenn man von wenigen, zum Teil bedeutenden Ausnahmen – wie etwa Rudolf Brauns Studien – absieht.[4] Gerade wer die Webersche Trias von

Herrschaft, Wirtschaft und Kultur oft beschworen hat, muß konzedieren, daß diese Terra incognita weiter unerforscht blieb. Hier warten zahlreiche ungeklärte, fraglos aber wichtige Probleme, die von den an «Alltagskultur» interessierten Historikern angegangen werden können. Wegen dieses Defizits wirken auch die Anregungen der Ethnologie, die sich seit langem mit solchen Fragen abmüht, besonders vielversprechend.

2. An Weber anzuknüpfen, der – überspitzt gesagt – zum Machtfetischismus neigt, verleitet leicht dazu, die Bedeutung von Macht und Herrschaft überall und jederzeit als vorrangig anzusehen. Auf jeden Fall wäre es naiv, diese Gefahr zu leugnen. Demgegenüber kann die Kulturanthropologie in der Tat nicht nur allgemein den «genaueren Blick» für das Fremde schärfen und die fremdartigen Erscheinungen auch in der eigenen Kultur besser verstehen helfen, sondern sie mißt überhaupt der oft extrem weit verstandenen, aber präzisierbaren «Kultur» a limine ein prinzipiell höheres Gewicht zu und dient schon deshalb als wichtiges Korrektiv. Sie kann dazu beitragen, «kulturelle Ausdrucksformen und -weisen als eine historische Triebkraft» exakter zu erfassen, «die als ein die Erwartungen, Handlungsweisen und deren Folgen prägendes Moment im historischen ‹Ereignis› ebenso anwesend ist wie in der ‹Strukturierung› der sozialen Welt der Klassen-, der Herrschafts- und der ökonomischen Beziehungen»; sie kann dabei behilflich sein, das «Problem der historischen Dynamik, welche Kulturen durch ihre Selbst- und Fremdinterpretation erfahren», genauer als bisher zu analysieren.[5]

3. Offene Kritik an der Strukturlastigkeit mancher sozialgeschichtlichen und historisch-sozialwissenschaftlichen Studien ist berechtigt. Manchmal werden dynamische historische Prozesse gewissermaßen eingefroren, so daß geschichtliche Bewegung in einen Zustand gläserner Erstarrung gerät. Es scheint auch kaum bestreitbar zu sein, daß die Historische Sozialwissenschaft und Sozialgeschichte mit einer realitätsadäquaten Erfassung von vielschichtigen individuellen und kollektiven Erfahrungen erhebliche begriffliche und konzeptuelle Schwierigkeiten haben; das gilt ebenso für die Interpretation sinnkonstituierender Symbole, «Weltbilder», religiöser Glaubensvorstellungen, Perzeptionen von «Wirklichkeit». Dieses Umfeld weiter auszuleuchten, mit konkreter Anschaulichkeit und Konzentration auf kulturelle Phänomene solchen Mängeln zu begegnen, könnte eine Stärke von kulturanthropologisch angeleiteter Alltagsgeschichte sein.

4. Der Zugewinn an konkreter Anschaulichkeit, welche die analytisch-systematische Argumentation ergänzt, wird ebenfalls nicht zu Unrecht als ein Vorzug beansprucht. Eine farbige, plastische Geschichte individueller und kollektiver Erfahrungen, Erlebnisse, Wahrnehmungsweisen, Verhaltens- und Aktionsdispositionen erweitert das Verständnis der Vergangenheit, regt auch die Phantasie an und befriedigt nicht allein den Verstand. Gelungene Strukturgeschichte ist luzide und argumentativ überzeugend.

Gelungene Alltagsgeschichte könnte leichter lesbar, im guten Sinne eingängiger sein.[6]

5. Die Infragestellung und Modifizierung, die Korrektur oder auch Widerlegung allzu globaler Beschreibungen und Urteile duch sorgfältige Detailarbeit kann eine besonders nützliche Korrektivfunktion wohlverstandener Alltagsgeschichte sein – eine Aufgabe, die jeder Historiker nicht geringschätzen wird. In dem Plädoyer von Marx für den Aufstieg vom Konkreten zum Abstrakten liegt eine alte Wahrheit, welche die Alltagsgeschichte erneut zu beherzigen imstande sein sollte.

6. Die Geschichte gegen den Strich bürsten – anstatt aus der bislang meist bevorzugten Perspektive «von oben» zu urteilen jetzt aus der Perspektive «von unten» die schmählich vernachlässigte Welt der «kleinen Leute» mit allem Nachdruck zur Geltung zu bringen, das ist ein unstreitig legitimes Ziel, eine nützliche Korrektivfunktion. Schließlich liegt hier, im Bereich der Arbeitergeschichte, auch eine der wichtigsten Wurzeln von Alltagsgeschichte überhaupt. Heikle Probleme entstehen jedoch dann, wenn die Sympathie für die «Underdogs» zu einer emotionsgeladenen Idealisierung und bizarren Verabsolutierung führt, die erst einmal mühsam wissenschaftlich diszipliniert werden muß. Vielleicht wirkt auch hier die nüchterne Analyse stärker als leidenschaftlich empörte Anteilnahme.

7. Im Prinzip teilen viele Beiträge zur Alltagsgeschichte den Aufklärungsanspruch, den insbesondere die Historische Sozialwissenschaft verfochten hat. In den Beispielen für eine gehaltvolle «History From Below» werden die Grenzen und Kosten des Weges in die moderne Welt betont, vergessene Vergangenheitsbereiche erhellt, versäumte Möglichkeiten beleuchtet, ausgeblendete Realität wiederentdeckt, verschüttete Chancen aufgewiesen. All das kann zu einer Aufklärung über die Macht historischer Prozesse, über den begrenzten Handlungsspielraum der Einzelnen und Gruppen, über nicht intendiertes, aber folgenschweres Unrecht aufklären. Solch eine Alltagsgeschichte hilft daher, den stummen Handlungszwang, dem die Akteure unterworfen waren, die Einschnürung ihrer Optionen, die gerade bei den Unterschichten buchstäblich auf ein Minimum schrumpfen konnten, genauer zu verstehen und die Frage nach den Ursachen erneut kritisch aufzuwerfen.

8. Es ist ein legitimes Ziel von jüngeren Historikern, sich relativ vernachlässigte Gebiete zu erschließen und – auch durch Überbetonung der Unterschiede zu den Vorgängern – ein eigenes Forschungsfeld zu beanspruchen. Auf diese Weise können im Glücksfall wirkliche Entdeckungen gemacht, neue Forschungsfelder erschlossen werden. Eine wesentliche Voraussetzung dafür ist die Überzeugung, daß sich die Anstrengung lohnt, weil überall ungelöste Aufgaben locken. Das stimuliert eine anhaltende Motivation zu angestrengter Arbeit. Öfters sind die Fragen nicht ganz so neu, wie mancher im ersten Überschwang glaubt, aber die neuen überwiegen doch insgesamt, wie ein faires Urteil einräumen wird.

9. Wenn man bereits einmal von ausgetretenen Pfaden abweicht, gewinnt man die Chance – oder wird man mit der Notwendigkeit konfrontiert –, neue Fragestellungen zu erarbeiten, neue Methoden zu erproben, neue Interpretationen zu riskieren. In Neuland kann man Entdeckungen machen. Diese Aussicht läßt die empirischen Anstrengungen als lohnend erscheinen, sie stimuliert zu mühsamer Kärrnerarbeit, sie «motiviert», wie es derzeit im Jargon heißt. Dadurch kann eine Innovationslust freigesetzt werden, der sich die Routiniers eines Fachs nicht mehr öffnen wollen. Im Effekt kann das – über kurz oder lang, da ist auch auf allen Seiten Geduld am Platz – einen «Zugewinn an Wirklichkeitserkenntnis erbringen».[7] Das Wissen über vernachlässigte, unstreitig aber analysebedürftige Bereiche der Vergangenheit kann auf diese Weise vermehrt werden.

10. Schließlich kann eine gute, das meint hier: eine theoriegeleitete, rational disziplinierte und dennoch konkrete, anschauliche Alltagsgeschichte das allgemeine Interesse an Geschichte weiter beleben und vertiefen. Vielleicht ist es für manchen Leser auch leichter, auf dem Weg über alltagsgeschichtliche Studien einen Zugang zu allgemeinen historischen Problemen zu finden als auf dem Weg über eine streng argumentierende, Prozesse und Strukturen analysierende Sozialgeschichte. Gewiß, die zur Zeit vorherrschenden Perspektiven der Alltagsgeschichte sind, wenn man weithin akzeptierte Qualitätsstandards der Geschichtswissenschaft zugrunde legt, mit nicht wenigen Gefahren verbunden. Man muß aber auch eine längere Phase des Experimentierens einräumen und den üblichen Vertrauensvorschuß gewähren, daß gewisse Ecken und Kanten der Alltagsgeschichte, sofern sie sich kritischen Einwänden wirklich stellt, im Prozeß der wissenschaftlichen Auseinandersetzung abgeschliffen, offensichtliche Mängel korrigiert, Lücken geschlossen werden. Wahrscheinlich ist die Prognose nicht riskant, daß man demnächst immer schärfer zwischen einem allgemeinen alltagsgeschichtlichen Interesse, einer ethnologisch angeleiteten Alltagsgeschichte, einer sozial-, politik- oder wirtschaftsgeschichtlich geprägten Alltagsgeschichte, einer historisch-sozialwissenschaftlichen Alltagsgeschichte und der Alltagsgeschichte der alternativ-kulturellen «Barfußhistoriker» unterscheiden kann und muß. Auch hier sind explizite Theorieverwendung und Spezialisierung Bedingungen der Möglichkeit des wissenschaftlichen Fortschritts und werden dazu beitragen, das diffuse Konglomerat «Alltagsgeschichte» aufzulösen.

Offen bleibt jedoch noch immer die Frage, ob sich die Vertreter der Alltagsgeschichte auf dem öffentlichen Forum der Fachkritik den Einwänden gegen die erkennbaren Grenzen und Nachteile ihres Wirkens zu stellen bereit sind. Worum geht es bei diesen Einwänden?

III. 1. Den Alltag «an sich» gibt es nicht, «nur und ausschließlich ... in der Gegensetzung zu einem je spezifizierten Besonderen» wird er überhaupt diskutierbar.[8] Dieser Alltag ist immer durch allgemeine «hochkomplexe, außeralltägliche» Strukturen und Prozesse geprägt – durch Klassenlagen, Wirtschaftskonjunkturen, Ideologien, Kriegs- und Friedenszeiten. Alltag sollte daher, erstens, stets als «integraler Bestandteil» von gesamtgesellschaftlichen Zusammenhängen und Bedingungen, die Autor und Leser präsent sein oder zumindest dem Leser klargemacht werden müssen, verstanden werden; zweitens bedarf er der Definition. Dabei hat sich herausgestellt, daß «der historische Alltag ... keineswegs» leichter und «besser zu präzisieren» ist «als der gegenwärtige». Vielmehr ist der inflationär aufgeblähte Begriff «Alltag für jeden, der auf Präzision der Begriffe als einer Voraussetzung wissenschaftlichen Denkens besteht, zu einer Qual der Wahl zwischen Abgrenzungen und definitorischen Ingredienzien» geworden.[9] Für ihren gewöhnlich undefinierten, amorphen Alltag hat die Alltagsgeschichte bisher keine eigenen wissenschaftlichen Begriffe entwickelt, vielmehr auf Anleihe und Adaption zurückgegriffen. Das scheint kein Zufall oder nur ein Anfangsproblem zu sein. Vermutlich ist die Alltagsgeschichte zu einer eigenen, überlebensfähigen Begrifflichkeit prinzipiell nicht imstande. Menschliche Gesellschaften werden auch «im Alltag» durch Herrschaft, Arbeit und Kultur konstituiert und können vermutlich am ehesten mit Hilfe von Kategorien aus Wissenschaften, die diesen Dimensionen zugeordnet sind, aufgeschlüsselt werden. Bisher hat die Alltagsgeschichte sich weithin darauf beschränkt, viele Details aus vielen Wirklichkeitsbereichen zusammenzutragen, sie aber nicht in eine strukturierte Ordnung gebracht, geschweige denn funktional-kausal erklärt, da übergreifende Konzeptionen und Theorien fehlen, oft sogar dezidiert abgelehnt werden.

Angesichts des evidenten Defizits wird neuerdings der kühne Anspruch vertreten, es lasse sich im Gegensatz zur sogenannten herkömmlichen, angeblich in lauter Sackgassen verrannten Sozialgeschichte nicht nur eine «alternative», von der modernen Sozialanthropologie inspirierte «Perspektive», sondern ein neues Paradigma gewinnen. Im Originalton: «Ethnologische Erkenntnisweisen» könnten ein «fruchtbares Paradigma für die sozialgeschichtliche Forschung abgeben».[10] Diese Behauptung ist schon deshalb außerordentlich fragwürdig, weil die gegenwärtige Kulturanthropologie selber in einer heftigen Grundlagendebatte steckt, auf dem Weg aus alten Schulgebäuden zu neuen Ufern (auch denen der Geschichtswissenschaft[11]) unterwegs ist und vorerst nur einige Methoden und Hinweise anzubieten hat. Der aufmunternde Hinweis auf ihre Sichtweisen ist daher vorerst allemal dem hochgemuten Versprechen eines Paradigmas vorzuziehen. Eine solche wissenschaftliche Spitzenleistung wie ein erprobtes, weithin anerkanntes, ethnologisches Paradigma – muß es sofort immer gleich *das* sein? – vermag ich nicht zu erkennen. Das kann natürlich das Ergebnis eines beschränkten Informationsstands oder bornierter Wahrnehmung sein. Vielleicht hat es aber gerade die Sozialanthropologie wegen der schier grenzenlosen soziokulturellen Vielfalt der menschlichen Verbände in einem sehr grundsätzlichen Sinn ungemein schwer, so etwas wie *‹das›* ethnologische Paradigma überhaupt zu entwickeln. Der unscharfe, unmäßig aufgeschwemmte «Kultur»-Begriff z. B. müßte zuallererst so präzisiert werden, wie ‹Klassenlage› oder ‹Industriekonjunktur› längst präzisiert worden sind.

Das mit siegessicheren Trompetenstößen angekündigte ethnologische Paradigma soll imstande sein, die bisherige Sozialgeschichte, die Historische Sozialwissenschaft, die Gesellschaftsgeschichte zu verdrängen, zu zersprengen oder zumindest doch in die verdiente Rumpelkammer zu schicken. Eben das kann die kulturanthropologisch inspirierte Alltagsgeschichte aber nicht, hier sind ihre Postulate ganz auf Sand gebaut, sie bedarf offenbar «dringend der Selbstaufklärung».[12] Wohl kann eine Alltagsgeschichte mit bescheidenerem Anspruch unser Wissen – wie vorn erörtert – vielfach ergänzen, durch konkrete realitätsnahe Beschreibung der Erfahrungen und Handlungen, der Freuden und Leiden von Menschen erweitern, durch Anschaulichkeit die Strukturgeschichte auflockern und die Dimensionen der «Kultur» nachhaltiger zur Geltung bringen.

Wenn die Historische Sozialwissenschaft ihre nie geleugneten Probleme bei der Kooperation mit bisher bevorzugten Nachbarwissenschaften wie der Soziologie, der Politologie, der Ökonomie hat – vor allem das bekannte Spannungsverhältnis beim Aufgreifen, Erproben, Zurechtschneiden, Modifizieren von Begriffen, Methoden und Theorien, bis sie sozusagen historisch «paßgerecht» sind –, treten selbstverständlich dieselben Transferprobleme bei der Übernahme, Erprobung und Veränderung von «Erkenntnisweisen», Methoden und Theoremen aus der Kulturanthropologie auf. In diesem Punkt unterscheidet sich die Beziehung zwischen der Geschichtswissenschaft und der Kulturanthropologie keinen Deut von der Beziehung zwischen der Geschichtswissenschaft und den soeben genannten Nachbardisziplinen. Nur beiläufig braucht der Vorwurf, daß Vertreter der Historischen Sozialwissenschaft Theorieangebote der Nachbarwissenschaften ohne weiteres in toto, als geschlossene Blöcke, übernommen hätten, zurückgewiesen zu werden. Vielmehr hat der Einwand, es werde zu eklektizistisch vorgegangen – mit dem Rückgriff auf Marx, Weber, Gerschenkron, Hintze, Schumpeter usw., wo immer sie Nützliches zu bieten hatten –, seit jeher ein Standardargument der Kritiker dargestellt.

Die Attraktivität der Ethnologie ist einerseits verständlich, da sie in der Beschäftigung mit fremden Kulturen bereits ein nützliches Instrumentarium ausgebildet hat, zur Zeit in einem Zustand produktiver Gärung ist, Belebung und Beistand anbieten kann. Andrerseits eröffnet die Ethnologie jedoch keineswegs einen Königsweg zur Lösung der wichtigsten Probleme: Sich auf sie einzulassen bietet nur eine aussichtsreiche Kooperationschance neben mancher anderen. Deshalb muß man sie fraglos nutzen! Ihre Theorien unterliegen aber selbstredend denselben wissenschaftstheoretischen Regeln wie die Theorien der anderen Sozialwissenschaften. Überdies gibt es zur Zeit bei den auf die Ethnologie setzenden Historikern eine kokettierende Beliebigkeit in der additiven Häufung von Berichten über Kabylen und Neufundländer, über philippinische Kopfjäger und provençalische Bauern. Der vor präzisen Fragen flüchtenden Erweiterung sind da keine prinzipiellen Grenzen gesetzt. Indes: Cui bono? Man kann aus der soziokulturellen Vielfalt der Welt zweifellos unentwegt lernen. Daß die Welt der Menschen bunt ist, wußten Thukydides und Herodot aber auch schon. Welche erhellenden Fragen aus der Ethnologie für die Geschichtswissenschaft destilliert werden können, welche Projekte sie besser als andere Nachbarwissenschaften anleiten könnte, das bleibt noch in Ruhe abzuwarten. «Culture is Trendy» – heißt es in Amerika, wo es eine bereits weiterentwickelte neue Kulturgeschichte gibt. Vielleicht könnte sie in ihrer Mischung aus Anregungen der Sozialanthropologie und Pragmatismus hierzulande als Vorbild dienen?

2. Wenn z. B. «Emotionen» als so zentral angesehen werden[13] – warum erfolgt dann kein Rückgriff auf die Entwicklungspsychologie, die Lernpsychologie, eine unorthodoxe Psychoanalyse? Wenn «Religion» als prägende Kraft im Alltagsleben interessiert, weil an ihr jene «historische Dynamik» besonders einprägsam verfolgt werden kann, die kulturelle Faktoren entfalten können,[14] warum wird dann das noch immer nicht ausgeschöpfte riesige Potential der Religionssoziologie Max Webers, dessen Rationalismus Alltagshistoriker so gern schmähen, nicht ausgenutzt? Und wenn schon nicht Weber, warum dann nicht die moderne Religionssoziologie überhaupt? Für andere Fragen drängt sich die Rechtsgeschichte, die Kunstgeschichte, die Kriminologie auf.

Alle diese Disziplinen, sofern sie explizierbaren Qualitätskriterien im Hinblick auf historische Probleme entsprechen, kann die Historische Sozialwissenschaft willkommen heißen, denn sie ist seit jeher weit und liberal verstanden worden; sie befindet sich, wie auch die Sozialgeschichte im engeren Sinne einer Sektorwissenschaft, ständig «in der Erweiterung» (W. Conze); sie kann von verschiedenen Humanwissenschaften unablässig hinzulernen. Die ominöse Clio besitzt bekanntlich eine breite Brust, an die sie viele Spielarten der Geschichtsschreibung drücken kann, auch die Historische Sozialwissenschaft. Und diese wiederum bietet ein weites Dach, unter der eine breite Kooperation möglich ist, und zwar ganz unabhängig von der Frage, mit welchen Nachbarwissenschaften die Zusammenarbeit zuerst begonnen hat.

Wegen ihrer Flexibilität kann die Historische Sozialwissenschaft auch mühelos eine sozialanthropologisch angeleitete Forschung als neuen Teilbereich akzeptieren, ja willkommen heißen. Umgekehrt ist jedoch eine ethnologische Historie keineswegs imstande, ein solches weites Dach abzugeben. Die Alltagsgeschichte auch dieser Provenienz kann vielmehr ohne Beistand aus dem Arsenal der Historischen Sozialwissenschaft (oder der Sozial-, der

Wirtschafts-, der Politikgeschichte) eklatante Schwachstellen nicht überwinden. So ist z. B. die «Aussagekraft mikro-historischer Untersuchungen» der Alltagsgeschichte unleugbar «begrenzt», sie müssen auf Repräsentativität, typische Aussagekraft befragt, in allgemeinere Zusammenhänge eingebettet, dem harten Test des Vergleichs ausgesetzt werden. Bedingungen, Erfahrungen und Konsequenzen von Handlungen «können nicht hinreichend durch deren Rekonstruktion begriffen werden». Auch hier muß diese Rekonstruktion in den allgemeinen historischen Kontext, hinsichtlich der Erklärung in theoretische Zusammenhänge eingefügt werden.

Die «neohistoristische Illusion, die Begriffe und Theorien» ließen sich aus der historischen Wirklichkeit selber entwickeln, muß der Einsicht weichen, daß Theorien weithin vom Forscher selber an historische Probleme herangetragen werden. «Die Differenz zwischen Alltag und Wissenschaft konstituiert diese geradezu.»[15] Dazu gleich mehr. Für eine Vielzahl von erstrangigen Problemen – wie Soziale Ungleichheit, Wirtschaftswachstum, Staatspolitik – kann die Alltagsgeschichte vorerst offenbar nur punktuelle individuelle «Betroffenheit» in der sympathisierenden Rekonstruktion beitragen. Sie beschränkt sich zu oft darauf, viele Details aus vielen Wirklichkeitsbereichen zusammenzutragen, ohne sie jedoch in eine strukturierte Ordnung zu bringen. Die bevorzugte Mikrohistorie eines Dorfes (womöglich noch verbunden, Sancta Simplicitas, mit einer Pseudokontrolle der durch «Oral History» gewonnenen Aussagen durch die Befragten selber), eines Wohnviertels, eines Fußballvereins, einer entrechteten Kleingruppe bleibt gewöhnlich in ihrer Isolierung stecken. Vor allem reicht, um ein anderes Beispiel auszuführen, das Nachempfinden der «Betroffenheit» durch Polizeieingriffe oder industrielle Arbeitsdisziplin nicht aus, um diese Erfahrungen angemessen einzuordnen und zu beurteilen. Die Einstellung von Schwarzwälder Bauernfamilien, welche die Schulpflicht ihrer Kinder feindselig ablehnten, ist eine nachweisbare Erfahrung – aber hatten aufgeklärte Pädagogen und Beamte nicht dennoch recht, auf dieser Pflicht zu insistieren? Der Antisemitismus unter hessischen Kleinbauern, unter Angestellten, aber auch Arbeitern ist eine nachweisbare Erfahrung – wer kann jedoch auf die historische Erklärung und auf klare Werturteile verzichten?

3. Unter Alltagshistorikern wird häufig ein ganz und gar törichtes Vorurteil gegen präzise Begrifflichkeit, insbesondere gegen theoriegeleitetes funktional-kausales Erklären mit Hingabe kultiviert: Man möchte einen «weichen» Ansatz anstelle eines «harten» Zugriffs; man wehrt sich überhaupt dagegen, daß Theorien «von außen» an Alltagsprobleme herangetragen werden. Keine Frage: «Verschwommenheit» wird dann «zum Programm gemacht».[16] Mit der bestrickenden Naivität von frisch in einen neuen Kult Initiierten hängen manche dem Glauben an, man könne (1.) durch Empathie, durch teilnehmendes Versenken in die Probleme diese gewissermaßen «von innen» her aufschlüsseln; (2.) bis zum Arkanbereich der sogenannten «‹einge-

borenen› Theorien der historischen Subjekte» vordringen und diese dann dechiffrieren;[17] und (3.) die Totalität des Alltagslebens allmählich einfangen, was angeblich bei kleinen Gruppen und überschaubaren Räumen möglich sei. Wegen dieser Grundannahme werden der Geertzschen «Thick Description» – der Wirklichkeitserfassung durch dichtgewobene Beschreibung – so viele Räucherkerzen gestiftet. Ihr Dunst vernebelt jedoch nicht nur die Gemüter, sondern auch vor allem den analytischen Verstand. Die mit diesem Ansatz verknüpften potentiellen Chancen einer Tiefenhermeneutik, die in noch nicht erschlossene psychosoziale Schichten vordringt, sind bisher nicht einmal diskutiert, geschweige denn genutzt worden.

Gemessen an einer differenzierten Verstehenslehre, wie sie seit dem klassischen Historismus entwickelt worden ist, bietet die «Thick Description» vorerst keinen erkennbaren Zugewinn, wie die ethnologische Interpretation überhaupt trotz mancher Anregungen und neuer Perspektiven bisher noch nicht zu Droysens Lob berechtigt, daß sich «in der Frage und Fragestellung ... die historische Genialität» ausspreche.[18] Nur wenn die hermeneutischen Verstehenskategorien, idealtypisch scharf zugespitzt, als Forschungsinstrument eingesetzt werden und dann die Abweichung, die Unzulänglichkeit von Analogieschlüssen usw. festgestellt und das bisher Fremdartige auf angemessene Begriffe gebracht wird, kommen wir erfahrungsgemäß weiter.

Damit zur allgemeinen Kritik an der fast obskurantistischen Begriffs- und Theoriefeindlichkeit nicht weniger Alltagshistoriker, welche scharfe Begrifflichkeit als geradezu repressiv verwerfen.

a) Analytische Begriffe und Theorien können nie allein den Quellen oder «historischen Subjekten» entnommen werden. Sie werden immer zu einem großen Teil in einem bewußten Selektionsvorgang von außen an vergangene Wirklichkeit herangetragen, um diese in unserer Sprache und Begrifflichkeit interpretieren und erklären zu können. Es ist blanke Illusion, daß die «Thick Description» «von sich aus über sich hinaus zu den systematischen Problemen» führe.[19] Denn «wissenschaftliche Erkenntnisse aus dem Inneren der zu erkennenden Wirklichkeit kann es nicht geben». Für jede Art von historischem und auch kulturanthropologischem Erkennen gehört «die aktivgestaltende Leistung des Forschers hinzu (nicht aber dessen sympathisierende Selbst-Hingabe an die zu erforschende Wirklichkeit)».[20]

Wenn für die Ethnologie geltend gemacht wird, daß ihre Stärke in der Erfassung des gesamten historischen Kontextes bestehe, während die analytische Geschichtswissenschaft diesen in «Dimensionen» zerreiße, muß einmal daran erinnert werden, daß (1.) eine argumentativ legitimierte Selektion von Problemen immer schon ein breites, auf eingehender Beschäftigung mit den Problemen beruhendes Kontextverständnis des Historikers voraussetzt; daß (2.) Handelnde fast immer in mehrere «Kontexte» – wenn der greuliche Anglizismus einmal gebraucht werden darf – eingebunden sind, die durch konkurrierende Interpretation am ehesten präzisiert werden können, und daß es (3.) auch bei Ethnologen nicht die mit divinatorischer Sicherheit erfolgende Erfassung des einzig richtigen, ausschlaggebenden Kontextes gibt.

b) Es gibt mithin keinen direkten wissenschaftlichen Weg «nach innen» auf den Spuren der Sozialanthropologie. Wer diesen Pfad, der dem wissenschaftlich arbeitenden Historiker versperrt ist, vorgaukelt, folgt einer vorkantianischen, vorweberianischen Fata Morgana. Es ist und bleibt rätselhaft, wie sich die Anhänger solcher mystizifierender Vorstellungen – die man eher in neuen Gemeinden Taulers, Böhmes, der Pietisten vermuten würde – auf diesen Holzweg begeben können. Manche Äußerung erinnert an Rankes Vorsatz, die eigene Persönlichkeit «auszulöschen», um sich der Vergangenheit unvoreingenommen hingeben zu können. Überdies wird mit solchen utopischen Hoffnungen und der Mystifikation des Wegs «nach innen» leicht ein irrationaler «Exklusivitätsanspruch» verbunden: Nur wer ähnliche Erfahrungen gemacht habe wie die zu erforschenden Menschen, könne ihnen wahrhaft gerecht werden.[21] Also: Studierte Bauerntöchter schreiben über den dörflichen Alltag, studierte Arbeitersöhne über den Fabrikalltag – oder kann die fachwissenschaftliche Ausbildung demnächst sogar ganz entfallen? Offen bleibt indessen, wie viele Jahre viele bildungsbürgerliche Alltagshistoriker überhaupt mit manueller Arbeit in der Industrie und Landwirtschaft verbracht haben. Und generell gilt auch hier, daß natürlich auch, wer kein Instrument beherrscht, ein guter Musikkritiker sein kann. Selbstverständlich gibt es starke lebensweltliche Impulse, die bestimmte Interessen begünstigen. Wer ist noch so töricht, das zu leugnen? Aber ein wissenschaftlich diszipliniertes historisches «Verstehen» muß folgen; es kann sich die unterschiedlichsten, auch die zunächst fremdartigen, lebensfernen Gegenstandsbereiche erschließen.

c) Totalität wissenschaftlich zu erfassen, ist schon vom Anspruch her «illegitim».[22] Nur als dringender Appell, als mahnender Fluchtpunkt, als regulative Idee wird das empirisch unerreichbare Ziel akzeptabel. Wissenschaftliches Wissen bleibt eine Summe von Partialerkenntnissen, die durch explizite Interpretation, durch Theorien, durch synthetisierende Konzeptionen verknüpft werden können. Alles andere führt zu einem naiven methodischen Holismus mit einer eingebauten Tendenz zum unvermeidbaren wissenschaftlichen Rückschritt. Daher bleibt die Maxime wahr: «Kein Alltag ohne Theorie.»[23]

d) Die neohistoristischen Illusionen, die unter Alltagshistorikern grassieren, bedeuten einen Verrat an der Einsicht, wie tief überindividuelle Mächte die Einzelnen und Gruppen allgegenwärtig prägen; sie verachten das Insistieren auf der Kraft der gesamtgesellschaftlichen Strukturen und Prozesse, das man von Weber, Marx, Hintze, Bloch, Braudel – von vielen großen Sozialwissenschaftlern und Historikern lernen kann. Die «antianalytische Stimmung von Teilen der heutigen Alltagsgeschichte» ist «als neo-historistische Regression und Flucht vor der Anstrengung des Begriffs» leicht durchschaubar.[24] Aber dieser «Verzicht auf übergreifende theoretische Reflexion» treibt die Alltagsgeschichte in die Gefahrenzone der Regression, in eine aussichtslose Sackgasse. «Begrifflos» igelt sie sich selber in jener «mikrohistorischen Besenkammer» ein, die ihr einige Kritiker ohnehin zugedacht haben.[25] Darin können sich Gesinnungsfreunde vielleicht wohnlich einrichten, aber zweifellos wird dann die Absonderung noch ausdrücklicher «eine Art situativen Historismus» mit der Vorstellung fördern, «daß jeder Alltag unmittelbar zu Gott sei».[26]

In die Leerstellen des systematischen Argumentierens ist inzwischen die ad nauseam beschworene «soziale Logik» flugs eingedrungen. Nachdem das Wirken des Hegelschen Weltgeistes bei Marx in die Dynamik der entfesselten Produktivkräfte und Klassenkämpfe verwandelt worden war, ist es bei den sozialanthropologisch orientierten Alltagshistorikern zum allgegenwärtigen Gerede von der «sozialen Logik» verwässert worden, die angeblich individuelles und kollektives Verhalten dauerhaft steuert, in aller Regel aber viel zu viel historische Notwendigkeit, Starrheit und Unentrinnbarkeit suggeriert, wo es um plastische, historisch wandelbare, auf kurze oder auf sehr lange Sicht verfestigte und verinnerlichte Regelungen geht. Jedenfalls verführt das Modewort leicht dazu, Gesetze der «Logik» flugs zu unterstellen, wo es um kulturabhängige, in langwierigen Prozessen internalisierte, jedoch veränder- und korrigierbare Verhaltensanleitungen geht. Die korrigierende komparative Perspektive fehlt bisher so gut wie ganz. Kurzum: Diese neohistoristische Strömung treibt in eine sterile Isolierung und beruhigt sich mit dem sozialromantischen, gefühlsseligen Bekenntnis des «Small Is Beautiful».

5. In der Alltagsgeschichte lebt ein mächtiges zivilisationskritisches Ressentiment gegen die Modernisierung: gegen die Kosten und Belastungen, welche die Durchsetzung des Kapitalismus, die neuzeitliche Staatsbildung, die Bürokratisierung in Staat und Wirtschaft mit sich gebracht haben. Letztlich gilt die Kritik allen Rationalisierungsprozessen schlechthin. Und diese Kritik wird, während sonst für äußerste Differenzierung und Problemsensibilisierung plädiert wird, mit dem diskreten Charme eines anrollenden russischen T-34 verfochten. Freilich werden die sozialen Kosten der Modernisierung «eher unterstellt als erforscht», «allein die Betroffenheit durch sie interessiert».[27] Unleugbar gibt es ein anhaltendes, sympathisierendes Interesse an den Verlierern und «Underdogs». Daraus resultieren unübersehbare Gefahren: z. B. die einer «globalen Verlustgeschichte»; einer «nostalgischen Idyllisierung des vorindustriellen Lebens des Volkes»; einer Neigung, zuviel Widerstand zu vermuten anstatt ihn zu beweisen; einer Überschätzung des Konfliktes zwischen «traditionalen Lebenswelten» und rationalisierenden Systemen; der Fehlstilisierung der Arbeiterbewegung als «anti-modernistischer Protestbewegung». Leichterhand wird der Gewinn an Lebenschancen durch die Modernisierung minimalisiert oder sogar ganz unterschlagen.[28] Ideologiekritisch ist, wie bereits erwähnt, ohnehin schwer von der Hand zu

weisen, daß ein großer Teil der Alltagsgeschichte in einem symbiotischen Verhältnis zu der grünen, alternativ-kulturellen Stimmungslage lebt. Deshalb ähneln ihre mißlungenen Produkte so oft grünlich schillernden Seifenblasen.

Ohne Zweifel: Es bleibt legitim, nach dem «Entfesselten Prometheus» endlich die «Büchse der Pandora» zu schreiben. Aber die Schattenseiten der Modernisierung und Rationalisierung sind ja nicht unbekannt geblieben, nie völlig vernachlässigt oder geleugnet worden – Weber etwa wäre der allerletzte, auf den dieser Vorwurf zuträfe. Die Ambivalenz der Modernisierung ändert aber nichts daran, daß der Weg in die moderne Welt zuerst einmal eine kaum zu überschätzende Leistung des Okzidents bedeutet: Die Lebenschancen der Mehrheit sind verbessert, die Lebensrisiken im Hinblick auf Kindheit, Gesundheit und Alter gemindert, soziale Ungleichheit ist abgemildert, materieller Wohlstand für eine beispiellose Zahl geschaffen, das politische System kontrollierbarer und humaner geworden. Man soll und muß dennoch an die sozialen Kosten dieses revolutionären Transformationsprozesses erinnern, aber letztlich müssen dann die Proportionen stimmen!

Glücklicherweise sind die Unterlegenen, die bei manchen Alltagshistorikern im Mittelpunkt stehen, nicht die historischen Sieger gewesen – mit all ihrem Aberglauben, ihrer Brutalität, ihrem Fremdenhaß, ihrer Fortschrittsfeindlichkeit, ihrem Antisemitismus, woran ja wohl einmal erinnert werden darf –, sondern à la longue jene Reformkräfte, die eine Gesellschaft gleichberechtigter Staatsbürger im Auge hatten, die Verfechter des Liberalismus oder Sozial- und Interventionsstaats in der Verwaltung, die Aufklärer, die Schullehrer, auch die Unternehmer und Gewerkschaftsfunktionäre! Wer von uns wollte denn schon in einer Welt leben, wie sie die geplagten und geschundenen «kleinen Leute» der Alltagsgeschichte verteidigt haben und geschaffen hätten?

6. Unverkennbar favorisiert die Alltagsgeschichte weithin eine Geschichte «von unten». Das wird von einer starken «populistischen» Grundströmung unterstützt, die für die «kleinen Leute» in unkritischer Überschätzung und mit radikaler Verengung der Perspektiven bereitwillig und ohne rationale Bedenken Partei ergreift. Vielen gilt das sogar als «besonders demokratisch».[29] Mit «unkritischen Verflachungen und populistischen Anbiederungen» ist jedoch nichts zu gewinnen, wohl aber von dem Instrument einer scharfen rationalen Analyse. Uneingeschränkt trifft auf diese Haltung das ironische Urteil zu: «Was das ‹Volk› am allerwenigsten braucht, sind volkstümelnde Historiker.»[30] Eine differenzierte Alltagsgeschichte müßte überdies selbstverständlich genau so detailliert den Alltag der Mittel- und Oberschichten untersuchen, wie sie jetzt dem der Unterschichten nachspürt.

Aus der historischen Vogelperspektive ist das schon deshalb unumgänglich, weil in den letzten 200 Jahren das Bürgertum die soziale und politische Welt geprägt hat, in der sich unsereins wohlfühlt und weiterhin leben möchte –

von meiner Hochachtung vor den adligen Reformpolitikern des frühen 19. Jahrhunderts, vor Männern wie Hardenberg, Montgelas, Reitzenstein und ihren adligen Mitarbeitern, ganz zu schweigen! Natürlich hat die organisierte Arbeiterbewegung, deren Beitrag zur Modernisierung viel wichtiger ist als die damit verknüpften und neumodisch angeklagten Nachteile von Disziplinierungsprozessen, nach anfänglichen Illusionen auch den demokratisch-liberalen Verfassungs- und Rechtsstaat und – das Wort und den Vorgang weit genug verstanden – die bürgerliche Gesellschaft in den westlichen Ländern mit ausgebaut und verteidigt – nicht selten entschiedener und mutiger als die Bürgerlichen selber. Eine Erfindung aus dem Umkreis des Arbeitermilieus ist jedoch beides nun einmal nicht gewesen.

Geschichte «von unten», als Ergänzung bisher vorherrschender Perspektiven, als Wiedergutmachung, als Korrektur am gängigen Geschichtsbild – das alles ist durchaus berechtigt. Letztlich sind es aber nur Durchgangsstationen, bis ein vielseitiges, ausgewogenes, differenziertes Gesamtbild entsteht. Gesellschaftsgeschichte z. B. kann von daher, wenn das Wort ernst genommen wird, nicht geschrieben werden. Und was das hochgeschätzte Gefühlsengagement, das beim Erzählen nachvollzogene Mitleiden mit den «kleinen Leuten» und die damit verbundene Aversion gegen den «kalten Blick» des Sozialhistorikers betrifft, lohnt sich die Erinnerung an ein anderes Urteil Droysens. Man dürfe nicht meinen, erklärte er, daß die analytische Darstellung «soviel einfacher, soviel leichter und bequemer» sei als «die erzählende. Sie fordert vielmehr eine größere Konzentration und Schärfe des Gedankens. Denn sie will nicht wie die erzählende anschaulich sein, sondern überzeugen; sie will nicht die Phantasie beschäftigen, sondern den Verstand befriedigen».[31]

7. Gegenüber der ausgesprochenen oder latenten Modernisierungskritik in der Alltagsgeschichte ist darauf zu beharren, daß «die Geschichtswissenschaft auf die Kategorie des Fortschritts» nicht verzichten kann, auch wenn sie zur Zeit wieder einmal von der Alltagsgeschichte und vom Neokonservativismus – in mancher Hinsicht ohnehin Geschwister wider Willen – verketzert oder schon durch eine «globale Untergangsstimmung» verdrängt wird.[32] Natürlich ist mit ‹Fortschritt› nicht die naive, optimistische Fortschrittsgläubigkeit des 19. Jahrhunderts gemeint. Aber jede Rede von Entwicklung, von der Historiker doch fast auf jeder Seite einmal sprechen, bezieht sich auf Evolutionsprozesse, in der Regel von durchaus ambivalenter Natur, und die intellektuelle Redlichkeit gebietet Auskunft über die Richtungskriterien, um sie diskussionsfähig zu machen. Nicht die «kleinen Leute» haben die Dynamik der Geschichte «von unten» bestimmt, sondern – um erneut mit Weber zu reden – der ‹Fortschritt› zum Kapitalismus, der ‹Fortschritt› zur «marktbedingten» Klassengesellschaft, der ‹Fortschritt› zum bürokratischen Anstaltsstaat, der ‹Fortschritt› anhaltender Rationalisierungsschübe, der ‹Fortschritt› bei der «Entzauberung der Welt». Protest und Widerstand verdienen ihre

Chronisten, denen es an Mitgefühl gewiß nicht fehlen darf, aber sie bleiben hilflos, versperren sich auch Möglichkeiten der Wirkung, wenn sie vor den evolutionstheoretischen Problemen die Augen verschließen und ihre eigenen Probleme nicht mit dem richtigen Stellenwert in übergreifende Prozesse einordnen. Es lohnte sich auch für die Alltagshistoriker, wenn sie über die Ziele der von ihnen bearbeiteten Entwicklungen, über die von ihnen gewünschten (hypothetischen, alternativen) Entwicklungsziele und deren Realisierungsfähigkeit einmal genauer Auskunft gäben.

Aus der Opposition gegen den Fortschritt der Rationalisierungsprozesse wird übrigens heute mit der schillernden Metapher von der «Kolonialisierung der Lebenswelten» viel Schindluder getrieben. An allen Ecken und Enden wird eine durchorganisierte, verrechtlichte, bürokratisierte, Spontaneität und Lebensgenuß erstickende Welt angeklagt. Der Geist des Widerstands gegen die Schattenseiten von Modernisierung und Aufklärung muß fraglos hellwach bleiben. Wer aber möchte andrerseits in einer ent-rechtlichten Gesellschaft leben, in der Not der traditionalen Agrargesellschaft, unter dem Faustrecht vor-staatlicher Herrschaftsverbände, ohne das «Soziale Netz» der Leistungsverwaltung, in einer magisch verzauberten Welt anstatt endlich in der «entzauberten» Welt der Moderne?[33]

8. Das leitet zu einem weiteren schwerwiegenden Einwand von prinzipieller Natur über. Die Alltagsgeschichte besitzt keine Synthesefähigkeit. Sie kann daher einen Gipfel der Historiographie, die große integrierende Gesamtdarstellung, nicht erklettern. Das liegt nicht nur an ihrer Aversion gegenüber expliziten Theorien, sondern vor allem daran, daß es für Alltagsgeschichte kein integrationsfähiges Paradigma gibt: Der Zweifel an der Leistungsfähigkeit des angekündigten kulturanthropologischen Paradigmas ist vorn schon ausgedrückt worden.

Anderen Disziplinen stehen dagegen solche Paradigmata zur Verfügung. Die Politikgeschichte z. B. kann den Prozeß der inneren und äußeren Staatsbildung einer solchen Gesamtdarstellung zugrunde legen. Die Verfassungsgeschichte kann das mit dem Aufstieg des modernen Verfassungsstaats tun. Die Sozialgeschichte mit dem Zentralproblem des Systems der sozialen Ungleichheit. Die Wirtschaftsgeschichte mit dem Wachstums- und Krisenrhythmus der sich entfaltenden Marktwirtschaft – und so fort. Gesellschaftsgeschichte kann sich an Webers, um Herrschaft, Wirtschaft und Kultur zentrierter «Gesellschaftsgeschichte des Okzidents» orientieren und eine zeitgemäße Ergänzung und Erweiterung vornehmen. Auch ein aufgeklärter Neomarxismus könnte seine Modernisierungsgeschichte um mehrere theoretische Brennpunkte herum schreiben. Ob sich aus Luhmanns «Theorie sozialer Systeme» für Historiker etwas Vergleichbares gewinnen läßt, können wir vorerst den systemtheoretisch interessierten Historikern überlassen.

Ein auch nur von ferne vergleichbares Synthesekonzept für die Alltagsgeschichte ist weit und breit nicht zu entdecken. Die Alltagsgeschichte dagegen kann Geschichten aus dem Alltag erzählen, aber sie kann keine Geschichte *des* deutschen Alltags von 1800 bis 1980 schreiben. Sie bleibt bei der Geschichte eines Wohnquartiers, eines Dörfchens, eines Vereins oder bei der additiven «Buchbindersynthese» von Alltagsgeschichten stehen. Zur Spitzenleistung einer unterschiedliche Probleme und mehrere Wirklichkeitsbereiche realitätsadäquat berücksichtigenden und integrierenden Darstellung kann sie wegen ihres zur Zeit unübersehbaren prinzipiellen theoretischen Defizits nicht vorstoßen. Das braucht noch nicht unbedingt sogleich ihr Ziel zu sein. Nach einer längeren Experimentierphase aber wird sich das Problem stellen.

Indem die Geschichtswissenschaft die alltagsgeschichtlichen Dimensionen, wo immer sinnvoll und geboten, berücksichtigt und die Nützlichkeit mancher Anregungen anerkennt, tut sie das Beste, was sie der Alltagsgeschichte antun kann: Sie macht die Alltagsgeschichte als Modetrend überflüssig.[34] In ein paar Jahren ist die Stimmung, von der die Alltagsgeschichte heute lebt, vermutlich ohnehin verflogen. Ihre Grenzen sind für den, der sehen will, zu deutlich markiert. Als ein Aspekt der Sozialgeschichte, der Wirtschaftsgeschichte, der Kulturgeschichte, der Politikgeschichte wird der alltagsgeschichtliche Ansatz vermutlich übrigbleiben.

9. Im Vergleich mit diesem Kardinalproblem der Alltagsgeschichte treten andere Mängel, obwohl sie einmal konstatiert werden sollen, deutlich zurück. Trotz allen Streits gibt es bekanntlich geschichtswissenschaftliche Qualitätskriterien, über die auch von divergierenden Standpunkten aus schnell Einigkeit zu erzielen ist: Kenntnis des Forschungsstands und der Literatur z. B., Problembewußtsein, logische Konsistenz, Verzicht auf Überdehnung der Quellenaussagen, Respektierung der «Vetogewalt» der Quellen (R. Koselleck), Einfallsreichtum der Interpretation, Einbettung in theoretische Zusammenhänge usw. In dieser Hinsicht besitzen alltagsgeschichtliche Studien häufig gravierende Mängel. Nicht wenige Beiträge zu den sich rasch vermehrenden Sammelbänden über Alltagsgeschichte sind unausgereifte Seminararbeiten, die hart redigiert und von Grund auf überarbeitet werden müßten.

Dieses Niveau hängt vermutlich auch damit zusammen, daß Historiker im Grunde eine langwierige Einübung und Disziplinierung brauchen, die nicht zufällig immer wieder mit dem im Handwerk herrschenden Lehr- und Lernverhältnis verglichen wird; auch aus diesem Grunde hält sich so zäh der Begriff der «Schüler» eines großen Meisters der Historiographie. Deshalb ist der von manchen enthusiastischen Freunden der Alltagsgeschichte bereitwillig aufgegriffene Appell ihres schwedischen Gesinnungsfreundes Lindquist: «Grabe, wo Du stehst» (d. h. erkunde selber als Laienhistoriker die Geschichte deines Industriebetriebs, deines Bauernhofs, deiner Werft) mit den unübersehbaren Gefahren einer naiven, pseudowissenschaftlichen Heimatgeschichte verbunden. Angemessen geschrieben, stellt gerade sie außerordentlich hohe Anforderungen an breite allgemeine und lokalspezifische

Kenntnisse, an ein sicheres, geschultes Urteil. Einem noch so interessierten Amateur fliegt beides nicht einfach zu. Eine Illusion ist es zu glauben, beides werde sich ohne sorgfältige Schulung als Historiker nach geraumer Zeit wohl von selbst einstellen. Dazu ist diese Art von Freizeitbeschäftigung vielleicht amüsant, aber mit einer kaum vermeidbaren Regression des rationalen Diskurses verbunden. Überdies würde es den Anhängern von Lindquist nicht schaden, endlich zur Kenntnis zu nehmen, daß bereits 60 Jahre früher der bekannte amerikanische Historiker Carl Becker mit der Verwirklichung seiner analog formulierten Devise «Everybody His Own Historian» rundum gescheitert ist. Vestigia terrent?

Die häufige Polemik dagegen, daß Alltagsprobleme von der bisherigen Geschichtswissenschaft angeblich völlig übersehen worden seien, gegen den Vorrang der Quantifizierung (eine besonders beliebte und irreführende Marotte), gegen analytische – d. h. in Dimensionen, Faktoren, Elemente zerlegende – Begrifflichkeit ist sachlich in der Regel verfehlt. So ist etwa «der Alltag» bisher weder ganz ignoriert, noch gerade hierzulande die Quantifizierung überschätzt worden. Solche Kritiker haben offenbar viel zu wenig in den leicht zugänglichen Büchern der Kritisierten gelesen; sie bauen einen «Pappkameraden», auf den dann unbekümmert Breitseiten abgefeuert werden. Hermann Heimpels ironische Warnung trifft auch hier zu: «Literaturkenntnis schützt vor Neuentdeckungen.» Hier hätte sie vor der Entdeckung fiktiver Mängel bewahrt.

Häufig gewinnt man zudem den Eindruck, daß gesinnungsethisches Pathos das rationale Argumentieren, die Kosten-Nutzen-Abwägung ersetzt. Gesinnungsethische Entscheidungen haben ihren legitimen Ort, auch ganz und gar unvermeidbar unter Historikern – daran ist kein Zweifel erlaubt. Aber nach dem Engagement laufen die Wege der Geschichtswissenschaft in der Regel über Verstand und kritischen Diskurs, nicht über Gemüt und Gefühl. Außerdem wird, wenn die Quellenlage offenbar schwierig ist, die vorgefaßte These aber ‹bewiesen› werden soll, auch aus wenigen Quellenstücken ein Maß an längst bis zum Überdruß proklamierten proletarischem «Eigen-Sinn», an Lust an der «Bartwichserei», an geschädigter Geruchs- und Farbwahrnehmung herausgepreßt, welches simpelsten Proseminar-Anforderungen an eine zuverlässige, tragfähige Basis nicht standhält.

Offenbar versagt auch häufig die interne Kritik unter Alltagshistorikern. Wenn z. B. von einem Sprecher für die «Geschichtswerkstätten», wo möglichst viel Alltagsgeschichte gebastelt werden soll, nur das erwähnte «linkspluralistische» Meinungsspektrum zugelassen wird, ist die Illiberalität und Immunisierung gegen rationale Kritik von anderen Positionen aus für jedermann offensichtlich zu erkennen![35] Dabei liegen «Wertkonservative», Grüne und Alltagshistoriker doch oft so dicht beieinander! Und natürlich ist eine konservative oder liberale Alltagsgeschichte ebenso legitim wie eine «linkspluralistische».

Andrerseits sticht manchmal eine verblüffende apolitische Zurückhaltung ins Auge. Seitdem z. B. im Juni 1986 der «Historikerstreit» über die bestrittene Singularität der nationalsozialistischen Judenvernichtung, die vermeintliche Identitätskrise der Westdeutschen, die Pseudoprobleme der deutschen «Mittellage», in aller-, allererster Linie aber über das derzeitige und zukünftige Selbstverständnis der Bundesrepublik und ihrer Bürger eingesetzt hat, ist keine einzige kritische Stimme aus dem bunt gemischten Lager der Alltagshistoriker, sei's von einer Geschichtswerkstatt, sei's von einem derjenigen, die sonst ihr Fähnlein so flink in den lauen Wind der Alltagsgeschichte hängen, bekannt geworden. Alltagshistoriker mögen diesen Streit als uninteressantes Getöse «da oben» beiseite schieben. Eine fatal unpolitische Haltung bleibt es allemal. Und von dem vielbeschworenen kritischen, aufklärerischen Engagement ist in dieser fundamentalen Kontroverse bisher nichts zu spüren. Krasser könnte man wichtige eigene Ziele kaum desavouieren.

Last not least: Ständige intellektuelle Neugier und Bereitschaft zur Kooperation mit jeder Wissenschaft, die weiterhelfen kann, sollten den Historiker auszeichnen. Manchmal aber werden die Theorien auch wie jeweils neue Steckenpferde in Hetze gewechselt. Da setzt man erst auf einen unorthodoxen Neomarxismus. Dann folgt etwa die «Protoindustrialisierung», anfangs sogar als neue «Gesellschaftsformation» empfohlen – ein anregendes Konzept, aber offenbar mit erheblichen Schwierigkeiten bei der praktischen Ausführung verbunden.[36] Zwischendurch gibt es ein rührendes Vertrauen auf die ein halbes Dutzend Jahre lang währende quantifizierende Erfassung schwäbischen Dorflebens. Jetzt wird das Heil von Sozialanthropologen erwartet. Morgen ist es eine ökologisch orientierte Geschichte, übermorgen die Friedensgeschichte. Für die meisten dieser Bedürfnisse gibt es gewöhnlich auch irgendwelche Konzeptionen. In der Geschichtswissenschaft zählen jedoch die besseren Ergebnisse in Monographien, Aufsätzen, Gesamtdarstellungen, wenn einmal bilanziert wird.

10. Ein letzter Einwand ist primär politischer Natur. Gegen die modische Modernisierungskritik, gegen die Pauschalverurteilung aller Rationalisierungsprozesse, gegen das zivilisationskritische Ressentiment – und selbstverständlich ist eine breite Skala, die vom plumpen Poltern einäugiger Trendsüchtiger bis zur differenzierten Diagnose wirklicher Dilemmata reicht, zu konzedieren und selbstverständlich ist auch noch die radikale Fortschrittskritik eine typische Erscheinungsform des westlichen rationalen Diskurses –, gegen diese Kritik ist hier und heute eine bewußte Verteidigung der beispiellosen Leistungen des Okzidents geboten. Verflogen sind inzwischen die Illusionen jener zwei Jahrzehnte nach 1945, die westliche Modernisierung werde als ein so attraktives ökonomisches, soziales und vor allem auch politisches Vorbild wirken, daß sie außerhalb des Ostblocks allenthalben sofort oder doch binnen kurzem akzeptiert werde. Heute verkörpert weiterhin innerhalb der «Weltgesellschaft» nur eine Minderheit von Staaten, viel-

leicht sogar eine schrumpfende Minderheit die westlichen Errungenschaften als ein «Entwicklungsprodukt» des okzidentalen Kulturkreises, «hinter das der bewußte Kulturmensch» – um Webers heute etwas altertümlich klingenden Ausdruck mit Absicht zu gebrauchen –, «will er sich nur selbst treu bleiben, nicht mehr zurück kann».[37] Heute ist es besonders notwendig, den ungeheuren Entwicklungssprung, den okzidentale Rationalität bedeutet, dezidiert zu verteidigen. Der «Dritten Welt» kann nur durch ein Maximum an rationaler Politik der industriell starken Staaten in einer Art globaler Sozialpolitik geholfen werden. Hunger, Armut, Elend überall in der Welt können nur mit einem Maximum an rationaler Politik bekämpft werden. Die Zerstörung der Umwelt, ökologische Krisen, die Ausdehnung dieser Gefahrenherde – sie können nur durch ein Maximum an rationaler Politik eingehegt werden.[38] Wachstumskonjunktur und Prosperität können nur durch rationale Anstrengungen wiedergewonnen und ihre Wohlfahrtseffekte gerechter verteilt werden. Eine bessere Kontrolle der Bürokratie und politischer Machtträger kann in erster Linie nicht durch aufrechte Gesinnung von Fundamentalisten, sondern nur durch rationale institutionelle Lösungen auf Dauer erreicht werden. Auf dieser Linie ließe sich ein langer Katalog von Problemen aufzählen, die alle nicht durch Modernisierungsskepsis und Rationalismuskritik, sondern nur durch rational entworfene und durchgeführte Lösungen der politischen, sozialen, ökonomischen Fragen bewältigt werden können.

Die Vieldeutigkeit westlicher Rationalität und Rationalisierung ist vielen längst bewußt. Auch die Vernichtungsmaschine des Nationalsozialismus folgte zweckrationaler Planung. Rationale Wissenschaftler erfinden beispiellose Zerstörungswaffen. Es gibt jedoch eine spezifisch westliche Wertrationalität, einen positiven Rationalisierungsbegriff vernünftig angeleiteten Handelns, argumentativen Diskutierens, rationalen Planens, Forschens und Verhaltens, deren Verteidigung sich auch und gerade heute allemal lohnt.

Da die Alltagsgeschichte mit emphatischer Kritik nicht spart, kann man – gemäß Webers Forderung, konkurrierende Wertideen so pointiert und offen wie möglich herauszuarbeiten – ebenso entschieden dieser Kritik entgegenhalten: Wenn das Erbe der gewaltigen historischen Leistung der okzidentalen Modernisierung und Rationalisierung gegen den biederen Hirsebrei der Alltagsgeschichte «von innen» und «von unten» und der sie tragenden Ideologien verkauft werden soll, ist das intellektuell die naive Zumutung eines Verzichts auf manche bewährten Rationalitätsstandards, politisch aber ist es in der gegenwärtigen Situation ein billiger Defätismus gegenüber den längst nicht überholten Errungenschaften des eigenen Kulturkreises.[39]

Dem Appell, ihre «letzten» Wertideen zu überprüfen, sie endlich explizit zur Debatte zu stellen, anstatt sich im Nebel verschwommener Anti-Haltungen und mystifizierter Gegenwerte wohlzufühlen, werden sich die ernstzunehmenden Alltagshistoriker auf die Dauer nicht entziehen können. Bei der Klärung all dieser Probleme kann die Idealisierung von gefühlsstarken «Barfußhistorikern» in ihren alternativkulturellen, «linkspluralistischen» Werkstätten keinen Millimeter weiterhelfen.

Max Webers Klassentheorie und die neuere Sozialgeschichte

Das Hauptthema von Max Webers Werk ist die Herausbildung des nur dem Okzident eigentümlichen Rationalismus und Kapitalismus; es geht ihm um eine historisch-systematische, durch den universalgeschichtlichen Vergleich präzisierte Analyse der «Gesellschaftsgeschichte des Okzidents».[1] Deshalb gehören die spezifischen Sozialstrukturen dieses Kulturkreises, insbesondere im Zeichen des aufsteigenden und sich durchsetzenden Kapitalismus, zu seinem zentralen Interessenbereich. An vorderster Stelle sind das verschiedene (unten noch zu skizzierende) Typen von Klassen bis hin zur «klassengegliederten» Marktgesellschaft von Webers Gegenwart.[2] Die Erörterung von Klassenproblemen ist jedoch in Webers Schriften weit verstreut. Sein Werk ist ohnehin ein Torso geblieben, und eine geschlossene Abhandlung oder gar Monographie zur Klassentheorie fehlt bekanntlich. Durchweg gilt, daß alle, die Webers Klassenbegriffe ablehnen oder doch prinzipiell kritisieren, sich gewöhnlich an die abstrakt-kasuistischen Definitionen in «Wirtschaft und Gesellschaft», allenfalls noch an die «Wissenschaftslehre» halten.[3] Vor allem die dreibändige «Religionssoziologie», die Aufsätze zur «Soziologie und Sozialpolitik» sowie zur «Sozial- und Wirtschaftsgeschichte», die «Wirtschaftsgeschichte», die «Politischen Schriften» und die Briefe werden entweder völlig ignoriert oder nur sehr selektiv herangezogen.[4] Häufig sind jedoch diese vernachlässigten Teile des Werks weitaus ergiebiger – jedenfalls bis das gesamte, offenbar umfangreiche neue Material an unbekannten Vorlesungsmanuskripten, Briefen usw., das in die anlaufende historisch-kritische Gesamtausgabe aufgenommen wird, allgemein zur Verfügung steht.

Webers Klassentheorie bietet systematisch und pragmatisch-historisch so unübersehbare Vorzüge, daß sie bis heute anderen, konkurrierenden Klassentheorien überlegen ist. Webers Werk ist seit langem wie ein Steinbruch ausgebeutet, auffallend selten jedoch ist seine Klassentheorie explizit aufgegriffen worden. Ihr Potential ist bei weitem noch nicht ausgeschöpft: weder im Hinblick auf die explizite historische Erörterung von Klassenfragen, noch auf ausbaufähige Ansätze. Den folgenden, zugespitzt zur Diskussion gestellten Gesichtspunkten liegt eine wohlwollende, freie, Konsistenz, Chancen und Tragfähigkeit betonende, öfters freilich stichwortartig abkürzende Interpretation und Auswertung der gedruckten Texte Webers zugrunde.

I. Systematische Vorzüge

1. Menschliche Gesellschaften, die immer durch soziale Ungleichheit charakterisiert sind, werden nach Weber durch Herrschaft, Wirtschaft und Kultur konstituiert. Historische Prozesse und Institutionen werden gewöhnlich durch alle drei Potenzen geprägt, freilich in variierender Mischung und mit wechselnden Schwerpunkten. Selten und relativ modern sind scharf ausdifferenzierte, ‹rein› ökonomische oder politisch-herrschaftliche Institutionen und Handlungsfelder. Im Prinzip gibt es mithin drei zentrale Kategorien, die gleichberechtigt sind. Erst die exakte empirische Forschung kann entscheiden, welche Dimension zu einer bestimmten Zeit und unter einer bestimmten historischen Konstellation nachweisbare Prävalenz besitzt. Weber zeigt, das muß hier erwähnt werden, eine gewisse Neigung, Herrschaft als dominierende, den anderen Dimensionen vorgeordnete Potenz zu sehen;[5] diese Präferenz wird jedoch in der empirischen Arbeit so diszipliniert, daß ein Monismus vermieden wird.

Herrschaft beruht stets auf unterschiedlichen Legitimationsprinzipien und unterschiedlichen Weisen der Appropriation von Herrschaftsmitteln und -rechten; sie ist eine anthropologische Universalie, die keineswegs nur aus ökonomischer Überlegenheit abgeleitet werden kann. Herrschaft kraft Besitz von Produktionsmitteln ist vielmehr nur ein Sonderfall der Verfügungsgewalt über herrschaftlich nutzbare Kapazitäten. Charismatische, patrimoniale, traditionale Herrschaftssysteme beruhen in der Regel – zumindest auch – auf anderer Basis. Herrschaft als sozial anerkannte und normierte Macht tritt wie diese in der historischen Realität in Gestalt zahlreicher, extrem unterschiedlicher Durchsetzungschancen von Kollektiven und Einzelnen auf.

Wirtschaft ist hier im Hinblick auf Klassenprobleme als Ensemble unterschiedlicher ökonomischer Lagen fundamental wichtig, denn Klassen beruhen auch für Weber primär auf Besitz bzw. Nichtbesitz von wirtschaftlich nutzbaren Gütern, Erwerbsmitteln, Rechtstiteln, Leistungsqualifikationen usw. Von daher kann Weber «positiv» und «negativ privilegierte» Besitz-, Erwerbs-, Berufsklassen usw. entwickeln und Differenzierungsmöglichkeiten für die Erfassung des realhistorischen Pluralismus von Klassen gewinnen.[6]

Kulturelle Prägekräfte werden hinsichtlich der Klassen von Weber vor allem in dreierlei Gestalt berücksichtigt:

a) Spezifische «soziale Ehre», Prestige, Status werden Einzelnen und Gruppen aufgrund soziokultureller Wertideen und normativer Vorentscheidungen zugebilligt.

b) Die Auffassung von der Gesamtgesellschaft als gottgewolltem natürlichen System, als Gehäuse magischer Kräfte oder einer wegen eklatanter Ungerechtigkeit von Menschen zu verändernden Ordnung spielt eine wesentliche Rolle.

c) Der Einfluß der großen Stiftungsreligionen auf handlungssteuernde «Weltbilder», mithin auf globale Muster der Weltdeutung, in denen die

Interpretation irdischen Lebens und transzendentaler Bereiche zusammenfließt, ist stets angemessen zu berücksichtigen. Diese «Weltbilder» können die herrschaftliche Organisation, die ökonomische Ressourcennutzung, die Prestigeränge beeinflussen, ja prinzipiell festlegen.

Jede Gesellschaft kann nach Weber als ein System sozialer Ungleichheit diskutiert werden, das durch ungleiche Herrschafts-, Macht- und Durchsetzungschancen, durch ungleiche ökonomische Lagen, durch ungleiches Prestige und unterschiedlich einflußreiche Muster der Weltdeutung historisch variabel bestimmt ist.

2. Angesichts der Fragestellung ist zu betonen, daß Weber, ähnlich wie Marx, vor allem zwei hier hervorzuhebende Klassenbegriffe besitzt.

a) Es gibt einen universalisierten, allgemeinen Klassenbegriff, der auf den drei Ungleichheitsdimensionen – primär auf der ökonomischen Lage – beruht und babylonische Kaufleute, römische Patrizier, fränkische Ritter, englische Industriearbeiter in Klassen zusammenzufassen gestattet. Dieser allgemeine Klassenbegriff bietet spezifische Vorzüge (universalgeschichtlicher oder doch interkultureller Vergleich, historische Längsschnittanalysen usw.), besitzt jedoch auch spezifische Grenzen (Verwischung historisch markanter Unterschiede, wechselnder Begriffsinhalt usw.).

b) Historisch ungleich präziser ist der an die Funktionsmechanismen kapitalistischer Märkte gebundene Begriff der «marktbedingten» Klassen, die auf ungleicher Güter- und Leistungsverwertung auf Märkten beruhen, d. h. auf einer vielfältig variierenden Angebotskapazität, die unter anderem über Marktmacht oder -ohnmacht entscheidet. Klassenlage ist hier weithin Marktlage. Dieser Begriff besitzt eine geringere Reichweite, aber größere Trennschärfe. Er ist für Monographien oder Synthesen, in denen Aufstieg, Durchsetzung und Veränderung des Kapitalismus, insbesondere dann des Industriekapitalismus, eine wesentliche Rolle spielen, nicht nur in der Regel vorzuziehen, sondern m. E. unentbehrlich.

In beiden Fällen kann Weber als «soziale Klassen» historisch zusammengewachsene, durch regelmäßige intergenerationelle Kohäsion verbundene, große soziale Formationen analysieren (z. B. im wilhelminischen Deutschland: die Arbeiterschaft, das Kleinbürgertum, die «besitzlose Intelligenz und Fachgeschultheit», die durch Besitz und Bildung Privilegierten).[7] Aus der Vielfalt der Erwerbs-, Besitz- und Berufsklassen können auf diese Weise größere Einheiten zeitweilig zusammengefaßt werden.

c) Außer dieser abstrakten Alternative (soziale Ungleichheit mit Hilfe allgemeiner oder «marktbedingter» Klassen zu analysieren) gibt es eine dritte Möglichkeit, die Weber bei der Erörterung sozialer Ungleichheit selber, soweit ich sehe, bevorzugt hat. Das ist die genaue Untersuchung der historisch wechselnden Mischungsverhältnisse von Klassenlagen und «ständischen Lagen». Bei Klassenlagen kann es sich um die Lage von Klassen im allgemeinen Sinn oder von «marktbedingten» Klassen handeln. Ständische

Lage ist vor allem gekennzeichnet durch positive oder negative soziale Wertschätzung, Abstammungs- und Berufsprestige, spezifischen Lebensstil, rituell stereotypierte Konventionen, strikt reguliertes Konnubium und Kommerzium, monopolistische Kontrolle privilegierter Erwerbschancen, Perhorreszierung bestimmter Erwerbsarten usw.[8] Weber geht gelegentlich sogar so weit, die ständische Lage oder das Prestigegefälle «die soziale Ordnung» zu nennen.[9] In der Geschichte treten Klassenlagen und ständische Lagen mit unterschiedlicher Intensität auf, gewöhnlich sind jedoch beide feststellbar. In Zeiten eines rapiden ökonomisch-technologischen Umbruchs tritt nach Weber, fast genau wie bei Friedrich Engels, die Klassenlage stark in den Vordergrund.[10] In Zeiten saturierter Stabilität tendiert das System der sozialen Ungleichheit zur Prominenz ständischer Charakteristika. Im Gegensatz zu Marx' Theorie gestattet Webers Theorem der ständischen Lagen, die Bedeutung ständischer Elemente nicht nur in der sogenannten Ständegesellschaft, sondern z. B. auch von der Antike bis zur Gegenwart zu verfolgen.

3. Webers Klassentheorie ist durchaus in eine Evolutionstheorie eingebunden, aber von der Hegel-Marxschen Teleologie abgekoppelt, so daß sie keinen säkularisierten Erlöser in Gestalt des Proletariats und keine politischen Prophezeiungen mit Endzeitcharakter kennt. Ohne das Prokrustesbett einer anachronistischen Geschichtsphilosophie bietet sie dem Historiker unter anderem auch ein evolutionstheoretisches Potential ohne schwerwiegende Verengung an.[11] Jedenfalls scheint es ein deutlicher Vorzug zu sein, daß die Arbeit mit Webers Klassenbegriffen auch den Historiker ständig auf allgemeinere evolutionstheoretische Probleme zurücklenkt. Bei aller Elastizität erkennt Weber – unter der Voraussetzung weit zurückreichender, tief prägender historischer Konstellationen – durchaus gerichtete Entwicklungsprozesse an, die eine gewisse Bandbreite besitzen, auch z. B. durch charismatische Führerpersönlichkeiten oder technologische Umwälzungen verändert werden können; die Zukunft bleibt relativ offen. Die evolutionstheoretischen Prämissen erzwingen Auskunft über Richtungskriterien für die historischen Prozesse. Weber selber gibt ohne Zögern unter anderem drei wichtige an: für die Wirtschaft den «Fortschritt zum Kapitalismus»; für soziale Ungleichheit den Fortschritt zu marktbedingten Klassen; für politische Herrschaft den Fortschritt zum bürokratisierten nationalen Anstaltsstaat.[12]

4. Weber kann herrschaftliche und ökonomische Interessen als entscheidende Triebkräfte anerkennen, aber auch religiös fundierte «Weltbilder». «Interessen (materielle und ideelle), nicht: Ideen, beherrschen unmittelbar das Handeln der Menschen», heißt es in einer typischen Formulierung. «Aber: die ‹Weltbilder›, welche durch ‹Ideen› geschaffen wurden, haben sehr oft als Weichensteller die Bahnen bestimmt, in denen die Dynamik der Interessen das Handeln fortbewegte.»[13] Diesen Satz hätte Marx *so* nie schreiben können. Hier bestehen in der Tat prinzipielle Gegenpositionen. Die «Religionssoziologie» weist an verschiedenen Beispielen in bewußter Auseinandersetzung

mit Marx' Erklärungsschemata nach, wie die großen Stiftungsreligionen «Weltbilder» hervorbringen, die auf Dauer menschliches Handeln, insbesondere auch ökonomisches Verhalten steuern und säkulare Sonderbedingungen, z. B. für den okzidentalen Rationalismus und Kapitalismus, mit schaffen und erhalten.

5. Bei weitem nicht ausgeschöpft ist die Entwicklungsfähigkeit zahlreicher Weberscher Ansätze: So ist z. B. eine historische Professionalisierungstheorie aus seinen Ansätzen ableitbar, mit Hilfe deren man die Spezifika der einflußreichen «freien» akademischen Berufe erfassen kann; dafür bietet Marx wiederum keine adäquaten Hinweise. Das Verhältnis von Wirtschafts- und Sozialstruktur und Religion kann mit Webers Kategorien und Denkfiguren weiter präzisiert werden. Eine scharf typisierende Entwicklungsgeschichte des Kapitalismus bis hin zum Industriekapitalismus kann sich besser auf Weber als auf Sombart oder Marx stützen. Weitere Beispiele für systematisch-theoretische Vorzüge ließen sich anführen.

II. Pragmatisch-historische Vorzüge

1. An erster Stelle ist die Flexibilität und Geschmeidigkeit der Klassenkategorien, auch in Verbindung mit den «ständischen Lagen«, zu nennen. Hinzu kommt die begriffliche Präzision und das in Webers spröde Definitionen eingebaute Differenzierungsangebot. Diese Eigenarten kontrastieren scharf mit der schlechthin unbestreitbaren Verschwommenheit der zahlreichen Begriffe, die Marx zur Beschreibung und Erklärung von sozialer Ungleichheit verwendet. Wie man der begriffsgeschichtlichen Übersicht von Horst Stuke entnehmen kann, hat man die Qual der Wahl zwischen mehr als fünfzig variierenden Begriffen und Kategorien von z. T. fundamentaler Bedeutungsverschiedenheit.[14]

2. Für universalhistorische Studien, in deren Mittelpunkt die Sozialstruktur steht, enthält Webers Werk ein reichhaltiges kategoriales Angebot. Je nach Forschungszweck und Erkenntnisabsicht kann man mit dem universalisierten Klassenbegriff arbeiten oder bei der Analyse kapitalistischer Gesellschaften mit den verschiedenen Typen der «marktbedingten» Klassen die Probleme der sozialen Ungleichheit angeben.

3. Für den interkulturellen Vergleich sozialer Formationen bietet Weber hinreichend allgemeine, aber auch historisch spezifizierbare Begriffe und evolutionstheoretische Überlegungen an. Die Diskussion über die evolutionstheoretischen Implikationen von Webers «Gesellschaftsgeschichte des Okzidents» zeigt m. E. deutlich, daß hier noch weithin unausgeschöpfte Möglichkeiten bestehen, um unter klaren komparativen Gesichtspunkten den diachron und synchron angelegten Vergleich zu betreiben.

4. Für die Analyse einzelner aufsteigender und entwickelter kapitalistischer Gesellschaften läßt sich mit Hilfe der Theorie der «marktbedingten» Klassen ein breites Differenzierungsangebot entwickeln.

5. Im Hinblick auf fundamentale soziopolitische Konflikte ist für Weber der von Marx generalisierte Klassenkampf nur ein Sonderfall. Im allgemeinen hängen auch Klassenauseinandersetzungen von historisch kontingenten Bedingungskonstellationen ab, die Weber zum Teil spezifiziert, wobei die asymmetrische Verteilung von Machtchancen eine zentrale Rolle spielt und strukturelle Dauerkonflikte begünstigt. Zu den wesentlichen Bedingungen gehört etwa «die Durchsichtigkeit des Zusammenhangs zwischen den Gründen und den Folgen» der Klassenlagen. Ihre «Bedingtheit und Wirkung» müssen deutlich erkennbar sowie intersubjektiv vermittel- und erfaßbar sein. Erst wenn der «Kontrast der Lebenschancen» durch den Vergleich mit anderen Klassen als ein Ergebnis der «gegebenen Besitzverteilung oder ... Struktur der konkreten Wirtschaftsordnung» bewußt erfahren und abgelehnt wird, kann der Konflikt zwischen Klassen politisch dauerhaft, wenn auch in historisch durchaus variablen Formen organisiert werden.[15]

6. Webers Werk erleichtert es, die Perspektive zu wechseln, um der historischen Realität sachangemessen gerecht zu werden. So läßt sich z. B. die Industrielle Revolution als ökonomisch-technologischer Prozeß im Hinblick auf die Klassenformierung verfolgen. Man kann aber auch von der «Wissenschaftsrevolution», der Verflüssigung ständischer Grenzen durch die Kritik der Aufklärung, von politischen «Sachzwängen», denen Nachfolgeländer im Verhältnis zu «Pionierländern» unterliegen, ausgehen. Weber ist gegenüber komplexen Problemen viel offener – z. B., um es noch einmal zu sagen, hinsichtlich der Anerkennung der Geschichtsmächtigkeit normativer kultureller Leitbilder –, während Marx' Reduktionismus auf die letztlich nicht präzis genug definierte Wirkungsmacht «der» Ökonomie zum Monismus tendiert und z. B. religiöse Verhaltenssteuerung nur unter Ideologieverdacht diskutiert. Das vorsichtige Urteil des späten Engels, daß Wirtschaft «in letzter Instanz» entscheide, verlangt eine Glaubensentscheidung.[16] Im rationalen Diskurs lassen sich «letzte Instanzen» nicht plausibel beweisen, sie widersprechen übrigens auch den von Marx und Engels selber bevorzugten dialektischen Denkfiguren wie denen der Wechselwirkung usw. (Mit dem Begriff der «Wahlverwandtschaft» bietet übrigens Weber im Grunde ein – weder expliziertes, noch überlegenes – Äquivalent zu dialektischen Denkfiguren an. Immerhin weist es auf enge Affinitäten hin: Klassenlage und Muster der Weltdeutung; Marktmachtbesitz und Vorstellung vor der selbstregulierenden Kraft des Markts; Klassenanalyse und Vorstellung von dichotomisierter Gesellschaft.)

Kurzum: Sowohl unter systematischen als auch pragmatisch-historischen Gesichtspunkten sind Webers Theorien, Ansätze, Kategorien unverändert attraktiv, nützlich, erklärungskräftig, im Vergleich mit der Konkurrenz meistens überlegen.

III. Angesichts dieses in deutscher Sprache – wenn auch nicht in einer leserfreundlichen Prosa – zur Verfügung stehenden Potentials ist es schwer zu verstehen, warum die deutsche bzw. nach 1949 die westdeutsche Geschichtswissenschaft (vergleichsweise) extrem selten von Weber ausgegangen ist. Das hängt mit der Aversion gegenüber expliziter Theorieverwendung, aber auch mit der verbreiteten, natürlich auch zutiefst politisch motivierten Skepsis gegenüber jeder Klassentheorie, schon dem Klassenbegriff (und mit manchen anderen Gründen) zusammen. Die orthodoxe oder vulgarisierte Marxsche Klassenlehre, wie sie jahrzehntelang der Forschung in der DDR zugrunde gelegt wurde und wie sie seit 1968 auch in der Bundesrepublik einen kurzlebigen Aufschwung erfuhr, hat für undogmatische Historiker außerordentlich wenige theoretisch und empirisch überzeugende Ergebnisse erbracht.

Dieser Tatbestand hat wahrscheinlich dazu beigetragen, ältere Vorurteile gegenüber jeder Art von klassentheoretischer Argumentation zu bestätigen. Unter solchen Bedingungen ist auch Webers Potential sträflich vernachlässigt worden. Es gibt daher nur relativ wenige Beispiele für eine gelungene Rezeption der Weberschen Klassentheorie.[17] Andrerseits ermutigen die Ergebnisse dieser Pionierstudien durchaus dazu, auf diesem Weg weiterzugehen.

IV. Außer den bereits skizzierten systematischen und pragmatisch-historischen Vorzügen lassen sich noch einige weitere Vorzüge im Hinblick auf Problembereiche der neueren Sozialgeschichte ins Feld führen.

1. Für die Analyse der hochinteressanten Prozesse der Klassenkonstituierung bietet Weber ein Strukturierungsschema an, das auf seiner Grundauffassung von sozialer Ungleichheit basiert. Danach lassen sich ökonomische, soziale, politische und kulturell-ideologische Formierungsprozesse unterscheiden. Der erste, dritte und vierte Prozeß entspricht jeweils Webers Hauptdimensionen sozialer Ungleichheit; der zweite muß außerdem berücksichtigt werden, um die soziale Zusammensetzung, z. B. von Unternehmer-Bourgeoisie (Stadtbürger, Homines Novi, ethnisch-religiöse Minderheiten) oder Arbeiterschaft (Handwerker, Angelernte, Einheimische, Zugewanderte usw.), aber auch um die sozialen Verflechtungen zu erfassen (Heiratsverhalten, Verkehrskreise, sozialräumliche Prägung).[18]

2. Für die Erörterung von verschiedenen Dimensionen bzw. Etappen der Klassenbildung, von Klassenlagen und Klassenverhalten ist das methodische Hilfsmittel des Idealtypus jeweils vorzüglich verwendbar. (Marx «reiner Kapitalismus» oder Clausewitz' «absoluter Krieg» sind im Grunde Idealtypen avant la lettre.) Bekanntlich ist der Idealtypus kein Endzweck, sondern in eine Stufenfolge der Erkenntnisschritte eingebaut:

a) Vorhandenes Wissen wird in möglichst scharf zugespitzten Idealtypen zusammengefaßt gemäß Webers Maxime: «in der Theorie» operiere man «zweckmäßig mit extremen Beispielen».[19] Die vermutlich maßgeblichen Aspekte werden zu einer gedanklichen «Utopie» stilisiert.

b) Danach wird der Idealtyp als Suchinstrument benutzt, die empirische Forschung stellt Kongruenz oder Abweichung von ihm fest. Dabei kann sie natürlich nicht stehen bleiben.

c) Der Idealtyp muß jetzt modifiziert, aufgegeben, neu gebildet werden, bis ein realitätsadäquateres Hilfsmittel gewonnen wird, das «der Hypothesenbildung die Richtung weisen» kann.[20]

d) Erst jetzt können Hypothesen zur kausal-funktionalen Erklärung entwickelt werden und vielleicht das erwünschte Optimum: eine historische Theorie ergeben.

3. Weber lenkt auf die Verbindung von hermeneutisch-verstehenden und analytisch-erklärenden Methoden hin. Er hat relativ frühzeitig anerkannt, daß hinter den Historismus kein Weg zurückführt, wollte aber zugleich durch methodische Konstrukte und Theorieangebote historistische Einseitigkeit überwinden helfen.[21]

Der geläufige Vorwurf des begrifflichen Dezisionismus kann sich aus manchen Aufsätzen der «Wissenschaftslehre» oder aus der abstrakten Kasuistik von «Wirtschaft und Gesellschaft» nähren, trifft aber wegen der historischen Sättigung und Verortung der Zentralbegriffe nicht zu.[22]

4. Weber zwingt zur Explizierung der erkenntnisleitenden Wertideen und normativen Prämissen, die damit diskussionsfähig gemacht werden, Kritik oder Zustimmung erleichtern. Diametral entgegengesetzt ist die Position, die sich einer vorgegebenen, obsoleten Geschichtsphilosophie durch Glaubensakt anvertraut und prinzipielle Veränderungen aufgrund rationaler Gegenargumente nicht zuläßt. Weber führt z. B. selber den Begriff der «Modernisierung» ein, sieht aber die Ambivalenz der Modernisierungsprozesse, die Vorzüge und Schattenseiten von Rationalismus und Kapitalismus, Bürokratie und modernem Staat. Marx' «geheimer Positivismus»: das Vertrauen auf die überwiegend positive Wirkung der entfesselten Produktivkräfte, ist ihm fremd.[23] Die von Weber überwiegend angegebenen Richtungskriterien und die empirische Analyse erleichtern dagegen die rationale Kontrolle der Aussagen.

Die Prägung durch deutsche und europäische, auch nordamerikanische Erfahrungen ist gerade hinsichtlich der «Modernisierung», aber auch anderer Problemfelder, ganz unleugbar. Bei Weber ist sie bekanntlich mit einem leidenschaftlichen Bekenntnis zum okzidentalen, individualistischen, liberalen «Kulturmenschen» verbunden. Diese offen dargelegten – oder leicht erkennbaren – Einflüsse mindern jedoch nicht den systematischen Nutzen und Wert seiner Theorien über soziale Hierarchie, die Verschränkung von Religion und Wirtschaftsstruktur usw. im Hinblick auf außereuropäische Gesellschaften. Das beste Gegenbeispiel bei Weber selber bildet wiederum die «Religionssoziologie».

5. Weber verstand sich unstreitig als bürgerlicher Antipode zu Marx, stimmte aber mit ihm in der Analyse der Genese und des Aufstiegs des

Kapitalismus weithin überein; er teilte auch Marx' spezifisches Interesse an eben dieser Problematik; außerdem akzeptierte er Bestandteile der Marxschen Klassentheorie und war sich auch bewußt, daß er in mancher Hinsicht auf den Schultern von Marx stand. Weber befreite jedoch den Klassenbegriff vom geschichtsphilosophischen Ballast historischer Missionen. Für den Neokantianer Weber blieben Begriffe, Typen, Theorien primär Netze, die über eine diffuse Realität geworfen werden, um – je nach Interesse und Forschungsziel – Wesentliches und im Licht wechselnder Kulturideen sich Wandelndes einzufangen. Weber beharrte darauf, daß wissenschaftliche Forschung nur Partialwissen gewinnen kann, kam aber z. B. in der «Religionssoziologie» selber relativ dicht an die Erfassung der gesamtgesellschaftlichen «Totalität» der dort analysierten Gesellschaften heran.

Weber opponierte entschieden gegen die alteuropäische Tradition und Metaphysik, die das Wesen hinter den Erscheinungen suchte, wie das auch Marx explizit wollte. Weber sperrte sich damit, zumal in seinen wissenschaftstheoretischen Äußerungen, gegen die Einsicht, daß es unabhängig vom Interesse und Standort des Forschers historische Prozesse und Strukturen gibt, die durch geduldige Arbeit, Verwendung konkurrierender, aber möglichst sachangemessener und daher nicht beliebiger Theorien erschlossen werden können. In seiner eigenen praktischen Forschungsarbeit folgte er jedoch keineswegs einem puristischen Neokantianismus. Wo und wie Webers Position sinnvoll ergänzt oder korrigiert werden muß, bleibt eine lohnende Frage für die gegenwärtig laufende Diskussion. Nichts wäre aber verfehlter, als Weber ideologiekritisch – und gut historistisch – allein auf zeitgebundene Aspekte seines Werks und seiner Theorien festzunageln.

Bürger, Arbeiter und das Problem der Klassenbildung 1800–1870

Der Anfang müsse «immer damit gemacht werden» – darauf hat Hegel insistiert –, daß man zuerst einmal «Kenntnisse allgemeiner Grundsätze und Gesichtspunkte» erwerbe.[1] Im Lichte dieses Appells wäre es eine naive Illusion oder ein folgenschwerer Irrtum zu glauben, man könne fest umrissene, allgemein akzeptierte Begriffe von «Bürger», «Arbeiter» und «Klasse» bereits stillschweigend voraussetzen, ihre Gültigkeit für einen so langen Zeitraum wie den von 1800 bis 1870 unterstellen, ja überdies auch noch ihre Eignung für den internationalen Vergleich annehmen. Vielmehr wird eine differenzierte, aber für die Diskussion auch praktikable begrifflich-terminologische Absprache notwendig; ein der historischen Realität angemessenes Strukturierungsschema ist für die Argumentation erforderlich, und schließlich sollten die einzelnen Schritte der Gedankenführung ohne große Umstände erkennbar sein. Das alles dient dem Ziel, die Diskussionsfähigkeit der folgenden, zum Teil pointierten Thesen zu erhöhen und die diskursive Auseinandersetzung mit ihnen zu erleichtern.

I. Zuerst muß der amorphe, inflationär aufgeblähte Begriff «des» Bürgertums mit Hilfe von einigen – immer noch groben – Unterscheidungen präzisiert werden. Für unsere Zwecke sind mindestens vier idealtypisch zugespitzte Begriffe von «Bürger» auseinanderzuhalten, die den Blick für außerordentlich verschiedenartige, komplexe realhistorische Sachverhalte schärfen sollen. Erst nach der analytischen Trennung kann über die symbiotischen Beziehungen, über eine kühne Generalisierung wie «das Bürgertum» oder «die Bürgerwelt», über die Nützlichkeit eines evolutionstheoretischen Richtungskriteriums wie «bürgerliche Gesellschaft» gesprochen werden.

1. Die älteste, seit dem 11. Jahrhundert auch im späteren deutschsprachigen Mitteleuropa entstehende bürgerliche Formation ist das Stadtbürgertum. Gemeint ist jene die Stadtgemeinde konstituierende, vielfältig privilegierte Minderheit von Vollbürgern, denen eine mehr oder minder große Mehrheit von städtischen Einwohnern, die vom Besitz der Bürgerrechte ausgeschlossen sind, ständig gegenübersteht. Die Stadtbürger bleiben über Jahrhunderte hinweg in prinzipiell scharf geschiedene ständische Verbände mit eigenem Gerichts-, Heirats-, Kleidungs-, Verhaltensrecht, mit politisch abgestuften Chancen und schroffem Prestigegefälle gegliedert. Unter einer gewöhnlich extrem schmalen Oberschicht von Patriziern bzw. Honoratioren (1–2 bis

maximal 8% der Einwohner) steht der «alte Mittelstand» der bessergestellten Handwerker, Kaufleute, Gastwirte u. a., der allenthalben gleitend in ein weit umfangreicheres Kleinbürgertum der kleinen Gewerbetreibenden, Einzelmeister u. a. übergeht (beide zusammen machen in der Regel 9–25% der Einwohner aus). Diese mittel- und kleinbürgerlichen Gemeindemitglieder bilden keine «Petite Bourgeoisie», auch keine «Middle Class», sondern sie verkörpern einen eigenständigen, politisch-rechtlich und sozialmoralisch definierten Typus, dessen Eigenarten gerade beim Vergleich schärfer hervortreten, als einige funktionale Gemeinsamkeiten etwa der Handwerker und Krämer vermuten lassen. Die unbestreitbare Mehrheit der Einwohner (65–90%) stellen überall die quasi rechtlosen Unterschichten. Grosso modo gilt, daß vom 17. bis ins 19. Jahrhundert die Zahl der Vollbürger zwischen 15 und 30% der Einwohner schwankt – ungeachtet der sonst gewaltigen Unterschiede zwischen ostdeutschen Land- und Mediatstädten einerseits, südwestdeutschen Reichs- und norddeutschen Hansestädten andrerseits. In den Rheinbundstaaten und in Preußen stellen die Reformgesetze nach dem Einbruch der napoleonischen Revolution in Deutschland die Exklusivstellung der Vollbürger durch den staatsbürgerlichen Gleichheitsbegriff faktisch oder doch tendenziell in Frage. In den süddeutschen Mittelstaaten gelingt es den «Home Towns» (M. Walker), insbesondere mit Hilfe des neudefinierten «Heimatrechts», das wie ein feiner Filter gegen Unerwünschte eingesetzt wird, zahlreiche Privilegien zu verteidigen, bis spätestens durch die Reichsgesetzgebung die städtische Einwohnergemeinde eingeführt und damit die alte Vollbürgerminderheit gesprengt wird.[2] In Preußen wird 1842/43 auf dem Weg über das neue gesamtstaatliche Armenrecht die Einwohnergemeinde schon de facto eingeführt, aber erst im Norddeutschen Bund endgültig zur allgemeinen Stadtverfassung.

Gewiß sind die Städte über mehr oder minder lange Zeiträume hinweg Zentren sowohl eines dynamischen Handelskapitalismus als auch eines auf gleichmäßiges Auskommen («Nahrung») für alle Zunftmitglieder bedachten Handwerks; manchen Honoratioren ist die Beteiligung an florierenden agrarkapitalistischen Landwirtschaftsbetrieben ebenfalls nicht fremd. Im 18. und frühen 19. Jahrhundert überwiegt jedoch generell – die Ausnahmen lassen sich daher relativ leicht benennen – eine traditionale Beharrungsmentalität, die dem neuen industriellen Produktionskapitalismus ablehnend, ja feindselig gegenübersteht. Es ist eine Legende, daß «der» Stadtbürger schlechthin der Prototyp des wagemutigen, risikobereiten frühen Industrieunternehmers gewesen sei. Im Stadtbürgertum zählen ständische Tradition, Familienrang, vertraute Geschäftsform, schichtenspezifischer Aufwandkonsum, weit weniger dagegen Innovationsbereitschaft.

Numerisch stellt dieses stände-, dann staatsrechtlich ausgegrenzte Stadtbürgertum die große Mehrheit der deutschen «Bürger» bis zur Mitte des 19. Jahrhunderts.

2. Das historisch spannendere Phänomen bildet der vor allem seit dem 18. Jahrhundert beschleunigte Aufstieg der neuen ‹außerständischen› Schichten der «Bürgerlichen». Familienstatus und Herkunftsmilieu sind vergleichsweise unwichtig, ständerechtlich werden sie zum «Bürgerstand» geschlagen, realiter sind sie aber z. B. vom städtischen Vollbürgertum durch scharf markierte Grenzen geschieden. Hier interessieren die beiden Hauptgruppen dieser «Bürgerlichen»: das Bildungsbürgertum und die Bourgeoisie als freie industriekapitalistische und verkehrswirtschaftliche Unternehmerschaft.

Den Kern des Bildungsbürgertums bildet die allmählich wachsende Zahl der akademisch geschulten Verwaltungsjuristen, Richter, Theologen, Professoren, Oberlehrer usw., insbesondere die «verstaatlichte Intelligenz», die im Verlauf des neuzeitlichen, seit der «Fürstenrevolution» im Reformationszeitalter beschleunigten Staatsbildungsprozesses an die Karrieren im öffentlichen Dienst gebunden wird – einschließlich der dem Flächenstaat oft als Vorbild dienenden Verwaltung der Stadtrepubliken! Überall werden im okzidentalen Modernisierungsprozeß spezifische Aufgaben von unterschiedlich ausgebildeten Funktionseliten mehr oder weniger gut gelöst. Das Bildungsbürgertum der deutschsprachigen, in erster Linie ganz unbestritten der protestantischen Staaten und Städte bildet jedoch m. E. eine einzigartige bürgerliche Formation als Ensemble von Funktionseliten, bleibt bis mindestens zum Ende des 19. Jahrhunderts die interessanteste, politisch – dank seiner Rolle in der Bürokratie – und soziokulturell – dank seines Rangs als normsetzende Elite – vermutlich auch die mächtigste.

Mit dem Siegeszug des bürokratisierten Anstaltsstaats expandiert die beamtete Intelligenz. Wesentlich für ihren Aufstieg ist die Durchsetzung des revolutionären Leistungsprinzips gegen die vererbten Geburtsvorrechte des Adels. ‹Leistung› wird sogleich an den formalisierten Nachweis bestimmter Ausbildungsgänge gebunden – Universitätsstudium, Referendars- und Assessorenexamen o. ä., schließlich an Gymnasium, Abitur, Promotion, Habilitation. Das Ausmaß der Selbstrekrutierung ist bestechend hoch. Dennoch bleibt das Bildungsbürgertum trotz aller «geistesaristokratischen» Abschlußtendenzen auch und gerade im internationalen Vergleich sozial erstaunlich offen: 15 bis 20% des Nachwuchses gelingt über Gymnasium und Universität der Aufstieg aus Handwerker-, Kaufmanns-, Volksschullehrerfamilien (kurzum: meist aus dem Kleinbürgertum) zu einer Zeit, als in «Oxbridge», an der Sorbonne und den Grandes Écoles, am Harvard, Yale und Princeton College davon nicht entfernt die Rede sein kann. Die Heterogenität der Herkunft wird zum guten Teil durch die Homogenisierung während der Ausbildung überwunden. Ideen- und mentalitätsgeschichtlich ist in Deutschland der (auf die griechische, kaum auf die römische Kultur fixierte) Neuhumanismus, als solcher natürlich ein gemeineuropäisches Phänomen, von größter Bedeutung. Der neuhumanistisch aufgeladene Bildungs- und Leistungsbegriff wird sowohl zur Kampfideologie gegen aristokratische Privilegien (aufs Ganze gesehen außerordentlich erfolgreich) als auch zur Verteidigungsideologie gegenüber «Ungebildeten» – sei's gegenüber ‹materialistischen› Neureichen oder gegenüber nachdrängenden bildungshungrigen Schichten. Auf diese Weise werden neue Exklusivrechte gewonnen und konsolidiert (z. B. im Beamtenrecht, klassisch: die Bayerische Dienstpragmatik von 1805), soziale Distanz nach oben reduziert, nach unten vergrößert. Die Homogenität wird durch Sonderrechte verstärkt (z. B. das eigene Gerichtsforum der preußischen «Eximierten» bis 1848, Steuervergünstigung, Befreiung vom Militärdienst), durch die Karriere im Staatsdienst oder in der Stadtverwaltung mit ihrer Fusion von Privilegierung und Disziplinierung weiter befestigt.

Die freien akademischen Berufe für Bildungsbürger gewinnen, aufs Ganze gesehen, erst seit den 1830/40er Jahren an Bedeutung. Ärzte, Rechtsanwälte, Notare, Veterinäre, Architekten sind lange Zeit oft noch Beamte. In Süddeutschland wird die Zulassung zu den freien Berufen häufig restriktiv gehandhabt; wortwörtlich freier sind die Hansestädte; in Preußen können die Ärzte erst nach der Jahrhundertmitte zur freien «Profession», die beamteten «Justizkommissare» erst 1878 zu freien Anwälten werden. Industrie, Banken, Handel, Verkehrswesen nehmen seit den 1840er, breiter erst seit den 50er Jahren Akademiker in Leitungsfunktionen auf.

Die Spezifika des Bildungsbürgertums in der Stratifikationshierarchie werfen lebhaft umstrittene Probleme auf. Insbesondere das beamtete Bildungsbürgertum hat ein Janusgesicht. Teils ist es ein vom Staat neuständisch definierter Berufs- und Funktionsstand, sein Selbstverständnis ist weithin ständisch geprägt, man gehört zum «Beamtenstand». Zugleich aber ist es auch – eine strittige Charakterisierung – «marktbedingte Klasse», da von einem spezifischen Arbeitsmarkt, dessen Bedingungen von der Bürokratie selber mitdefiniert werden, der tendenzielle Monopsonist «Öffentlicher Dienst» in Staat und Stadt spezielle Qualifikationsbesitzer abruft. Markt wird hier nicht im engen Sinn der neoklassischen Theorie verstanden, sondern (wie etwa bei Schumpeter oder Olson, Downs und anderen Vertretern der Neuen Politischen Ökonomie) als eine Arena, in der unter marktförmigen Bedingungen Marktmachtbesitzer aufeinandertreffen, ihre Nachfrageansprüche durchzusetzen und Träger von Leistungsqualifikationen zu gewinnen versuchen. Kontrovers ist auch, ob man bei Fremd-Alimentierung in Form von pensionsfähigem Gehalt aus öffentlichen Mitteln anstelle von marktförmiger, unternehmensbestimmter Eigen-Alimentierung mit starken Unsicherheitsfaktoren gut beraten ist, einen weiten Marktbegriff zu verwenden. Die Vorzüge scheinen mir aber die Nachteile zu übertreffen. Daher gilt hier das Bildungsbürgertum auch als Verbindung marktbedingter Berufsklassen, die zu einer «sozialen Klasse» zusammenwachsen können (zu Max Webers Begriffen unter III. mehr).

Zahlenmäßig handelt es sich überall um durchaus überschaubare elitäre Zirkel. In Preußen z. B. gibt es um 1800 rund 1300 Beamte, bis zur Revolution von 1848 wird das Land von nicht mehr als 1650 Beamten verwaltet; hinzu kommt die Justizbürokratie, kommen rund 1500 staatliche Anwälte, dazu einige hundert ‹freie› Ärzte, Architekten usw. Immer noch können sich die meisten von den Gymnasien, den Universitäten, den Ausbildungsjahren her kennen; in den süddeutschen Mittelstaaten ist in diesen Kreisen fast noch jeder jedem begegnet.

3. Aus der zweiten wichtigen Gruppe von «Bürgerlichen» entsteht die Bourgeoisie. Als Bourgeoisie soll diejenige marktbedingte Besitzklasse der freien, keinem «Nahrungs»-Prinzip gehorchenden Unternehmer in der Industrie, im Bankwesen, im Eisenbahnbau verstanden werden, die in ihren Betrieben finanzielle Ressourcen, technologisch-maschinelle Ausrüstung und freie Lohnarbeit kombinieren und die strategischen Entscheidungen über Investitionen, Produktionsspezialisierung, Markterkundung und -wahl, Risikokalkulation, Expansion usw. treffen. Sie leiten das Unternehmen nicht nur als ökonomische Einheit, sondern üben zugleich auch immer vielfältig variierende Herrschaftsrechte aus; das Unternehmen ist deshalb immer Produktions- und Herrschaftsverband zugleich.

Die Herkunft dieser Unternehmen ist durchaus heterogen. Empirische Untersuchungen für das 19. Jahrhundert zeigen von Anfang an ein Übergewicht der Selbstrekrutierung aus städtischen und ländlichen Unternehmerfamilien. Fast immer sind es jedoch nicht ‹gestandene› ältere Unternehmer, sondern ihre wagemutigen, innovationsfreundlicheren Söhne, die in das Industrie-, Banken-, Verkehrsgeschäft gehen. Auch dort zehren sie von ihren Sozialisationserfahrungen, ihren Kenntnissen, dem «sozialen Kapital» der Familie, dem Verwandten- und Bekanntenkreis mit seinem Netzwerk an Beziehungen und Informationen, dem Zusammenhang der durch viele Heiraten verbundenen Unternehmerdynastien. An zweiter Stelle folgen Handwerker-Unternehmer, die eine unzünftige Mechanische Werkstatt oder einen ehemaligen Zunftbetrieb zur Fabrik ausbauen, aber auch zahlreiche «Selfmade Men» der unterschiedlichsten Herkunft: Söhne von Pastören, Beamten, Offizieren, Lehrern, kleinen Gewerbetreibenden – typisch ist etwa die neureiche Kölner Großbourgeoisie der Hansemann, Langen, Mevissen, Camphausen u. a. Aufstieg aus den Arbeiterschichten ist so gut wie ausgeschlossen, wie bisher alle Mobilitätsstudien zeigen: So offen ist wiederum in der ersten Hälfte des 19. Jahrhunderts die entstehende Industrie- und Verkehrswirtschaft keineswegs, auch in der Folgezeit nur in Sonderfällen.

Die Bourgeoisie wird von ihren sozioökonomischen und herrschaftlichen Funktionen, von ihrer «Marktmacht» her primär definiert; aber auch rechtlich wird ihr bis 1848 vielfach eine Sonderstellung, wenn auch durchweg unterhalb des Bildungsbürgertums, eingeräumt. Allgemein gilt im 19. Jahrhundert: «Bildung geht vor Besitz». Normatives Vorbild wird frühzeitig die adlige Gutsherrschaft mit ihrem paternalistischen Regiment, die Militärkaserne mit ihrer straffen Organisation. Oft ähneln sich Unternehmer und Gutsbesitzer im Hinblick auf lange Ortsansässigkeit, zugeschriebenes Prestige, Immobilität der Produktionsfaktoren, Führungsstil im Betrieb. Nach 1850 wird großer Landbesitz immer häufiger begehrtes Statussymbol erfolgreicher Unternehmer.

Numerisch handelt es sich bei der deutschen Bourgeoisie bis 1848 um eine sehr geringe Zahl. Vermutlich hat Fritz Redlich mit seiner Schätzung recht, daß im Grunde nur ein paar hundert Familien die Anfänge der industriellen Epoche bestimmt haben. Untereinander sind sie durch zahlreiche Ehen zum Zweck der Ressourcenakkumulation und -stabilisierung, der Risikominderung, der Steigerung der «Familienehre» verbunden. Vor allem zählt, solange die Institutionen der modernen Markt- und Verkehrswirtschaft nicht voll ausdifferenziert sind, Familienkapital ebensoviel wie der Vertrauensvorschuß unter Verwandten, die über weite Entfernungen hinweg die Geschäftsverbindungen zuverlässig aufrechterhalten.

Innerhalb der deutschen Bourgeoisie spielen religiöse und ethnische Minderheiten eine auffallende Rolle: das kleine Kartell der eng versippten jüdischen Familien, die Mennoniten am Niederrhein, die Berliner und siegerländer Calvinisten, die Hugenotten – auf Eigenleistung eingestellte und von ihr ganz abhängige Außenseitergruppen.

Eine raschere Expansion kündigt sich in den 40er Jahren an und setzt sich dann seit den 50er Jahren mit rapidem Tempo durch. Auf dem Höhepunkt des «Gründerbooms» um 1870 ist die in die Breite wachsende Bourgeoisie mit dem Zustand, der eine Generationsspanne früher bestand, kaum mehr zu vergleichen.

Innerhalb dieser drei klar unterscheidbaren bürgerlichen Formationen ist die gebotene Binnendifferenzierung unschwer möglich. Beim Stadtbürgertum ist sie angedeutet worden. Vergleichbare Einkommens-, Prestige-, Machtgefälle gibt es zwischen hoher Ministerialbürokratie und kleinen Landrichtern, Superintendenten und Ortsgeistlichen, berühmten Professoren und Gymnasiallehrern; oder aber: zwischen Großunternehmern der Eisen- und Stahlindustrie, Eisenbahnmagnaten, mittelständischen Betriebsbesitzern. Das sogenannte Kleinbürgertum kann sich aus stadtbürgerlichen Kleinbürgern, später auch aus bescheiden lebenden Einwohnern der Stadtgemeinde neuen Typs, aber auch aus Subalternbeamten, kapitalistischen Gewerbetreibenden in ihrer Anfangsphase u.a. rekrutieren. Zahlreiche sichtbare und unsichtbare Scheidemauern trennen nicht nur Stadt- und Bildungsbürgertum von der Bourgeoisie, sondern durchziehen wiederum diese Schichten und Klassen.

4. Sozusagen quer zu den historisch oder funktional definierten Bürgern liegt der Begriff des «Staatsbürgers», der seit dem frühen 19. Jahrhundert den «Staats-Untertanen» ablöst. Auf eine Gesellschaft prinzipiell gleichgestellter

Staatsbürger läuft – beschleunigt durch die Amerikanische und die Französische Revolution, die an Aufklärung und smithianischem Liberalismus orientierte Reformära – der innere Staatsbildungsprozeß zu. Als Steuerzahler, als Rekrut, auch als Schüler soll der Untertan von der Zentralgewalt möglichst direkt erreichbar sein. Die Herrschaftsbefugnisse der intermediären Gewalten der Gutsritter und Stadtmagistrate sollen durchbrochen, möglichst aufgelöst werden. Die «Staatsdiener» sind meist die ersten Staatsbürger, danach Minderheiten wie die Juden, über die man leichter von oben her verfügen kann, dann werden es Schritt für Schritt die städtischen und ländlichen Staatseinwohner. Den führenden Reformern, Männern wie Montgelas, Hardenberg, Reitzenstein und ihren Mitarbeitern, schwebt als Fernziel eine Staatsbürgergesellschaft gleichberechtigter, wirtschaftlich ungehindert konkurrierender Individuen vor, die aus den alten Untertanenverbänden der Grundherrschaften und Städte herausgelöst worden sind. Dieser politische Homogenisierungsprozeß zu einer einheitlichen Staatsbürgerschaft dauert jedoch bis ins letzte Drittel des 19. Jahrhunderts an.

«Bürger» kann daher lange Zeit auch die Rechtsfigur des Staatsbürgers meinen. Für viele ist gerade dieser Bürgerstatus erstrebenswert, im strengen Sinn modern. Bei der Durchsetzung von Staatsbürgerrechten kann man von T. H. Marshalls Schema, das die gesetzliche Verbriefung und tatsächliche Realisierung von rechtlichen, politischen und sozialen Gleichheitsrechten unterscheidet, ausgehen.[3] Während Marshalls Raster im Hinblick auf Großbritannien eine chronologische Sequenz wiederzugeben beansprucht, muß man in den deutschen Staaten von einer langjährigen Überlappung des Kampfs um rechtliche und politische Staatsbürgergleichheit, dazu unübersehbar seit 1848, erst recht seit den 1860er Jahren auch um soziale Gleichheitsrechte ausgehen. Diese Überschneidung dreier Konfliktfelder hat die deutsche Innenpolitik und Sozialgeschichte besonders schwierig und kompliziert gemacht.

Nach dieser dezidierten analytischen Unterscheidung von Stadt-, Bildungs-, neuem Wirtschafts- und Staatsbürgertum, die nicht nur gegen das Schillern des «Bürger»-Begriffs gerichtet ist, sondern auf zum Teil fundamentale realhistorische Verschiedenartigkeiten der Soziogenese, der Funktion, der politischen Position, des Werte- und Normensystems usw. hinweist, müssen die zahlreichen symbiotischen Beziehungen betont werden; danach ist die Frage angebracht, ob man ihretwegen nicht doch von einer «bürgerlichen Gesellschaft» sprechen kann.

Insistiert man auf der Heterogenität bürgerlicher Formationen, darf das natürlich nicht dazu führen, daß man sich gegenüber den zahlreichen Gemeinsamkeiten und Querverbindungen blind stellt. Immer wieder findet man Stadtbürgersöhne, die zur verstaatlichten Intelligenz stoßen oder als Syndici, Magistratsbeamte, Stadtjuristen administrative Funktionen in den Stadtrepubliken wahrnehmen. Überhaupt darf neben der relativ gut bekannten Staatsverwaltung das – numerisch ziemlich große – Bildungsbürgertum in der Stadtverwaltung nicht länger vernachlässigt werden. Diese beamtete Intelligenz heiratet in den bildungsbürgerlichen oder adligen Kollegenkreis, aber auch in das alte Stadtbürgertum hinein, selten zunächst in besonders erfolgreiche Bourgeoisiefamilien. Nicht wenige Stadtbürgersöhne aus Kaufmanns-, Bankiers-, Verlegerfamilien, aus lang etablierten größeren gewerblichen Unternehmen und Fernhandelsgeschäften riskieren den Sprung in die fremde Welt der Maschinenfabriken, der Eisenbahngesellschaften, der Banken, werden freie Unternehmer, im Erfolgsfall Mitglieder der jungen Bourgeoisie. Die Heiratspolitik folgt einer wohlüberlegten, vertrauten Strategie. Familiäre Querverbindung zu anderen Unternehmern wird zuallererst erstrebt, Heirat nach oben in die festetablierten Stadtbürgerfamilien sorgfältig geplant (Hansemann!). Feste Heiratskreise stabilisieren die Geschäftskontakte und ökonomischen Erfolge. Krefelder Millionäre wie die v. d. Leyens sind mit den Kölner Großbankiers Herstatt innerhalb von zwei Generationen durch fünf Ehen verbunden; ähnliches gilt für die de Wendel, Stumm, Villeroy und Boch im Saargebiet. Der Deichmann-Clan erstreckt sich über ganz Westdeutschland. Der Ruhrunternehmer Haniel ist durch die Ehen seiner Kinder mit vier bedeutenden Unternehmerfamilien zu einem neuen Sippenkreis zusammengeschlossen. Herkunft und Heirat binden den Bourgeoisie-Unternehmer häufig wieder an das Stadtbürgertum an. Auch die Verflechtungen zwischen Bourgeoisie und Bildungsbürgertum sind unübersehbar. Der Geheimrat oder hochverdienende Justizkommissar ist als Schwiegersohn willkommen, zunehmend auch die vermögende Unternehmertochter in den höheren Rängen der Bürokratie. Hinzu kommen gemeinsame Erfahrungen und gemeinsame Institutionen: Stadtbürger, künftige Bildungsbürger und Bourgeois besuchen dieselbe Gelehrtenschule, dasselbe Gymnasium, öfters dieselben Universitäten. Freundeskreise überbrücken Standesschranken und Klassengrenzen. Man trifft sich gemeinsam in Lesegesellschaften, gemeinnützigen Vereinen, geselligen Casinos. Überhaupt ist das weitverzweigte Vereinswesen eine Art Katalysator gemeinbürgerlicher Wertvorstellungen, gemeinbürgerlicher politischer Interessen, ja tendenziell gemeinbürgerlicher Identitätsdefinition. Der gräzisierende Neuhumanismus bewegt nicht nur das Bildungsbürgertum, vielmehr wurden auch die geistig interessierten Stadtbürger von dieser mächtigen Strömung erfaßt, und nicht einmal selten findet auch der Bourgeois-Unternehmer Anschluß daran. Kurzum: Es existiert eine Vielfalt von homogenisierenden Einflüssen, die den differenzierenden Erfahrungen in verschiedenartigen «Bürgerwelten» entgegenwirken, konträre Auffassungen abschleifen, Gemeinsamkeiten gegenüber Adel, Autokratie und «Pöbel» betonen.

Gibt es mithin, aus der Vogelperspektive zumindest, doch schon «die» bürgerliche Gesellschaft? In der ersten Hälfte des 19. Jahrhunderts scheinen die Unterschiede, die Gräben zwischen den stadt- und bildungsbürgerlichen, den groß- und kleinbürgerlichen Formationen, zwischen produktionskapitalistischem Bourgeois, hansischem Patrizier im Fernhandel, traditionalem Nürnberger Handwerksmeister oder Frankfurter Staatsbankier doch noch zu überwiegen. Es gibt vielmehr mehrere bürgerliche Gesellschaften nebeneinander, teils noch scharf geschieden, teils durch viele Querverbindungen verknüpft. «Gesellschaft» heißt in der Sprache der Zeitgenossen auch oft nur Verein oder Assoziation (keineswegs stets «Gesamtgesellschaft»!), und auch da gibt es in einer Stadt viele bürgerliche Gesellschaften nebeneinander oder mit teilweise überlappender Mitgliedschaft. Gegen die traditionellen oder durch den neuhumanistischen Bildungsbegriff bzw. die Bourgeoismentalität geschaffenen Divergenzen arbeiten die vereinheitlichenden Tendenzen, teils schon erfolgreich, teils vergeblich. Im Berlin der späten 1840er Jahre ist nach dem realistischen Urteil von Bismarcks späterem «Vizekanzler» Delbrück die soziale Sphäre der Beamten von der der Unternehmer durch einen kaum überbrückbaren Graben getrennt.

In zweierlei Hinsicht scheint es mir jedoch gerechtfertigt zu sein, von einer bürgerlichen Gesellschaft in statu nascendi zu sprechen. Einmal rücken durch die Außenabgrenzung die verschiedenen bürgerlichen Schichten, Funktionseliten und Klassen zusammen. Auch in der Außenansicht, vom Adel oder von den Arbeitern her gesehen, wirken bürgerliche Gemeinsamkeiten oft stärker als die innere Zerklüftung. Die Gegensätze des Vormärz, die Revolution, der preußische Verfassungskonflikt stärken, so gesehen, bürgerliche Zusammenschlußtendenzen.

Zum zweiten läßt sich «bürgerliche Gesellschaft» als evolutionstheoretisches Richtungskriterium rechtfertigen. Wenn man von der ‹Entwicklung› der modernen deutschen Gesellschaft spricht, ist – streng genommen – auch die Angabe von Zielkriterien für offenbar – dank einer weit zurückreichenden Gesamtkonstellation – gerichtete Evolutionsprozesse geboten; darauf ist unten beim Klassenbegriff zurückzukommen. Jedenfalls läßt sich in diesem Sinn «bürgerliche Gesellschaft» als Richtungskriterium verteidigen, das die Homogenisierung zu einer gesamtbürgerlichen Gesellschaft, den Aufstieg zu ihrer Hegemonialstellung im Deutschland des 20. Jahrhunderts – voll vielleicht erst in Westdeutschland seit 1949 – anvisiert. Generell aber bleibt für die Zeit zwischen 1750 und 1850 eher Skepsis als ein voreiliger Gebrauch von «bürgerlicher Gesellschaft» geboten, der nur zu oft das abgesunkene Kulturgut der hegelianisch-marxistischen Sozialtheorien verrät, jedoch noch keine präzise, realitätsnahe Begrifflichkeit beanspruchen kann.

II. Nicht minder amorph und nebulös als «das» Bürgertum ist der Begriff der «Arbeiterschaft» oder «Arbeiterklasse». Auch hier empfehlen sich vier idealtypische Unterscheidungen, wobei die Mehrheit der zu Beginn des 19. Jahrhunderts manuell Arbeitenden, die landlosen oder landarmen Landarbeiter, bewußt nicht bedacht wird.

1. In den Städten jeder Größe gibt es eine Vielzahl von Handarbeitenden, die – vor der Ausdifferenzierung klar unterscheidbarer, stabiler Berufsrollen – den unterschiedlichsten Tätigkeiten nachgehen: als Karrenschieber, Bauarbeiter, Knecht, Dienstbote, Gehilfe in einer unzünftigen Werkstatt, Verlags- oder Manufakturarbeiter – was immer sich für meist kurze Zeit zum Überleben anbietet. Seit dem letzten Drittel des 18. Jahrhunderts kommt für diese städtischen Unterschichten die Bezeichnung als «arbeitende», «untere», «bedürftige Klassen», als «untere Volksklassen» usw. auf – fast immer überwiegt, zu Recht, der Plural.

2. Bei der starken Vermehrung der Handwerkerschaft in den 1830er und 40er Jahren handelt es sich bekanntlich vor allem um eine Verdopplung der Gesellenzahl und einen starken Anstieg der überwiegend armen Einzelmeister. Spätestens seit rund 1840, darin stimmen sachkundige Statistiker wie Dieterici und Hoffmann mit dem Berliner Magistrat überein, kann man allenthalben den Wechsel der Gesellen von der zünftigen Werkstatt in einen Fabrikbetrieb oder aber wieder zurück beobachten; auch Einzelmeister beginnen, derart zu pendeln. Der Arbeiterbegriff wird gleichzeitig auf diese oft am Rand der Hungergrenze lebenden Handwerker ausgedehnt.

3. Die Manufakturen mit zentralisierter, jedoch maschinenarmer Produktion in einem Betriebsgebäude sind oft maßlos überschätzt worden; die meisten deutschen schaffen es nicht, bis zur Mitte der 1830er Jahre zu überleben; nur extrem wenigen gelingt die Umwandlung in eine Maschinenfabrik. Unstreitig aber handelt es sich bei der Manufaktur um eine «Protofabrik», deren Arbeiter an zerlegte Produktionsabläufe gewöhnt werden. Zu den gewerblichen Arbeitern – zuerst meist im Nebenerwerb, bis in die 30er Jahre hinein zunehmend im Haupterwerb – kann man häufig auch Verlagsarbeiter rechnen. Die sogenannte «Haus»- oder «Heimindustrie» wird als dezentralisierte Produktion von handelskapitalistischen Unternehmern organisiert. An einen Verlag können 300, 3000, sogar 30000 verlegte Arbeiter mit ihren Familien angeschlossen sein. Gewöhnung an zeitlich knapp fixierte, stückweise Herstellung, verändertes Familienleben, offenbar neuartiges generatives Verhalten und rasch wechselnder Konsumaufwand gehören zu den Folgen, denen die Protoindustrialisierungs-Forschung nachspürt. Der Unterschied zwischen Manufaktur und Verlag verfließt nicht selten, da die Verlage sich zentrale Werkstätten zur Zusammensetzung von Einzelteilen angliedern. Der Übergang von Verlagsarbeit zur Tätigkeit in einer Textilfabrik kann ebenso gleitend erfolgen wie der Wechsel aus einer bankrotten Manufaktur in eine der neuen Maschinenbauanstalten. Ein Potential an geschulten gewerblichen Arbeitskräften steht hier bereit. Der Übergang aus dem protoindustriellen Gewerbe zur industriekapitalistischen Maschinenfabrik ist freilich sehr strittig: Die Leitsektoren der Industriellen Revolution in den entwicklungsfähigsten deutschen Regionen gehen in aller Regel keineswegs aus der Protoindustrie hervor; nur in der Textilindustrie verschwimmen die Konturen.

4. In den Protofabriken, den neuen Maschinenfabriken, den Eisenbahnwerkstätten, den Maschinenbauanstalten usw. wächst die Industriearbeiterschaft im engeren, modernen Sinn als junge soziale Formation heran. Auf sie vor allem wird schließlich der Begriff «Proletariat» eingeengt. Alle empirischen Befunde bestätigen gerade hier die Notwendigkeit genauer Binnendifferenzierung. Der Facharbeiterstamm – der zentrale Funktionen wahrnimmt, Sicherheit des Arbeitsplatzes, abgehobene Löhne (Lohndifferentiale von 6 oder 8:1 sind die Regel), spezifische «soziale Ehre», Versicherungsschutz, bessere Wohngelegenheiten usw. genießt – besteht gewöhnlich aus ehemaligen Gesellen und Meistern. Unter dieser funktionalen Elite der «Gesellen-Arbeiter» gibt es den ‹gewöhnlichen› Arbeiter mit einer gewissen handwerklichen oder gewerblichen Ausbildung, kürzerer Kontraktzeit und geminderter Kassenhilfe; er strebt nach «ehrbarem» Status, erlebt aber häufig Kündigung und Arbeitslosigkeit, lebt trotz Mitarbeit der Familienangehörigen um das Existenzminimum herum, in deutlich schlechteren Wohnquartieren, gesundheitlich in Dauergefährdung. Aufstieg in die Facharbeiterschaft ist möglich, aber auch der Abstieg in die weit geringer bezahlte Schicht der Angelernten, deren Arbeits- und Lebensverhältnisse noch größeren Fluktuationen ausgesetzt sind. Auch sie trennt aber wieder eine soziale Distanz von Tagelöhnern, Ungelernten, Saisonarbeitern, die als «Flottierende» extrem unstet, ungesichert, chancenarm leben. Diese durchweg vorhandene Trias muß fast überall weiter differenziert werden: Hallenmeister heben sich ganz so wie Kolonnenführer, Vorarbeiter, Experten (Former oder Maschinenbauer) ab; auch das mittlere Gros der Arbeiter ist in sich noch feiner gegliedert. Mindestens sieben «Klassen» habe, meinten sächsische Industrielle in den 40er Jahren, bei ihnen jeder Betrieb.

Die scharfe Binnendifferenzierung wird in das Leben außerhalb des Betriebs hinein verlängert: Auch hier gibt es eindeutige Heiratspolitik, überlieferte und noch längere Zeit respektierte ständische Schranken, eigene Verkehrskreise. Tendenziell nehmen seit den 40er Jahren die symbiotischen Beziehungen zu, aber die soziale Verflechtung braucht Jahrzehnte, bis – verstärkt durch tiefere Außengrenzen – die Binnenhomogenität zunimmt. Diese Integrationsvorgänge aber lenken unmittelbar auf die Klassenformierung hin.

III. Als Klassen werden hier im Anschluß an Weber jene sozialen Formationen verstanden, die durch ungleiche Verteilung von Macht- und Herrschaftschancen, ungleiche ökonomische Lage, ungleiches Prestige und eigentümliche Muster der Weltdeutung bestimmt sind.[4] A priori steht man vor einer Alternative: Man kann mit guten Gründen für einen universalisierten Klassenbegriff optieren, der von babylonischen Kaufleuten, römischen Adligen, mittelalterlichen Rittern bis zu modernen Proletariern die verschiedensten Formen sozialer Ungleichheit abdeckt. Oder aber man kann den Klassenbegriff eng an die Funktionsmechanismen kapitalistischer Märkte binden. Es geht dann vor allem um die Verwertung von Besitz- und Leistungsqualifikationen auf den verschiedenen Arbeits-, Kapital- und Warenmärkten. Im Magnetfeld dieser entstehenden Marktwirtschaft ist die Klassenlage der Besitz-, Erwerbs- und Berufsklassen weithin Marktlage, Herrschaftsdifferentiale beruhen auf der Hierarchie der Marktmacht. Um das Neuartige der höherentwickelten Formen des Handels-, des Agrar- und schließlich des Industriekapitalismus zu erfassen, wird hier aus pragmatischen Gründen der engere, an Marktwirtschaft und Marktgesellschaft geknüpfte Klassenbegriff gewählt; hinzu kommt ein historistisches Argument: Man folgt auf diese Weise dem semantischen Befund der «language of class», die sich auch in «Deutschland» seit der Mitte des 18. Jahrhunderts unübersehbar ausbreitet und – so die schärfsten Köpfe – die neu auftauchenden gesellschaftlichen Formationen und Verhältnisse mit einem eigenen Vokabular zu erfassen sucht.

Klassen in diesem Sinn sind Resultate der neueren okzidentalen Entwicklung, sie entstehen, wachsen eventuell zusammen und können sich selbstverständlich wieder auflösen. Besitz-, Erwerbs- und Berufsklassen können jeweils unter historisch kontingenten Bedingungen zu «sozialen Klassen», größeren Einheiten mit eigenem Identitätsgefühl und geschlossener Interessenwahrnehmung, zusammenwachsen, später wieder zerfallen. Will man sich dem Problem der Klassenbildung zuwenden, ist es nützlich, vier Dimensionen der Klassenformierung analytisch zu unterscheiden; die präzisesten Anregungen dazu stammen erneut von Weber. Man kann im ersten Arbeitsgang, ehe man wiederum auf Fusionen und Querverbindungen eingeht, 1. die ökonomischen, 2. die sozialen, 3. die politischen und 4. die kulturell-ideologischen Prozesse der Klassenformierung jeweils für sich analysieren. Das gilt für Bürger wie Arbeiter gleichermaßen. Dabei wird sogleich deutlich, daß die in diesen vier Dimensionen ablaufenden, in der historischen Wirklichkeit aufs engste verschränkten Formierungsprozesse einer Klasse in einem dialektischen Wechselverhältnis zu strukturell gleichartigen Prozessen anderer Klassen stehen. Spätestens seit Marx ist das eine der Grundeinsichten der Klassenanalyse. Sie steht jedoch stets in Gefahr, als geradezu banale Selbstverständlichkeit bezeichnet, dann aber forschungspraktisch ignoriert zu werden – vide: wahre Bibliotheken zur Geschichte der Arbeiterbewegung und Arbeiterschaft.

Hier soll es um diese geradezu klassische Wechselwirkung in der Entstehungsgeschichte von Bürger- und Arbeiterklassen gehen. Akzeptiert man die provisorische Differenzierung der verschiedenen Formationen von «Bürgertum» und «Arbeiterschaft», den historisch eingegrenzten Weberschen Klassenbegriff und das vierdimensionale Schema der Klassenformierung über einen Zeitraum von noch unbekannter Länge hinweg, ist eine plakative Gegenüberstellung von Bürgertum und Arbeiterschaft, erst recht von «Bourgeoisie» und «Proletariat» als geschichtsphilosophisch überfrachteten Trägern von Klassenmissionen und welthistorischen Aufgaben, nicht mehr möglich. Statt dessen muß man komplexe Prozesse des Übergangs von überwiegend ständisch geprägter sozialer Ungleichheit zur Herausbildung von Klassen bei sehr verschiedenartigen Formationen von Bürgern und Arbeitern in den vier verschiedenen Dimensionen im zeitlichen Längsschnitt verfolgen.

Diese Prozesse werden durch eine gesellschaftliche Gesamtkonstellation verursacht und geprägt, auf deren Rahmenbedingungen und Antriebskräfte hier nur angespielt werden kann: Breite und beschleunigte Entfaltung des Kapitalismus bis hin zum industriellen Produktionskapitalismus (Richtungskriterium der ökonomischen Modernisierung: «Fortschritt zum Kapitalismus»); Entstehung und Ausbreitung des damit zusammenhängenden Systems von Besitz-, Erwerbs- und Berufsklassen (Richtungskriterium: Fortschritt zu «marktbedingten Klassen»); Intensivierung der inneren Staatsbildung (Richtungskriterium: Durchsetzung des «bürokratisierten nationalen Anstaltsstaats»), sowie, um mit einigen Hinweisen zu schließen, ein seit dem zweiten Drittel des 18. Jahrhunderts vehementes demographisches Wachstum, Rationalisierungsschübe im kulturellen Leben (Aufstieg der Wissenschaften, Säkularisierung, Entchristianisierung), Entstehung eines wirklichen Weltmarkts (nicht der Wallersteinschen System-Chimäre) usw. Im Rahmen dieser dynamisierten Evolutionsprozesse haben sich die Veränderungen der Sozialstruktur im deutschsprachigen Mitteleuropa mit einer außerordentlichen Variationsbreite vollzogen, der man allein mit Pauschalformulierungen (wie: Aufstieg von marktbedingten Klassen, oder: von Bürgertum und Proletariat) nicht gerecht würde.

IV. 1. Das traditional geprägte Stadtbürgertum hat seinen Höhepunkt überschritten, es ficht bis ans Ende der 1860er Jahre (in Sachsen bis 1886) einen hartnäckigen, letztlich aber aussichtslosen Defensivkampf. Staatsrechtlich wird, wie gesagt, die traditionale Vollbürgergemeinde aufgelöst und durch die moderne Einwohnergemeinde städtischer Staatsbürger ersetzt. Parallel dazu dringen seit den 40er Jahren zusehends klassenbildende Kräfte in die Stadtbürgerschaft ein; in den beiden Hochkonjunkturjahrzehnten der 50er und 60er Jahre werden sie immer deutlicher erkennbar. Stadtbürgerliche Gewerbetreibende, Binnenschiffahrtsreeder, Bankiers usw. werden von der Sogwirkung der expandierenden modernen Markt- und Verkehrswirtschaft erfaßt und gehen tendenziell einer Verschmelzung mit der Bourgeoisie der «Bürgerlichen» entgegen. Die entscheidende Phase, welche diese Tendenzen zutage treten läßt, ist die Boomperiode von rund 1850 bis 1873. Die ökonomische Verortung stadtbürgerlicher Unternehmer verschiebt sich unverkennbar hin zu dem Feld, auf dem sich die marktbedingten Besitzklassen der Bourgeoisie ausdehnen.

Ein vergleichbarer Auflösungs- und Verschiebungsprozeß spielt sich im sozialen Bereich ab. In den 25 Jahren nach 1848 wächst sprungartig die soziale

Verflechtung mit nicht-stadtbürgerlichen Unternehmerfamilien, auch hier von der Hochkonjunktur gefördert: jenem großen Erfolgserlebnis des freien Unternehmertums, das durch soziale Annäherung von den stadtbürgerlichen Honoratioren honoriert wird – und wohl auch honoriert werden muß. Gleichzeitig nimmt in dieser Periode die soziale Verflechtung mit der beamteten und freiberuflichen bildungsbürgerlichen Intelligenz zu.

In der politischen Dimension ist die alles überschattende Grunderfahrung die Zerstörung der alten stadtbürgerlichen Welt. Dieser Zerfall untergräbt, durchlöchert und planiert schließlich auch die Barrieren, die bisher die stadtbürgerliche Welt von anderen bürgerlichen Formationen noch mehr oder minder effektiv getrennt haben.

Kulturell setzen sich bildungsbürgerliche Normen ebenfalls mit zunehmender Kraft durch, seit den 60er/70er Jahren allmählich ergänzt durch Wertvorstellungen aus den Naturwissenschaften und der Technik. Insgesamt steuert das Stadtbürgertum alten Typs bis 1870 unwiderruflich seiner Auflösung und Assimilation an aufsteigende Klassen entgegen, die im letzten Jahrhundertdrittel noch anhält. Um 1870 sind seine einstmals scharfen Konturen und Außengrenzen am Verfließen; in einigen Fontane-Romanen sind sie noch völlig präsent, aber realhistorisch ist diese traditionsreiche bürgerliche Formation definitiv in ihre Niedergangsphase eingetreten. Ihre Eigenwelt geht fortab rasch unter.

Gemessen an seiner traditionalen Konsistenz unterliegt das Stadtbürgertum einem schmerzhaften, umfassenden Prozeß der Entstrukturierung. Die wichtigste Reaktion darauf scheint mir politischer Natur zu sein: Zwar ist die Verflechtung und zum Teil die Verschmelzung mit Bourgeoisie und Bildungsbürgertum mit erheblichen sozialpsychischen Anpassungsproblemen und Belastungen der traditionalen Mentalität verbunden; sie zählen jedoch im Vergleich gering mit dem Bedürfnis, im Zeichen von Zerfall, häufig auch von sozialem Abstieg, zumindest die soziale Distanz nach unten schärfer zu markieren: gegenüber dem Kleinbürgertum, forciert gegenüber den Unterschichten, insbesondere gegenüber dem als wachsende Bedrohung wahrgenommenen Industrieproletariat. Die Vertiefung der Außengrenzen, vor allem dann während und nach den Schockmonaten von 1848/49, als Resultat tiefreichender soziopolitischer, soziokultureller und ökonomischer Labilität verstärkt nicht nur gleichlaufende Tendenzen in Bourgeoisie und Bildungsbürgertum, sondern wirkt sich wegen der Bitterkeit dieser Defensive nachhaltig auf die städtische Arbeiterschaft insgesamt aus.

2. Im Gegensatz zum Niedergang und zur staatlichen Zerstörung des Stadtbürgertums durchzieht die Geschichte des Bildungsbürgertums eine Grundtendenz: Expansion und Aufstieg. Ökonomisch hängt die beamtete Intelligenz von den Arbeitsmärkten der staatlichen und städtischen Verwaltung (anfangs auch noch ständischer Gremien) ab. Seit der Ausweitung der

Staatsfunktionen im Gefolge der Reformepoche stehen hier die Zeichen auf Expansion. Zugegeben, man soll das Wachstum der einzelstaatlichen Bürokratie nicht überschätzen, noch immer sind es überschaubare Berufsbeamtenkorps. Preußen freilich mit seinem konsequenten Stellenstopp von 1824 bis 1848 ist eine Ausnahme, und auch hier ist primär die Verwaltung betroffen, die Justizbürokratie, das Justizkommissariat vermehren sich; anderswo gilt eine solche Sparpolitik ohnehin nicht als durchsetzungsfähig. Oft übersehen wird die Ausdehnung der städtischen Beamtenschaft – in den fortbestehenden Stadtrepubliken, in den verstaatlichten ehemaligen Reichsstädten, in Preußen im Gefolge der drei Städtereformen. Nach der Revolution setzt dann in allen Staaten ein kräftiger Wachstumsschub zugunsten der Bürokratie ein. Da auch seither die deutsche Urbanisierung erst wirklich auf breiter Front einsetzt, öffnen sich die städtischen Karrierewege noch häufiger und schneller.

Die freiberuflichen Bildungsbürger haben mit den 30er und 40er Jahren ihre Frühphase hinter sich. Wie sich an den Fakultätsfrequenzen, der Professionalisierung der Ärzte, Architekten, Rechtsanwälte u. a. ablesen läßt, saugen die sogenannten «liberalen Beschäftigungen» ebenfalls nach 1848 und auch von der Hochkonjunktur unterstützt eine kontinuierlich wachsende Zahl junger Akademiker auf. Mit der industriellen Hochkonjunktur, der Entstehung wahrhafter Großunternehmen und Großbanken schwillt zugleich die Anzahl der Leitungspositionen an, in denen juristisches, ökonomisches («kameralistisches»), dann auch technisches Sachwissen verlangt wird. Im oberen Management, in Vorständen, überall steigt die Nachfrage nach akademisch geschulten Experten. Hochspezialisierte Sachkompetenz ist immer eine Machtressource, und man kann verfolgen, wie während der Professionalisierung oder während des Einströmens in die Wirtschaft die Marktmacht dieser Bildungsbürger wächst. Heißt «gebildetes Bürgertum» um 1820 im wesentlichen noch Berufsbeamtenschaft in Verwaltung und Justiz, Pfarrer, Universitäts- und Gymnasiallehrer, besteht es um 1870 aus einer Vielzahl von aufgefächerten Berufsklassen, zu deren Gunsten die anonymen Prozesse der inneren Staatsbildung, der allgemeinen Bürokratisierung, der Expansion von Marktwirtschaft und -gesellschaft unablässig weiterarbeiten. Bemerkenswert bleibt die Mobilität zwischen den bürgerlichen Klassen: aus der Staatsverwaltung in die Eisenbahngesellschaft, aus der Praxis oder vom Katheder in das Medizinal-Kollegium, aus der Anwaltssozietät in die Aktienbank.

In der sozialen Dimension fällt beim Überblick à la longue zuerst Konsolidierung und Exklusivität auf. Es gibt Einbrüche, Schwankungen, Widerstände. Insgesamt aber festigt die Mischung von Privilegierung und Disziplinierung die Beamtenschaft, hebt sie ab, verstärkt ihr Elitenbewußtsein. Die preußische Sparpolitik bringt zwei Jahrzehnte lang materielle Nachteile und begrenzte Zugangschancen; wer jedoch in der Administration oder Justizbürokratie auf eine Planstelle gelangt, gibt dem ohnehin angelegten Hang zum elitären Denken noch eher nach. Bewältigung der Revolution, industrieller Aufschwung und politische Erfolge in wichtigen Staaten bis zur Reichsgründung verstärken dieses Selbstbewußtsein. Darüber dürfen innerbürokratische Konflikte und Generationsgegensätze nicht hinwegtäuschen – Konflikte etwa, wie sie weiterhin zwischen Adligen und Bürgerlichen anhalten, wobei der Adel die strategisch wichtigen höheren Stellen dominiert, der bürgerliche Anteil an der gesamten Verwaltungs- und vor allem Justizbürokratie aber – zuerst dem Geheimwissen, dann auch den Staatshandbüchern vertraut – kontinuierlich weiterwächst. Einen vergleichbaren Aufstieg ohne Elitenkonkurrenz erlebt die freiberufliche Intelligenz mit einem entsprechenden Leistungsstolz. Insgesamt bleibt aber trotz der Absperrmechanismen, die mit solchen Erfolgen einherzugehen pflegen, der Zugang zum Bildungsbürgertum ungefähr gleich offen wie in den vorhergegangenen Jahrzehnten, eher nimmt er etwas zu. Rund einem Fünftel der nachwachsenden Intelligenz gelingt es, die Universitätsausbildung als soziale Schleuse nach oben zu benutzen. Die Kehrseite: Das Ausmaß der Selbstrekrutierung bleibt weiterhin bemerkenswert hoch, es sinkt nie unter 50%.

Im Hinblick auf die politische Formierung unterstützt die Summe individueller und kollektiver Erfolgserlebnisse den Konsolidierungsprozeß. Gewiß, die Revolution bedeutet einen Einschnitt. Die Außengrenzen gegenüber den «Massen» werden drastisch verstärkt. Gemeinsame Interessen aller bürgerlichen Formationen an der Vermeidung der «Pöbelherrschaft» werden erkannt, formuliert, beibehalten. Nach 1849 hört jedoch bekanntlich die kritische Diskussion keineswegs auf. Von allgemeiner, anhaltender Resignation in den 50er Jahren kann keine Rede sein. Gerade im Bildungsbürgertum geht eine lebhafte politische Debatte weiter, getragen von dem Selbstbewußtsein, daß einer moderneren, liberaleren, bürgerlicheren Welt trotzdem die Zukunft gehört. Es bedarf im Grunde erst der späten 70er Jahre mit all ihren Belastungen, um diesen Optimismus radikal in Frage zu stellen.

Gemessen an den hochfliegenden Idealen um die Jahrhundertwende verflacht die neuhumanistische Bildung, aber noch dehnt sie sich weiter aus, ihr Siegeszug wird noch nicht prinzipiell in Frage gestellt. Zunehmend jedoch verweist ‹Bildung› nicht mehr auf die anhaltende, verfeinernde Selbstbildung des Intellekts, des Gemüts, der Gefühle, sondern wird, in Form von Schul- und Universitätsdiplomen nachgewiesen, zum Eintrittsbillet in ein penibel differenziertes Berechtigungswesen. Bildungswissen tendiert wieder zum aufklärerischen enzyklopädischen Sachwissen in bestimmten Bereichen. Vorteile des Berechtigungswesens machen jedoch in gewisser Hinsicht die Verwässerung der Bildungsutopie wett: Schärfer denn zuvor hebt sich der vielfältig privilegierte «Gebildete» von der misera plebs der «Ungebildeten», den im Hinblick auf Lebenschancen, Einkommen, Prestige, politischen Einfluß Benachteiligten, selbstsicher ab. Drei Generationen nach dem Aufstieg der neuhumanistischen Bildungsidee ist die deutsche Sozialhierarchie unter anderem unverkennbar durch neuständische, aber auch die Klassenbildung untermauernde Bildungsgefälle charakterisiert.

3. Die anfänglich zahlenmäßig kleine Besitzklasse der Bourgeoisie erlebt seit den 40er, erst recht seit den 50er Jahren einen anhaltenden Aufstieg mit der Differenzierung in unterschiedlich privilegierte Besitzklassen. Die Grundlagen der Industrie-, Verkehrs- und Marktwirtschaft wachsen in die Breite, damit auch die Chancen bürgerlicher Unternehmertätigkeit, bestechenden oder auskömmlichen ökonomischen Erfolgs. Die beiden Hochkonjunkturjahrzehnte enthüllen, welche enorme Motorik dem produktionskapitalistischen Aufschwung innewohnt, der die verschiedenen Besitzklassen der Bourgeoisie mit hochträgt und numerisch anschwellen läßt.

Die empirischen Mobilitätsstudien bestätigen freilich ein weiterhin anhaltendes hohes Maß an Selbstrekrutierung aus Unternehmerfamilien gleich welcher bürgerlichen Formation. Söhne aus Stadtbürger- und Bildungsbürgerfamilien besitzen schließlich bessere Chancen als die der Handwerker-Unternehmer der Frühindustrialisierung und ersten «Take-Off»-Phase. Zweifellos nimmt auch die Bereitschaft zur geographischen Mobilität zu: In den Schwerpunktregionen der deutschen Industrialisierung ist die maßgebliche Rolle der frühen Erfolgsfamilien im allgemeinen noch nicht gefährdet, aber wie man am Ruhr- und Saargebiet, in Sachsen und Oberschlesien beobachten kann, saugen solche Regionen echte oder vermeintliche Talente von vielen Seiten her an. «Empire-Building» durch Familienpolitik wird angesichts des kometenhaften Aufstiegs und Niedergangs von Neureichen schwieriger, spielt aber weiterhin eine wesentliche Rolle. Durch ein funktionierendes Verkehrs-, Telegraphen-, Bankenwesen, durch Münzen-, Maß- und Rechtsvereinheitlichung wird die Familienpolitik auch entlastet, da öffentlich garantierte Institutionen Aufgaben übernehmen, die der frühindustriellen Unternehmerfamilie noch selber oblagen. Es ist auch diese Auflokkerung, die der sozialen Verflechtung mit Stadt- und Bildungsbürgertum zugute kommt. Die strategische Vorreiterrolle der ethnisch-religiösen Minderheiten tritt zurück. Dominant aber bleibt unangefochten der protestantische Unternehmer – bekanntlich auch noch bis in die ersten Jahrzehnte der Bundesrepublik –, ein Phänomen, das mit einer elastischen Erweiterung der Weber-These (nicht nur der calvinistische und freikirchliche, sondern auch der lutherische Protestantismus selber schon als Ergebnis großer, säkularisierender Modernisierungsprozesse und neuer, die Interessen steuernder «Weltbilder») noch am ehesten erfaßt werden kann.

Die politische Konstituierung der Bourgeoisie vollzieht sich sozusagen an vier Fronten gleichzeitig. Einmal muß sie in einem Verhältnis von Konflikt und Symbiose zugleich gegen das Stadtbürgertum bzw. mit ihm ihre Position durchsetzen. An der Rolle, die Bourgeois-Unternehmer beim Übergang von der exklusiven Honoratiorenpolitik zur modernen städtischen Kommunalpolitik spielen, läßt sich das unter anderem ablesen. Dem Trend nach stehen die Zeichen um 1870 auf Erfolg.

Eine zweite Auseinandersetzung wird mit dem Adel ausgefochten. Eine an Selbst- und Leistungsbewußtsein zunehmende Bourgeoisie reibt sich an adligen Privilegien in Politik und Verwaltung, an aristokratischem Prestige, Dünkel und Lebensstil, der mit bürgerlicher Arbeitsethik und intensivem Geschäftsengagement meistens grell kontrastiert. Die rechtliche Sonderstellung bleibt ein steter Stachel; der Passus in den neuen preußischen Adelsstatuten der 30er Jahre, wonach ein Edelmann bei bestimmten Vergehen zum Bürgerlichen degradiert werden kann, erhitzt etwa die klassenbewußte Kölner Großbourgeoisie bis zur Weißglut: Man wolle, heißt es da, nicht zur «Kolonie für adlige Verbrecher» werden.[5] Andrerseits ist es keine durchlaufende Feindschaft: Nobilitierung oder Kommerzienratstitel – als nächstbeste Ehrung – sind hoch begehrt; die strukturelle Affinität zum adligen Gutsherrn ist manchem Betriebsherrn bewußt. Die Imitation adligen Lebens wird sich im letzten Drittel des 19. Jahrhunderts ausbreiten. Abgeschwächt wird die Auseinandersetzung auch durch die Revolution, welche die Unternehmer durchweg an die Seite der Mächte führt, die «Ruhe und Ordnung» garantieren; danach durch die Erfahrung der Folgezeit, in der den ökonomischen Energien rechtlich und politisch, sozusagen auch atmosphärisch, freie Bahn geschaffen wird.

Ähnlich ambivalent ist das politische Verhältnis zur verstaatlichten Intelligenz. Teils gilt sie als Inbegriff bürokratischer Gängelung, die sie ja auch jahrzehntelang praktiziert; an dieser staatlichen Bevormundung reibt sich das Selbstbewußtsein der erfolgreichen Bourgeoisie. Teils stößt das unübersehbare Bestreben des Bildungsbürgertums, gegenüber dem ‹platten Materialismus› der neureichen Unternehmer auf Distanz zu achten, auf eine lebhaft erwiderte Aversion. Andrerseits nimmt die Kooperation mit der Verwaltung, und das heißt: mit bildungsbürgerlichen Fachleuten, zu. Im Wirtschaftsrecht folgt in den 50/60er Jahren eine Erleichterung und Konzession an langgehegte Wünsche nach der anderen. Zumindest die Wirtschaftspolitik wird von den weiterhin paternalistischen, neoabsolutistisch-frühkonstitutionellen Staaten häufig liberalisiert. Das verfehlt seine Wirkung nicht. Und die Abwehrmentalität der beamteten und freiberuflichen Bildungsbürger wird mit steigender Tendenz durch das Konnubium durchlöchert, obwohl noch keineswegs ganz durchbrochen.

Die vierte und vermutlich wichtigste politische Erfahrung ist das numerische Wachstum der Pauperisierten, des inner- und außerbetrieblichen Industrieproletariats, der Revolution mit Straßenkampf und Bürgerkrieg. Der politische Homogenisierungsschub des Bürgertums, der dadurch etappenweise vorangetrieben wird, ist kaum zu überschätzen. Positiv wird diese Wirkung durch die erwähnte liberale Wirtschafts- und Handelspolitik, das neue AG-, Banken-, Börsen-, Handelsrecht der Boomjahrzehnte unterstützt.

Erste relativ moderne Interessenverbände stärken seit den späten 1840er Jahren den politischen Zusammenhalt, seit der zweiten Hälfte der 60er Jahre kommt offene parteipolitische Unterstützung hinzu.

Es ist methodisch geboten, den Hinweis auf diese vier Konfliktzonen dadurch zu ergänzen, daß man auf die komplementäre, integrierende Funktion von politischem Konsens aufmerksam macht (oft ist das nur ein Perspektivenwechsel der Analyse, da manche Konflikte von bereits vorhandener konsensualer Basis aus ausgetragen werden; hier wird eher die allmähliche Entstehung von gemeinsamen Überzeugungen im Konflikt und durch den Konflikt betont). So kann etwa dem Protest gegen den bürokratischen Entscheidungsanspruch schon eine Parteinahme für den liberalen Verfassungsstaat zugrunde liegen. Überhaupt fordern nicht wenige Mitglieder der Bourgeoisie die Verwirklichung liberaler Ziele, den Aus- oder Aufbau des Verfassungsstaats (durchweg in Form der konstitutionellen Monarchie), eine angemessene bürgerliche Repräsentation, vor allem zur Kontrolle der Steuer- und Finanzpolitik, usw. Aber dieser Konsens ist oft vage, keineswegs lückenlos verbreitet. Manche Unternehmer sind politisch konservativ, lehnen den smithianischen Wirtschaftsliberalismus ab, fordern staatliche Protektion. Deshalb ist vermutlich die klassenbildende Wirkung von gemeinsamen Konflikterfahrungen größer als die Integration durch einen in Auseinandersetzungen noch nicht erprobten Konsens. Im Prinzip gilt, daß angesichts der Komplementarität von Konflikt und Konsens die empirische Untersuchung den jeweiligen Anteil zu gewichten hat.

Wie es den «Cross-Pressures» seit den 40er Jahren entspricht, zeigt auch die kulturelle und ideologische Formierung Charakteristika eines Übergangs. Einerseits wird bürgerlicher Lebensstil bewußt gepflegt und verteidigt. Die bürgerliche Arbeitsethik bleibt in Kraft. Andrerseits ähnelt nach der Jahrhundertmitte die neue Fabrikantenvilla im Park dem adligen Herrenhaus, der klassenspezifische Aufwandskonsum verändert sich, das sozialnormative Vorbild der traditionalen Elite gewinnt an Faszinationskraft. Die «geistige Überlegenheit» des Bildungsbürgertums wird mit abnehmendem Widerwillen anerkannt; nicht mehr völlig vereinzelt besuchen Unternehmersöhne Gymnasium, Universität oder TH. Daneben aber gibt es auch ein ideologisches Eigenbewußtsein: Die expandierende Industrie- und Marktwirtschaft verkörpert den Fortschritt, Siege im internationalen Konkurrenzkampf werden als nationale Aufgabe verstanden, die sichtbare Überwindung «relativer Rückständigkeit» in einer unter damaligen Bedingungen sehr kurzen Zeit stärkt das Selbstwertgefühl. Innerbetrieblich entspricht dem der «Herr-im-Haus»-Standpunkt die Betriebsherrschaft im Stil der verfassungslosen Monokratie.

4. Ein Blick auf den «Staatsbürger»: Die Ausdehnung der rechtlichen und politischen Staatsbürgergleichheit kommt zunächst – bis zum Reichstagswahlrecht von 1866/71 – in erster Linie den bürgerlichen Klassen und

Schichten zugute, obwohl das Einwohnerrecht auch den bisher Unterprivilegierten weiterzuhelfen beginnt. Generell aber wird die formalrechtliche Gleichheit der Staatseinwohner durch Besitz, Einkommen und Bildungspatente qualifiziert; im politischen Leben gelten solche Einschränkungen ebenfalls. So gesehen gibt es – meist an die marktbedingten Klassen angekoppelte – ungleiche Rechtsklassen, Steuerklassen, politische Klassen. Überall jedoch sind die staatsbürgerlichen Rechte für die bürgerlichen Besitz- und Berufsklassen höher entwickelt. Auch das erleichtert die binnen- und zwischenstaatliche Mobilität und damit grenzübergreifende gemeinbürgerliche Erfahrungen. Kein Wunder, daß Bismarcks demokratisches Reichstagswahlrecht unter den bürgerlichen Staatsbürgern weithin auf Unverständnis, ja feindselige Ablehnung stößt. Und was die sozialen Gleichheitsrechte angeht, sind sie zwar noch nicht institutionell verankert, aber der Zugang zu jenen Lebenschancen, den soziale Gleichheitsrechte öffnen sollen, steht den Stadtbürger-, Unternehmer- und Bildungsbürgersöhnen faktisch bereits offen. Auch das prägt ihre Kollektivmentalität. Umgekehrt wirkt sich die krasse Ungleichheit der Staatsbürgerrechte als eine scharfe Schneide aus, die Arbeiter tief verletzt und entsprechende Reaktionen hervorruft.

V. 1. Müssen im Hinblick auf Klassenbildungsprozesse die wichtigsten bürgerlichen Formationen etwas genauer ins Auge gefaßt werden, gestattet die zeitliche Eingrenzung des Theams im Hinblick auf die Arbeiter eine gewisse Reduzierung der Komplexität, die allgemein natürlich auch in diesem Umfeld gar nicht geleugnet werden kann. Bis rund 1850 kann die Arbeitermehrheit – die in sich wieder fein gegliederte Landarbeiterschaft – übergangen werden, da erst dann im Zuge der industriell induzierten Binnenwanderung das Einströmen in die großgewerblichen Bezirke einsetzt. Ähnlich braucht man unter dem Selektionsgesichtspunkt der Bildung gewerblicher Arbeiterklassen auf die große Mehrheit der städtischen, manuell arbeitenden «unteren Volksklassen» nur kurz einzugehen. Aus beiden Arbeiterreservoirs gehen wichtige Gruppen und Erwerbsklassen der späteren «klassenbewußten» Arbeiterschaft hervor: z. B. die Eisenbahnarbeiterschaft, die auf langen Migrationszügen den Streckenbau seit den ausgehenden 1830er Jahren begleitet, wegen des Wanderarbeiterlebens, der immensen Heterogenität, der wechselnden Komposition der Schachtgruppen, der traditionalen Interessenartikulation, der Unfähigkeit zur Selbstorganisation usw. vor 1850 – im Gegensatz zu manchen neueren Fehlinterpretationen – gerade nicht als Avantgarde eines selbstbewußten Proletariats bezeichnet werden kann. Seit den 50er Jahren tauchen moderne Formen des Arbeitskampfes, der vorbereitete Lohnstreik etwa, auf, aber die desintegrierenden Elemente dieses Wanderarbeiterlebens herrschen weiter vor, verhindern Kohäsion, bis Mitte der 70er Jahre der Großteil des deutschen Streckennetzes ausgebaut ist. Oder aber: mit dem städtischen Bauboom seit den 1850er Jahren, einem oft unterschätzten Konjunkturfaktor, wächst eine riesige Bauarbeiterschaft von Angelernten und Ungelernten um den Kern der handwerklich geschulten Maurer, Poliere, Meister usw. heran. Diese – mit Schwankungen bis 1913 anhaltende – Bauexpansion verschafft Hunderttausenden saisonal beschränkte Arbeitsmöglichkeit. Die Umrisse einer speziellen Erwerbsklasse zeichnen sich hier ab, aber vor 1870 stehen die Bauarbeiter noch nicht im Vordergrund des Interesses an der Bildung industriell-großgewerblicher Erwerbsklassen.

Mutatis mutandis kann man für diesen frühen Zeitraum mit den Verlags- und Manufakturarbeitern ähnlich summarisch umgehen. Nach der tödlichen Krise der Heimindustrie in den 40er Jahren schrumpfen die Erwerbsmöglichkeiten in ihr rapide. Die arbeitsfähigen Mitglieder «verlegter» Familien müssen sich einen Broterwerb suchen, wo immer sie ihn finden: in der überfüllten Landwirtschaft, in den überfüllten Städten mit ihrem abschrekkenden Zuzugsgeld und abweisenden Heimatrecht. Erst seit der Hochkonjunktur der 50er Jahre beginnt auch die Industrie, sie aufzunehmen. Für klassische Führungssektoren wie die Eisen- und Stahlindustrie, den Bergbau und Maschinenbau sind die allermeisten – die textilindustriellen Verlagsarbeiter – keineswegs prädestiniert, hier müssen sie bei den Ungelernten anfangen; nur in der Textilindustrie liegen die Dinge anders. Die Grunderfahrung der großen Mehrheit der Verlagsarbeiter ist daher die Zerstörung vertrauter Lebens- und Arbeitszusammenhänge. Erst als Mitglieder neuer fabrikindustrieller Erwerbsklassen unterliegen sie klassenbildenden Einflüssen, mit der Ausnahme von fortbestehenden Verlagsregionen, in abgelegenen Berglandschaften etwa (erzgebirgische oder thüringische Spielwaren-Heimindustrie), wo sich auf der Lokalebene ein klassenmäßiger Zusammenhang ausbilden kann.

Von den Manufakturen ist, wie erwähnt, bis in die 30er Jahre buchstäblich nur eine Handvoll in den alten Gewerbelandschaften übriggeblieben. In vereinzelten Fällen gelingt die Umwandlung in eine Maschinenfabrik, damit vollzieht sich für diese Manufakturarbeiter ein gleitender Übergang in die Industriearbeiterschaft. In der Phase der Agonie der letzten Manufakturen (1815–1835) müssen die meisten Arbeiter aber jedweden Broterwerb akzeptieren. Nur wer gesund und kräftig bleibt, kann seit den späten 30er Jahren in die industriellen «Etablissements» abwandern und früher erworbene Fertigkeiten nutzen. Groß kann diese Zahl nicht gewesen sein: Minimal bleibt die Anzahl der Arbeiter in den wenigen zum Teil bis heute fortbestehenden Manufakturen (Porzellan).

2. Im vorgegebenen Zeitraum kann man jetzt auf die Industriearbeiterschaft blicken – für die Klassenanalytiker von den schottischen Sozialphilosophen über Marx und Weber bis heute die moderne industrielle Erwerbsklasse par excellence, Vorbild für den Übergang von der «Klasse an sich» zur «Klasse für sich», verklärt als Proletariat mit der historischen Mission eines

welterlösenden Kollektivmessias, realhistorisch aber in der Tat für eine relativ lange Zeit der Kern einer «sozialen Klasse» mit kollektiver Identität, zielstrebiger Interessenverfolgung, hohem gewerkschaftlichem und politischem Organisationsgrad, nachweisbarem «Klassenbewußtsein».

Der entscheidende Rechts- und Sozialtypus ist der freie Lohnarbeiter, der in den Formen des formalen Kontrakts seine diversen Leistungsqualifikationen – von hochspezialisierten Fähigkeiten bis hin zu rein physischer Kraft – auf Arbeitsmärkten verkauft. Die ökonomische Formierung einer ursprünglich sehr heterogenen Lohnarbeiterschaft erst zu Erwerbsklassen, dann zu einer «sozialen Klasse» hängt allgemein von der Entfaltung industriekapitalistischer Produktionsverhältnisse ab, speziell – auf der Mikroebene des Betriebs – von der prägenden Kraft der Arbeitsprozesse, der Arbeitsfunktionen, der Arbeitsteilung in der modernen Industriefabrik. Selbstverständlich halten sich zunächst auch im Unternehmen ältere ständische, religiöse, rechtliche Unterschiede, auch solche der regionalen Herkunft, des Dialekts usw. – den ehemaligen Einzelmeister im Status des hochqualifizierten Facharbeiters trennt in der Tat eine Welt vom angelernten ehemaligen Soldaten, von den Arbeiterinnen, den angemieteten Insassen des Waisenhauses. Bereits auf mittlere Sicht setzt sich jedoch die stumme Macht der Arbeitsfunktionen durch und schafft die bereits skizzierte innerbetriebliche Sozialhierarchie von der Facharbeiterelite über die diversen Schichten der Gesellen-Arbeiter und Angelernten bis hinunter zu den Ungelernten und Tagelöhnern. Dieser Hierarchie entsprechen Lohn-, Prestige-, Lebensstildifferentiale, die ein hohes Maß an Binnendifferenzierung in der Industriearbeiterschaft lange noch aufrechterhalten.

Im Betrieb findet auch ein Teil der sozialen Formierung statt: Die Fabrik wird tagtäglich als Herrschaftsverband erfahren, die Abhängigkeit vom Vorarbeiter, Meister, Betriebsherrn wird ständig erlebt, die auch vorher vertraute Ausbeutung wird durch die anonyme marktförmige Verteilung von Beschäftigungschancen eher verschärft erfahren, die Unterwerfung unter den Zwang der physikalischen Zeit gehört zu einem umfassenden Prozeß industrieller «Sozialdisziplinierung», die sowohl mit einer Skala scharfer Strafmaßnahmen als auch einem System vielfältiger Anreize vorangetrieben wird. Wahrscheinlich gilt auch hier Gabriel Tardes «Gesetz der Imitation»: Die Gewöhnung an die Disziplin in der Maschinenfabrik ist eine der Voraussetzungen und ein indirekt wirkendes Vorbild für die Disziplin im sozialen und politischen Emanzipationskampf der «Arbeiterbewegungen».

Zur sozioökonomischen Formierung gehört insbesondere das Fundamentalfaktum der Trennung von Wohn- und Arbeitsplatz, die bisher nur Bergarbeitern, Manufakturarbeitern und unzünftigen Handwerkern geläufig war. Jetzt weitet sich diese Trennung zu einer einschneidenden Erfahrung für viele – mit weitreichenden Folgewirkungen – aus.

Zunehmende Binnenhomogenisierung und Außenabgrenzung bilden zentrale Aspekte der sozialen Konstituierung der Arbeiterklasse. Ein geborenes Proletariat besteht in der behandelten Zeit erst ansatzweise, punktuell-regional. Dieser Evolutionsprozeß bedarf einer längeren Spanne als der relativ kurzen Zeit der deutschen Industriellen Revolution. Wichtiger ist daher vorerst, daß die Grenze zwischen Handwerksgesellen und -meistern einerseits, Fabrikarbeitern andrerseits ziemlich schnell porös wird. Handwerker-Arbeiter stellen die Mehrheit in Borsigs Maschinenbauanstalt – vor 1848 mit rund 1200 Beschäftigten die größte deutsche Fabrik –, in Buckaus Betrieb, bei der MAN. Die Facharbeiterelite kann daher allenthalben an handwerkliche Traditionen: der Selbsthilfe, der Unterstützungskasse, des Streiks, der Organisation anknüpfen. Dazu gehört, daß der Abstand zwischen Gelernten und Ungelernten scharf markiert bleibt. Unterhalb des relativ gesicherten Facharbeiterstamms gibt es eine empfindliche Unbeständigkeit und Labilität: Kurzarbeit, Entlassung, Arbeitslosigkeit, Umzug in eine billigere Wohnung, Wanderarbeit usw. Den unterschiedlichen Stationen, Schwankungen und harten Pressionen des Lebens- und Alterszyklus sind alle Arbeiter ausgesetzt. Dennoch muß man auf der anderen Seite Immobilität und Kontinuität ähnlicher oder gleicher Erfahrungen betonen, z. B. im Hinblick auf Wohnverhältnisse, auf die Bindung verheirateter Arbeiter an einen Standort. Gewiß, die Facharbeiter leben im günstigen Fall am unteren Saum des Kleinbürgertums, sie pflegen eigene Verkehrskreise, meiden verrufene «Herbergen». Aber unter ihnen gibt es nur kleine graduelle Unterschiede: Das Leben in den Berliner, Magdeburger, Nürnberger Mietskasernen, den Kellern, Dachzimmern und Hinterhäusern der entstehenden Slums ist überall elend und trist, es prägt einen spezifischen Erfahrungshorizont. Je länger die Immobilität in diesem Milieu andauert, um so größer die Chance zur Binnenhomogenisierung und Erfahrung von Außengrenzen. Diese «sozialräumliche» Beeinflussung der Klassenbildung – eine implizite Prämisse mancher Klassentheorie – kann gar nicht ernst genug genommen werden; die unstete Fluktuation meist jüngerer Arbeiter mit ihren extrem hohen Migrationsraten widerspricht dem nicht grundsätzlich – auch sie bewegen sich als «Schlafburschen» in diesem Ambiente, erst recht dann als seßhafte Familienväter. Auf die in letzter Zeit häufig diskutierte zentrale Rolle der Familie – als eigentlichen «Individuums» der Klassenbildung, als primärer Sozialisationsinstanz, als Ort der Mentalitätsprägung – braucht hier nur hingewiesen zu werden. Proletarische Familien mit ihrer «halboffenen» Struktur bewegen sich zudem in einem Netzwerk sozialer Beziehungen (Nachbarschaft, Verkehrs- und Heiratskreise, Freund- und Patenschaften usw.), die über längere Zeit hinweg in ihrer kumulativen Wirkung soziale Klassenformierung unterstützen, vorantreiben, stabilisieren. Gemeinsam erfahrene Abhängigkeit, Diskriminierung, Immobilität, aber auch Labilität und Unsicherheit, begrenzte soziale Kommunikation – sie alle können Klassenkohäsion befestigen. Die Erfahrung der Außengrenzen hängt damit eng zusammen. Arbeiter werden im Betrieb, in ihren Wohnquartieren ausgegrenzt, sie kapseln sich dort auch selber ab. Ihre Lebenserfahrung läßt sie ständig auf Trennungslinien stoßen; später insistieren sie mit wachsendem Selbstbewußtsein auf dem Eigenleben in ihrer Subkultur. Daß im beruflichen und sozialen Leben der Eindruck vordringt, in einer dichotomisch gespaltenen Gesellschaft zu existieren, vertieft die Außengrenzen ganz so, wie die sich ausbildenden Solidarstrukturen das tun.

Die Trennungsgräben werden durch politische Diskriminierung und Verweigerung von Staatsbürgerrechten fraglos sehr vertieft. Überall schließt das Wahlrecht die erdrückende Mehrheit der Arbeiter von der Kommunalpolitik aus, wo es um ihre unmittelbaren Interessen geht: Das Schulgeld für ihre Kinder, die Verbesserung der Lebensqualität im Wohnviertel, das Verhalten der Polizei, all das können sie politisch nicht beeinflussen, die Zusammensetzung der Landtage und Provinzialstände erst recht nicht. Die von einigen Sozialwissenschaftlern und Historikern zu Recht betonte (manchmal etwas überschätzte) Bedeutung des Kampfes um Staatsbürgerrechte liegt u. a. darin, daß – für viele erkennbar – über viele Lebenschancen zunehmend politisch entschieden werden kann, folglich politische Teilhaberechte in dem Maß immer wichtiger werden, in dem bestehende Politikfelder sich ausbreiten oder neu entstehen.

Der Kampf um die anderen Schichten und Klassen bereits eingeräumten Staatsbürgerrechte trägt zur politischen Formierung der Arbeiterklassen bei. Rechtliche Gleichheit ist vor 1848 weithin noch nicht erreicht, auch danach schaffen die Gerichtsordnungsgesetze bzw. die Unfähigkeit, den darin vorgeschriebenen Anwalt oder Justizkommissar zu bezahlen, neue Barrieren. Politische Ungleichheit regiert vor 1848, auch danach lebt sie im Klassenwahlrecht – das preußische Dreiklassenwahlrecht ist im Vergleich keineswegs der Gipfel der Diskriminierung – weiter, in der faktischen Verweigerung des passiven Wahlrechts, in den Verbotsklauseln der Vereinsgesetze usw. Bemerkenswert früh setzt der Kampf um soziale Gleichheitschancen ein: Schon von Arbeitervereinen des Vormärz wird z. B. die kostenfreie staatliche Schulausbildung gefordert; dasselbe Postulat ist 1848 häufig anzutreffen. Seither überschneiden sich diese drei Konfliktfelder beim Erstreiten rechtlicher, politischer, sozialer Gleichheitsrechte.

Gegen Degradierung und Diskriminierung begehren Arbeiter öfters auf, wobei man eine gewisse Stufenfolge und ein mit ihr ansteigendes Konfliktniveau, eine explizitere ideologische Rechtfertigung und Interpretation der Antagonismen von unterschiedlichen Positionen aus beobachten kann. Opposition äußert sich zuerst in vertrauten traditionalen Formen des «sozialen Protestes», in Krawall, Tumult, Widersetzlichkeit – um der Sprache der Polizeibehörde zu folgen –, in «Hungerrevolten», im Vergleich mit England extrem selten in Maschinenstürmerei. Allmählich dringt der spontane, dann der geplante Streik, die «Fabrikemeute», vor. Zwischen 1835 und 1847 sind bisher nur 16 erfaßt – da ihre Erforschung erst beginnt, wird man eine größere Zahl vermuten dürfen –, 1848/49 schnellen sie auf 49 empor. Wegen des Koalitionsverbots können die Behörden sogleich gegen Streiks vorgehen, daher ist die Tendenz zum Umschlagen in einen offenen politischen Konflikt immer gegeben; die Sanktionen können extrem hart sein.

Auf einer dritten Ebene lassen sich Organisationsbestrebungen verfolgen und zunächst in fünf Typen untergliedern: 1. Im Vormärz gibt es zahlreiche lokale Zusammenschlüsse, meist um Unterstützungskassen herum, wegen des Vereinsrechts locker organisiert, oft an ältere handwerkliche Vorbilder direkt oder vermittelnd anknüpfend. 2. Daneben wächst die Zahl der Bildungsvereine – der Ort dichtester Berührung zwischen sozialpolitisch aufgeschlossenen Bürgern und meist Handwerker-Arbeitern bis in die 60er Jahre. 3. In den sogenannten Auslandsvereinen finden sich in den sozioökonomisch und politisch fortgeschritteneren Staaten Westeuropas Handwerker, Arbeiter, Intellektuelle unterschiedlichster politischer Couleur – die meisten im Jargon der Zeit liberale, demokratische, frühsozialistische «Radikale» – zusammen. 4. Aus solchen Auslandsvereinen gehen in der Schweiz, in Frankreich, in England einige Geheimbünde hervor (z. B. Bund der Gerechten, Geächteten, Kommunisten), deren Programmatik sich radikalisiert und zu deren Aktionen auch die subversive Tätigkeit im Deutschen Bund gehören soll, zum Teil auch tatsächlich gehört. 5. Schließlich darf man die keineswegs einflußlosen, relativ festen Gesinnungszirkel nicht übersehen, die sich um Persönlichkeiten (Moses Hess, Dr. Lüning, Dr. Gottschalk, D'Ester), Zeitungen und Zeitschriften (Gesellschaftsspiegel, Westphälisches Dampfboot) und konvergierende Analysen der Tagespolitik und Zeitgeschichte bilden.

Erster durch die Revolution ermöglichter Höhepunkt ist die Funktionen von Gewerkschaft und Partei kombinierende «Arbeiterverbrüderung» von 1848/50 mit ihren rund 18000 bis 20000 Mitgliedern, weithin pragmatisch orientiert, nur beim Ausbleiben jeglichen Entgegenkommens zu der «schrecklichen Alternative» bereit, so ihr führender Kopf Stephan Born, «der Gesellschaft zu kündigen».[6]

Während der Restaurationsjahre nach 1849 wird das Arbeitervereinswesen weithin zerschlagen, zum Teil lebt es getarnt fort. Jedenfalls reicht manche personelle Kontinuität bis in die frühen 1860er Jahre, als die «Arbeiterbewegungen» um Lassalle, die Eisenacher, liberale Genossenschaftstheoretiker einen neuen Aufschwung und in der Gothaer Parteienfusion von 1875 einen ersten Kulminationspunkt erleben. Das erstrebte Monopol, alle Klassengleichen zu vertreten, hat die sozialdemokratische Arbeiterpartei freilich nie erreicht; auf konkurrierende Kräfte ist unten noch einzugehen.

Faßt man den Kulturbegriff in Anlehnung an die Sozialanthropologie so weit, wie das auch hier geschieht, sind einige prägende Faktoren schon genannt worden: das sozialräumliche Milieu, die strategisch wichtige Rolle der Arbeiterfamilie, das Netz sozialer Verflechtung durch Nachbarschaft, Heirat, Freundschaft, arbeiterspezifisches Lektüreangebot und Vereinswesen. Die «Heloten des Kapitals» (Riehl) versuchen, ihre außerbetriebliche Lebenssphäre zu stabilisieren, erträglicher einzurichten.[7] Ob man angesichts der Heterogenität «der» Arbeiterschaft und der entstehenden industriellen Erwerbsklassen von einer klar identifizierbaren «Arbeiterkultur» sprechen kann, scheint mir – so viel auch von der Definition von «Kultur» abhängt – unverändert, wortwörtlich genommen, fragwürdig zu sein.

An der ideologischen Prüfung fällt in den ersten Jahrzehnten der Industrialisierung vor 1870 die Vielzahl konkurrierender Ideen auf, die Loyalität beanspruchen, Integration versprechen, Deutung von Umwelt und Geschichtsverlauf verheißen. Da gibt es die zahlreichen Varianten eines christlichen Sozialismus und eines sozial engagierten Christentums, Einflüsse des französischen und englischen Frühsozialismus, Bemühungen liberaler Sozialpolitiker, durch Bildung und Genossenschaftswesen auch dem Arbeiter Zugang zu der als Fernziel anvisierten mittelständischen Kleineigentümergesellschaft zu verschaffen. Der von Marx und Engels in den 40er Jahren «wissenschaftlich» fundierte Kommunismus gewinnt als politische Religion zuerst nur eine kleine Sekte, spielt auch in der Revolution noch eine Randrolle, wird in den 50er Jahren im Deutschen Bund wieder in den Untergrund gezwungen und gewinnt erst seit den 60er Jahren sozusagen zentimeterweise Boden. Für den dogmatisch ungebundenen Historiker ist die geschichtsphilosophisch unterbaute Teleologie der marxistischen Geschichtsschreibung nicht akzeptabel, gleichwohl bleibt das Phänomen, daß der Marxismus als Kampf- und Emanzipationsideologie «des» Proletariats in die deutsche Arbeiterschaft während des letzten Drittels des 19. Jahrhunderts vordringt, bis schließlich ein Großteil der sozialdemokratischen Arbeiterbewegung ihre Lebenswelt, ihre politischen Aktionen, ihre gesellschaftlichen und politischen Fernziele in der Sprache des Marxismus definiert und ‹versteht›, ein faszinierender, empirisch noch immer nicht zureichend erforschter Vorgang. Wie in Zukunft die dauerhafte ideologische Prägung der entstehenden industriellen Erwerbsklassen aussehen wird, ist im Erfahrungshorizont vor 1870 noch offen; auch für die klugen Zeitgenossen ringen vielfältige Strömungen mit ungewissem Ausgang miteinander. Der naive Glaube an die Einbahnstraße: wachsendes Industrieproletariat gleich notwendiger historischer Erfolg des Marxismus als Theorie und Handlungsimperativ, verlangt nicht nur das sacrificium intellectus, sondern ignoriert sowohl den fortbestehenden Pluralismus von Arbeiterbewegungen als auch die nicht geringe Zahl von Ausnahmen von der prognostizierten Entwicklung, sobald man international vergleicht – und es bleibt die hervorstechendste Eigenschaft der Ausnahme, daß sie die Regel niemals bestätigen kann. Trotz dieser Bedenken und Einwände ist es richtig, daß mit dem vagen, vor allem antipreußisch verkleideten Marxismus der «Eisenacher» eine historische Potenz noch vor 1870 sichtbar wird, von der 60, 70 Jahre lang die nachhaltigsten Einflüsse auf die Arbeiterschaft in Deutschland ausgegangen sind.

3. Im Hinblick auf die Konstituierung industrieller Arbeiterklassen ist die vorrangige Bedeutung von latenten und manifesten Konflikten mit den bürgerlichen Formationen unübersehbar. Die traditionalen Schichten des Stadtbürgertums erstarren in Feindschaft und Furcht vor dem Feind in den eigenen Mauern. Bildungsbürger repräsentieren Staats- und Stadtverwaltung, strenge Obrigkeit mithin, oder leben als Freiberufliche in einer fernen Welt. Furcht, Aversion, offene Feindschaft beherrschen die erdrückende Mehrheit, wenn man den schier zahllosen Äußerungen über die Armen, die Proletarier, die bevorstehende soziale Revolution glauben darf – und die Ausnahmen der sozialpolitisch aufgeschlossenen Beamten im «Zentralverein», der Genossenschaftsapostel, der Armenärzte ändern daran wenig. Die Bourgeoisie erlebt die sich auftuende Dichotomie ganz unmittelbar: im Betrieb, bei Lohnkämpfen, in der Segregation der Wohnviertel. Zeitweilig kann patriarchalische Betriebsherrschaft einige strukturell angelegte Spannungen vielleicht mindern, auf Dauer, zumal wenn Arbeiter sich organisieren, stehen sich nicht «Sozialpartner», sondern Verfechter antagonistischer Interessen gegenüber. Der Kampf mit unternehmerischer Übermacht prägt zunehmend die Mentalität von Arbeitern – die Erfahrung individueller Schwäche paukt ihnen die Notwendigkeit kollektiver Interessendurchsetzung ein und läßt auch die Marxsche Theorie als realitätsnah erscheinen. Und in dem Kampf um Staatsbürgerrechte dominiert die Erfahrung, daß der Gegenseite nur in zähen Auseinandersetzungen kleine Fortschritte abgerungen werden können; allein Bismarcks Wahlrechtscoup ist da eine jähe, unerwartete Überraschung. Über seine hinlänglich bekannten Motive, den liberalen Parlamentarismus mit konservativen Parlamentsmehrheiten zu schlagen, braucht hier nicht gesprochen zu werden. Im Rückblick wird jedoch klar, welchen Riesenschritt vorwärts dieses Wahlrecht für die politische Staatsbürgergleichheit bedeutet.

Wechselt man die Perspektive, wird ebenfalls deutlich, wie die aufsteigenden bürgerlichen Besitz- und Berufsklassen durch latente und manifeste Konflikte mit den Unterschichten, den Pauperisierten, den Arbeitern der neuen Erwerbsklassen geprägt werden – selbstredend auch durch damit zusammenhängende Befürchtungen, Veränderungen der Mentalität, eine klassenspezifisch verzerrte Perzeption von «Wirklichkeit». In der Welt der Arbeit treffen sie auf eine schier erdrückende Zahl von Proletariern. In eigenen Wohnvierteln, in den Verkehrs-, Vereins- und Heiratskreisen riegeln sich alle Bürger so gut wie möglich ab. Den unter ihnen vorherrschenden liberalen und gouvernemental-konservativen politischen Ideologien entspricht die Honoratioren- oder Elitenherrschaft, keineswegs aber der «demokratische Volksstaat» der politisch engagierten Arbeiter. Weithin wird die Kluft zwischen den divergierenden Interessen als unüberbrückbar empfunden. Die «Bürgerwelt» muß, das ist gemeinbürgerlicher Konsens, gegen Proletariat und «Pöbelherrschaft» entschlossen verteidigt werden – bis hin zu den extrem illiberalen Ausnahmegesetzen seit 1878. Die heraufziehende «bürgerliche Gesellschaft» wird durch gesellschaftliche Dichotomie und jene Polarisierungseffekte, welche die klassenbildende Marktwirtschaft auslöst, weithin geprägt.

4. Das vorgegebene Diskussionsziel, Prozesse der Klassenbildung zu erörtern, enthält als «eingebaute Tendenz» die Gefahr, sowohl den Umfang, die Geschwindigkeit und die Durchsetzungsfähigkeit von klassengenerierenden Prozessen überzubetonen, als auch den Fluchtpunkt eines simplifizierenden Dualismus von «Bürgertum contra Proletariat» zu akzeptieren. Mit anderen Worten: Auch wenn man die hegelianisch-marxistische Teleologie des welthistorischen Gegensatzes von Bourgeoisie und Proletariat ablehnt, könnte ein modernisierungstheoretisch begründetes Evolutionsziel «Bürgerklasse contra Arbeiterklasse» als Dauerkonstellation eingeschmuggelt werden. Dagegen ist nun in der Tat nicht nur auf den anhaltenden allgemeinen marktgesellschaftlichen Differenzierungsprozessen, die stets mehrere bürgerliche Besitz- und Berufsklassen innerhalb der «bürgerlichen Gesellschaft», stets mehrere industrielle und gewerbliche Erwerbsklassen innerhalb «der Arbeiterschaft» erhalten oder erzeugen, mit Nachdruck zu bestehen, sondern es muß auch auf mehr oder minder starke gegenläufige Tendenzen ausdrücklich hingewiesen werden, die sich gegen die Entwicklung marktbedingter Klassen, erst recht gegen die Homogenisierung zu einer einzigen sozialen Klasse auswirken.

Soziokulturelle Faktoren beweisen in diesem Zusammenhang auch über lange Zeiträume hinweg ihre Wirkungskraft. Die konfessionelle Bindung der Katholiken etwa verhindert natürlich nicht, daß man sie in einer Sozialanalyse industriellen Erwerbsklassen zurechnen kann, aber sie bleiben gegenüber der Vorstellung von der Einheit der Arbeiterklasse in einem marxistischen Proletariat kontinuierlich resistent. Sollten nach Engels' Prognose die Bergarbeiter «mit Notwendigkeit ... uns gehören», bleiben doch bis hin zu den Wahlergebnissen der Gegenwart fast 50% der Bergarbeiter im Ruhrgebiet, an der Saar (und früher in Oberschlesien) außerhalb der SPD und der Freien Gewerkschaften.[8] Ethnische Eigenart ist ein weiterer Sperrfaktor. Die polnischen Arbeiter im Ruhrgebiet und Oberschlesien verteidigen ihre nationalkatholisch geprägte Besonderheit, wählen polnische Parteien, gehören zu mehr als 90% polnischen Gewerkschaften an. Die gemeinsame sozioökonomische Lage, gemeinsame strukturelle Interessen der «Underdogs» können den Nationalitätengegensatz nicht aufheben. Auch starke Berufstraditionen (Handwerk, Bergbau) oder die Fixierung auf normative Berufsvorbilder

(Angestellte) können der Klassenbildung langfristig entgegenwirken, politische Vereinheitlichung und Einschmelzung in eine einzige «soziale Klasse» verhindern. Sozialpolitik und Sozialreformen sind ebenso wie die gesinnungsbildenden Fächer des Schulsystems imstande, Gegensätze abzuschleifen; die mehrjährige Ausbildungszeit im Heer darf aller Wahrscheinlichkeit nicht unterschätzt werden. Aufstiegsmobilität hat eine auflockernde Wirkung.

Der Rückgriff auf ein vermeintlich alle Unterschiede letztlich überwindendes Klassenbewußtsein löst solche Probleme keineswegs. Klassenbewußtsein ist kein notwendiger Reflex sozioökonomischer Bedingungen, sondern ein hochgradig spezifisches Resultat historischer Bedingungen. Dank ihnen entfaltet es sich; entfallen sie, löst es sich auch wieder auf. Gewiß gehört zu den Voraussetzungen von Klassenbewußtsein die langlebige Erfahrung einer Klassenlage im Sinne sozioökonomischer Gemeinsamkeiten, aber hinzu kommt auch in einer historisch kontingenten Kombination das Interesse an Verbesserung der Lebenschancen, der Streit um Herrschaftspositionen und Legitimationsgrundlagen, eine aus der Auseinandersetzung mit anderen Klassen erwachsende gemeinsame Sozialmentalität, eine damit verknüpfte Kampfideologie, eine mühsam erfochtene Organisation der Interessen, verbindende Konfliktstrategien und Aktionsziele. Klassenbewußtsein bleibt ein komplexes, von historischen Konstellationen abhängiges Produkt, das keineswegs mit innerer Notwendigkeit religiöse und ethnische Barrieren überwindet, sich jeder politischen Intervention oder sozialstrukturellen Veränderung gewachsen erweist; die deutsche Geschichte zwischen 1848 und 1987 zeigt das überdeutlich.

Kurzum: Den sozioökonomischen, politischen und soziokulturellen Basisprozessen, die marktbedingte Klassen konstituieren, arbeitet eine nicht geringe Anzahl von starken, auch auf die Dauer nicht überwindbaren Gegenkräften entgegen. Das gilt nicht nur für das 19., sondern erst recht für das 20. Jahrhundert. Auch wenn man um 1900 von den «sozialen Klassen» der Arbeiter, der Beamten- und Fachintelligenz, der Bourgeoisie spricht, werden von ihnen doch nie alle potentiellen Klassenmitglieder erfaßt. Nicht zuletzt deshalb gilt, daß neben der Makrodynamik innerhalb der gesamtgesellschaftlichen Klassenkonstellationen (mit allen ihren Abweichungen und Ausnahmen) die Mikrodynamik innerhalb der einzelnen Besitz-, Berufs- und Erwerbsklassen gleich wichtig und interessant bleibt.

Für den internationalen Vergleich bietet – auch dafür plädiert diese Skizze einiger wichtiger Probleme – eine mit idealtypischer Zuspitzung arbeitende historische Klassenanalyse unter wacher Berücksichtigung der Gegenkräfte die Chance, Gemeinsamkeiten und Unterschiede klar herauszuarbeiten. Selbst wenn die Erklärung der Gemeinsamkeiten im Rahmen einer an Weber angelehnten Klassentheorie gelingen sollte, tut sich für die Erklärung der Unterschiede ein weites Feld auf, auf dem sehr unterschiedliche Interpretationsansätze miteinander konkurrieren werden. Je pointierter der klassenanalytische Zugriff ist, dies bleibt ein weiterer Vorzug, desto stärker wird zugleich der heuristische Zugzwang sein, sachangemessene Erklärungen für die ‹widerspenstigen›, den Klassenbegriffen sich entziehenden Traditionen zu suchen.

Wie «bürgerlich» war das Deutsche Kaiserreich?

Die herausfordernde Frage, wie «bürgerlich» das Deutsche Kaiserreich gewesen sei, stammt aus dem Mittelpunkt einer Kontroverse, die inzwischen seit gut zwei Jahrzehnten über das Modernisierungspotential des Kaiserreichs geführt wird: Streit herrscht über verschüttete und unterschätzte Möglichkeiten, über Chancen und Grenzen seiner Entwicklungsfähigkeit.[1] Nach einer so langen und intensiven Debatte sind zwar zahlreiche wichtige Probleme klar herausgearbeitet und mit Hilfe scharf divergierender Interpretationen analysiert worden. Die Thematik ist jedoch noch längst nicht so weit geklärt, daß die Konsensbereiche eindeutig größer wären als die Dissenszonen. Das hängt selbstredend auch und ganz wesentlich mit dem langen Schatten zusammen, den der Nationalsozialismus nach rückwärts über die neuere deutsche Geschichte wirft. Selbst wenn man die Gebetsmühle mit der Sentenz des Schutzpatrons der Neukonservativen füllt, daß alle Epochen vor Gott gleich seien, wird trotz heftigen Schwenkens dieser Schatten so schnell nicht weichen. Solange zumindest ist die Fortdauer der Kontroverse garantiert, zumal viele andere gute wissenschaftliche Gründe zu den politisch-lebensweltlichen noch hinzukommen.

Der Argumentationsstil, den Max Weber zur Selbstverständlichkeit gemacht hat, erfordert vorab eine knappe Auskunft darüber, *gegen* welche Positionen in dieser laufenden Kontroverse direkt und implizit angegangen und *für* welchen methodischen Ansatz, für welche Stufen des Diskussionsgangs, für welche Interpretationsziele eingetreten wird, um möglichst einen Schritt weiterzukommen.

Die kritische Stoßrichtung geht zuerst gegen die häufig mehr oder minder verschwommenen Begriffe «des» Bürgertums und «der» bürgerlichen Gesellschaft. Derart riesige, amorphe Begriffsschwämme haben die Eigenart, sofern sie vorschnell gebraucht werden, historisch eminent folgenreiche Differenzierungen aufzusaugen. Statt präzisere Erkenntnis zu fördern, verhindert sie sie. Die Kritik richtet sich weiterhin gegen den Kunstgriff, für die deutsche Geschichte von einer Epoche der «bürgerlichen Umwälzung» zwischen 1789 und 1871, hübsch auf das Jahresdatum genau, zu sprechen, wie das seit einiger Zeit die DDR-Historiker tun, da ihnen hierzulande eine erfolgreiche «bürgerliche» Revolution fehlt, die sie als «Lokomotive der Weltgeschichte» sicher von einer Epochenzäsur zur nächsten transportieren könnte.[2] Und schließlich richtet sich die Kritik gegen die neuen Mythenerzähler aus England, die – geschickt verpackt in bedenkenswerte Überlegungen – ein Erfolgsmärchen von der Verbürgerlichung des Kaiserreichs zu berichten wissen, sei es – so die dogmatische Variante – weil der unaufhaltsame «Monopolkapitalismus» das eh garantiert, sei es – so die vorsichtigere, elastischere Version – weil regionale Befunde geschwind verallgemeinert und in einem unzulässig verengten Zeithorizont weitreichende Schlüsse gezogen werden.[3]

Hier soll dagegen so vorgegangen werden, daß zuerst einmal versucht wird, solche Schlüsselbegriffe wie «Bürgertum», «bürgerlich», «bürgerliche Gesellschaft» etwas genauer zu bestimmen und entschieden für unumgängliche Differenzierungen einzutreten. Methodisch ist es danach notwendig, auf verschiedenen analytischen Ebenen und im Hinblick auf einige unterschiedliche realhistorische Handlungsfelder und Institutionenkomplexe eine Klärung der Leitfrage anzustreben, um provisorische Auskünfte zu gewinnen. Erklärungs- und interpretationsbedürftig ist dann sowohl die auf vielen Gebieten erstaunliche Modernität des Kaiserreichs, die zum größten Teil eine bürgerliche Leistung verkörpert, als aber auch die damals einsetzende Pathologie der verschiedenen Sozialformationen des Bürgertums, die im Nationalsozialismus und seinem Regime ihren absoluten Tiefpunkt erreichen sollte. Erst nach diesen Argumentationsschritten kann eine wiederum vorläufige Bilanz zur Diskussion gestellt werden.

I. Ohne hier Zeit auf grundsätzliche Erörterungen zu verwenden, ob es angesichts des Themas klüger sei, von einem Primat der Wirtschaft oder der Politik auszugehen, beginne ich direkt mit einer sozialstrukturellen Kurzanalyse, um dem nebulösen Wesen «des» deutschen Bürgertums und «der» bürgerlichen Gesellschaft näher auf den Leib zu rücken.

1. Das traditionale Stadtbürgertum, dessen Geschichte bis ins 11. Jahrhundert zurückreicht und das die ständerechtlich scharf abgehobene Minderheit der Gemeindevollbürger umfaßt, ist durch die Reformära mit ihren traditionssprengenden Gesetzen, die Forcierung des inneren Staatsbildungsprozesses seit 1815 und das nicht mehr aufgegebene Ziel der Bürokratie, eine einheitliche Staatsbürgergesellschaft herbeizuführen, in seinen Fundamenten bereits tief erschüttert worden. Das neue Gemeinderecht – in Preußen seit 1842/43, zuletzt in Sachsen 1886 – löst den alten Vollbürgerverband mit seinen exklusiven Autonomierechten auf und ersetzt ihn durch die Stadtgemeinde gleichberechtigter Staatsbürger-Einwohner. An die Stelle der Honoratiorenpolitik tritt endgültig die Kommunalpolitik. Diese staatsrechtliche Zerschlagung der Vollbürgerschaft führt auch zum Entzug der Kompetenz, das gemeindliche Heimatrecht zu gewähren oder zu verweigern, Zuzugsgelder als weitere Abwehrmaßnahme zu erheben, die überkommene Rechtsungleichheit intern zu verteidigen. Die seit der Jahrhundertmitte in vielen deutschen Staaten einsetzende rapide Urbanisierung hat ihre wesentlichen Ursachen in der beschleunigten Industrialisierung und der verstärkten Bin-

nenwanderung der Arbeitskräfte, sie trifft jetzt aber auch auf die rechtlich und politisch durchlöcherte und aufgeweichte Bastion der alten Städte,[4] deren Selbstverteidigungsfähigkeit ganz so rasch dahinschmilzt, wie die Zuwanderungswelle ansteigt. Zu Beginn des Kaiserreichs ist daher die traditionsreichste Formation «des» Bürgertums, das Stadtbürgertum, als rechtsfähiger und politischer Sonderverband in voller Auflösung begriffen. Was jedoch die soziale und mentale Kohäsion angeht, halten die stadtbürgerlichen Schichten, Machteliten, Sippenverbände, Verkehrskreise und – wenn das Magnetfeld marktbedingter Klassenbildung sich schon ausgewirkt hat – die Besitz- und Erwerbsklassen so zäh, wie es die Umstände nur gestatten, weiter zusammen. Die Reichsgesetze über das Staatsbürger- und Gemeinderecht markieren zwar einen unleugbar scharfen Schnitt, realhistorisch aber keineswegs den Exitus.

Unaufhaltsam ist der zunehmend deutlicher erkennbare Zerfall des Stadtbürgertums dennoch. Parallel dazu verläuft indes eine Fusion mit anderen bürgerlichen Formationen, eine Amalgamierung bürgerlicher Elemente anderer Herkunft, so daß für den flüchtigen Blick die Kontinuität städtischen Bürgerlebens vorherrschen mag. Der geschulte Blick des bedeutendsten realistischen Romanschriftstellers, Theodor Fontanes, aber auch Gustav Freytags und Ferdinand Spielhagens, erkennt damals jedoch klar die Mischung von Altem und Neuem – kenntnisreicher und genauer als mancher Historiker, der später bedenkenlos über «das» Bürgertum seit der Mitte des 19. Jahrhunderts schreiben wird. Kurzum: Bis weit in die Zeit des Kaiserreichs hinein halten sich stadtbürgerliche Traditionsbestände – der eigentliche Bruchpunkt scheint erst in den 90er Jahren zu liegen –, bis schließlich nur mehr Familienname, Familienreputation und Familienstolz an diese Vergangenheit der großen bürgerlichen Mehrheit noch des 18. Jahrhunderts erinnern.

2. In einem mächtigen Prozeß der Expansion befindet sich dagegen seit dem ausgehenden 18. Jahrhundert, vollends seit der Zeit zwischen Staatenkrieg und Bürgerkrieg, das Bildungsbürgertum, das aus der ehemals schmalen Schicht der «Bürgerlichen», außerhalb des Stadtbürgertums und ständerechtlich ausgegrenzt, hervorgegangen ist.[5] Im frühen 19. Jahrhundert besteht die große Mehrheit der Bildungsbürger aus der beamteten Intelligenz in der Staats- und Stadtverwaltung, in der Justizbürokratie, im Kirchen- und Schuldienst; auch die literarische Intelligenz ist fast vollständig beamtet, jedenfalls in der Regel nebenberuflich als Schriftsteller tätig. Auf eine Faustformel gebracht: Diese «Gebildeten» sind primär ein Produkt des neuzeitlichen Staatsbildungsprozesses mit seinem Bedürfnis nach speziell geschulten, und das heißt auch in Deutschland: akademisch ausgebildeten Funktionseliten, die seit dem ausgehenden 18. Jahrhundert durch den Neuhumanismus umgeprägt werden und eine spezifische Kollektivmentalität, eine erfolgreiche Angriffs- und Verteidigungsideologie – sowohl gegen den Adel als auch

gegen die «Ungebildeten» – erwerben. Neben dieser verstaatlichten Intelligenz entfaltet sich, insbesondere seit den 1830er Jahren, das breite Spektrum der «freien» akademischen Berufe: der Ärzte, Rechtsanwälte, Notare, Architekten. Mit der Beschleunigung des Transformationsprozesses, der aus der alteuropäischen in die moderne Welt führte, wachsen gesellschaftliche Bedürfnisse nach wissenschaftlich fundiertem Expertenwissen. Infolgedessen wächst auch die Zahl der Bildungsbürger in den freien Berufen, seit den 1840/50er Jahren auch in der Industrie, im Verkehrs- und Bankwesen rasch an.

Der Teil des Bildungsbürgertums, der auf die Karriere im öffentlichen Dienst fixiert bleibt, ist m. E., wie der Vergleich bestätigt, eine einzigartige bürgerliche Funktionselite innerhalb des westlichen Modernisierungsprozesses – anders als die Fusion von Adel, City und Oxbridge, anders als die Allianz von Großbourgeoisie, Adel und Grand Écoles. Diese bürgerliche Sozialformation bleibt in ihrem Selbstverständnis weithin ständisch, definiert sich als «Beamtenstand», pflegt einen ständisch stereotypierten Lebensstil. Zugleich besteht sie aber auch, das ist ihr Janusgesicht, aus marktbedingten Berufsklassen, wobei der Monopsonist «Öffentlicher Dienst» die Träger von Leistungsqualifikationen aus speziellen Arbeitsmärkten abruft, deren Bedingungen die Bürokratie selber mitbestimmt. Wegen dieser Abhängigkeit von monopolisierter Nachfrage ist die Marktmacht gering, die politische Macht im Staatsapparat aber um so größer, denn dort können Bildungsbürger folgenreiche Entscheidungen vorbereiten, formulieren und ausführen oder auch aufschieben und verhindern.

Das beamtete Bildungsbürgertum kann zudem von dem großen Prestige zehren, daß es beim Ausbau des Rechtsstaats seit der Reformepoche, bei der Ausführung großer Verwaltungsaufgaben, bei der Mitwirkung an der Ausgestaltung des neuen Reichs, bei der Entwicklung erster Maßnahmen einer modernen Leistungsverwaltung und interventionsstaatlichen Steuerung angesammelt hat und weiterhin gewinnt. Daß die hochstilisierte neuhumanistische Bildung inzwischen zu enzyklopädischem Wissen heruntergekommen, in das Berechtigungswesen der Leistungsdiplome als Karrieresprosse verwandelt worden ist, wird vielfach beklagt, schwächt aber auch im Kaiserreich erst relativ spät die Alltagsmaxime ab, daß «Bildung vor Besitz» geht. Soziale Verkehrskreise und Konnubium spiegeln sie wider. Nur langsam weicht die Verachtung des vulgären Materialismus der erfolgreichen Wirtschaftsbürger einer respektvollen Koexistenz. Der geläufigen Polemik gegen die «geistesaristokratische» Erstarrung in Dünkel und Abschottung durch Selbstrekrutierung muß man entgegenhalten, daß das Bildungsbürgertum – wie erneut der Vergleich bekräftigt – nicht nur sozial so offen bleibt wie in der ersten Jahrhunderthälfte, als durchweg mindestens 20% des Nachwuchses vor allem aus dem Kleinbürgertum aufsteigen, sondern daß es sich auch bis 1914 noch weiter dem Zustrom aus diesem Einzugsbereich – sogar bis hin zu 30%! – öffnet. Auch das macht seine Attraktivität aus. Wenn es im Kaiserreich, so die These, eine politisch mächtige, hohes Sozialprestige genießende, grundsätzlich offene, Normen, Verhaltensweisen, Lebensziele prägende bürgerliche Formation gibt, ist es das Bildungsbürgertum.

3. Oft wird dagegen der Einfluß der Bourgeoisie – der freien industriekapitalistischen, verkehrswirtschaftlichen, marktbedingten Besitzklasse der Unternehmer – viel zu früh hoch veranschlagt, ihre Durchsetzungsfähigkeit vorzeitig überschätzt. Vermutlich haben ein paar hundert Familien, häufig miteinander zu großen Clans versippt, den Motor der deutschen Frühindustrialisierung und «Take-Off»-Phase angeworfen. Innovationsfreudige Söhne aus der oft industriefeindlichen Welt des traditionalen, handelskapitalistisch orientierten Stadtbürgertums stellen vielleicht die Hälfte oder sogar eine knappe Mehrheit und zehren vom «sozialen Kapital» der Familienressourcen. Die anderen sind «homines novi», imponierende Persönlichkeiten wie Mevissen und Hansemann; ein Arbeiter ist nirgendwo darunter.[6]

Diese offene, geradezu klassische Besitzklasse erlebt eine enorme Expansion seit den Boomjahrzehnten der Industriellen Revolution, mithin seit 1850, wobei man die zahlreichen gescheiterten Existenzen nicht einmal von fern genau erfassen kann. Auch nach der zweiten Weltwirtschaftskrise von 1873 und während der drei Depressionen bis 1895 hält trotz halbierter Wachstumsraten das selbsttragende Wachstum an, Industrie- und Verkehrswirtschaft dehnen sich unablässig in die Breite aus. Die neue, explosive Hochkonjunkturspanne von 1896 bis 1913 bringt die goldenen Jahre der wilhelminischen Bourgeoisie; dazu gehört auch eine starke numerische Ausdehnung. Natürlich wächst die Macht der Großunternehmen, der Interessenverbände wie des «Centralverbands deutscher Industrieller», später des «Bundes der Industriellen», der zum Teil mit der Industrie liierten politischen Agitationsverbände ebenfalls an. Politische Hegemonie, die regelmäßige Umsetzung großer ökonomischer Macht in politische Vormacht, gibt es jedoch nirgendwo und zu keiner Zeit. Immer sind Kompromisse die Regel: mit den Großagrariern, mit der Bürokratie, mit der Reichsleitung.

Mit dem Vermögen der ersten fünfzig Bourgeois-Unternehmer in Martins «Handbuch der Millionäre» kann inzwischen kein alter Stadtbürger, geschweige denn ein Bildungsbürger, mithalten. Immerhin ist es auch ein Kennzeichen des dualistischen privaten Wirtschaftssystems, daß um den Kern der Großunternehmen ein breiter Kranz von ebenfalls erfolgreichen und leistungsfähigen Mittel- und Kleinbetrieben heranwächst. Eine klare, unstrittige Dominanz der Großbourgeoisie in der kaiserdeutschen Gesellschaft oder auch nur unter den verschiedenen bürgerlichen Formationen hat es jedoch nach meinem Eindruck nicht gegeben. Mit den Repräsentanten des amerikanischen «Big Business» und dem Einfluß des «Corporation Capitalism» auf Politik und Gesellschaft läßt sie sich nicht ernsthaft vergleichen. Für Reichsdeutschland die «Herrschaft der Monopole» behaupten, heißt, eine reichlich naive Legende wiederholen. Bismarck pflegt die Großunternehmer in die Wilhelmstraße zu bestellen und dezidiert seine Wünsche zu realisieren. Zwanzig Jahre später katzbuckeln mächtige Direktoren der «Deutschen Bank» und Großindustrielle vor den bürgerlichen Räten des Auswärtigen Amts mit einer Beflissenheit, die teils Hohn auslöst, teils als Selbstverständlichkeit hingenommen wird. Diese Großbourgeoisie kontrolliert weder den Regierungsapparat, noch eine Parteienmehrheit, noch die öffentliche Meinung, und abgesehen vom ökonomischen Erfolg geht von ihr auch nicht die Faszination eines allgemeinen normativen Vorbilds aus. Selbstverständlich kann sie jedoch zahlreichen Interessen energisch Berücksichtigung verschaffen, ihr politisches Potential und ihr politisches Durchsetzungsvermögen folgen ohne Zweifel einer ansteigenden Kurve.

4. Es versteht sich von selber, daß eine möglichst genaue, methodisch überaus schwierige Binnendifferenzierung der verschiedenen bürgerlichen Formationen geboten ist, obwohl hier der Raum dafür fehlt. Sie ist schon deshalb unumgänglich, weil sonst der breite Bereich des Kleinbürgertums, des «alten» und «neuen Mittelstands» nicht in das Blickfeld rückt. Hier leben, um die Grobskizze nur kurz fortzuführen, Teile des alten Stadtbürgertums, Handwerker, Krämer, Spediteure, weiter. Hier gibt es die kleinbürgerlichen Subalternbeamten, Stadtangestellten, Volksschullehrer. Hier findet man die kleinen industriellen Unternehmer und Gewerbetreibenden, die auf das Arrivieren hinarbeiten. Hier ist aber auch der Platz des «neuen Mittelstands», der privatwirtschaftlichen und kommunalen Angestellten. Es ist eine kleinbürgerliche Welt von äußerster Heterogenität. Traditions- und Modernisierungskräfte ringen dort miteinander, überall sind die Übergänge fließend. Das alte «Nahrungs»-Ideal des Handwerks geht in die neuen Formen des staatlichen Sozialprotektionismus ein. Kein deutscher Interessenverband ist, aufs Ganze gesehen, erfolgreicher als der «Deutsche Handwerkerbund» von 1883 (oder wie er später auch heißen mag), wenn man den Erfolg daran mißt, wieviele von seinen egoistischen Zielen er durchzusetzen vermag. Gleichzeitig gibt es neben der politischen Handlungsstärke eine überaus flexible ökonomische Anpassung: Modernste Elektromotoren, Rationalisierung, Risikobereitschaft – auch das gehört zum Handwerk, nicht nur die nostalgische Verteidigung anachronistischer Positionen. Gewiß, die unteren Beamten und Volksschullehrer sind gegenüber ihrer Obrigkeit oft devot, aber immer mehr von ihnen wählen die SPD, exponieren sich im Kampf für eine bessere Zukunft, und die Aufstiegshoffnungen für ihre Kinder sind eine wahre Passion. Zugegeben, die Angestellten sind weithin am Ideal des Beamten mit sicherem Einkommen und Prestige orientiert, sie wollen gleichwertige «Privatbeamte» sein. Aber auch sie sind nicht nur auf die Vergangenheit fixiert, sie öffnen sich zugleich Einflüssen des modernen Lebensstils, ihre politischen Optionen scheinen etwas flexibler gewesen zu sein, als wir geglaubt haben.

Diese kleinbürgerlichen Schichten sind imstande, ihre je spezifischen Traditionen zu pflegen oder auszubilden. Ob sie bei deren Verfechtung jedoch die Fähigkeit zu einer ominösen «populistischen Selbstmobilisierung» demonstriert haben, scheint mir noch immer eine unverändert offene Frage zu sein: Sie sind weiterhin politisch auch von oben manipulierbar, sofern bestimmte Interessen befriedigt zu werden scheinen; ihre Anführer stammen überwiegend aus dem vertrauten Honoratiorenmilieu, echte «populistische» Aufsteiger – wie beim amerikanischen Populismus der 80er und 90er Jahre – sind sehr dünn gesät. Eins aber ist sicher: Die Gesamtgesellschaft «kleinbürgerlich» zu prägen, das vermögen sie nicht. Ihre Aspirationen werden von außen vorgegeben. So schnell wie möglich die unteren Ränge der Sozialhierarchie auf dem Weg nach oben zu verlassen, das ist die vorrangige Lebensmaxime.

5. Gewissermaßen quer zu diesen sozialstrukturellen Unterscheidungen liegen Begriff und Wirklichkeit des Staatsbürgers. Gegen die Mediatisierung der «Untertanen» durch Adlige und Stadtmagistrate wird die Rechtsfigur des von der zentralen Staatsverwaltung direkt als Schüler, Soldat, Steuerzahler erreichbaren Staatsbürgers zwischen der Reformära und der Reichsgesetzgebung der frühen 1870er Jahre konfliktreich, schließlich aber allgemeinverbindlich durchgesetzt. Zwar schweigt sich die neue Reichsverfassung über Menschen- und Grundrechte aus. Die rechtliche Gleichheit der Reichsbürger ist jedoch durchgesetzt (obwohl der polnischsprechende Landarbeiter vor Gericht anders behandelt wird als etwa ein Maximilian Harden). Die politische Gleichheit der Männer ist im Reichstagswahlrecht zu einem verblüffend frühen Zeitpunkt aus den bekannten Bismarckschen Motiven verwirklicht (die Frauen bleiben, ein gemeineuropäisches politisches Defizit, bis 1918 ausgeschlossen). Die soziale Gleichheit, die Verbesserung möglichst gleichartiger Startchancen, steht als große Aufgabe des 20. Jahrhunderts, freilich schon seit den 1840er Jahren immer entschiedener angemahnt, noch bevor. Immerhin: Ein wichtiger Schritt ist getan, denn – um es zu wiederholen – ungeachtet aller Kritik an der «Versäulung» des trialistischen deutschen Bildungssystems ist es offener, durchlässiger als in den meisten westeuropäischen Staaten.

Inwieweit zur Verwirklichung des Staatsbürgers das stolze Selbstbewußtsein des «Citoyen» gehört, der in allen Politikbereichen bürgerliche Herrschaft durchsetzen will, ist eine weiterhin offene Frage. Ich neige zur Anerkennung einer prinzipiellen Ambivalenz.[7] Einerseits ist die kaiserdeutsche Gesellschaft vielerorts und unleugbar noch immer eine Untertanengesellschaft. Andrerseits ist sie offen für Liberalisierung, politische Kritik, Adoption von «Civic Virtues». Vielleicht stehen mit dem Aufstieg der Sozialdemokratie und der Neubelebung des Liberalismus im Jahrzehnt vor 1914 einige Zeichen tatsächlich auf Veränderung zugunsten des selbstbewußten Staatsbürgers. Nicht zuletzt die Befürchtungen, die der hypothetischen sozial-liberalen Koalition nach der Reichstagswahl von 1917 gelten, sprechen dafür. Indes: Den politischen Widerstand gegen den selbstbewußten Staatsbürger, die unleugbar weiter vorhandene Untertanenmentalität soll man beileibe nicht unterschätzen. Der eigentümlich gebrochene, eben ambivalente Eindruck im Hinblick auf den deutschen Citoyen bleibt bestehen.

6. «Bürgerliche Gesellschaft» – dieser Einheit suggerierende Begriff läßt sich auf die reichsdeutsche Gesellschaft mit ihren tief zerklüfteten bürgerlichen Formationen, Klassen und Schichten in den ersten Jahrzehnten zur sozialhistorischen Charakterisierung keineswegs umstandslos anwenden. Es gibt die bürgerliche Gesellschaft nicht im Singular, vielmehr bestehen mehrere bürgerliche Gesellschaften mit spezifischer sozialer Zusammensetzung, eigenen Leitbildern der Lebensführung, unterschiedlichen Lebensstilen, bevorzugten und verachteten Berufen noch immer nebeneinander. Fraglos gibt es aber auch eine zunehmende Symbiose, Überlappung, Homogenisierung. Diese Prozesse beruhen auf der tendenziell ähnlichen primären Sozialisation durch die bürgerliche Familie, danach auf der sekundären Sozialisation durch Bildungsinstitutionen. Immer häufiger besuchen junge Bürgerliche dieselben Vorschulen, Realschulen und Gymnasien, Universitäten und Technischen Hochschulen, erleben die Verbindungen und Burschenschaften als «Lebensbünde», bewegen sich später in denselben Vereinen, Casinos, Verkehrskreisen. Mentalitätsgeschichtlich geht von genuin bürgerlichen Normen und Werten wie dem Leistungsprinzip, der Arbeitsethik, der innerweltlichen Pflichterfüllung, dem Aufgehen im Beruf (der für keinen echten Bürger je ein «Job» werden kann), der aufgeschobenen Gratifikation in der Kindererziehung, dem Kanon bürgerlicher Tugenden, Pflichten und Rechte à la longue eine vereinheitlichende Kraft aus. Auch wo diese holzschnittartige Charakterisierung nicht zuzutreffen scheint, gibt es entweder einen Sogeffekt: Auch der neureiche Unternehmer spürt, zumindest für seine Kinder, die Faszination der bildungsbürgerlichen Tradition. Oder es gibt einen Sickereffekt: Auch Kleinbürger absorbieren mehr und mehr Elemente bildungsbürgerlichen Lebens; ihre «Wirtschaftsgesinnung» ist ohnehin oft seit langem vom bürgerlichen Kodex bestimmt.

Vor allem aber gibt es, parallel zur Verwässerung oder gar zum Niedergang des Bildungsideals, den eminent folgenreichen Aufstieg neuer Integrationsideologien, an erster Stelle des neuen konservativen Nationalismus seit den späten 70er Jahren. Er dient sowohl als Verteidigungsideologie der Bürger und der im Prinzip als bürgerlich definierten Reichsnation, aber auch als Angriffsideologie mit aggressiver Stoßrichtung nach innen und außen; darauf ist unten noch einzugehen. Jedenfalls ermöglicht dieser neue Nationalismus, der den frühen liberal-emanzipatorischen Nationalismus völlig verdrängt, die Ausgrenzung der nicht zur Nation gehörenden «Reichsfeinde», andrerseits die ideologische Homogenisierung unterschiedlicher bürgerlicher Klassen und Schichten zu einem nationalgesinnten Bürgertum. Im Hinblick auf die mentalitätsgeschichtliche «Großwetterlage» spielt dieser

Nationalismus für die stufenweise voranschreitende Integration des reichsdeutschen Bürgertums eine ganz entscheidende Rolle.

So entschieden man daher gegenüber der pointierten analytischen und realhistorischen Unterscheidung sehr verschiedenartiger bürgerlicher Formationen im zweiten Durchgang die homogenisierenden Einflüsse zur Geltung bringen muß, hat man sich doch präsent zu halten, daß «bürgerliche Gesellschaft» auch noch etwas anderes und mehr heißt als das Zusammenwachsen heterogener bürgerlicher Formationen unter dem Dach tendenziell gemeinsamer Bildungserfahrungen und Integrationsideologien, Verkehrs- und Heiratskreise, Leistungsnormen und Verhaltensregeln. Bürgerliche Gesellschaft meint bekanntlich seit den großartigen Entwürfen des 18. Jahrhunderts auch die Zielutopie einer Gesellschaft rechtlich gleicher, durch Besitz und Bildung ausgezeichneter, wirtschaftlich frei konkurrierender, besitzindividualistischer, politisch handlungsfähiger, das «vernünftige» Gemeinwohl ermittelnder und verwirklichender Bürger. Diese Gesellschaft ist prinzipiell offen: Leistung und Talent qualifizieren für den Eintritt. Es ist ihrem eigenen Anspruch nach keine geschlossene, segmentierte Gesellschaft, wie immer auch die historische Wirklichkeit aussehen mag. Zu diesem «bürgerlichen Sozialmodell» gehören die von einer Konstitution garantierten Menschen- und Bürgerrechte, ein durch das Privatrecht regulierter weiter, im Prinzip sogar gesamtgesellschaftlicher Autonomiebereich, die Konfliktlösung durch unabhängige Gerichte, die Problemklärung durch Argumente, die auf dem Forum der unbehinderten öffentlichen Meinung, auf dem freien Marktplatz der Ideen, vorgebracht werden. Das Ganze umspannt eine Verfassung, welche hauptsächlich die bürgerliche Autonomiesphäre unverbrüchlich gewährleisten soll: Sie ist daher ihrer zentralen Funktion nach Garant der Selbststeuerung der bürgerlichen Gesellschaft als Privatrechtsgesellschaft, ist, scharf auf den Punkt gebracht, geradezu «privatrechtsakzessorisch» (D. Grimm). Sie ermöglicht durch gewählte Repräsentativorgane, daß die Bürger der Republik – der Lieblingsstaatsform dieser Utopie – nach der Erörterung ihrer Fragen im öffentlichen Diskurs sachangemessene Entscheidungen fällen und, gegebenenfalls, ebenso wieder korrigieren können. Die gewählte Exekutivspitze erhält nur auf Zeit ein Vertrauensmandat, das entzogen werden kann. Verfassungsgerichte wachen über die Normeinhaltung, schlichten Konflikte zwischen Legislative und Exekutive. Soviel zu den charakteristischen positiven Zügen; eine solche Faustskizze muß hier genügen.[8]

Eine Grundtendenz dieser Zielvision der «bürgerlichen Gesellschaft» besteht fraglos darin, daß die bürgerlichen Interessen an ihrer Realisierung als allgemeine, universalisierbare Interessen ausgegeben, von vielen Verfechtern auch guten Glaubens als derart verallgemeinbar verstanden werden. Darin besteht das spezifische emanzipatorische Pathos dieses Sozial- und Politikmodells. Tatsächlich aber ist der utopische Entwurf von Anfang an auch mit gravierenden Nachteilen belastet, die mit allem Nachdruck auf die Dialektik von Modernisierungsfortschritt und Modernisierungshemmung hinlenken. Von vornherein werden aus der bürgerlichen Gesellschaft große Sozialgruppen ausgegrenzt: die Besitzlosen und die «Ungebildeten», in politischer Hinsicht die Frauen, oft auch ethnische Minderheiten wie die Juden und traditionale Eliten wie der Adel – erst Taufe und Übernahme des Bildungs- und Leistungsprinzips verhelfen über die Eintrittsschwelle hinweg. Die tendenzielle innere Einheit der «bürgerlichen Gesellschaft» wird mit scharfen Außengrenzen und rigorosen Distanzierungspraktiken gegenüber Nichtbürgerlichen erkauft. In diesen Zusammenhang gehört auch die Ausschließung von potentiellen Störenfrieden: von Kriminellen, Pauperisierten, Geisteskranken. In eigenen Institutionen: in Zuchthäusern, Armenhäusern, Irrenhäusern, werden sie kaserniert, sorgfältig eingehegt, von der bürgerlichen Lebenswelt ferngehalten.[9] Zu diesen Bemühungen, möglichst jedes bedrohende Angst- und Konfliktpotential zu bändigen, gehören auch die strikten Hygienevorschriften, die starren Normen der Sexualmoral, die inneren Gesetze des Familienlebens. Überall, wo gefährliche Herausforderungen durch die Grenzen bürgerlicher Zivilisation hindurchstoßen könnten, werden hohe institutionelle und moralische Mauern errichtet, die Schutz gewährleisten sollen.

Zur bürgerlichen Arbeitswelt, zum Gefälle zwischen bürgerlichen «Insidern» und nichtbürgerlichen «Outsidern», muß auch der schroffe, lange Zeit schier unüberbrückbare Gegensatz zwischen Kapital und Arbeit gerechnet werden. Die unleugbare Härte dieses Herrschaftsverhältnisses, die kontinuierliche Ausbeutung bilden für Hunderttausende, schließlich für Millionen einen Großteil ihrer Alltagsrealität. Vor einer Idyllisierung oder Harmonisierung älterer Arbeitsverhältnisse wird man sich hüten, aber mit dem Vordringen der bürgerlichen Marktwirtschaft und Marktgesellschaft, mit dem Kauf menschlicher Arbeitskraft als Ware, die auf vielfältigen Arbeitsmärkten erworben werden kann, ist eine deprimierende Abhängigkeit und menschliche Degradierung verbunden. Gerade die liberalen Unternehmer, die entschlossen für den Verfassungsstaat kämpfen, üben im eigenen Betrieb eine ungeschmälerte, antikonstitutionelle Autokratie aus.

Auch in der Politik wird die Universalisierung bürgerlicher Rechte zurückgenommen. Typisch sind die Wahlrechtsbeschränkungen: Aktives und passives Wahlrecht werden an Besitz und Bildung gebunden, politische Partizipation wird durch diese Exklusionsprinzipien strikt eingeengt. Mit der heraufziehenden «egalitären Massengesellschafat» wächst die bürgerliche Individual- und Sozialangst, wächst auch das politische Ausschließungsbedürfnis. Ein demokratisches Wahlrecht kann daher nur als Bedrohung bürgerlich-elitärer Honoratiorenherrschaft wirken.

Dieser keineswegs Vollständigkeit beanspruchenden Negativbilanz ist jedoch sogleich entgegenzuhalten: Da es zum Entwurf der «bürgerlichen

Gesellschaft» gehört, auf dem öffentlichen Forum schlechthin jede Tradition, jede Norm, auch die eigenen Wertvorstellungen der Kritik zu unterwerfen, dem Pro und Contra der aufgeklärten öffentlichen Meinung auszusetzen, ja kritisches Räsonnieren überhaupt zu prämiieren, bringt vor allem das Bildungsbürgertum ständig Kritiker hervor, welche die Defizite der bürgerlichen Organisationsprinzipien und die Defizite der vom Bürgertum gestalteten Lebenswelt – beides gemessen an den Versprechungen der eigenen Utopie – mit schneidender Schärfe anprangern.[10] Ihr Medium ist eine kritische, aufgeklärte Öffentlichkeit, deren Meinungsdruck zur Abhilfe führen soll. Insofern zeichnen sich das bürgerliche Gesellschaftsmodell und das Bildungsbürgertum gerade dadurch aus, daß – auch fundamentale – Kritik an den Prinzipien und realhistorischen Formen der eigenen Welt zur Sprache und Geltung kommen kann: Die Chance zur Selbstkorrektur ist dank der Hochschätzung kritischer Vernunft fest verankert. Jedermann weiß, daß sich der politische Druck der Diskriminierung mit dieser Kritik oft verbinden muß, bis die Reformen eingeleitet werden. Nicht Argumente allein, sondern massive Protestaktionen in ihrem Gefolge erzwingen sie. Andrerseits soll man die Fähigkeit, die eigenen Normen ernstzunehmen und Mängel zu korrigieren, nicht unterschätzen. Faktisch wird das allgemeine Staatsbürgerrecht von bildungsbürgerlichen preußischen Beamten 1842/43 ebenso von oben eingeführt wie das strenger formalisierte Staatsbürgerrecht des Kaiserreichs. Zu den Lesegesellschaften des ausgehenden 18. Jahrhunderts und ihren lebhaften politischen Diskussionen sind von bürgerlichen Männern, welche die eigenen Ideale ernst nahmen, bereits häufiger, als lange bekannt war, auch Frauen gleichberechtigt zugelassen worden. Bürgerliche Reformer erstreiten das akademische Studium für Frauen ein Jahrhundert danach. Bürgerliche Beamte und Publizisten spielen eine Vorreiterrolle bei der Emanzipation der jüdischen Minderheit, und der mühselige Weg zur formalen Gleichberechtigung wird von der gesetzeschreibenden bildungsbürgerlichen Bürokratie geebnet. Hinzuzufügen ist, daß der bürgerlich-liberale Verfassungsstaat die Bedingungen grundlegend verbessert, auf bürgerliche Kritik an der Mißachtung eigener Zielwerte reformerisch zu reagieren.

Viel von dieser grandiosen Utopie einer wahrhaft «bürgerlichen Gesellschaft» ist in den okzidentalen Ländern in den vergangenen zweihundert Jahren in unterschiedlichem Tempo, mit unterschiedlicher Intensität und Reichweite, Schritt für Schritt verwirklicht worden. Unbestreitbar aber hat es sich auch als außerordentlich schwierig erwiesen, die von Anbeginn an mitgegebenen Grenzen zu überschreiten, die prinzipiellen und politischen Defizite zu überwinden. Ob man aber lobt oder kritisiert: Nie sollte man zu früh im Bann der Formeln der Hegelschen oder Marxschen Geschichtsphilosophie die Zielprojektion «bürgerliche Gesellschaft» für die Realgeschichte halten. Es gibt gute Gründe, die ursprüngliche Utopie in zeitgemäß veränderter und abgewandelter Form weiterhin als unvollendete Aufgabe dieser westlichen Gesellschaften zu begreifen. Noch immer nicht, noch längst nicht sind die westlichen Gesellschaften vollendete «bürgerliche Gesellschaften» im Sinne der weiterhin akzeptierten hohen Ansprüche. Gerade die deutsche Geschichte seit dem 18. Jahrhundert, erst recht seit 1871 demonstriert, mit wie mühsamer Anstrengung eine bürgerliche Gesellschaft aufgebaut wird, auf das Niveau der Barbarei zurückfällt, erneut aufgebaut wird und – in vergleichender Perspektive – in der Bundesrepublik eine beispiellose Ausdehnung erreicht. Als «Challenge» bleibt mithin der Ausbau einer modernen bürgerlichen Gesellschaft in unserer Gegenwart unverändert bestehen. Eine wahrhaft überlegene Utopie ist nicht von fern zu erkennen.

Mit anderen Worten: Man kann «bürgerliche Gesellschaft» – wie wir das schon oft mit «okzidentaler Modernisierung» getan haben – als idealtypisch definiertes, hochgradig normativ besetztes, evolutionstheoretisches Richtungskriterium verstehen. Bestimmte, aufgrund einer weit zurückreichenden Gesamtkonstellation gerichtete Prozesse der okzidentalen Modernisierung laufen auf die Ermöglichung dieses Gesellschaftstypus zu. Wo sie es nicht tun – und quasi-automatisch, ohne harte Konflikte setzt er sich ohnehin nie durch –, sollte man für die normative Vorentscheidung zugunsten der besten Zielvision, die der Westen hervorgebracht hat, mit guten Argumenten streiten und politisch für eine Richtungskorrektur sorgen.[11]

Wie weit man auch solchen Überlegungen zu folgen bereit ist: Die moderne deutsche Geschichte seit dem späten 18. Jahrhundert ist auch deshalb ein so spannender Gegenstand, weil sie, mit einer seltenen Kraßheit der Extreme, Verwirklichung und Verrat, Wiederaufbau und weiterhin offene Aufgaben der bürgerlichen Gesellschaft zu analysieren auffordert.

II. Zurück zum Kaiserreich: Die deutsche bürgerliche Gesellschaft – als sozialhistorisches Phänomen und als sozialtheoretisches Postulat – bleibt vorerst in Statu nascendi, sie ist keineswegs die einzige hegemoniale Gesellschaftsformation. Es gibt überlegene und unterlegene Konkurrenten.

1. Überlegen ist in vielen Bereichen – auf einige komme ich zu sprechen – die alte Machtelite des Adels. In der Reichsleitung, in der Bürokratie, im Militär, auf dem flachen Land spielt er eine Rolle, die zu unterschätzen, wie es zur Zeit die neue englische Mode empfiehlt, für eine realistische Analyse verhängnisvoll wäre. Eine der großen kontroversen Fragen in der Debatte über das Kaiserreich bleibt die Frage nach dem Gewicht, nach der Bedeutung des vorbürgerlichen, vorindustriellen, traditionalen Überhangs in Politik und Gesellschaft. Die tiefreichende regionale und konfessionelle Fragmentierung des Reichs, die wichtigen kulturellen Unterschiede insbesondere zwischen Norden und Süden wird jeder bereitwillig einräumen. Aber in einem Gebiet, das immerhin zwei Drittel des Reichsgebiets und seiner Bevölkerung umfaßt, in Preußen, gelingt es bis zum Oktober 1918 keineswegs, diese adlige

Machtelite aus der Spitzenposition zu verdrängen, geschweige denn zu zähmen oder zu unterwerfen.

Das Verhältnis zwischen Adel und «Bürgertum» bleibt, um das mindeste zu sagen, ambivalent. Einerseits gibt es unstreitig die Assimilierung bürgerlicher Rittergutsbesitzer, bürgerlicher Beamter, bürgerlicher Offiziere. Angesichts der nahezu tausendjährigen Tradition des Adels als normativer Elite kann dieser gemeineuropäische Vorgang gewiß nicht überraschen. Er beweist den Behauptungswillen, das Machtbewußtsein, die Zählebigkeit, die Faszinationskraft des Adels, verweist zugleich aber auch auf eine schwer überwindbare Grenze bürgerlicher Ausdehnungsfähigkeit. Andrerseits muß sich der Adel, wenn er denn ökonomisch im Berufskampf überleben will, bürgerliche Leistungs- und Verhaltensnormen aneignen. Er tut es mit zum Teil verblüffendem Erfolg. Der Übergang vom privilegierten Herrschaftsstand zur agrarischen Großunternehmerklasse beruht auf diesem sozialen «Lernprozeß». Selbstbewußte Bürgerliche geißeln die «Feudalisierung», besser: die «Aristokratisierung» von Teilen des Groß- und Bildungsbürgertums. Andere hoffen auf die Verbürgerlichung des Adels. Kommt es zur entscheidenden Machtprobe, setzt der Adel – und das zählt – im allgemeinen seine Interessen weithin durch: bei den Schutzzöllen, in Steuerfragen, in der Heeresrüstung, beim Dreiklassenwahlrecht, beim Koalitionsrecht für Landarbeiter. Welche Durchsetzungsfähigkeit er trotz der für ihn katastrophalen Niederlage von 1918 behält, zeigt seine verhängnisvolle Rolle in den Krisensituationen der Weimarer Republik bis hin zum 30. Januar 1933. Der «diskrete Charme» des ostelbischen Adels[12] degeneriert zwischen 1914 und 1944 zu einer abgrundtiefen politischen Verantwortungslosigkeit, welche die Nemesis mit Vernichtung beantwortet.

2. Drei andere, von der entstehenden bürgerlichen Gesellschaft fast hermetisch abgeschlossene Teilgesellschaften sind unterlegene Rivalen: die Millionenmassen der Bauern, der Landarbeiter und der Industriearbeiterschaft, insbesondere das organisierte Proletariat mit seiner Gegenutopie. Es trägt in außerordentlich hohem Maß zur Homogenisierung der bürgerlichen Formationen bei: Die Furcht vor dem «besitzlosen Pöbel», dann vor der «roten Gefahr» läßt sie enger zusammenrücken. Die verschärfte Außendifferenzierung, ja die Dichotomisierung der städtisch-industriellen Gesellschaft verstärkt die Ausbildung einer gemeinbürgerlichen Identität, auch eines bürgerlichen Klassenbewußtseins. Umgekehrt wird der Prozeß der proletarischen Klassenformierung in allen vier Dimensionen – der ökonomischen, sozialen, politischen und kulturell-ideologischen – durch den Basiskonflikt zwischen Kapital und Arbeit vorangetrieben. Dieser Antagonismus darf jedoch nicht verdecken, daß Elemente des bürgerlichen Lebens währenddessen mit der Kraft des normativen Vorbildes in die Welt der Arbeiterschaft eindringen: Leistungsorientierung und Arbeitsdisziplin, Bildungshochschätzung und Aufstiegsorientierung, nicht zuletzt das Erbe des 48er Liberalismus und

starke Aufklärungsimpulse. Es gibt in der Geschichte viele soziale Klassen und Schichten, in denen sich ihre Angehörigen auf Dauer wohl fühlen. Es gibt eine Klasse, die jeder – bis auf einige klassenstolze Proletarier in der Hochzeit der marxistischen Arbeiterbewegung – so schnell wie möglich verlassen möchte: Das ist das Proletariat. Aufstieg vom Angelernten zum Facharbeiter, zum Kolonnenführer, zum Meister heißt auf lange Sicht: Verbürgerlichung – wiederum ein Prozeß, der bekanntlich bis heute anhält und im Sinne der vorn umrissenen normativen Entscheidungen als Erweiterung der bürgerlichen Gesellschaft uneingeschränkt zu begrüßen ist.[13]

Im Kaiserreich freilich stehen sich bürgerliche und proletarische Welt fast unversöhnlich gegenüber. Die Gegensätze sind damals denkbar scharf ausgeprägt. Die «Subkultur» der Arbeiterschaft mit ihrem imponierenden, schier unendlich weit verzweigten Netz von Organisationen und institutionellen Stützen stellt einerseits eine schwer zu überschätzende Leistung dar; sie verweist andrerseits auf eine der tief eingeschliffenen Grenzen, die der «Bürgerlichkeit» des Kaiserreichs gezogen sind.

3. Die scharf durchgezeichnete Segmentierung der reichsdeutschen Gesellschaft wird auch nicht dadurch entscheidend abgeschwächt, daß sich bestimmte bürgerliche Organisationsformen als sehr verallgemeinerungsfähig erweisen. Die kunstvoll durchstilisierte Form der (vor allem bildungs-)bürgerlichen Familie gewinnt eine weitreichende Ausstrahlungskraft, wird nach Kräften nachgeahmt oder gilt doch als vorbildliche, wenn auch noch nicht erreichbare Form langjährigen Zusammenlebens. Von der «halboffenen» proletarischen Familie etwa können ihre Sozialisationsleistungen bei weitem nicht erreicht werden.

Leichter und schneller hat sich der Verein, die freie Assoziation zur Verfolgung aller nur denkbaren Zwecke, anfangs eine der Kerninstitutionen bürgerlichen Lebens, allgemein durchgesetzt. Beim Bildungsverein für Handwerker und Facharbeiter ist der Nexus zum bürgerlichen Vereinswesen noch klar erkennbar. Bald aber erweist sich der Verein als eine derart leicht universalisierbare Organisation, daß es schon wieder schwerfällt, unbefangen vom Sieg einer bürgerlichen Assoziationsform zu sprechen, obwohl seine allgegenwärtige Präsenz das auch ist.

4. Einen wahren Siegeszug haben bürgerliche Normen und Werte bereits seit dem späten 18. Jahrhundert angetreten. Was hier insbesondere das Bildungsbürgertum leistet, bestätigt Hegels berühmte Prognose: «Ist das Reich der Vorstellung revolutioniert, so hält die Wirklichkeit nicht aus.»[14] Selbstverständlich hält die «Wirklichkeit» mit dem Bleigewicht all ihrer Traditionen noch ziemlich lange aus. In historischer Perspektive ist es jedoch schon erstaunlich, wie zügig sich das revolutionäre Leistungsprinzip,[15] die Arbeitsorientierung, die Säkularisierung, die Rationalisierung des Denkens und Handelns, die Autonomie des Individuums, überhaupt der Individualismus, aber auch die Vereinigung der Individuen zur Klärung ihrer Probleme in

öffentlicher Diskussion als normative Zielvorstellungen durchsetzen können. Über kurz oder lang prägen sie die in immer weiteren Kreisen verbindlichen Muster der Verhaltensregulierung, werden mithin verinnerlicht und weitergegeben.

An einem Normensystem läßt sich das Vordringen bürgerlicher Leitbilder besonders klar verfolgen: am Rechtssystem. Der rechtskräftige Überhang traditionaler Normen im preußischen Allgemeinen Landrecht, im bayerischen Kodex ist allen geläufig, aber seit dem österreichischen Bürgerlichen Gesetzbuch von 1811, dem Allgemeinen Deutschen Handelsgesetzbuch von 1857/61, dann seit der Flut von Reichsgesetzen, die das Wirtschaftsleben neu ordnen: Währungs-, Banken-, Börsenrecht, Aktien- und Gesellschaftsrecht, dazu das neue Gerichtsverfassungs- und Staatssprachenrecht, schließlich das StGB und BGB – seither ist unleugbar klar, daß bürgerliche Rechtsprinzipien die stärkste Gestaltungsmacht besitzen. Fortbestehende Relikte: das Eherecht des Adels, der zeitbedingte Tribut an die Landwirtschaft in umständlichen Paragraphen über Bienenstöcke, die charmante Definition der Eisenbahn als «feuriger Wurm» – sie alle ändern nichts an dem erdrückenden Übergewicht der realitätsformenden bürgerlichen Rechtsnormen. Unstreitig gibt es weiterhin starke Gegenkräfte: Die Klassenjustiz verletzt immer wieder die formale rechtliche Gleichheit der Staatsbürger. Das Reichsvereinsgesetz diskriminiert auch nach 1908 die fremdsprachigen Staatsangehörigen, hier triumphiert der neue Reichsnationalismus über den Grundsatz der Gleichbehandlung. Der adlige, spätfeudale Ehrbegriff erlebt im studentischen Verbindungswesen eine artifizielle Renaissance und Ausdehnung.

All diese Gegentendenzen ändern jedoch wenig an der Grundtatsache, daß der Umbau der Rechtsordnung – und damit der Gesellschaft – nach bürgerlichen Vorstellungen auch im Kaiserreich unaufhaltsame Fortschritte macht.

5. Ungleich widersprüchlicher ist dagegen der Eindruck, den das politische System vermittelt. Was ist hier spezifisch bürgerlich? Der Reichsmonarch, die Länderdynastien sind es mit Sicherheit nicht, und man soll die Höfe als ein Machtzentrum neben anderen im Polyzentrismus des Kaiserreichs nicht unterschätzen. Die Bürokratie als Herrschaftsinstrument und Herrschaftsträger – sie spielt ja gerade in der neuzeitlichen deutschen Geschichte eine ungewöhnlich einflußreiche Rolle – ist ihrer sozialen Zusammensetzung nach, sei's im Reich, sei's in den Mitgliedstaaten, mehrheitlich bürgerlicher Herkunft. Als Institution wird man sie jedoch nicht schlechthin «bürgerlich» nennen können. Wie viele andere sehen auch Weber und Hintze in ihr ein Strukturelement der fürstenstaatlichen Herrschaftsordnung. Zuverlässige Normbefolgung und -durchsetzung gibt es auch bei den Verwaltungsstäben patrimonialer, hierokratischer, patrizischer Herrschaft; sie ist, für sich genommen, kein hinreichendes Indiz für «bürgerliche» Pflichterfüllung. Daß die reichsdeutsche Bürokratie aber zunehmend Rechtsnormen und Verwaltungsmaximen bürgerlichen Inhalts als Richtschnur selber formuliert oder

vorgegeben bekommt und danach handeln muß, macht sie im Effekt in nicht wenigen Bereichen – man denke nur an die Wirtschafts- und Bildungspolitik – zum Alliierten der entstehenden bürgerlichen Gesellschaft. An den Schwerpunktverschiebungen der Bürokratiekritik wird das deutlich: Im 18. Jahrhundert ist die Bürokratie das dem Adel verhaßte Organ der vordringenden absolutistischen zentralstaatlichen Gewalt. Im Vormärz verkörpert sie die obrigkeitliche Gängelung freien bürgerlichen Lebens. Im Kaiserreich verdächtigt der Adel die Bürokratie, oft zu Recht, der Liberalismus- und Bürgertumsfreundlichkeit, und bürgerliche Sozialreformer setzen oft eher auf die Bildungsbürger in der Verwaltung als auf den Reichstag.

Keine Frage: Das Reich als Verfassungsstaat verkörpert trotz seines Kompromißcharakters auch den Triumph bürgerlicher Liberaler. Während der Etappen, die der Verfassungsstaat im deutschsprachigen Mitteleuropa zwischen 1808, 1848/1849 und 1867/1871 durchläuft, wird das Vordringen, dann die Durchsetzung bürgerlicher Politikvorstellungen immer deutlicher. Natürlich ist der Reichstag, sind die Landtage der Einzelstaaten keine bürgerliche Erfindung; sie knüpfen an alte ständische Vertretungskörperschaften an. Wo sie besonders funktionstüchtig und erfolgreich sind, wie das Parlament von Westminster, werden sie jahrhundertelang vom Kampf rivalisierender Adelsfamilien beherrscht. Seit dem deutschen Frühkonstitutionalismus hat jedoch der Kampf um eine bürgerliche Mehrheit nicht mehr aufgehört, mit welchen Wahlrechtsraffinessen und neuständischen Blockaden das spätabsolutistisch-adlige Kondominat das auch zu verhindern sucht. Auf der anderen Seite: Das demokratische Reichstagswahlrecht ist alles andere als ein bürgerlicher Herzenswunsch. Noch um die Jahrhundertwende verwünschen es aufrechte Liberale als bonapartistisches Blendwerk. Das liberal-bürgerliche Ideal ist die Honoratiorenpolitik der Besitzenden und Gebildeten, nicht aber das demokratische Prinzip des «One Man – One Vote». Und schließlich läßt die unvermeidbare Allianz mit Bismarck kein parlamentarisches Regierungssystem zu. Nicht der Führer der Mehrheitspartei oder -koalition tritt an die Spitze der Regierung, sondern bis zum Oktober 1918 ein vom Vertrauen des Kaisers abhängiger Politiker. Auch an der Verteidigung dieses in der Tat spätfeudalen personalistischen Loyalitätsverhältnisses zerschellen die Parlamentarisierungswünsche.

Selbst wenn man von der Kampfbereitschaft, geschweige denn von der politischen Leidenschaft der Reichstagsabgeordneten, den Parlamentarismus durchzusetzen, keine hohe Meinung hat – und erst recht nicht von der frommen Legende einer angeblich schon weit fortgeschrittenen Parlamentarisierung vor 1918 – wirkt doch eine starke, vielleicht unwiderstehliche Kraft zugunsten einer kontinuierlichen Aufwertung des Reichstags. Wenn eine hochkomplexe Gesellschaft einmal die Entscheidung getroffen hat, einem in regelmäßigen Abständen, auf der Basis eines demokratischen Wahlrechts neugewählten Parlament im Prinzip die Regulierung essentieller Konflikte und die Lösung unzähliger materieller Probleme durch Entschlüsse mit Gesetzeskraft zu übertragen, wächst mit der Unzahl normierungsbedürftiger Sachfragen die Entscheidungskompetenz dieses Gremiums. Dieser Trend scheint nicht nur einem überzeugenden systemtheoretischen Argument zu entspringen, sondern auch einen Fluchtpunkt der reichsdeutschen Parlamentsentwicklung zu bezeichnen. Dafür spricht nicht nur die anschwellende Gesetzesflut und die Sorgfalt, mit der die mächtigen Interessenverbände ihre Beziehungen zum Reichstag pflegen. Dafür sprechen nicht nur die Mißtrauensvoten und das wachsende Gewicht parlamentarischer Entscheidungen in besonders sensitiven Politikbereichen (Heeresausgaben!), sondern auch die weitverbreitete, ob nun begrüßte oder gefürchtete Schlußfolgerung, daß – wie die Reichstagswahlen 1912 zeigen – nach 1917 vielleicht nur mehr mit einer faktisch anerkannten parlamentarischen Mehrheit zu regieren sei. Gewiß kann bis dahin die Sozialdemokratie als systemimmanente Reformpartei zur stärksten politischen Kraft werden, aber an dem Fortschritt zu einem bürgerlichen Parlamentarismus hätte das kaum Entscheidendes geändert.

Wenn all das gesagt ist, bleibt doch bestehen, daß bürgerliche Parlamentarier mit ihren Verbündeten weder bis 1914 – obwohl sie 1912/13 mehrfach am langen Hebel sitzen – noch bis zur Revolution von 1918 die Parlamentarisierung erkämpfen. Die Oktoberreformen werden ganz so von oben gewährt, wie 1867 das allgemeine Wahlrecht von oben eingeführt wird.

Auf die Landtage der Gliedstaaten auch noch einzugehen, führte hier zu weit. Kurz nur zum preußischen Landtag des Dreiklassenwahlrechts, denn immerhin wird hier ein Gesetz nach dem anderen für zwei Drittel der Reichsbevölkerung verabschiedet. Seiner Funktion nach wirkt er sowohl wie eine neuständische Repräsentation mit starker Adelsdominanz (nicht nur im Herrenhaus) als auch wie ein Organ besitzbürgerlicher Plutokratie. Wenn es eine politische Arena gibt, wo die umstrittene Sammlungspolitik zwischen adligen und bürgerlichen Konservativen bis zum Weltkriegsende beobachtet werden kann, ist es dieser Landtag. In Sachsen und Hamburg, um nur noch zwei Beispiele zu nennen, ist das Klassenwahlrecht bekanntlich noch krasser ausgeprägt: Dieser Filter verletzt auch hier politische Partizipationswünsche und begünstigt einseitig bürgerlichen Reichtum.

Moderne politische Parteien und Interessenverbände kann man als Elemente eines bürgerlich geprägten politischen Systems verstehen, das die offene Konkurrenz rivalisierender Interessen und ihre dauerhafte Institutionalisierung befürwortet.[16] Nach der imponierenden liberalen Dekade zwischen 1867 und 1877, in der die Nationalliberalen die informelle Regierungspartei sind, die wichtigsten Gesetze selber schreiben und bei alledem von dem Optimismus beflügelt sind, daß ihnen bei der politischen Modernisierung des Reichs dank der stummen Gewalt der gesellschaftlichen Entwicklung und der vereinigten Macht der nord- und süddeutschen Liberalen die Zukunft gehört, ist ein für allemal die Vorherrschaft einer bürgerlich-liberalen Partei vorbei. Es folgen noch seltene Wahlerfolge, 1881 oder 1912 z. B., welche die Gegner irritieren, praktisch aber verpuffen. Von Adligen geleitete konservative Parteien, die Sozialdemokraten, die Parteien der nationalen Minderheiten, das von Anhängern aus allen sozialen Schichten gestützte Mixtum Compositum des Zentrums – sie zusammen stellen vierzig Jahre lang eine Mehrheit gegenüber den bürgerlichen Parteien. Seit der Entmachtung der Nationalliberalen folgt eine kompromißfähige Koalition auf die andere. Daran ist angesichts der Kräftekonstellation nichts Verwerfliches, aber nur bei genauer empirischer Überprüfung ergibt sich, wie groß der adligkonservative, der bürgerlich-konservative, der nationalliberale, der katholische Anteil an den mühsam geschnürten Gesetzespaketen jeweils ist. Denselben ambivalenten Eindruck hinterlassen Gerangel und Erfolge der Interessenverbände. Gewiß setzen die großbürgerlichen Schwerindustriellen ihre Interessen in der neuen Zollpolitik durch, aber doch nur im Verbund mit einer dem «Sacro Egoismo» der Großagrarier gemachten Riesenkonzession, die dem wohlverstandenen Eigeninteresse der Industrieunternehmer an einer Arbeiterschaft, die nicht durch ständig steigende Lebenshaltungskosten verbittert wird, schnurstracks zuwiderläuft.

6. Bürgerliche Erfolgsmeldungen wiederum gibt es beim Ausbau des Rechtsstaats in jenem typisch deutschen Sinn. Die Maschen des Netzes der Konfliktregulierung durch staatliche Gesetze und ihre Ausführung durch eine zuverlässige Justizbürokratie werden enger gezogen. Insbesondere die Verwaltungsgerichtsbarkeit erlebt einen Aufschwung, der für konservative Bürokraten in den 1820er Jahren (wie etwa den Innenminister Schuckmann) noch einen wahren Alptraum bedeutet hätte. Es bleibt z. B. ein Ruhmesblatt der bürgerlichen Richter des Preußischen Oberverwaltungsgerichts, wie sie administrative Übergriffe gegenüber der polnischsprechenden Minderheit mit schneidender Schärfe für rechtswidrig erklären.

Auch die städtische Selbstverwaltung zeigt bürgerliche Fähigkeiten in hellem Licht. In der Reichspolitik geduckt, finden dort nicht wenige der besten liberalen Köpfe ein weites Wirkungsfeld als Oberbürgermeister oder Magistratsbeamte der Großstädte. Effiziente Stadtverwaltung, Zähmung mancher Auswüchse des Urbanisierungsprozesses, das geglückte Experiment der großen Kommunalbetriebe – das lockt Expertenkommissionen aus England und Frankreich, ja eine Delegation der «Progressives» nach der anderen aus Amerika herbei.

Last not least: Die öffentliche Meinung entwickelt sich nach den Spielregeln, die zum Entwurf der bürgerlichen Gesellschaft gehören. Es gibt Schikane, Korruption durch potente Käufer von Zeitungsunternehmen, die «Lunatic Fringe» der alldeutschen Organe. Aber grosso modo funktioniert die öffentliche Kritik, und die Polyphonie der unterschiedlichsten Meinungen gewährleistet, daß fast alles Diskussionswürdige zur Sprache kommt. Erfahrungen auf Politikfeldern wie diesen müssen eigentlich das Gefühl genährt haben, daß das Kaiserreich doch noch modernisierungsfähig, im Sinne bürgerlicher Ziele mit viel Geduld weiter reformierbar sei.

7. Noch drei Kontrastbilder: In den parlamentsautonomen «Staat im Staat» des Militärs können Bürgerliche gleich welcher Formation nicht hineinwirken. Wohl aber wirkt das Militär durch die Dienstzeit, das Einjährig-Freiwilligen- und Reserveoffizierswesen, die Kriegervereine und militärischen Jugendbünde sehr massiv auf das Bürgertum ein. Angesichts seiner Machtstellung im Inneren, seines starken politischen Einflusses, ja seiner Fähigkeit, grundlegend wichtige Entscheidungen der Reichspolitik mit festzulegen, wird die bürgerliche Ohnmacht überdeutlich. Mit der Behauptung von einer im Kaiserreich bereits voll verwirklichten bürgerlichen Gesellschaft, mit angeblicher bürgerlicher Hegemonie ist dieser militärische Machtblock und der von ihm stetig genährte Militarismus schlechterdings nicht in Übereinstimmung zu bringen.

Die protestantische Kirche ist Landeskirche unter fürstlichem Summepiskopat. Die Kirche der preußischen Union muß Wilhelm II. bis 1918 als ihren Obersten Bischof ertragen. Die Gehorsamspflicht des evangelischen Untertanen wird von den Pfarrern der Gemeinde, erst recht von den Militärgeistlichen den Soldaten eingeschärft. Zu einer Schule bürgerlicher Selbstverwaltung, wie noch Schleiermacher gehofft hatte, wird diese protestantische Kirche mitnichten. Kein Wunder, daß Max Weber trotz aller Bewunderung für die Rolle des Protestantismus bei der Gestaltung der modernen Welt mit kompromißloser Bitterkeit die Amtskirche attackiert. Aus dem Gesichtswinkel des von der Kirche verratenen Proletariats ist es eine Kirche des Bürgertums. Unstreitig spielen auch bürgerliche Presbyter und bildungsbürgerliche Konsistorialräte eine wichtige Rolle, und immer deutlicher tritt hervor, daß diese Kirche eine schrumpfende Mittelstandskirche (Troeltsch) wird. Tatsächlich gelingt jedoch eine Verbürgerlichung der Kirchenverfassung und Kirchenpolitik keineswegs.

Andrerseits gelingt sie im Bildungswesen, dessen Schlüsselfunktion die frühen Protagonisten einer bürgerlichen Gesellschaft richtig erkannt haben. Es gibt Gegenströmungen, wie sie sich in dem mißratenen Tugendkatalog für die schulischen Gesinnungsfächer niederschlagen. Aber in der Volksschule, im Gymnasium, in der Realschule, im Lyzeum, in der Universität und Technischen Hochschule gewinnt das bürgerliche Leistungsprinzip, die bürgerliche Arbeitsethik, die bürgerliche Rationalität das Übergewicht. Es gibt auch so etwas wie den bürgerlichen «Kulturstaat». Die anachronistischen Kadettenanstalten, die Schmucknarben der Korporierten zu einer Zeit, als die englische Kolonialverwaltung sie am Äquator bereits verboten hat, selbst die späte Zulassung der Frauen zum Studium vermögen das Urteil im Hinblick auf die Langzeitperspektive nicht zu entkräften.[17]

Und schließlich das Offensichtliche: Die Entfaltung des Industriekapitalismus ist ohnehin eine bürgerliche Leistung. Das Vordringen des Agrarkapitalismus impliziert den Siegeszug bürgerlicher Wirtschaftsrationalität in der ländlichen Welt. Die Basisprozesse der ökonomischen Veränderung sind mithin bürgerlich-modern. Der Neopatriarchalismus von Unternehmern wie Stumm, Krupp und vielen anderen, der harte Paternalismus der Gutsherrschaft schwächen jedoch sogleich wieder die Eindeutigkeit dieser Feststellung ab. Die soziale Wirklichkeit des Industrie- und Agrarbetriebs ist eben nicht nur von bürgerlicher Wirtschaftsmentalität geprägt. Der deutsche Unternehmer, der den «Herrn im Haus» spielt, praktiziert keineswegs nur ein funktionales Verhalten, das allgemeiner kapitalistischer Unternehmensleitung entspricht (auch nicht einfach bürgerlichem «Hausvater»-Stil), sondern folgt durchaus – wie sowohl der internationale als auch der binnendeutsche Vergleich z. B. zwischen Schwerindustrie einerseits, Elektrotechnik und Großchemie andrerseits eindeutig zeigen – überlieferten Mustern eines traditionalen Führungsstils. Über die Bedeutung dieser traditionalen Relikte lohnt es sich unverändert zu diskutieren.

III. Zumindest diese Hinweise und Erwägungen sind unerläßlich, wenn man die unbestreitbare Modernität des Kaiserreichs, die es vor allem kraft bürgerlicher Leistungen auf vielen Gebieten gewinnt, angemessen in den Blick nehmen will. Die Modernisierungsfortschritte sind – um es zu wiederholen – angesicht der Stärke der militärstaatlichen, adligen, bürokratischen Traditionen ebenso analyse- und erklärungsbedürftig wie die im folgenden ins Auge zu fassenden gegenläufigen Kräfte in der bürgerlichen Welt selber. Es wäre ja mehr als naiv, Phänomene wie den Imperialismus, den Schlachtflottenbau, den Pangermanismus usw. primär oder gar allein den traditionalen Kräften anzulasten.

Die Dialektik von Fortschritt und Entartung bürgerlicher Modernisierung lenkt auf einige sowohl systematische als auch historische Zusammenhänge hin. Seit dem späten 18. Jahrhundert werden die völlig heterogenen Schichten- und Klassenlagen der unterschiedlichen bürgerlichen Sozialformationen durch Ideologien von einer spezifischen Integrationskraft gewissermaßen überwölbt, so daß der Fluchtpunkt einer tendenziellen Einheit «des» Bürgertums sichtbar wird.[18] Dabei handelt es sich zunächst um drei, in ihren Funktionen eng miteinander zusammenhängende Ideologien. An erster Stelle ist die neuhumanistische Bildungsideologie zu nennen, deren Kraft so groß ist, daß sie das Bildungsbürgertum mit konstituiert. Der Inhalt dieser Integrationsideologie braucht hier nicht noch einmal expliziert zu werden. Als Angriffsideologie richtet sich «Bildung» gegen die geburtsständischen, vor der aufgeklärten Vernunft nicht zu rechtfertigenden Privilegien des Adels. Jedermann, gleich welcher Herkunft, soll sich dem revolutionären Leistungsprinzip unterwerfen. Nur die überprüfte Leistungsfähigkeit soll über Karrierechancen, Prestige, Einfluß entscheiden. Als Verteidigungsideologie dient «Bildung» ebenso gut gegen anmaßende Ansprüche der Aristokratie wie gegen den Druck der «Ungebildeten» von unten. Diese Bildungsideologie strahlt auch auf das Wirtschafts- und Kleinbürgertum aus, sie bietet vereinheitlichende Ideen und Interessen.

Frühzeitig verschwistern sich mit ihr der Liberalismus (als politische Ideologie und Bewegung, auch allgemein als «Weltanschauung») und der liberale Nationalismus. Erst vom Beamtenliberalismus, dann auch vom konstitutionellen Liberalismus wird der längst vertraute Entwurf einer künftigen «bürgerlichen Gesellschaft» aufgegriffen und nur teilweise umformuliert. In der Zukunftsordnung der liberalen «bürgerlichen Gesellschaft» soll, das ist ein gemeinsames Interesse, die Ständehierarchie beseitigt sein. Statt dessen sollen die Bürger, durch Besitz oder Bildung dazu qualifiziert, als freie Staatsbürger in freien Assoziationen zusammenwirken, in freier öffentlicher Diskussion die «vernünftigen» Volksinteressen ermitteln und durch das gewählte Parlament in Gesetzesform gießen lassen. Wo sich der Einfluß des ökonomischen Liberalismus stärker auswirkt, sollen die freien Wirtschaftssubjekte sowohl das egoistische Eigeninteresse im Konkurrenzkampf befriedigen als auch gleichzeitig dadurch, wie in Mandevilles Fabel, zum Gemeinwohl beitragen. Der liberale Rechts- und Verfassungsstaat soll die möglichst ungehemmte Entfaltung bürgerlichen Lebens garantieren. Im Zeichen solcher liberaler Leitideen können bildungsbürgerliche Beamte, literarische Intelligenz, großbürgerliche Unternehmer, kleinbürgerliche Handwerker und Kaufleute bei der mühsamen Verwirklichung einer gemeinbürgerlichen liberalen Staats- und Gesellschaftsordnung zusammenstehen. Insofern geht vom Ideenkonglomerat des Liberalismus auch eine vereinheitlichende Wirkung auf die unterschiedlichen bürgerlichen Schichten und Klassen aus.

Ähnlich läßt sich der liberale Nationalismus deuten. Er ist ein Resultat der Revolution: in Europa der Französischen, in der Westlichen Hemisphäre der Amerikanischen Revolution; der englische «Sonderweg» beginnt auch in dieser Hinsicht früher im 17. Jahrhundert. Dieser moderne Nationalismus muß vom älteren «Landespatriotismus», von dynastischer oder regionaler Loyalität klar unterschieden werden. In den deutschen Ländern ist er eine Folge der Auswirkungen der Französischen Revolution und des Zusammentreffens schwerer Modernisierungskrisen mit der Erfahrung von Fremdherrschaft. Zunächst ein Phänomen kleiner Intellektuellenzirkel verspricht auch der allmählich entstehende deutsche Nationalismus angesichts der Zerstörung traditionaler Legitimationsgrundlagen politischer Herrschaft insbesondere zwischen 1803 und 1807 eine neue Legitimationsbasis im Willen der «Nation», verheißt er den Republikanern die nationale «Volkssouveränität». Er verspricht eine einheitsstiftende Integration, daher beansprucht er ein Loyalitätsmonopol. Er stellt ein neues Identitätsgefühl in Aussicht, nachdem zahllose vertraute Orientierungen sich aufgelöst haben oder in Frage gestellt sind. Dafür wird die Vergangenheit glorifiziert, die Zukunft mit dem Mythos einer «nationalen Erneuerung» verbunden. Wie überall verschmelzen überzogenes Sendungsbewußtsein und säkularisierter Auserwähltheitsglaube: Der moderne Nationalismus wird zur politischen Religion. Er bleibt freilich auch jahrzehntelang, und das wird oft übersehen, eine frühliberale Oppositions- und Emanzipationsideologie, welche die ständische Ungleichheit, die Vormacht des Adels, den deutschen Spätabsolutismus, den deutschen Staatenpluralismus beseitigen will. Eben deshalb wird die Vision des nationalen liberalen Einheitsstaats, die Forderung auch nach Partizipation im nationalen Verfassungsstaat, von den Staatsmännern und Konservativen aller Couleur als prinzipielle Gefahr, als Sprengsatz für ihre Welt, konzessionslos bekämpft.

Trotz der «Demagogenverfolgung», des Verbots der Burschenschaften und der Turner, der Repressionsgesetze des Deutschen Bundes entwickelt sich der liberale Nationalismus vor allem seit den 30er Jahren zu einer Massenbewegung: Er dringt über das Vereinswesen, durch Hunderttausende von Turnern und Sängern, durch Germanisten, Juristen, Historiker und ihre «gesamtdeutschen» Kongresse, durch Bildungsvereine der Handwerker, «Nationalfeste» und Denkmäler in die Gesellschaft und das öffentliche Bewußtsein ein. Beschleunigungsfaktoren wie die Rheinkrise von 1840 und das Schleswig-Holstein-Problem treiben die Ausbreitung ganz so voran wie die Verdichtung der Kommunikation durch die verschiedenen Medien des literarisch-publizistischen Marktes, durch Eisenbahn und Postwesen. Die Revolution von 1848 setzt dann noch neue Schubkräfte frei.

Ähnlich wie dem Bildungsgedanken und dem Liberalismus eignet dem Nationalismus die Fähigkeit, über heterogene Soziallagen hinweg Einheit durch das Fernziel der bürgerlichen Nation im eigenen liberalen Verfassungsstaat zu stiften. Zwar tauchen frühzeitig expansionistische und xenophobe Elemente in diesem Nationalismus auf. Jahrzehntelang überwiegt jedoch ganz das Wunschbild einer harmonischen Koexistenz der europäischen Nationalstaaten – sofern erst alle Nationen diese Staatsform erreicht haben und die kriegslüsternen Monarchen und Aristokraten gezähmt sind. Im Zeichen dieser Dreierkonstellation von «Bildung», Liberalismus und liberalem Nationalismus wird eine gemeinbürgerliche Einheit der politischen, zum Teil auch der gesellschaftlichen und ideellen Interessen, Ziele und Wertvorstellungen über alle empirischen Unterschiede hinweg bis in die 70er Jahre hinein immer stärker empfunden. Der kleindeutsche Nationalstaat, der ja auch liberaler Verfassungsstaat ist, löst neue Integrationseffekte aus. Darauf gründet die weitverbreitete Auffassung, daß auf längere Sicht *dem* Bürgertum die Zukunft gehöre.

Seit dem Ende der 70er Jahre bahnt sich in der deutschen Bürgertumsgeschichte eine Zäsur an, die man nur verhängnisvoll nennen kann. Das zu konstatieren erlaubt der historische Rückblick, das haben jedoch auch schon scharfsichtige bürgerliche Liberale damals so gesehen. Das Verhängnis besteht in der Überschneidung von vier folgenschweren Prozessen. Politisch werden die Liberalen aus der erfolgreichen Mitwirkung an der Reichspolitik definitiv verdrängt. Von dieser Entmachtung und von dem Schisma zwischen Nationalliberalen und Linksliberalen hat sich der Liberalismus des Kaiserreichs im Grunde nie wieder erholt. Aus der Arena der verantwortlich gestalteten Reichspolitik weithin verdrängt, bleiben den Liberalen schließlich allein die Städte als politische Domäne. Die zur Anpassung an das Bismarckregime willigen Nationalliberalen werden zunehmend zu Verfechtern eines engen (groß-)bürgerlichen Klasseninteresses. Die opponierenden Freisinnigen sind außerstande, anstelle einer heterogenen Anhängerschaft eine Massenbasis zu gewinnen.

Während der schweren Depression zwischen 1873 und 1879, die weithin als Scheitern der liberalen Marktwirtschaft verstanden wird, setzt eine tiefreichende Diskreditierung liberaler Politik, liberaler Wirtschaftspolitik im besonderen, liberaler «Weltanschauung», kurz: eine allgemeine Entliberalisierung des öffentlichen und politischen Lebens ein. Ohne sie kann man auch die Unterstützung, die illiberale Ausnahmegesetze – wie seit 1878 die «Sozialistengesetze» – selbst bei den Liberalen finden, schwerlich verstehen. Achtzig Jahre lang sollte nach 1879 der Liberalismus nicht mehr zu der großen Kraft, wie er sie zwischen 1867 und 1877 verkörpert hatte, zurückfinden, bis nach 1949 eine eigentümliche Spätblüte in Westdeutschland beginnt.

Die Zerstörung der einheitlichen Schwungkraft des deutschen Liberalismus – und sie ist nur zum kleinen Teil das Werk Bismarcks, zum weit größeren Teil das Ergebnis anonymer sozialökonomischer Krisen! – überlappt sich mit einem nicht minder gefährlichen Funktionswandel des deutschen Nationalismus, der ebenfalls von den späten 70er Jahren ab zu datieren ist. Der liberale, emanzipatorische Nationalismus verliert im kleindeutschen Nationalstaat seine Substanz, seine Energie, auch die meisten seiner Ziele. Der neu auftauchende Reichsnationalismus ist, auf eine Kurzformel gebracht, eher konservativ in der Verherrlichung des erreichten Status als europäischer Hegemonialmacht; er wird zusehends expansionistisch, imperialistisch, am rechten Rand pangermanistisch, teilweise schon rassistisch aufgeladen; er wird antiliberal und insbesondere noch vehementer antiproletarisch. Im Grunde stellt der Reichsnationalismus, der erst zu Beginn der 90er Jahre voll entwickelt ist, eine neue Integrationsideologie dar, die mit dem liberalen Oppositionsnationalismus kaum mehr gemein hat als die früher kurz gehaltenen giftigen Auswüchse der Frankophobie, des Alldeutschtums, der missionarischen Absicht, am deutschen Wesen die Welt genesen zu lassen. Als Angriffsideologie richtet sich der neue Nationalismus nach seinem Funktionswandel gegen äußere Gegner – oder gegen «normale» Konkurrenten im Staatensystem, die jetzt zu unversöhnlichen Feinden stilisiert werden –, nicht minder aber gegen innere «Reichsfeinde». Überhaupt drängen sich Feindbilder dominierend in den Vordergrund. Als

Verteidigungsideologie will er die höherwertige deutsche «Kultur» gegen die von außen andrängenden Einflüsse der verderblichen westlichen «Zivilisation» schützen, im Inneren den soziopolitischen Status quo mit scharfer Spitze gegen Reformkräfte behaupten.

Und schließlich wird der neuhumanistische Bildungsgedanke seit dieser Zeit unübersehbar rapide weiter verwässert; er degeneriert zum karrieredienlichen Berechtigungswesen der Gymnasial- und Universitätsdiplome, der Staatsexamina, des Rechts auf Titelführung, durch den man Aufnahme in die «gute Gesellschaft» findet. Damit einher geht eine fatale Schwächung der humanistischen, zivilisierenden Impulse, die den ursprünglichen Neuhumanismus einmal ausgezeichnet haben.

Dieser vierfache Einschnitt – in der Reichspolitik, in der Natur des Liberalismus und Nationalismus, im Charakter des Bildungsideals – schafft in der Tat eine neue Konstellation, die zwar erneut imstande ist, die heterogenen Soziallagen der bürgerlichen Sozialformationen zu überwölben. Sie markiert aber auch, nach älteren Vorläufern, den Beginn der fatalen Pathogenese des Bürgertums. Unter den neuen Bedingungen findet der extreme Nationalismus und Rechtsradikalismus seine Einbruchstellen, wuchert die Illiberalität, wächst der Fremdenhaß: gegen polnische Staatsbürger im Inneren, gegen Slawen und Gallier im «Vorfeld des Reiches», steigert sich vor allem die erbitterte Feindschaft gegen die «vaterlandslosen Gesellen», gegen ihre Utopie des freien, republikanischen «Volksstaats». Neu aufkommende Ideologien wie etwa der Sozialdarwinismus «passen» gewissermaßen zum neuen Reichsnationalismus: Der Sozialdarwinismus bietet eine pseudowissenschaftliche Legitimation des Rechts der stärksten Nation, des Rechts der gesellschaftlichen Stärksten, die offensichtlich das Ergebnis der Auslese der «Fittest» verkörpern.

Je stärker sich die Heterogenität bürgerlicher Klassenlagen ausprägt, je gefährlicher die «rote Gefahr» wirkt, je länger der Adel nicht kleinzukriegen ist, desto dringender wird das Bedürfnis nach ideologischer Integration des Bürgertums. Wägt man die Faktoren ab, scheint vom konservativen, imperialistischen, illiberalen Nationalismus der stärkste Einfluß ausgegangen zu sein. Daher die breite bürgerliche Unterstützung für die Rüstungspolitik im allgemeinen, den Schlachtflottenbau im besonderen; daher die Unterstützung des Kolonialimperialismus und der deutschen Großmannssucht in der wilhelminischen «Weltpolitik». In einem Politikfeld dagegen, dem im Kaiserreich häufig und in mancher Hinsicht zu Recht innovative und zukunftsträchtige Leistungen zugeschrieben werden, im Bereich der staatlichen Sozialpolitik, leisten liberal-bürgerliche Politiker und Geheimräte erst einmal fünfzehn Jahre lang erbitterten Widerstand. Und nachdem die Versicherungsgesetze in Kraft sind, opponieren die Rechtsliberalen sogar gegen den moderaten Ausbau der Arbeiterschutzgesetzgebung, wie zögernd und punktuell er auch immer erfolgt. Das kleine

Häuflein der «Nationalsozialen» imponiert durch Problembewußtsein und intellektuelle Brillanz, nicht durch Massengefolgschaft.

Diesen fundamentalen Konstellationswandel seit den späten 70er Jahren muß man sich vergegenwärtigen, wenn man die Kontinuitätslinien erkennen will, die zur Unterstützung der Kriegszielpolitik, der «Vaterlandspartei», der völkischen Verbände, schließlich des Nationalsozialismus und seiner charismatischen Führerdiktatur hinlaufen. Wohlgemerkt, zur gleichen Zeit gelingen Bürgerlichen die vorn skizzierten Modernisierungsfortschritte in der Wirtschaft, im Recht, in der Wissenschaft. Aber zur Dialektik des Modernisierungsprozesses gehört untrennbar hinzu, daß auf den «Challenge» durch Modernisierungskrisen, wie sie seit dem Ende der 70er Jahre gebündelt auftreten, ein «Response» folgt, der letztlich die Errungenschaften der westlichen Zivilisation insgesamt in Frage stellt.[19]

Ich breche hier ab und versuche eine Zwischenbilanz, die durch die Gemengelage der «Gleichzeitigkeit des Ungleichzeitigen» wahrhaftig nicht erleichtert wird.

IV. Die Entwicklungsgeschichte der bürgerlichen Formationen hin zu einer bürgerlichen Gesellschaft ist im Kaiserreich viel komplizierter verlaufen, als es die bekannten Kurzformeln auch nur erahnen lassen. Fragt man aber nach den Haupttrends, sticht die fortschreitende Homogenisierung zu einer bürgerlichen Gesellschaft zunächst ins Auge: Die Binnendifferenzierung z. B. zwischen Bildungsbürgertum und Bourgeoisie wird nicht vollständig abgebaut, jedoch abgeschliffen. Im Zeichen der neuen Integrationsideologien, die sich seit der Zäsur in den späten 70er Jahren auswirken, im Zeichen insbesondere der scharfen Außenabgrenzung vom Proletariat und zum Teil vom Adel nehmen die bürgerlichen Gemeinsamkeiten tendenziell zu, ohne je vollständig zu siegen.

Das Dynamisierungszentrum im Modernisierungsprozeß der reichsdeutschen Gesellschaft liegt beim Bürgertum: bei den Industriellen, Bankiers und Reedern; bei den Bildungsbürgern in Universitäten und Forschungsinstitutionen, die den deutschen Wissenschaftsbetrieb jahrzehntelang zu einem «Weltzentrum» (Ben-David) machen; bei den bürgerlichen Beamten, die den frühen Sozial-, Wohlfahrts- und Interventionsstaat aufbauen. Die funktionalen Imperative einer wachsenden kapitalistischen Wirtschaft, einer anhaltenden, immer differenzierteren Ausweitung der Staatsfunktionen unterstützen als anonyme Schubkräfte den bürgerlichen Aufstieg. Das weiterhin unterschiedliche Profil von Bildungsbürgern, wie dem Heidelberger Kreis um Weber, und von Unternehmern, wie dem «Verein Deutscher Eisen- und Stahlindustrieller», ist nicht zu übersehen. Die Annäherung, ja Homogenisierung durch bürgerliche Normen und Wertvorstellungen, durch den neuen Reichsnationalismus und verwandte Ideologien, durch Bildungsziele und Lebenserwartungen, durch Arbeitsethos und sozialen Verkehr besitzt jedoch vermutlich, wenn man schon so global urteilen will, die stärkere Prägekraft.

Andrerseits: Kraftvolle bürgerliche Politik erlahmt seit den späten 1870er Jahren. Seither wirkt sie oft lange Zeit wie erloschen. Die anfangs optimistisch erhoffte politische Modernisierung des Regierungssystems gelingt nicht. Die Widerstandsfähigkeit und Persistenz vorbürgerlicher, aristokratischer Traditionen erweist sich nicht nur als unüberwindlich, sondern diese Traditionen vermögen noch immer wichtigen Lebensbereichen ihren Stempel aufzudrücken: vom «Bund der Landwirte» bis zum Offizierskorps, vom «Industriefeudalismus» bis zur Normsetzung für bürgerliche Aufsteiger. Dieser Konflikt zwischen vordringender bürgerlicher Welt und traditionalem Widerstand, auch die wechselseitige, stets unvollkommene Anpassung, erzeugt ein System der Blockade, das trotz des Linksrutsches seit 1909/1912 in eine Stagnation zu münden scheint. Wäre sie – hypothetische Geschichte – bereits 1917 sozial-liberal aufzulösen, dauerhaft zu überwinden gewesen, oder hätte der extreme Nationalismus die Bürger an das rechte Machtkartell gebunden?

Dann ist da die Millionenmacht der sozialdemokratischen Arbeiterschaft. Trotz der zeitgenössischen Ängste bildet sie für das Bürgertum nicht eine solche Gefahr wie der Block der traditionalen Machteliten. Ansteigender Lebensstandard, gewerkschaftliche Erfolge, Stimmenzuwachs bei den Wahlen, widerwillig, aber dennoch gewährte Zulassung zu Tausenden von politischen Funktionen – all das läßt eine «vorrevolutionäre» Situation auch zwischen 1912 und 1914 nicht entstehen. Letztlich vertrauen die linken Pragmatiker auf die positive Wirkung der Summe vieler kleiner Reformen. Eine solche Situation und Lagebeurteilung züchtet kein revolutionäres Temperament wie das eines Lenin oder Trotzki. Überdies: Auch und gerade die organisierte Arbeiterschaft baut seit jeher auf den ökonomischen Fortschritt, auf die wohlfahrtssteigernde Entfesselung der Produktivkräfte, auf Fortschrittsdenken überhaupt. An vielen Stellen hat die Verbürgerlichung schon eingesetzt. Nicht die Arbeiter, vermutlich für Reformkoalitionen zu gewinnen, verkörpern die eigentliche Gefahr für das Bürgertum, sondern die machtgewohnten alten Eliten und die Macht ihrer Traditionen, die bürgerlichen Integrationsideologien selber. Nicht die Arbeiterpartei will den Krieg, vielmehr akzeptieren diese Eliten und ein Großteil des nationalistischen Bürgertums das Risiko des heißen Krieges bei dem erwarteten kurzen Duell eines vierten Balkankonflikts.

Aus eigener Kraft sind die vielfach gespaltenen bürgerlichen Kräfte offenbar außerstande, diese Gegner und eigene Mängel zu überwinden. Auch die Prognosen von klugen bürgerlichen Beobachtern über die verfassungspolitische Zukunft des Reiches, von Männern wie Hintze, Troeltsch, Preuss, Weber, Schmoller, akzeptieren die konstitutionelle Monarchie – nicht einmal das parlamentarische System wollen alle –, akzeptieren eine öffentliche Rolle des Adels, den «Militärstaat», meist die Mitherrschaft der Bürokratie. Zu bürgerlichem Machthunger bekennt sich am ehesten noch Weber. Ob Realismus oder Befangenheit des Urteils: Bürgerliche Herrschaft und Hegemonie wird da äußerst selten anvisiert.

Erst Niederlage und Revolution von 1918 sprengen im Grunde die traditionalen Hemmungen und anachronistischen Fesseln. Ohne bürgerliches Eigenverdienst werden dadurch neue Entwicklungschancen für die bürgerliche Gesellschaft, für bürgerliche Politik geschaffen. Ein scharfer Analytiker wie Ernst Troeltsch sieht das durchaus. Weimar enthüllt dann aber auch die Fragilität der bürgerlichen Position in Gesellschaft und Politik. Woher sollten auch bürgerliches Selbstbewußtsein, Siegeszuversicht, Befreiung von Selbstzweifeln, politische Erfahrung, Resistenz gegen die neuen Gefahren von rechts kommen, nachdem die Schwenkung zum neuen Rechtsliberalismus und Reichsnationalismus seit dem Ende der 70er Jahre vollzogen worden war? In knapp zwölf Jahren kann ein nach links aufgeschlossenes, sozialliberal optierendes Bürgertum schwerlich heranwachsen. Unter dem neuen Krisendruck seit 1918/19, erst recht seit 1929 werden vielmehr die seit einem halben Jahrhundert wirkenden Integrationsideologien so radikalisiert, daß der neue Rechtsradikalismus ständig an Attraktivität gewinnt. Insofern präsentiert 1933 auch die Quittung für bürgerlichen Konservativismus und Nationalismus, für bürgerliche Scheu vor der riskanten Machtprobe, für das Defizit an liberal-bürgerlicher politischer Kultur, an erfolgreicher bürgerlicher Politik, an bürgerlicher Prägung von Staat und Gesellschaft überhaupt. Der neue Anlauf nach 1945, eine «bürgerliche Gesellschaft» und bürgerliche Politik in Westdeutschland endlich zu realisieren, gewinnt im Lichte dieser fatalen Vorgeschichte immer mehr an Faszination, da es sich um die von der Geschichte äußerst selten eröffnete zweite Chance eines Neubeginns handelt.

Deutsches Bildungsbürgertum in vergleichender Perspektive – Elemente eines «Sonderwegs»?

Blickt man aus der Vogelperspektive auf die okzidentalen Gesellschaften, rücken ihre Modernisierungspfade weitaus enger zusammen, als das die auf nationalhistorische Eigenarten fixierte Geschichtsschreibung des 19. und der ersten Hälfte des 20. Jahrhunderts wahrgenommen hat. Im Verlauf der neuzeitlichen Geschichte haben sich z. B. überall Funktionseliten herausgebildet. Aufgrund ihrer speziellen, überwiegend akademischen Ausbildung wurde von ihnen erwartet, daß sie mit komplizierten Modernisierungsaufgaben in kompetenter Weise fertig werden: sie unter den restriktiven Bedingungen der jeweiligen Umstände «lösen». Zu denken ist hier an die Verwaltung und bürokratische Durchdringung des Landes, die Ordnung des Finanz- und Steuerwesens, die Administration des Heeres, die zentralstaatliche Rechtsprechung und die Durchsetzung eines landesweit geltenden inneren Friedens, die Verbesserung des Schulwesens, nicht zuletzt auch die Legitimationssicherung des politischen Systems durch effiziente Leistungen.

Diese Funktionseliten sind durch bestimmte Gemeinsamkeiten charakterisiert: etwa durch «Fachgeschultheit», den Aufbau einer auf Expertenwissen gegründeten Problemlösungskapazität, die aktive Teilnahme an wichtigen Entscheidungsprozessen, die soziale Exklusivität in den höheren Rängen, einen ständisch stereotypierten Lebensstil, ihre zeitweilig auffällig hohe Selbstrekrutierung mit ausgeprägter sozialer Geschlossenheit usw.

Der Vergleich gibt jedoch auch den Blick frei auf beträchtliche Unterschiede. Sie reichen bis hin zu unverwechselbaren Merkmalen, die um so deutlicher zu erkennen sind, je mehr die Fernperspektive zugunsten einer Nahperspektive aufgegeben wird. Als ein Ensemble von solchen Funktionseliten, das in mancher Hinsicht einen einzigartigen Charakter als «historisches Individuum» besaß, kann man das deutschsprachige Bildungsbürgertum definieren, wie es in der Zeitspanne von der zweiten Hälfte des 18. Jahrhunderts bis – grosso modo – zum Ersten Weltkrieg existierte, als sein Zerfall längst eingesetzt hatte, ohne daß es jedoch als historische Sozialformation schon zu bestehen aufgehört hätte.[1]

Ein knapper Rückblick gilt der Entstehung und dem Aufstieg, den Charakteristika und der Auflösung typischer Kennzeichen; gelegentlich – nicht etwa systematisch – erfolgt ein vergleichender Ausblick, und den Abschluß bilden einige Thesen zur Sonderstellung dieses deutschsprachigen Bildungsbürgertums und damit auch zur «Sonderwegs»-Diskussion.

Im Verlauf des 18. Jahrhunderts kann man im Alten Reich einen eigentümlichen Sozialtypus vordringen sehen, der in geradezu idealtypischer Reinheit in den protestantischen Gebieten der deutschen Staatenwelt hervortritt. Das ist der akademisch ausgebildete, überwiegend an Karrieren im Staats- und Stadtdienst gebundene gebildete «Bürgerliche». Er darf weder mit dem traditionalen Stadtbürger noch mit einem Mitglied der jungen Bourgeoisie verwechselt werden. Dieser «Bildungsbürger» hat im deutschsprachigen Mitteleuropa eine außerordentlich folgenreiche Rolle gespielt. Pointiert gesagt: Nirgendwo sonst in den entstehenden oder bereits ausgebildeten «bürgerlichen Gesellschaften» Europas und Nordamerikas ist eine solche Schicht bzw. Berufsklasse mit demselben langlebigen Einfluß, derselben verblüffenden Fernwirkung bis ins 20. Jahrhundert hinein zu erkennen. Die Führungsschicht aus «Oxbridge», City und Adel in England z. B., die Führungsschicht aus Universitäten, Grandes Écoles, Bourgeoisie und Adel in Frankreich, die Führungsschicht aus den relativ offenen, «interchangeable», d. h. zwischen Wirtschaft, Politik und Rechtssystem wechselnden Machteliten der Vereinigten Staaten – wohin man auch blickt, überall gibt es tiefere Unterschiede als – ebenfalls vorhandene – Gemeinsamkeiten.

Zu Beginn eine schmale berufsständische Schicht, verwandelte sich das Bildungsbürgertum – zuerst sprach man von den «gebildeten Ständen» oder den «gebildeten Bürgern» – langsam in eine kontinuierlich wachsende, eigentümliche Kombination von ständisch überformten Berufsklassen; sie blieben lange Zeit hauptsächlich von einem Monopsonisten abhängig: von der staatlichen, städtischen, ständischen Verwaltung, die sie von einem verstaatlichten Arbeitsmarkt und von wenigen anderen, im Zuge der Professionalisierung der sogenannten «freien Berufe» streng regulierten Arbeitsmärkten abrief, ohne daß doch ihre Angehörigen die ständischen Merkmale im Recht, im Lebensstil, in der Selbst- und Fremdeinschätzung verloren hätten. Dieses Bildungsbürgertum hatte frühzeitig ein höheres, zumindest aber gleichwertiges Prestige wie die städtischen Aktivbürger und bürgerlichen Unternehmer erworben. Der neureichen Bourgeoisie, welche die moderne Markt- und Verkehrswirtschaft ausbaute, begegnete es mit unverhohlener Geringschätzigkeit, da ihr angeblich vulgärer Materialismus seinen geistesaristokratischen Idealen widersprach. Nachdem es im 18. und frühen 19. Jahrhundert seine Machtposition und Rangstellung fest etabliert hatte, behielt es sein hohes Ansehen bis in die letzten Jahrzehnte des 19. Jahrhunderts, in einigen Bereichen sogar noch länger. Erst kurz vor der Jahrhundertwende begann sich in dem langwährenden Konflikt mit der erfolgreichen Industriebourgeoisie, die dem Bildungsbürgertum seine Position in der sozialstrukturellen Hierarchie ebenso streitig machte, wie das umgekehrt der Fall war, die Waagschale zugunsten der Unternehmer zu neigen. An politischem Einfluß übertraf es ohnehin das alte Stadtbürgertum und auf wichtigen Politikfeldern vermutlich auch noch die Bourgeoisie bis in eben diese

Zeit hinein, da es den größten Teil der bürokratischen Machteliten stellte. Infolgedessen wirkte es unmittelbar daran mit, zahllose Entscheidungen vorzubereiten, durchzuführen oder zu verhindern.

Läßt man die ältere Entwicklungslinie, die von den mittelalterlichen «gelehrten Berufen» zum «gebildeten Bürger» führt, aus pragmatischen Gründen einmal beiseite und verfolgt nur die neuzeitliche Entstehungsgeschichte, ist dieses aufregende Phänomen des deutschen Bildungsbürgertums besonders eng mit dem inneren und äußeren Staatsbildungsprozeß der deutschen Territorien und Stadtrepubliken verbunden. Dort nahm seit dem 16. Jahrhundert die Zahl der «Fürstendiener» und der Juristen in der Stadtverwaltung zu, die vor der Staatsverwaltung verbessert und ausdifferenziert wurde, so daß sie oft als Vorbild diente. Die Laufbahn im «öffentlichen» Dienst ist es, die ins Auge sticht: Im landesherrlichen, städtischen, landständischen, kirchlichen, grundherrlichen Dienst wurde über die Lebenschancen und Lebensrisiken dieser Verwaltungsbeamten, Pfarrer, Universitätsprofessoren, Richter, Syndici, Anwälte, Ärzte und Magistratsjuristen entschieden.

Besaßen sie einmal ihr Amt, stellte sie der auf lange Sicht wichtigste Arbeitgeber, der aufsteigende Fürstenstaat, als «Gefreite» oder «Eximierte» unter ein ständisches Sonderrecht. Mit Hilfe der Rechtsfigur des «Staatsuntertanen», später des «Staatsbürgers» löste er sie seit dem 18. Jahrhundert, wie z. B. das «Allgemeine Preußische Landrecht» oder die bayerische «Dienstpragmatik» zeigt, aus den überlieferten Bindungen und versetzte sie in ein «staatsunmittelbares» Verhältnis. (Bei den für die intermediären Gewalten des Adels, der Kirchen, der Städte arbeitenden gebildeten Bürgerlichen dauerte dieser Vorgang erheblich länger.) Zur selben Zeit fesselte er sie nicht nur durch hohe Gehälter, sondern auch durch Privilegien im Gerichtswesen, Militärdienst und Steuerrecht fest an sich. Der unübersehbare Preis für solche auszeichnenden Vorrechte bestand in der Abhängigkeit von einem Nachfragemonopol, von dem staatlichen Anspruch auf Disziplinierung und auf ein besonders vertieftes Loyalitätsverhältnis. Angesichts dieser Soziallage kann man den größten Teil jener Bürgerlichen als verstaatlichte akademische Intelligenz charakterisieren.

Wer als Hauslehrer, Theologe oder Schriftsteller noch nicht dem öffentlichen Dienst angehörte, wartete unverdrossen auf die nächste Chance, um in ihn eintreten zu können, denn außer der vergleichsweise hohen materiellen Sicherheit und sozialen Ehre verbanden sich damit auch noch andere Vorteile. Das preußische Exemtionsrecht z. B. zog durch den gesamten «Bürgerstand» eine scharfe Trennungslinie, die alte Stadtbürger und neue Stadtbürger vielfach voneinander unterschied. Diese Unterscheidung, die vom Allgemeinen Landrecht noch einmal besiegelt wurde, konnte auch die erfolgreiche Bourgeoisie trotz aller wirtschaftlichen Erfolge bis 1848 nicht überwinden. An dem kraß unterschiedlichen, ständespezifischen Strafrecht für eximierte Beamte einerseits, für untertänige Unternehmer andrerseits läßt sich das eindrucksvoll ablesen. Diese eximierten Staatsdiener wurden nicht nur von der Dienstpflicht des militärischen Kantonssystems ausgenommen, überhaupt nicht oder nur geringfügig besteuert und einem eigenen Gerichtsforum im Konfliktfall überantwortet, vielmehr wurden sie vor allem auch durch die Tatsache, daß das Landrecht seit 1794 zuerst einmal sie, danach erst die vermögenden Kaufleute und «Unternehmer erheblicher Fabriken» dem Adel als heiratsfähig empfahl, gesellschaftlich immens aufgewertet. Ungeachtet der vielen ständischen Demarkationslinien bildeten diese eximierten Bürgerlichen vor 1800 eine im Gesamtstaat ausgezeichnete Schicht mit deutlich profilierter sozialpolitischer und soziokultureller Eigenexistenz. In wichtigen Bereichen wurde dieser «Berufsstand» sogar dem Adel formal gleichgestellt.

Anfangs vereinigte das Bildungsbürgertum mehrere vom Gesetzgeber geschaffene oder sanktionierte bürgerliche «Staatsstände» in sich, verblieb jedoch auch als ein solches Ensemble von neuen Funktionsständen noch in der Tradition der zählebigen altständischen Privilegien. Je später, desto deutlicher wirkte jedoch der staatliche Arbeitsmarkt wie «ein Magnet» (H. Gerth), der diese bürgerliche Dienstleistungsschicht aus den überkommenen Lebensbereichen herauszog. Daher gewann sie aufgrund ihrer Abhängigkeit von den Bedingungen dieses Marktes, die sie freilich zunehmend mitbestimmen konnte, auch den Charakter einer modernen Berufsklasse, die sich dank ihrer Leistungsqualifikationen mit der Expansion staatlich eingerichteter Laufbahnen weiter ausdehnte. In diesem eigenartigen Mischungsverhältnis von ständischer Tradition und Klassencharakter sollte auf lange Sicht ihr eigentümlicher Grundzug liegen.

Diesen realgeschichtlichen Verlauf der Genese des Bildungsbürgertums muß man sich klar machen, ehe man die Integration durch die neuhumanistischen Bildungsideen berücksichtigt. Wie konnte es dazu kommen, muß man fragen, daß solche Funktionseliten, die als erste den Weg zum Staatsbürgertum beschritten, eine spezifische «Bildung» nicht nur als wichtiges, vielleicht gar entscheidendes Attribut der sozialen Ehre genießen, sondern auch als Qualifikationskriterien für den monopolisierbaren Zugang zu begehrten Ämtern einsetzen konnten? Mit welchem Recht konnte Albert Schäffle im späteren 19. Jahrhundert behaupten, daß «der Besitz persönlicher höherer Bildung ... der Ritterschlag der Neuzeit» sei?[2]

Vornehmlich zwei Typen von Absolventen der mittelalterlichen Universität waren im Verlauf des frühen Staatsbildungsprozesses in wichtige Stellungen eingerückt: die Juristen und die Theologen. Die «Fürstenrevolution» (E. Rosenstock-Huessy) im Reformationszeitalter führte auch dazu, daß vor allem die protestantischen Landesuniversitäten ausgebaut wurden, um mehr Rechtsexperten und Glaubenskenner, später auch Kameralisten, d. h. Ökonomen, für den Staatsdienst zu gewinnen. Spätestens im Verlauf des 18. Jahrhunderts haben sich die kleinen Expertenstäbe der akademisch ausgebildeten Verwaltungsbeamten und der staatlich besoldeten Kirchendiener fest etabliert. In einem langwährenden, zum Teil verbissen geführten Kleinkrieg mit ihren autokratischen Arbeitgebern strebten die «Zivilbediensteten» danach, ein ausgedehnteres Maß von Befugnissen in ihrem Wirkungsbereich zu gewinnen, um die anstehenden Entscheidungen möglichst autonom fällen zu können. Die adligen Spitzenränge der Verwaltungs- und Justizbehörden lagen in einem ständigen Konflikt mit den bürgerlichen Räten. Gegen ihre regelmäßig höhere Sachkompetenz spielten die Edelleute die Vorrechte ihres Geburtsstandes, kritisch gewendet: den Zufall ihrer Herkunft, aus. Auf der einen Seite gaben viele bürgerliche Berufsbeamte dem Anpassungsdruck nach, der von dem sozialnormativen Vorbild der Aristokratie ausging – wie überall in Europa, in England nicht anders als in Frankreich! Sie tendierten dazu, sich mit den Werten und politischen Einstellungen des Adels zu identifizieren. Die Einheirat in eine Adelsfamilie galt ihnen als Gipfel der Reputation. Andrerseits insistierten zahlreiche bürgerliche Staatsdiener auf bürgerlichen Leistungskriterien, mithin auf standesneutralen Qualifikationsmaßstäben; sie empfanden die eklatante Bevorzugung blaublütiger Nichtskönner als bittere Benachteiligung. In diesem innerbürokratischen Streit spiegelte sich die umfassendere Auseinandersetzung zwischen dem bürgerlichen «Weltbild», das auf dem Leistungsgedanken mit seiner revolutionären, antitraditionalistischen Sprengwirkung bestand, und dem adlig-patrizischen Denken in den Kategorien der geburtsständischen Privilegienhierarchie wider.

In einer solchen Konfliktsituation ging von dem neuen Bildungsgedanken eine geradezu revolutionierende Wirkung aus. Bildung – dieser Begriff hatte seit dem Ende des 18. Jahrhunderts, vor allem wieder in den protestantischen Gebieten, aber nicht nur dort, eine «einzigartige, philosophisch-ästhetische und pädagogische Überhöhung und ideologische Aufladung erfahren».[3] Daher ist es auch alles andere als ein Zufall, daß voll entsprechende Wörter in anderen, benachbarten Sprachen fehlen. Mit dem englischen Kunstwort «Self-Education» quälen sich z. B. englische Gelehrte herum, wenn sie «Bildung» einigermaßen angemessen in ihre Sprache übertragen wollen.

Bis in die frühen 1780er Jahre hinein hatte noch die Zielvorstellung der «Erziehung» vorgeherrscht, die dem Bewußtsein der Aufklärer so sehr entsprach, den historischen Prozeß im Sinn ihrer Ziele durch die straffe Erziehung des Menschengeschlechts zu beeinflussen und endlich zum Besseren zu wenden. Jedermann sollte eine Ausbildung genießen, «die ihn in seinem Stande dazu befähigte, optimale Leistungen für das Wirtschafts- und Wohlfahrtssystem des Staates zu erbringen». Von diesem Begriff der Erziehung, die sich aktiv als Tätigkeit an anderen verstand, setzte sich in den 1780er und 90er Jahren der neue Begriff der «Bildung», welcher die volle Entfaltung der individuellen Persönlichkeit, die «Selbstvervollkommnung der menschlichen Seelenkräfte» meinte, immer klarer ab. Erziehung wurde von dieser neuen Position aus als instrumentelles Verfahren abgewertet, so daß «Inhalt und Ergebnis von Erziehung» die erwünschte Bildung zwar mit ermöglichten, ohne doch der verlangten kontinuierlichen «Selbsttätigkeit» bei der Ausbildung schlichtweg aller potentiellen geistigen Fähigkeiten und Kräfte des Gemüts den Vorrang streitig machen zu können.

Der Siegeszug des Bildungsgedankens ist unauflöslich mit dem Vordringen des Neuhumanismus verbunden, der im letzten Drittel des 18. Jahrhunderts auch im deutschsprachigen Mitteleuropa eine spezifische Ausprägung erfuhr. Unstreitig setzte sich der Neuhumanismus als gemeineuropäische Erscheinung einer idealisierenden Aufwertung der Antike und einer Wiederbeschäftigung mit ihrer Kultur durch – in gewisser Hinsicht bildete er eine der «Renaissancen», in denen sich Europa seit dem Frühen Mittelalter in immer wieder erneuerten Anläufen die Kultur der Antike anzueignen versucht hat. In den deutschen Ländern trat das römische Erbe, das in England, Frankreich und den Vereinigten Staaten kraftvoll dominierte, unverkennbar hinter dem griechischen zurück. Über die Ursachen dieser Orientierung ist viel geschrieben worden. Hier soll nur auf einige Zusammenhänge, die den spezifischen Selektionsprozeß begünstigt zu haben scheinen, hingewiesen werden.

Während sich in den Einheitsmonarchien Westeuropas, in Frankreich und England, übrigens aber auch in dem «Rising Empire» der amerikanischen Kolonien und Vereinigten Staaten von Nordamerika, Neoklassik und Neuhumanismus vorwiegend an der römischen Vergangenheit ausrichteten, haben im deutschen Erfahrungshorizont vor allem drei Faktoren die Ausrichtung auf Griechenland hin offenbar begünstigt. Da das Heilige Römische Reich Deutscher Nation partout nicht als Einheitsstaat verstanden werden konnte, drängten sich Parallelen zwischen der zersplitterten griechischen Staatenwelt und dem bunten Pluralismus der deutschen Herrschaftsgebiete auf. Attraktiver als die Erfolge der offenbar unerreichbaren römischen Staatsbildung wirkte das einsame Spitzenniveau der griechischen Kultur. Die normative Utopie des hellenischen Menschentums und seiner künstlerischen Schöpfungen kam, da sie Distanz zur Welt der Praxis betonte, dem Entwicklungsbegriff von autonomer Bildung als Wert an sich entgegen oder half dabei, ihn sogar erst zu begründen. Neben dem Lateinischen als traditioneller Gelehrten- und Intellektuellensprache öffnete das Griechische nicht nur den Zugang zu einem weiteren Kulturkreis sondern gewährte zusätzliche Chancen der sozialen Differenzierung und Abgrenzung.

Es fällt gerade beim Vergleich auf, daß dieser gräzisierende Neuhumanismus hauptsächlich, wenn nicht längere Zeit sogar ausschließlich, unter protestantischen «Gebildeten» die Anziehungskraft eines Glaubensersatzes entfaltete: Er wurde zur neuhumanistischen Bildungsreligion. Das hängt ganz wesentlich mit historischen Bedingungen der deutschen Konfessionsgeschichte zusammen. Man mag bei der Diskussion unterschiedlicher Modernisierungswege die Rolle sozialökonomischer und politischer Faktoren häufig privilegieren, in dieser Hinsicht aber geht es ohne die kulturelle Dimension der Religionsgeschichte nicht weiter. Dem Appell zur Bildung hat offensichtlich der «Aufruf der protestantischen Predigt zur Eigentätigkeit und zur Erfüllung der menschlichen Seele» gewissermaßen Modell gestanden. Anstatt im Medium der deutschen Lutherbibel «Gnade und Erfüllung zu finden», blieb als Folge des neuzeitlichen Säkularisierungsprozesses die Aufforderung übrig, «im Erlebnis der weltlichen Medien Geschichte, Natur und Kunst eine Art verweltlichter Gnade» zu erfahren.[4] Die Affinität des Bildungserlebnisses zum evangelischen, insbesondere dann zum neupietistischen Erweckungs-, Bekehrungs- und Glaubenserlebnis drängt sich ebenso auf wie die gemeinsame Wendung gegen einen mechanistischen, rationalistischen Intellektualismus. Als die fortschreitende Säkularisierung und Aufklärung zusammen mit dem theologischen Rationalismus den protestantischen Dogmatismus zunehmend auflösten, entstand das Bedürfnis nach einem zeitgemäß kongenialen Ersatz – ihn versprach die «Bildung». Auch von dieser Geisteshaltung her erklärt sich der durchschlagende Erfolg der neuhumanistischen Bildungsideen.

Ihre sozialen Dimensionen und Konsequenzen sind in diesem Zusammenhang jedoch eher noch wichtiger als die knappe, aber unvermeidbare Skizze einiger ideengeschichtlicher Voraussetzungen. Frühzeitig wurde Bildung auch zu einem sozialen Kampfbegriff; diese Funktion kann man gar nicht nachhaltig genug betonen. Er richtete sich gegen den Vorrang der Geburtsaristokratie oder des Besitzreichtums. Damit verband sich der Anspruch, daß Bildung ein vollwertiges Äquivalent, wenn nicht sogar einen überlegenen Ausgleich für Adelsprädikat oder Kapitalvermögen darstelle. Bildung eröffnete daher den Zugang zu einer Geistesaristokratie, aber auch die Zugehörigkeit zu den Funktionseliten der Höheren Beamten und der Akademiker in anderen Berufen. Mit dem Ideal der allgemeinen Menschenbildung versprach Bildung im Prinzip zuerst die «soziale und politische Emanzipation für alle». In der Realität jedoch, die durch den begrenzten Zugang zu den Bildungsinstitutionen bestimmt war, machten sich massive Sozialinteressen an Amt und Karriere, die nunmehr durch Bildung erst ermöglicht wurden, immer stärker geltend.

Dank dieser Ambivalenz ist es einerseits richtig, in der Bildungsreligion eine «großartig konstruktive Antwort» auf die Herausforderung durch anstößige geburtsständische Privilegien, besonders auf «die anmaßenden Ansprüche des Adels» zu sehen. Bildung verschaffte der aus Bürgerlichen konstituierten Geisteselite eine «innere Befreiung» und «kritische Distanzierung von der alten Ständeordnung», von ihrer antiquierten Ranghierarchie und ihren überholten Denkschablonen.[5] Während der Ruf nach politischer und wirtschaftlicher Freiheit im Anschluß an den westeuropäischen Frühliberalismus mit kaum überschaubaren Risiken verbunden war, konnten sich viele auf den Wert der «geistigen Freiheit» der wahrhaft gebildeten Persönlichkeit gefahrenlos einigen.

Andrerseits bleibt die sofort einsetzende schichten- und klassenegoistische Funktionalisierung akademischer Bildung unübersehbar. Deshalb wurde sie auch «ein Vehikel der sozialen Gruppenmobilität». Die «statusgebende Relevanz von Bildung» trat unter dem Einfluß «staatlicher Laufbahnvorschriften» je länger, desto deutlicher in den Vordergrund.[6] Ein Gebildeter war schließlich, wer seine Ausbildung an Gymnasien und Universitäten durch Prüfungspatente nachweisen konnte. Bildung in diesem verengten Sinn setzte an die Stelle der Persönlichkeitsentfaltung den Wissensenzyklopädismus, sie vermittelte Leistungswissen und gewährte die mit den Diplomen verbriefte Berechtigung zum Eintritt in attraktive Berufe. Gleichzeitig diente sie als sozialer Abwehrmechanismus, um den unerwünschten Zustrom von unten zu erschweren, während sie auffallend schnell dazu verhalf, die soziale Distanz im Verhältnis zu den herkömmlichen Oberschichten zu mindern oder sogar völlig zu überwinden.

Selbstverständlich konnten Adlige auch Bildung erwerben. Wie viele von ihnen diesem Kreis der Auserlesenen angehörten und auch bereitwillig zugerechnet wurden, zeigt z. B. das Reformbeamtentum in den deutschen Staaten; an zahlreichen Beispielen herrscht da kein Mangel. Der Edelmann fügte sich damit einem teils massiven, teils subtilen Zwang, dem bürgerlichen Leistungsanspruch und Persönlichkeitsideal zu entsprechen. Seinerseits verlieh er aber auch, indem er die neuhumanistische Geisteskultur und Bildungsethik als Fortsetzung der höfischen Kultiviertheit des Adels erscheinen ließ, der bürgerlichen Bildungsvorstellung nicht wenig von der erwünschten Dignität des Vornehmen und Vorbildlichen.

Aber noch einmal: Das Distanzierungsbemühen nach unten ist schlechterdings nicht zu übersehen. Bildung erwies sich gerade hieran als ein selbstbewußt-engherzig beanspruchtes bürgerliches Exklusivrecht. Darüber hinaus sahen sich die Gebildeten dank ihrer Distinktion nicht nur als mindestens gleichberechtigte Partner des Adels, sondern durchweg auch zur Vormundschaft über das «ungebildete» Volk berufen. Aus den Äußerungen zahlreicher Reformbeamter z. B. tritt dieser volkspädagogische Anspruch in seiner herrischen Art überaus klar hervor.

Um ihren «neu errungenen hohen sozialen Rang» konkret abzusichern, behandelten die Gebildeten das «diesen Rang gebende höhere Schulwesen als eine Provinz der Selbstrekrutierung»: «vorsorglich nach unten ein Ventil öffnend, aber doch nur so weit, daß ihre soziale Position nicht gefährdet», der begabte Aufsteiger leicht assimiliert wurde. Schulgeld und allgemeine Lebenskosten, Hauslehrer und eigene Vorschulen, anschließend das Universitätsstudium, Examina und neue Ausbildungszeiten als Referendar, Assessor, Vikar sorgten dafür, daß die akademisierte Beamtenkarriere lange Zeit primär ihre ureigenste Domäne blieb.

Diese programmatischen Zielvorstellungen, diese sozialen Funktionen, Angleichungs- und Sperrmechanismen waren um 1800 ebenso voll ausgebildet wie die ideologischen Elemente in der Kollektivmentalität der Gebildeten. Bildung – das war für sie Kampf- und Defensivideologie zugleich. Gotthold Ephraim Lessing hatte 1778 die skeptische Prognose gestellt, daß auch die heraufziehende «bürgerliche Gesellschaft» trotz ihrer antiständischen Tendenz «die Menschen nicht vereinigen» könne, «ohne sie zu trennen, ... ohne Klüfte zwischen ihnen zu befestigen, ohne Scheidemauern durch sie zu ziehen».[7] Wirksamer noch als die marktbedingte Klasse der Bourgeoisie sich abzusondern verstand, hat in den deutschen Staaten zuerst einmal die Bildungsbarriere einen bevorzugten Teil der Bürgerlichen von der übrigen Gesellschaft geschieden.

Diese Bildungsideologie hat es, soweit ich zu sehen vermag, in Frankreich, Amerika und England nicht gegeben. Die urbane Welterfahrenheit des «sophisticated gentleman», «well read in the classics», meint ein anderes Ideal. Die Fähigkeit, an der Regierung und Verwaltung eines Weltreiches mitzuwirken, zählte mehr als «selbsttätige Bildung». Die Funktionseliten dieser Länder bestanden eben nicht aus Sozialformationen, zu deren Existenz neuhumanistische Bildung als unabdingbarer integraler Bestandteil hinzugehörte. In bürokratiearmen Ländern – wie England bis in die 1850er Jahre, auf dem Lande bis nach 1900; in Amerika bis ins erste Drittel des 20. Jahrhunderts – nahmen zudem anders zusammengesetzte Machteliten die funktional äquivalenten Leistungen des deutschen verstaatlichten Bildungsbürgertums wahr.

Die konstituierenden Basisprozesse, denen das deutsche Bildungsbürgertum seine Entstehung und Entfaltung zu verdanken hatte, waren also bis zum Beginn des 19. Jahrhunderts weit vorangeschritten oder bereits in ihre Abschlußphase eingetreten. Zum einen war es auf der politischen Ebene aus den großen funktionalen Zusammenhängen von Staatsbildung, Kriegführung, Steuererhebung, Rechtsprechung sowie staatlich-städtisch-ständischem Verwaltungsaufbau hervorgegangen. Zum anderen bestand das Bildungsbürgertum aber auch aus jenen kleinen Funktionseliten, die mit der zunehmenden Komplexität der Gesellschaft entstanden waren, um die verschiedenartigsten Bedürfnisse durch eine hochspezialisierte Kompetenz: durch das Expertenwissen von Advokaten, Ärzten, Architekten, Apothekern usw. zu befriedigen. Lange Zeit hatte der Interessenschwerpunkt des Bildungsbürgertums auf der öffentlichen, der staatlichen Laufbahn, mithin auf der Bürokratie, der Justizverwaltung, der Geistlichkeit, dem Medizinalwesen, den Universitäten und Höheren Schulen gelegen. Seit dem ersten Drittel des 19. Jahrhunderts drangen jedoch auch die «freien Berufe» von Akademikern aus verschiedenen Gründen weiter vor.

Ihre ökonomische Konstituierung war in einem fundamentalen Sinn mit der Ausbreitung kapitalistischer Marktbeziehungen verbunden, indirekt auch mit derjenigen der Staatsfunktionen, die sich in dialektischer Wechselwirkung mit der Marktwirtschaft und Marktgesellschaft weiter ausdehnten. Damit trifft man auf die Problematik der Professionalisierung freiberuflicher Expertenberufe. An einige wichtige Punkte soll im folgenden nur erinnert werden.

Sozialstrukturell bildeten auch die «freien Berufe» offene Erwerbsklassen mit stark ausgeprägten ständischen Zügen. Während der bürokratische Nachwuchs es weiterhin mit einem Arbeitsmarkt zu tun hatte, auf dem öffentliche Herrschaftsorganisationen, wie die monopsonistische Staatsverwaltung, die Träger mehrfach überprüfter Leistungsqualifikationen zur Verwertung abriefen, bemühten sich Vertreter der «freien Berufe» zunehmend darum, den traditionellen Anspruch der deutschen Territorial- und Stadtstaaten auf das Recht, sowohl die Berufsqualifikation als auch die Arbeitsmarktsituation zu bestimmen, durch ein Kooperationsverhältnis zu ersetzen, das ihnen auf den eigentlichen Entscheidungsfeldern ausbaufähige Autonomierechte einräumte.

Numerisch waren die freiberuflichen Formationen des Bildungsbürgertums zunächst noch außerordentlich klein. In Preußen, erst recht in kleineren Staaten wie Württemberg kannten sich vermutlich noch die meisten akademischen Honoratioren aus der gemeinsamen Schulzeit auf den Gymnasien, aus den Studien- und Ausbildungsjahren danach, aus gemeinsamen Freundes-, Verkehrs- und Familienkreisen. Wie die Höheren Beamten besaßen die kleineren Berufsgruppen der Rechtsanwälte, Mediziner, Architekten usw. Zugang zu verschiedenartigen, aber äußerst wertvollen Machtressourcen. Denn medizinisches, juristisches, technisches Sachwissen stellte u. a. ein Machtpotential dar, das zur Steigerung von Prestige und Einkommen, von Sicherheit und vermehrten Lebenschancen oder zur Beeinflussung von abhängigen Klienten genutzt werden konnte.

Zwischen 1820 und 1848 trat aus verschiedenen Gründen ein Überangebot von qualifizierten Akademikern auf; es führte zu folgenreichen soziopolitischen und sozialpsychischen Auswirkungen. Einerseits festigte sich unter denen, deren öffentliche Karrieren trotz der Stellenknappheit erfolgreich verliefen, eine ohnehin angelegte elitäre Grundhaltung. Durch all die Maßnahmen der 1820er und 30er Jahre, die den Zugang zu einer besoldeten Planstelle erschwerten, wurde zugunsten der bereits arrivierten bildungsbürgerlichen und vermögenden Familien, welche die von ihren Söhnen zu durchmessende finanzielle «Durststrecke» aufgrund der Motivations- und Kapitalressourcen überstehen konnten und unbedingt überstehen wollten, eine erneute Auslese erzwungen. Die soziale Aristokratisierung der Beamtenschaft wurde dadurch verstärkt. Eine Umorientierung auf die nichtstaatlichen, die «freien» Berufe mit ihren je spezifischen Fachkenntnissen wurde daher damals zum Gebot der Stunde. Tausende drängten seit den 30er Jahren in die «liberalen Beschäftigungen» (J. G. Hoffmann). Wenn diese nicht bereits ein Universitätsstudium voraussetzten und daher das hohe «psychische Einkommen» einer bildungsbürgerlichen Existenz verschafften, verstärkte sich jetzt der Akademisierungsdruck ganz ungemein, um auch außerhalb des staatlichen Laufbahnwesens annähernd vergleichbare Vorteile absichern zu können.

Das war weithin eine Reaktion auf akute Krisenbedingungen des Arbeitsmarkts. Sie wurde durch langlebige gesellschaftliche Evolutionsprozesse unterstützt. Unabhängig von der besonderen Konstellation der 1820er/30er Jahre arbeiteten sie längst auf die Ausweitung des Spektrums der «freien» akademischen Berufe hin. Von dieser Professionalisierungsproblematik verdienen es einige allgemeine Gesichtspunkte, erneut ins Gedächtnis gerufen zu werden.

Mit der ständig anwachsenden Komplexität relativ großer okzidentaler Gesellschaften, deren Ausdifferenzierung aus den verschiedenen Modernisierungsprozessen – etwa der Entfaltung des Kapitalismus, der inneren Staatsbildung, der kulturellen Mobilisierung, der Bevölkerungszunahme usw. – resultierte, ist auch im deutschsprachigen Mitteleuropa die Nachfrage nach hochqualifizierten Dienstleistungen, die das komplizierte Fachwissen von Experten voraussetzen, ständig weiter angestiegen.

Die expandierende kapitalistische Marktwirtschaft z. B. verlangte die Rechtssicherheit verbindlich normierter Geschäftsbeziehungen und die Vorauskalkulierbarkeit der Vertragsbindungen – dafür wurden juristische Fachleute immer wichtiger. Das friedliche Zusammenleben oder die Regelung von Konflikten in Staaten mit einer rapide wachsenden Bevölkerungszahl warf ständig neue Fragen der Rechtswahrung und rechtlichen Ordnung neuer Problemfelder auf – ohne Spezialisten waren sie nicht zu lösen. Das Medizinalwesen bemühte sich um die Gesundheit einer beispiellos schnell ansteigenden Einwohnerschaft, deren Mehrzahl in materiell und erst recht in hygienisch gefährdeter Lage lebte – auch hier konnten auf Dauer nur Experten helfen.

Mit der Ausweitung der Staatsfunktionen, wie sie auch vom Aufgeklärten Absolutismus, von der kameralistischen «Wohlfahrts»-Lehre und den Theorien der neuen Politischen Philosophie zugunsten der individuellen «Glückseligkeit» und des «Gemeinwohls» vorangetrieben wurden, nahm die Nachfrage der öffentlichen Verwaltung nach denselben Dienstleistungen zu, um spezifische Aufgaben des Rechtsschutzes, der Wirtschaftsförderung, der Überwachung des städtischen Wohnbaus, der «Gesundheitspolizey» wahrnehmen zu können. Für Gesellschaft und Staat lag der Wert angewandter Wissensqualifikationen einmal in der erhöhten Rationalität bei der Verfolgung pragmatischer Ziele; zweitens in der Begrenzung der Interessen, der Autorität und der Verpflichtung auf eine klar abgrenzbare sachliche Zuständigkeit; drittens in einem gegenüber den Klienten ohne Ansehen der Person gewahrten neutralen Verhalten.

In wachsendem Maße machte sich aber auch die Interessenlage der Expertengruppen selber als Antriebskraft zugunsten von Veränderungen geltend. In den grundsätzlichen Fragen ging es ihnen um vier wesentliche Ziele: Einmal wollten sie eine Maximierung ihrer Autonomie gegenüber Konkurrenten und Laien durchsetzen, z. B. gegenüber Kurpfuschern und Winkeladvokaten. Zum zweiten wünschten sie eine Minimierung der Fremdkontrolle. Drittens begehrten sie eine Steigerung ihrer Marktmacht bis hin zum Ideal eines Monopols auf ihren Arbeits- und Dienstleistungsmärkten. Und viertens strebten sie ein hohes Einkommen und hohes Prestige an. Die optimale Realisierung dieser Ziele konnte erreicht werden, wenn es den Experten gelang, ein halbes Dutzend schwieriger Probleme in ihrem Sinne zu lösen.

Sie mußten die Rekrutierungskriterien für die Auswahl des eigenen Nachwuchses bestimmen und als die alleingültigen durchsetzen. Sie mußten, diesen Maßstäben entsprechend, die Kontrolle der Zulassungsquote sowie die Ausbildung selber, ihre Standardisierung und die Examensbedingungen aufgrund eigenen Normsetzungsrechts und zusätzlicher Berufung auf Imperative der Wissenschaftsentwicklung ausüben. Die rechtliche Absicherung des Berufsmonopols mußte durch ein «Monopol der Glaubwürdigkeit» (z. B. der Ärzte gegen die Naturheilkundigen) ergänzt werden. Die Anzahl der hochqualifizierten Experten mußte ungeachtet der steigenden Nachfrage knapp gehalten werden, um eine möglichst gleichmäßige hohe Alimentierung für ihre Tätigkeit zu garantieren. Die Ausübung der standardisierten Dienstleistungen mußte mit Hilfe strenger interner Berufsnormen und Ehrenkodices von den Experten selber reguliert werden. Im Falle der Regel- und Normverletzung mußten sie die Eigengerichtsbarkeit ausüben können.

Wurden diese idealtypisch definierten Ziele tendenziell erreicht, standen jeder Profession enorme Machtressourcen zur Verfügung, da es bei ihrer Tätigkeit um individuelle und kollektive Güter wie Rechtsschutz, Gesundheit, Bausicherheit usw. ging. Indes: Mit der regelmäßigen Anwendung von Spezialwissen sind wegen des extremen Gefälles zwischen Experten und Laien gewöhnlich auch gravierende Probleme verknüpft. Für den Leistungsabnehmer stehen wichtige Interessen auf dem Spiel, Heilung z. B. oder Prozeßerfolg. Durch die Aktivität von Professionen werden kontinuierlich hochgeschätzte gesellschaftliche Werte berührt; Gerechtigkeit, Gesundheit, Ordnung, die Funktionsfähigkeit der Rechtssicherung oder der Marktmechanismen. Selbst die Legitimationsbasis des politischen Systems kann durch die professionelle Funktionstüchtigkeit oder -unfähigkeit indirekt oder direkt beeinflußt werden.

Solche Probleme verdeutlichen noch einmal, daß das klassische Problem der Professionalisierung in der überzeugend ausgeübten sozialen Kontrolle der Fachleute liegt, deren komplexes Sachwissen Laien nicht überprüfen können. Professionen ohne wirksam durchgreifende Kontrolle können daher im Grenzfall zu «potentiell gemeingefährlichen Gruppen» werden.[8] Die

Nützlichkeit des Professionalisierungskonzepts hängt für Historiker und Sozialwissenschaftler, wie wir alle wissen, von der Einsicht ab, daß es seit jeher unterschiedliche Lösungen für diese Kontrollpflicht gegeben hat und auch weiterhin gibt. In England und den Vereinigten Staaten hat sich z. B. ein hohes Maß an staatsfreier Selbstkontrolle durch autonome Korporationen herausgebildet. Im Idealfall wird durch die Professionen selber, durch ihre Dienstideale und durch ihre Ehrengerichte die Praxis und der eventuell auftauchende Konflikt reguliert. In Kontinentaleuropa, insbesondere auch in den deutschen Staaten, läßt sich dagegen frühzeitig ein anhaltender staatlicher Einfluß auf die akademische Ausbildung an staatlichen Institutionen, die mit staatlichen Mitteln finanziert werden, auch im Hinblick auf die künftigen Mitglieder der «freien Berufe» feststellen. Da die Universitäten primär leistungsfähige Staatsdiener ausbilden sollten, wurden entweder Berufe, die sich anderswo von Anbeginn an als «freie Berufe» entwickelten, verstaatlicht, oder aber die Absolventen, die in «freie Berufe» eintreten wollten, wurden einer strikten bürokratischen Reglementierung unterworfen. Wegen der Möglichkeit des Wissens- und Machtmißbrauchs – und der Kern der Expertenautonomie besteht ja aus einem schwer reduzierbaren Machtpotential – wurde das Mißtrauen, das die staatliche oder städtische Obrigkeit gegenüber dem Gedanken der Selbstbestimmung in freier Verantwortung der aufkommenden Professionen hegte, in straffen Examensvorschriften, peniblen Praxisordnungen und argwöhnischen Aufsichtsbehörden institutionalisiert. Man kann das vom Standpunkt einer englischen Profession aus als die «Herrschaft des Verdachts» (Hegel) kritisieren. Man kann aber auch wichtige Individual- und Kollektivgüter für so schutzbedürftig, die Gefahr der Gemeingefährlichkeit für so hoch halten, daß man die staatliche Verantwortung und Regulierung für angemessen hält, und dann ist überdies der beamtete Experte am ehesten zu dirigieren oder disziplinarrechtlich zu belangen.

Der Blick auf den staatlichen Gesundheits- und Rechtsexperten enthüllt aber nur die eine Seite der Medaille. Ihre Kehrseite zeigt, daß die Behörden in der Regel sowohl mit beamteten Experten gleicher Vorbildung besetzt wurden – die «Medizinalkollegien» für «gelehrte» Ärzte etwa oder die «Examinationskommissionen» für Juristen und künftige Anwälte – als auch in enger Kooperation mit den freiberuflichen Experten, die durch Beratungsgremien oder Gutachten ihre Interessen zur Geltung bringen konnten, die gestellten Aufgaben wahrnahmen. In den noch kleinen «freien» Berufsgruppen im 18., erst recht im 19. Jahrhundert gab es zwar ein anhaltendes Interesse an einer verbesserten Position auf ihren Dienstleistungsmärkten, an ausgeweiteten Entscheidungsrechten und verbrieften Einflußgarantien. Durch die schwache Verhandlungsposition und die enge Verbindung mit den beamteten Fachkollegen wurde das Autonomiestreben jedoch noch immer in recht engen Grenzen gehalten. Lange Zeit blieb ohnehin entscheidend, daß in den deutschsprachigen Staaten, wo die akademische Ausbildung an den Staat, der Absolvent an den Staatsdienst, die Ausübung «professionellen» Sachwissens an eine Beamtenstelle gebunden blieb, wo mithin die staatliche Kontrolle stets präsent war, die beamtete Expertenstelle als höchstes Berufsideal galt. Auch derjenige preußische Jurist, der nicht einen Platz in der Verwaltungs- oder Justizbürokratie anstrebte, wollte doch nur zu gern beamteter «Justizkommissar», also Rechtsanwalt, werden. Den promovierten Arzt lockte die Position des beamteten Kreisphysicus. Den Architekten zog es auf die Stelle des beamteten Baudirektors. Häufig hat diesen Männern erst ein Besuch in England, später auch in Amerika, klar gemacht, wie viele Professionen freie Berufstätigkeiten regulierten, die daheim nur Beamte wahrnahmen.

Als sich seit den späten 1820er Jahren, wie erwähnt, die Aufnahmemöglichkeiten des Staatsdienstes für die wachsende Akademikerzahl als zu begrenzt erwiesen, als das Schlagwort vom «gebildeten Proletariat» die Runde macht, schwoll der Zustrom in die bereits «freien Berufe» sprungartig an. Außerdem gewann jetzt die Forderung spürbar an Nachdruck, daß bislang verstaatlichte Berufe, wie z. B. die preußische Rechtsanwaltschaft, freigegeben werden sollten. Gewöhnlich sträubte sich die Verwaltung dagegen eine ganze Zeitlang, da sie, wie jede Bürokratie, eine geringe Konflikttolerenz besaß, also zunächst einmal die unbezweifelbare Weisheit der vorherrschenden, von beamteten Akademikern eingerichteten und kontrollierten Ordnung verteidigte. Selbst in Preußen, wo der Smithianische Wirtschaftsliberalismus gegen die Konservativen zäh verteidigt wurde, tat sie sich schwer, die Politik der liberalen Gewerbefreiheit konsequent auch für alle akademischen Berufe, die danach riefen, zu verfolgen. Echte oder vorgeschobene Sorge um das gefährdete «Gemeinwohl» verschmolz mit unverhohlener Skepsis gegenüber der vorhersehbaren Expertenautonomie, welche die Einflußsphäre der Bürokratie schmerzhaft eingrenzen mußte.

Tatsächlich schwoll aber überall in den Staaten und Stadtrepubliken des Deutschen Bundes die Anzahl der «Freiberuflichen» stetig an. Ihre gut begründbaren Argumente wiesen auf unleugbare, noch längst nicht befriedigte Bedürfnisse von Wirtschaft und Gesellschaft hin. Das permanente Überangebot von Akademikern unterhöhlte die Widerstandskraft der Bürokratie, um deren eigene Söhne es nicht selten auch ging. Der Ruf nach der Privatisierung staatlicher Aktionsfelder wurde immer lauter und zeitigte erste Erfolge.

Diese Entwicklungsbedingungen und Interessenkonstellationen müssen nachhaltig betont werden, ehe man die Bedeutung der «Bildung» für die «freien Berufe» im Professionalisierungsprozeß ins Auge fassen kann. Mit der Aufwertung und Ausweitung all dieser durch akademische Ausbildung ausgezeichneten Berufsgruppen wuchs auch das Selbstbewußtsein ihrer Angehörigen. Wenn schon die Leistungsqualifikation als Abschluß des Universitätsstudiums nicht mehr zu einer privilegierten Beamtenplanstelle mit

Sicherheit, Prestige und Einfluß führte, sollte doch eine vergleichbar angesehene, hochdotierte Berufsposition mit möglichst weit ausgedehntem Handlungsspielraum und eigenen Einflußchancen erstritten werden. Das alles aber bedeutete, gegen staatliche Gängelung und bürokratische Bevormundung die auch vom neuhumanistischen Bildungsbegriff geforderte Entscheidungsautonomie der freien Persönlichkeit, die Verhaltenskontrolle durch moralische Selbstdisziplin und – in letzter Instanz – durch Berufskammern durchzusetzen. Auch in dieser Hinsicht erwies sich das normative Bildungsideal von der ungehinderten, vielseitigen Entfaltung des Individuums noch einmal als vorzüglich geeignete Rechtfertigungsideologie für die Verfechtung hochgradig spezifischer Gruppeninteressen.

Es steht außer Frage, daß die «Freiberuflichen» dabei durch die Sonderstellung des deutschen Akademikers in der Stratifikationshierarchie und im Klassengefüge der Gesellschaft, die auch nicht-beamtete Universitätsabsolventen von dem Prestige einer höheren Bildung zehren ließ, im Verhältnis zu ihren Klienten von vornherein aufgewertet wurden. Auch ihre allgemeine Durchsetzungskraft war in diesen oberen Rängen der Sozialpyramide fest verankert. Außerdem wurde manche Auseinandersetzung dadurch abgeschwächt, daß immer häufiger ein Wechsel zwischen Staatsdienst, Privatpraxis und freier Verkehrswirtschaft stattfand. Die Karriere von Hans Victor v. Unruh z. B., einem jungen, juristisch geschulten Verwaltungstalent, das aus der Bürokratie in das Direktorium einer privaten Eisenbahngesellschaft überwechselte, danach in mehrere Aufsichtsräte und in die Arcana der liberalen Politik gelangte, ist eher prototypisch als ein Sonderfall.

Als Ergebnis bildete sich schließlich eine Mischung von staatlichem Einfluß und professioneller Teilautonomie heraus. Die Verwaltung behielt einen Großteil ihrer Regulierungskompetenz im Hinblick auf die Zulassung zur Universität, den Studienverlauf, die Examina, Ausbildungsetappen und Zulassungsbedingungen zur Berufstätigkeit. Die Professionen dagegen gewannen zunehmend Einfluß auf den Inhalt und die Durchführung des Studiums, die Zusammensetzung und die Ansprüche der Prüfungsgremien, die Kriterien für die Zulassung zur Praxis. Sie überwachten das Berufsverhalten und die Beachtung des «berufsständischen» Ehrenkodexes, sie gewannen auch Disziplinarrechte für berufsspezifische Kammern der Selbstverwaltung und Konfliktschlichtung.

Obwohl sie sich häufig aus staatlichen Berufen emanzipiert hatten, blieb noch lange Zeit ein ambivalentes Verhältnis zur kapitalistischen Marktgesellschaft bestehen. Der vielbeschworene Auftrag, zivilisatorische Aufgaben in einer Gesellschaft mit ansteigendem kulturellem und materiellem Anspruchsniveau angemessen auszuführen, verhüllte nur notdürftig die wachsende Marktorientierung und egoistische Nutzung jeder sich bietenden Gewinnchance. Der angebliche Primat der Hilfe- und Schutzleistung für Klienten und Gesellschaft kontrastierte scharf mit dem unablässigen Kampf um maximale Marktmacht und Exklusivrechte bis hin zu einem Dienstleistungsmonopol, das keine Profession als Fernziel aus dem Auge verlor.

Auch bei den Angehörigen der deutschen «freien Berufe» fällt in vergleichender Perspektive die lange Zeit der Staatsabhängigkeit auf. Sie findet sich auch in Frankreich, nicht aber in den fast autonomen Professionen Englands und Nordamerikas. Dennoch wäre es ganz irreführend, diese Entwicklung in den angelsächsischen Ländern als «Normalfall» zu stilisieren. Im 20. Jahrhundert hat sich mit dem globalen Expansionsprozeß der Professionen herausgestellt, daß das deutsche Verhältnis von Staat und Profession nicht länger mehr als Sonderfall exotisiert werden kann, sondern weit eher der Regelfall geworden ist.

Insgesamt hat die anhaltende Homogenisierung durch hohe Selbstrekrutierung, Gymnasien, Universität und Bildungsideologie in der ersten Hälfte des 19. Jahrhunderts das soziale Profil des Bildungsbürgertums – ob beamtet oder freiberuflich – scharf ausgeprägt.

Politisch schwankte es weiterhin zwischen zwei Polen. Einerseits öffneten sich ihm aufgrund seiner gesellschaftlichen Interessenlage und Normativkultur zusehends Zugangschancen zum politischen, ökonomischen und kulturellen Liberalismus. Andrerseits konnten tradierte Orientierungswerte, Berufswelt und Bindung an den Staatsapparat ebensogut einen etatistischen Konservativismus erhalten. Einen umstandslos verallgemeinerbaren «Reformismus» gab es nicht.

Durch die kulturelle Prägekraft der Bildungsidee wurde der geistesaristokratische Grundzug des Bildungsbürgertums weiter verstärkt. Die fortwährende Selbstrekrutierung, der teure Ausbildungsweg, die «justiziablen» Bildungspatente, der standesgemäße Lebensstil des «Gebildeten» haben die soziokulturelle Abschottung unterstützt. Diese exklusive Binnenhomogenisierung wurde mit Nachdruck als schroffe Außendifferenzierung verteidigt. Trotzdem war dieses Bildungsbürgertum zur sozialen Integration alles andere als unfähig. Für den, der sich dem Kanon seiner Ansprüche anpaßte und reüssierte, blieb es durchaus eine offene soziale Klasse, die zahlreiche Aufsteiger, insbesondere aus den unteren Mittelschichten, aufzunehmen verstand. Im Vergleich mit der sozialen Komposition englischer und französischer Universitäten, auch der amerikanischen Spitzencolleges, blieb es sogar erstaunlich offen.

In jenen Jahren konnte es auch trotz aller Schwierigkeiten weithin der liberalen Zielutopie der «bürgerlichen Gesellschaft» folgen. Es galt als sicher, daß die Zukunft auf ihrer Seite wäre, daß das Ziel einer breiten, gebildeten, politisch einflußreichen bürgerlichen Mittelklasse, der jeder Leistungsfähige mit Besitz und Bildung willkommen war, stetig näherrückte. Damit taucht ein großes Problem auf: das Problem der «bürgerlichen Gesellschaft» als sozialhistorisches und politisches Phänomen sowie als Zielvision des Liberalismus und schließlich dann die Stellung des Bildungsbürgertums zu diesem

Entwurf einer künftigen Gesellschaft. Nur drei wichtige Fragen sollen aus diesem Problemkomplex noch herausgegriffen werden.

Die Dialektik von Errungenschaften und Schattenseiten der bürgerlichen Modernisierung lenkt auf systematische und historische Zusammenhänge hin. Die heterogenen Schichten- und Klassenlagen der unterschiedlichen bürgerlichen Sozialformationen sind seit dem späten 18. Jahrhundert durch spezifische Integrationsideologien überwölbt worden. Dadurch wurde eine Art gemeinbürgerlicher Einheit fingiert oder tatsächlich teilweise geschaffen, jedenfalls wurde der Fluchtpunkt eines tendenziell homogenisierten Bürgertums sichtbar. Hierbei handelt es sich zunächst um drei, in ihren Funktionen miteinander verzahnten Ideologien, die insbesondere vom Bildungsbürgertum verfochten und getragen wurden.

An erster Stelle steht die vorn erörterte neuhumanistische Bildungsideologie, deren Kraft so groß war, daß sie das Bildungsbürgertum mit konstituierte. Als Angriffsideologie richtete sich «Bildung» gegen alle vor der aufgeklärten Vernunft nicht zu rechtfertigenden Privilegien. Jedermann, gleich welcher Herkunft, sollte sich, dem grundsätzlichen Anspruch nach, dem revolutionären Leistungsprinzip unterwerfen. Als Verteidigungsideologie diente «Bildung» ebenso nützlich gegen anmaßende Ansprüche des Adels wie gegen den Druck der «Ungebildeten von unten». Diese Bildungsideologie strahlte auch weithin auf das Wirtschafts- und Kleinbürgertum aus, sie bot vereinheitlichende Ideen und Interessen an.

Frühzeitig verbanden sich mit ihr der Liberalismus – als politische Ideologie, auch allgemein als «Weltanschauung», wie das neue Modewort damals hieß – und der liberale Nationalismus. Erst vom Beamtenliberalismus, dann auch vom konstitutionellen Liberalismus der liberalbürgerlichen Bewegung wurde der Entwurf einer künftigen «bürgerlichen Gesellschaft» entwickelt oder aufgegriffen und umformuliert. In dieser Zukunftsordnung der liberalen «bürgerlichen Gesellschaft» sollte, das war ein gemeinsames, schichten- und klassenübergreifendes Interesse, die traditionelle Ständehierarchie beseitigt sein. Die durch Besitz oder Bildung qualifizierten Bürger sollten als freie Staatsbürger in freien Assoziationen zusammenwirken, in freier öffentlicher Diskussion die «vernünftigen» Volksinteressen ermitteln und durch das gewählte Parlament in Gesetzesform überführen. Der Staat selber wurde als eine große Assoziation verstanden. Eine geschriebene Verfassung sollte die rechtliche Autonomiesphäre der Individuen und die Selbststeuerungsfähigkeit der Marktgesellschaft garantieren. Insofern besaß sie, streng genommen, einen «privatrechtsakzessorischen» Charakter (D. Grimm).[9]

Wo sich der wirtschaftliche Liberalismus auswirkte, sollten die freien Wirtschaftssubjekte sowohl ihr egoistisches Eigeninteresse im Konkurrenzkampf befriedigen als auch gleichzeitig dadurch – wie das Mandevilles Fabel von dem Nexus zwischen privaten Lastern und öffentlichen Tugenden beschrieb – zum Gemeinwohl beitragen. Der liberale Rechts- und Verfassungsstaaat sollte die möglichst uneingeschränkte Entfaltung bürgerlichen Lebens gewährleisten. Im Zeichen solcher Zielperspektiven konnten bildungsbürgerliche Bürokraten, literarische Intellektuelle, großbürgerliche Unternehmer, kleinbürgerliche Handwerker bei der schwierigen Verwirklichung einer gemeinbürgerlichen liberalen Staats- und Gesellschaftsordnung zusammenstehen. Insofern ging von dem Ideenkonglomerat des Liberalismus auch eine vereinheitlichende Wirkung auf die unterschiedlichen bürgerlichen Schichten und Klassen aus.

Ähnlich läßt sich eine Funktion des liberalen Nationalismus interpretieren. Er war ein Resultat der Revolution: in Europa der Französischen Revolution, in der Neuen Welt der Amerikanischen Revolution. Der englische «Sonderweg» beginnt auch in dieser Hinsicht früher mit den beiden Revolutionen des 17. Jahrhunderts. Dieser moderne, revolutionäre Nationalismus muß vom älteren Landespatriotismus, von dynastischer oder regionaler Loyalität klar unterschieden werden. Fest steht: Überall wurde der moderne Nationalismus zu einer politischen Religion. Er blieb aber auch jahrzehntelang, und das ist von der älteren Nationalismusforschung oft übersehen worden, eine frühliberale Emanzipations- und Oppositionsideologie, welche die ständische Ungleichheit, die Vormacht der Aristokratie, den Spätabsolutismus, die deutsche Kleinstaaterei beseitigen wollte. Deshalb wurde die Vision des nationalen, liberalen Einheitsstaats, wurde die Forderung nach Partizipation im nationalen Verfassungsstaat von den Konservativen gleich welcher Richtung als prinzipielle Herausforderung und Sprengladung für ihre Welt bedingungslos bekämpft.

Trotz der sogenannten «Demagogenverfolgung», der Karlsbader Beschlüsse, des Verbots der Burschenschaften und Turnvereine, der Repressionsgesetze des Deutschen Bundes entwickelte sich der liberale Nationalismus vor allem seit den 1830er Jahren zu einer Massenbewegung. Er drang durch das Vereinswesen: durch Hunderttausende von Turnern und Sängern, durch Germanisten, Juristen, Historiker und ihre «gesamtdeutschen» Kongresse, durch die Bildungsvereine der Handwerker, durch «Nationalfeste» und Denkmäler in das öffentliche Bewußtsein, in die Gesellschaft immer tiefer ein. Beschleunigungsfaktoren wie die Rheinkrise von 1840 und das Schleswig-Holstein-Problem trieben seine Ausbreitung ebenso kräftig voran wie die Verdichtung der Kommunikation durch die Medien des expandierenden literarisch-publizistischen Marktes, durch Eisenbahn und Postwesen. Die Revolution von 1848/49 hat dann noch zusätzliche politische und affektive Schubkräfte freigesetzt.

Ähnlich wie die Bildungsreligion und der Liberalismus besaß dieser frühe oppositionelle Nationalismus die Fähigkeit, über heterogene Soziallagen hinweg, durch das Fernziel der einheitlichen bürgerlichen Nation in einem liberalen Verfassungsstaat Einheit zu stiften. Frühzeitig sind zwar auch expansionistische und fremdenfeindliche Elemente in diesem – wie in jedem anderen – Nationalismus aufgetaucht. Jahrzehntelang überwog jedoch das Wunschbild einer harmonischen Koexistenz der liberalen Nationalstaaten. War erst die Voraussetzung verwirklicht, daß alle Nationen zu dieser Staatsform gefunden hatten, konnte endlich auch der Krieg, diese Ausgeburt kriegslüsterner Monarchen und ruhmgieriger Aristokraten, gezähmt – die Bellona endlich gefesselt werden.

Im Zeichen dieser Dreierkonstellation von Bildung, Liberalismus und frühem Nationalismus wurde eine gemeinbürgerliche Einheit der politischen, gesellschaftlichen und ideellen Ziele, Interessen und Wertvorstellungen über alle noch fortbestehenden realhistorischen Unterschiede hinweg bis in die 1870er Jahre hinein immer stärker empfunden. Das gilt ganz besonders für das Bildungsbürgertum, das sich als Vordenker und Vorreiter dieser Entwicklung empfand, zumal es aus diesen drei Ideologien einen gut Teil seines inneren Halts und Zusammenhangs gewann. Der großpreußisch-kleindeutsche Nationalstaat, der trotz aller autoritären Strukturen auch Züge eines liberalen Verfassungsstaats trug, hat zunächst durch neue Integrationskräfte die Kohäsion verstärkt. Darauf gründete die weitverbreitete Auffassung – insbesondere in dem Jahrzehnt, in dem die Nationalliberalen von 1867 bis 1877 Quasi-Regierungspartei waren –, daß auf längere Sicht *dem* Bürgertum schlechthin die Zukunft gehören werde.

In der Geschichte des deutschen Bürgertums, insbesondere auch des Bildungsbürgertums, bahnte sich jedoch seit dem Ende der 1870er Jahre ein Einschnitt an, der ungewöhnlich verhängnisvolle Folgen zeitigen sollte. Das wurde damals von scharfsichtigen Liberalen sogleich erkannt. Im Rückblick tritt es noch schärfer hervor. Das Verhängnis bestand darin, daß sich vier folgenreiche Prozesse auf fatale Weise überschnitten.

Politisch wurden die Liberalen aus der bislang so erfolgreichen Mitwirkung an der inneren Modernisierung des Reiches, aus ihrer informellen Einflußsphäre in der Reichspolitik hinausgedrängt. Das Schisma zwischen Nationalliberalen und Fortschritt war eine der nun ausgelösten Reaktionen. Von der seither einsetzenden Entmachtung in der Arena der mitverantwortlich gestalteten Reichspolitik hat sich der Liberalismus des Kaiserreichs nie wieder vollständig erholt. Allerdings blieben die Städte den Liberalen als politische Domäne erhalten. Die Nationalliberalen, bereit zur Anpassung an den neukonservativen Kurs des Bismarckregimes nach der «zweiten Reichsgründung» um 1879, wurden zunehmend zu Verfechtern eines engen bürgerlichen Klasseninteresses. Die opponierenden Freisinnigen blieben außerstande, anstelle ihrer heterogenen Anhängerschaft eine Massenbasis wie etwa der englische Liberalismus jener Jahrzehnte zu gewinnen. Wäre es bei jenen Reichstagswahlen, die 1917 nicht mehr stattfinden konnten, zu einer Wende auch für diese Liberalen gekommen?

Während der schweren industriellen Depression zwischen 1873 und 1879, die weithin als Scheitern der jungen liberalen Marktwirtschaft verstanden wurde, begann eine tiefgreifende Diskreditierung liberaler Politik, liberaler Wirtschaftspolitik, liberaler «Weltanschauung» – eine allgemeine Entliberalisierung des öffentlichen Lebens läßt sich seither datieren. Wenn man sie nicht berücksichtigt, kann man z. B. das liberale Votum für die illiberalen Ausnahmegesetze – wie seit 1878 gegen die Sozialdemokratie – nicht verstehen. Die Zerstörung der Schwungkraft des deutschen Liberalismus – es war nur zu einem kleineren Teil das Werk Bismarcks, ungleich wichtiger war der Einfluß der anonymen sozialökonomischen und politischen Krisen – überschnitt sich mit einem nicht minder gefährlichen «Funktionswandel des deutschen Nationalismus» (H. A. Winkler), der ebenfalls in den späten 70er Jahren einsetzte. Nach wenigen Jahren verlor der liberale, emanzipatorische Nationalismus im kleindeutschen Nationalstaat seine Substanz. Der statt seiner auftauchende neue Reichsnationalismus, der sich in den ersten beiden Jahrzehnten nach 1871 allmählich entfaltete, erwies sich als konservativ in der Verklärung des erreichten Hegemonialstatus. Er wurde seit den späten 1880er Jahren zusehends expansionistisch, ja imperialistisch. Am rechten Rand tauchte der Pangermanismus der «Alldeutschen» auf. Gleichzeitig wurde er stellenweise schon rassistisch aufgeladen. Vor allem aber nahm er einen antiliberalen Charakter an und gewann eine scharf antiproletarische Spitze.

Im Grunde stellte der Reichsnationalismus, der sich in den 90er Jahren voll entwickelt präsentierte, eine neue Integrationsideologie dar. Mit dem liberalen Oppositionsnationalismus teilte er nur die früher eher sporadisch aufgetretenen Auswüchse der Frankophobie. Neu war dagegen die Verachtung des «perfiden Albions», die Großmannssucht der «Alldeutschen», die militante Bekämpfung nationaler Minderheiten z. B. durch den «Ostmarkenverein», die missionarische Überzeugung, daß am deutschen Wesen die Welt genesen werde. Als Angriffsideologie richtete sich der Reichsnationalismus gegen äußere Gegner, gegen vertraute Konkurrenten im Staatensystem, die jetzt aber zu «Erbfeinden», zu gallischen oder slawischen Widersachern des germanischen Reiches stilisiert wurden. Zugleich richtete er sich gegen die inneren «Reichsfeinde». Überall drängten sich Feindbilder in den Vordergrund. Von der menschenfreundlichen harmonischen Utopie des liberalen Nationalismus blieben nur noch Spurenelemente, etwa bei den Pazifisten, übrig. Als Verteidigungsideologie wollte dieser Reichsnationalismus die angeblich überlegene deutsche «Kultur» gegen die herandräuenden zersetzenden Einflüsse der korrupten westlichen «Zivilisation» schützen. Im Inneren sollte der gesellschaftliche Status quo mit einer rigorosen Abgrenzung von allen Reformkräften behauptet werden.

Der neuhumanistische Bildungsgedanke, die dritte der großen gemeinbürgerlichen Integrationskräfte, wurde seit derselben Zeit weiter verwässert. Er verfiel zum karrierefördernden Berechtigungswesen der Gymnasial- und Universitätendiplome, der zahlreichen Staatsexamina, des Rechts auf Titelführung. Mit dieser Verwässerung ging eine dauerhafte Schwächung der humanistischen, kosmopolitischen, zivilisatorischen Impulse einher, die den Neuhumanismus in seiner Glanzzeit einmal ausgezeichnet hatten.

Diese vierfache Zäsur – in der Reichspolitik, im Charakter des Liberalismus, des Nationalismus und der neuhumanistischen Bildungsideologie – begründete ein neues Kräfteverhältnis. In seinem Zeichen war zwar der Reichsnationalismus erneut imstande, die verschiedenartigen Klassenlagen des Bürgertums weithin zu überbrücken. Zugleich setzte damit jedoch der fatale Zerfall des «sozialmoralischen Milieus» (Lepsius) des Bildungsbürgertums ein. Seither brach der extreme Nationalismus, am Rande sogar ein erster Rechtsradikalismus in Gestalt des politisch organisierten rassistischen Antisemitismus seit 1878/79 in seine Reihen ein. Die Illiberalität wuchs sprungartig an – gegenüber dem Katholizismus in der Zeit des «Kulturkampfs» wie gegenüber der Sozialdemokratie mit den Ausnahmegesetzen seit 1878. Die Xenophobie steigerte sich gegen polnisch sprechende Staatsbürger im Inneren, gegen «Gallier» und «Slawen» im Westen und Osten.

Je stärker sich die Heterogenität der bürgerlichen Klassenlagen ausprägte, je gefährlicher die «rote Gefahr» wirkte, je länger der Adel aus seinen Machtbastionen nicht zu verdrängen war, desto unabweisbarer wurde das Bedürfnis nach ideologischer Integration des Bürgertums empfunden. Prüft man die neuen Integrationskräfte, scheint vom konservativen, imperialistischen, illiberalen Reichsnationalismus der stärkste Einfluß ausgegangen zu sein.

Diesen schlechthin fundamentalen Konstellationswandel seit den späten 70er Jahren muß man sich vergegenwärtigen, wenn man die Kontinuitätslinien erkennen will, die zur Unterstützung der Kriegszielpolitik des kaiserlichen Deutschlands, zur «Vaterlandspartei» von 1917 als erster protofaschistischer Massenbewegung, zu den völkischen Verbänden und schließlich zur nationalsozialistischen «Bewegung» mit ihrer charismatischen Führerdiktatur hinlaufen. Es ist unbestreitbar, daß gleichzeitig dem Wirtschaftsbürgertum große Modernisierungsfortschritte in der Industrie, dem Bildungsbürgertum in der Wissenschaft gelangen. Zum deutschen Modernisierungsprozeß gehört jedoch untrennbar hinzu, daß auf die «Herausforderung» durch Krisen und Krieg schließlich eine «Antwort» folgte, welche die westliche Zivilisation im deutschen Einflußbereich radikal in Frage stellte.

Abschließend noch sechs Thesen zu einigen der hier vielfach diskutierten Probleme:

1. In seiner Aufstiegsphase und in seiner großen Zeit bleibt das deutsche Bildungsbürgertum weithin ein protestantisches Phänomen. Die neuhumanistische Bildungsreligion dringt nie und nirgendwo in demselben Maße in katholische Bürgerfamilien ein wie in evangelische. So unbestreitbar es katholische Bildungsbürger gibt, errichtet doch die Resistenzkraft der tradi-

tionalen Glaubenslehre und des traditionalen Sozialmilieus hohe, oft unüberwindliche Barrieren gegen das Vordringen dieses säkularisierenden Religionsersatzes.

2. Der enge Nexus zwischen Bildungsbürgertum und Staatsdienst ist nicht zu übersehen. Weithin ist die Höhere Verwaltungs- und Justizbürokratie eine bildungsbürgerliche Domäne. Das gilt insbesondere für Preußen, aber auch für das Bayern von Montgelas mit seiner fränkischen protestantischen Oberbeamtenschaft. Das Bildungsbürgertum wird zwar nie als Ganzes eine «politische Klasse». Aber man kann die bildungsbürgerliche Bürokratie, die zeitweilig die Mehrheit der Bildungsbürger stellt, aus dem Sammelbegriff «Bildungsbürgertum» schlechterdings nicht hinausdefinieren. Im Kontext der deutschen Geschichte wäre das eine geradezu tödliche Amputation des Begriffs und des sozialhistorisch-sozialkulturellen Phänomens.

3. Der massive Einfluß des Staates auf die «freiberuflichen» bildungsbürgerlichen Akademiker, die Staatsnähe der entstehenden Professionen bilden einen scharfen Kontrast zur englisch-amerikanischen Professionalisierungsgeschichte. Die früher übliche Kritik wird jedoch dadurch weithin entkräftet, daß die Symbiose in Deutschland längst nicht mehr ein Sonderfall, sondern inzwischen weit eher der Regelfall ist.

4. Gemeinbürgerliche Identität taucht als Fluchtpunkt der Entwicklung unter dem Einfluß dreier Integrationsideologien auf: der neuhumanistischen Bildungsideen, des kosmopolitischen Liberalismus, des emanzipatorischen Nationalismus. Der Funktionswandel eben dieser Ideologien seit den 1870er Jahren ist vor allem für das Bildungsbürgertum außerordentlich folgenschwer. Der Bruch mit liberalen Traditionen ist z. B. viel schroffer als in funktional vergleichbaren Eliten anderer westlicher Länder.

5. Dem kritischen Rückblick erschließt sich ein außerordentlich vieldeutiges Gesamtbild:

- Staatsnähe, ja Staatsgläubigkeit gewiß, aber imponierende, innovative Leistungen des Reformbeamtentums oder der späteren Reichsverwaltung beim Aufbau des modernen Wohlfahrts-, Sozial- und Interventionsstaats. Unleugbar die weitverbreitete Staatsmetaphysik, aber zugleich eine bestechende geistige Selbständigkeit und rund hundert Jahre lang eine beispiellose wissenschaftliche Produktivität, die in sozialhistorischer Perspektive ohne das schier unerschöpfliche Potential des Bildungsbürgertums nicht angemessen zu erklären ist.
- Hochkultivierte Geistigkeit einerseits, aber eine abergläubische Furcht vor der «Umsturzpartei» mit ihrem milden Reformaktivismus andrerseits. Einen realistischen Blick für die Probleme des praktischen politischen Lebens hat die deutsche Bildungstradition häufig nicht geschärft.
- Maximal ausgebildete Rationalität einerseits, aber blinder Enthusiasmus für das wüste Gebräu der «Ideen von 1914», für die «Vaterlandspartei», für den «Führer» als Retter aus der Not andrerseits.

Diese hier nur oberflächlich angedeutete Polyvalenz des Phänomens Bildungsbürgertum schließt unkritisches Lob ganz so aus wie totale Verdammung.

6. Der deutsche «Sonderweg»? Die Vorstellung, die sich von den späten 40er Jahren bis in die 60er Jahre damit verband, ist von uns allen längst präzisiert worden. Der englische und amerikanische Weg in die moderne Welt stellt nicht den – auch normativ verstandenen – «Normalfall» dar, von dem die deutsche Modernisierung irgendwann einmal fatal abgewichen ist. Eher ist wohl der extrem eigenartige englische «Sonderweg» ein noch lange nicht hinreichend geklärtes Unikat. Und trotzdem: Es bleiben weiterhin folgenschwere Eigenarten des deutschen Modernisierungswegs analyse- und erklärungsbedürftig. Beides geht nicht ohne den Vergleich und ohne die Klarstellung der damit auch verbundenen normativen Prämissen. Es geht unverändert um die vergleichsweise schnelle und sehr erfolgreiche Industrialisierung mit ihren Folgen; um die späte Nationalstaatsgründung mit nicht minder gravierenden Konsequenzen; um die wissenschaftliche Führungsrolle im 19. Jahrhundert; um die Entliberalisierung der politischen Kultur; um das eigentümliche Politikverständnis und das politische Handeln des Bürgertums, insbesondere des Bildungsbürgertums; um die Auslösung zweier Weltkriege und unverändert um 1933 und die Folgen.

Durch den sorgfältigen Vergleich werden außer den unbestrittenen gemeinsamen oder sehr ähnlichen Zügen die Sonderbedingungen – wenn schon nicht mehr ein eigener «Sonderweg» – unter denen die deutsche Modernisierung verlaufen ist, nachdrücklich hervorgehoben. Zu diesen Sonderbedingungen gehört ganz unverwechselbar das deutsche Bildungsbürgertum: als «historisches Individuum» mit faszinierenden Eigenschaften, mit all seinen Leistungen auf dem Höhepunkt seiner Entwicklung, mit all seinem fatalen Versagen auf Tiefpunkten der deutschen Geschichte. Seine durch und durch ambivalente Natur braucht nicht noch einmal betont zu werden. Insgesamt aber bleibt es eine soziale Formation, welche die Vorstellung von einer spezifischen Form der deutschen Modernisierung nachhaltig unterstützt. Insofern ist die Frage im Titel zu bejahen: Wie immer man auch das deutsche Bildungsbürgertum kritisiert, bewundert oder nüchtern analysiert – ein Element der Sonderbedingungen des deutschen Modernisierungspfads bleibt es allemal.

Geschichte und Zielutopie der deutschen «bürgerlichen Gesellschaft»

Als Historiker bevorzuge ich die Realgeschichte vor der Utopie. Das wird auch hier die Reihenfolge sein. Ich gehe davon aus, daß «bürgerliche Gesellschaft» ein Schlüsselbegriff ist, der seit rund 200 Jahren entweder entschieden positiv oder polemisch-kritisch gebraucht wird. Er gehört bis heute zur Umgangssprache, aber auch zum wissenschaftlichen Jargon. Viel zu selten wird der Begriff jedoch genau bestimmt, er wird wie ein großer Schwamm gebraucht, der die unterschiedlichsten Vorstellungen aufzusaugen fähig ist. Wir würden das sofort feststellen, wenn wir anfingen, Definitionen zu formulieren. Auf der einen Seite soll der Begriff die reale Gesellschaft des 19. oder 20. Jahrhunderts treffend charakterisieren, wie das viele Sozialwissenschaftler und Historiker vertreten. Auf der anderen Seite ist oft ein erst noch zu verwirklichendes Ziel gemeint, z. B. bei Hegel. Hier wird «bürgerliche Gesellschaft» als bereits existierend vorausgesetzt, und dort gilt sie als bereits überholt – im Augenblick ist «postbürgerlich» ja Trumpf.

Um etwas festeren Boden unter den Füßen zu gewinnen, versuche ich, in drei Schritten das Thema einzukreisen. Erstens möchte ich historisch etwas genauer klären, was «bürgerliche Gesellschaft» und «Bürgertum» in Deutschland seit dem 18. Jahrhundert meinen. Dabei werde ich ganz verschiedene Formationen des Bürgertums voneinander trennen, aus analytischen Gründen zunächst einmal überscharf, weil ich diese ungenauen Begriffe «Bürgertum» und «bürgerliche Gesellschaft» nicht für richtig halte. Eine ganz andere Aufgabe stellt sich dann zum zweiten: die seit dem späten 18. Jahrhundert entwickelte Utopie von einer bürgerlichen Gesellschaft – wie also die wahre, die erstrebenswerte bürgerliche Gesellschaft der Zukunft möglichst bald aussehen sollte – etwas näher zu charakterisieren. Schließlich kann in einem dritten Schritt die Frage gestellt werden, was aus den verschiedenen bürgerlichen Schichten und Klassen im 19. und 20. Jahrhundert wird und ob die utopische Zielvorstellung der bürgerlichen Gesellschaft erreicht oder verfehlt worden ist, ob sie zur Makulatur der Geschichte gehört oder ob sie, wenn man sie heute zeitgemäß definiert, nicht noch immer eine lohnende Aufgabe für die Verwirklichung darstellt.

Zum ersten Gesichtspunkt, gewissermaßen dem Aufdröseln der überaus amorphen Begriffe «Bürgertum» und «bürgerliche Gesellschaft». Im späten 18. und frühen, ja zum Teil auch noch im späten 19. Jahrhundert muß man vor allem drei bürgerliche Sozialformationen scharf voneinander unterscheiden: das alte Stadtbürgertum, das Bildungsbürgertum, die freie, verkehrswirtschaftliche, marktwirtschaftliche Unternehmerklasse der Bourgeoisie. Kleinbürgertum oder mittelständische Gruppen müssen bei einer Differenzierung natürlich berücksichtigt werden. Außerdem gibt es den zu diesen Formationen gewissermaßen querliegenden Begriff des Staatsbürgers.

Zum Ersten: das traditionelle Stadtbürgertum, wie es allmählich im späten deutschsprechenden Mitteleuropa seit dem 11. Jahrhundert entsteht, ist eine ständerechtlich scharf abgehobene Minderheit der Gemeinde-Vollbürger in der alten Stadt. Sie sind extrem traditionsbewußt, in der Regel gegen alles Neue, z. B. gegen den im frühen 19. Jahrhundert emporkommenden Industriekapitalismus. Im allgemeinen sind sie selten bereit, die schwierige Rolle des frühindustriellen Unternehmers zu spielen. Was uns zahlreiche Wirtschaftshistoriker weismachen wollen, daß nämlich der städtische Bürger die heroische Figur des Kapitalisten verkörpere, ist empirisch schlechterdings falsch. Dieses Stadtbürgertum ist traditionsbewußt und verteidigt zäh mit allen möglichen Methoden (z. B. mit Heimatrecht und Zuzugsgeldern) seine interne Geschlossenheit, wird aber durch die Reformgesetze, die als Reaktion auf die napoleonische Revolution in den deutschen Staaten verabschiedet werden, aus seiner Tradition allmählich herausgesprengt. Da der innere Staatsbildungsprozeß in den Staaten, die diese Revolution überleben, seit 1815 forciert wird, und die Bürokratie auf ihr Ziel nicht verzichtet, eine einheitliche Staatsuntertanengesellschaft – so heißt es erst, dann: Staatsbürgergesellschaft – herbeizuführen, sind die Fundamente dieses Stadtbürgertums im frühen 19. Jahrhundert schon tief erschüttert.

Dazu kommt eine Attacke von verschiedenen Seiten: Das neue Gemeinderecht – in Preußen seit den frühen 1840er Jahren, zuletzt wird es in Sachsen (1886) eingeführt – löst diesen alten Vollbürgerverband, der stets die Minderheit der in der Stadt Wohnenden bildete, auf und ersetzt diesen Verband mit ganz exklusiven Autonomierechten durch die neue Stadtgemeinde gleichberechtigter, rechtlich nivellierter Einwohner. Erst von diesem Augenblick an tritt an die Stelle der Honoratiorenpolitik das, was wir Kommunalpolitik nennen. Der Vollbürgerverband wird also staatsrechtlich zerschlagen. Das führt auch zum Entzug der Kompetenz, die Zuwanderung durch Gewährung oder Verweigerung von Anwesenheitsrecht durch zum Teil sehr hohe Zuzugsgelder zu kontrollieren und damit die innere Rechtsungleichheit in der Stadt zwischen Vollbürgern und – dafür gibt es je nach Region unterschiedliche Namen – Beisassen, Hintersassen, alle sind sie Einwohner minderen Rechtes, zu zementieren. Das heißt: Als die deutsche Urbanisierung seit der Mitte des 19. Jahrhunderts im Zuge der Industriellen Revolution erst voll einsetzt, trifft sie auf die rechtlich bereits durchlöcherten Mauern der alten Städte. Nur deshalb können diese so schnell expandieren.

Zu Beginn des Kaiserreichs, in den frühen 70er Jahren, ist die traditionsreichste Formation des Bürgertums, das alte Stadtbürgertum mit seiner damals fast 800jährigen Tradition, als ein politischer Sonderverband in voller

Auflösung begriffen. Was aber die soziale und die mentale Kohäsion angeht, halten die alten stadtbürgerlichen Schichten, die alten Machteliten und Sippenverbände so zäh, wie es die Umstände nur gestatten, weiter zusammen. Die neuen Reichsgesetze über das Staatsbürger- und Gemeinderecht, die sich alle an dem Ideal des gleichberechtigten Staatsbürgers orientieren, markieren einen scharfen Schnitt, aber noch nicht den Exitus dieser alten Gruppe der ursprünglichen Bürger. Der Zerfall ist seit dieser Zeit jedoch unaufhaltsam. Parallel dazu verläuft eine Fusion mit anderen bürgerlichen Formationen, so daß für den flüchtigen Blick von außen die Kontinuität des städtischen Bürgerlebens vorherrschen mag. Diese Prozesse muß man sich klarmachen, wenn man vom Bürgertum im 18. und auch noch im 19. Jahrhundert spricht.

Die zweite, in meinen Augen interessanteste Formation ist seit dem ausgehenden 18. Jahrhundert in einem furiosen Prozeß der Expansion begriffen. Es handelt sich dabei um das, was wir abkürzend das Bildungsbürgertum und was die Zeitgenossen zuerst die «gebildeten» oder die «gelehrten» Stände, dann die «gebildeten Bürger» nennen, bis sich dafür schließlich der Begriff des Bildungsbürgertums durchsetzt. Das ist eine schmale Schicht von Bürgerlichen, die nicht unbedingt etwas mit den alten Stadtbürgern gemeinsam haben. Sie kommen außerhalb des Stadtbürgertums hoch und sind auch rechtlich ausgegrenzt. Der Vater kann Ziegenhirt oder Berufssoldat gewesen sein, die Herkunft ist gleichgültig, in diesen Kreisen gelten ganz andere Zulassungskriterien, nämlich die Examina.

Im frühen 19. Jahrhundert, um mit diesem Einschnitt zu beginnen, besteht die große Mehrheit der Bildungsbürger aus der beamteten Intelligenz in der Stadt- und Staatsverwaltung, in der Justizbürokratie, im Kirchen- und Schuldienst, auch die literarische Intelligenz ist fast vollständig beamtet. Es gibt vor 1800 nicht mehr als vielleicht 50 bis 80 sogenannte freie Schriftsteller. Auf eine Faustformel gebracht: Die Gebildeten, an Gelehrtenschulen, Gymnasien, Universitäten Ausgebildeten, sind primär ein Produkt des neuzeitlichen Staatsbildungsprozesses mit seinem Bedürfnis nach speziell geschulten, und das heißt in Deutschland: an Universitäten ausgebildeten Funktionseliten, die seit dem ausgehenden 18. Jahrhundert durch den Neuhumanismus umgeprägt werden und eine ganz spezifische Kollektivmentalität als neuhumanistisch gebildete Bürgerliche erwerben. Man kann sie als verstaatlichte Intelligenz bezeichnen, weil sie ganz überwiegend im Staatsdienst stehen. Nach dieser verstaatlichten, verbeamteten Intelligenz entfaltet sich in Deutschland sehr spät, eigentlich erst seit den 1830er, 40er Jahren, das breite Spektrum der «freien» akademischen Berufe der Ärzte, Rechtsanwälte (in Preußen sind die Rechtsanwälte noch bis 1878 Beamte), der Architekten usw. Mit der Beschleunigung des Prozesses, der aus der alteuropäischen in die moderne Welt führt, wachsen – systemtheoretisch gesprochen – auch die gesellschaftlichen Bedürfnisse nach wissenschaftlich fundiertem Expertenwissen, und infolgedessen wächst die Zahl der Bildungsbürger in den freien Berufen seit den 40er, 50er Jahren auch in der Industrie und im Verkehrs- und Bankwesen weiter an. Der entscheidende Teil des Bildungsbürgertums aber, der auf die Karriere im öffentlichen Dienst fixiert bleibt, ist nach meiner Auffassung – und das ist natürlich eine strittige Position – eine innerhalb des gesamten westlichen Modernisierungsprozesses einzigartige bürgerliche Funktionselite. Die Bildungsbürger sind etwas anderes als die Fusion von Adel und City und Oxbridge in England, sie sind etwas anderes als die Allianz von Großbourgeoisie und Adel und Grandes Écoles in Frankreich.

Diese bürgerliche Gruppe bleibt in Deutschland in ihrem Selbstverständnis ständisch, definiert sich bis heute als Beamtenstand, pflegt einen ständischen Lebensstil. Zugleich besteht sie aber auch – mit Weber gesprochen – aus marktbedingten, marktabhängigen Berufsklassen. Wenn man genauer hinsieht, trifft der akademisch ausgebildete Jurist, Theologe, Ökonom auf einen spezifischen Arbeitsmarkt, wo er einem Monopsonisten, also einem Nachfragemonopol, begegnet: dem des Öffentlichen Dienstes, der Träger von Leistungsqualifikationen aus speziellen Arbeitsmärkten für Verwaltungsjuristen, Pfarrer, Studienräte usw. abruft. Man kann hier m. E. durchaus mit dem Weberschen Berufsklassenbegriff arbeiten. Wegen der Abhängigkeit dieser künftigen Beamten ist ihre Marktmacht gering. Die Stellung dieses Monopsonisten ist außerordentlich stark. Die politische Macht der Beamten im Staatsapparat wird jedoch stetig größer, denn sie können dort Entscheidungen vorbereiten, formulieren oder aber auch aufschieben und verhindern.

Dieses beamtete Bildungsbürgertum zehrt in Deutschland von dem großen Prestige, das es beim Aufbau des Rechtsstaates, seit der Reformepoche bei der Ausführung großer Verwaltungsaufgaben, bei der Mitwirkung an der Ausgestaltung des neugegründeten Kaiserreichs, auch bei jenen ersten Maßnahmen, die wir die moderne Leistungsverwaltung nennen, angesammelt hat und auch weiterhin zugewinnt. Dieser spezifische Beamtenmythos ist ja allgemein bekannt. Daß inzwischen die neuhumanistische Bildung zu einer Art enzyklopädischen Wissens verwässert und in das Berechtigungswesen der Diplome entartet, wird beklagt, schwächt aber im Grunde genommen bis 1914 nicht die Alltagsmaxime, daß Bildung vor Besitz geht. Die sozialen Verkehrskreise und – das ist immer ein entscheidender Test – das Konubium spiegeln das genau wider. Nur langsam weicht im Bildungsbürgertum die Verachtung des vulgären Materialismus der erfolgreichen Wirtschaftsbürger einer respektvollen Koexistenz.

Es gibt eine geläufige Polemik gegen die geistesaristokratische Erstarrung der Bildungsbürger in Dünkel und Abschottung, gegen die hohe Selbstrekrutierung. Dem muß man entgegenhalten, wie neuere vergleichende Arbeiten zeigen, daß das Bildungsbürgertum sozial offen bleibt, und zwar im 18. wie auch ganzen 19. Jahrhundert. Immer sind mindestens 20% des Nachwuchses Aufrücker aus dem sozialen Umfeld, das man in der Umgangssprache «Kleinbürgertum» nennt, aus Handwerkerkreisen, aus Subalternbeamtenschaft, aus mittlerem und größerem Bauerntum. Und an den Universitäten erweitert sich dieser Zustrom im Verlauf des 19. Jahrhunderts bis hin zu 30%. Auch das macht die Attraktivität des Bildungsbürgertums aus, daß es eine sozial offene Klasse ist, in die man mit Hilfe von Leistungsnachweisen aufsteigen kann. Das ist deshalb erwähnenswert, weil das in den westeuropäischen Ländern und in Amerika nicht der Fall ist. Die Lycées in Frankreich, die Public Schools in England, die Boy's Academies in Amerika sind sozial viel homogener, geschlossener. In England gibt es überhaupt keine Universitäten, vor etwa 1900 genaugenommen nur in Schottland. Die französischen Grandes Écoles sind sehr elitär; Harvard, Princeton, Yale sind ungleich geschlossener als Berlin, Halle, Wittenberg. Gerade im Vergleich ist die Rekrutierung des Bildungsbürgertums erstaunlich offen: Ein Drittel Neuzugänge stellt im Vergleich eine hohe Zahl dar.

Im Hinblick auf die dritte Formation, die freien Unternehmer, die Erwerbsklasse – mit Weber gesprochen – der Bourgeoisie, wird hoher Einfluß oft viel zu früh als dominant veranschlagt, ihre Durchsetzungsfähigkeit oft überschätzt. Mein Eindruck ist, daß vermutlich ein paar hundert Familien den Motor der deutschen Frühindustrialisierung und der Take-Off-Phase der Industrie angeworfen haben. Das sind knapp zur Hälfte innovationsfreudige Söhne aus der industriefeindlichen Welt des alten Stadtbürgertums: Verlegersöhne, Fernhändlersöhne, die z. B. das Risiko mit einer Textilfabrik eingehen. Die anderen sind «homines novi», Aufsteiger, wie die berühmten Kölner Unternehmer und Liberalen, die Hansemann, Mevissen, Camphausen usw. Nirgendwo, in keiner deutschen Region, gibt es vor 1848 einen einzigen Arbeiter als Aufsteiger in die Unternehmerschicht. Diese offene – was ihre Rekrutierung angeht, jedoch nicht so offene, wie man oft weisgemacht bekommt –, diese klassische Erwerbsklasse erlebt eine enorme Expansion, nachdem sie ursprünglich ganz schmal war. Seit der Hochkonjunktur der Industriellen Revolution, in Deutschland in der Zeit zwischen 1845 und 1873, und auch danach, als selbstgeregeltes Wachstum institutionalisiert ist, aber bis in die frühen 90er Jahre unter Depressionen leidet, dehnt sich mit der Industrie auch diese neue Bourgeoisie unablässig in die Breite aus. Hinzu kommt dann die explosive Hochkonjunkturphase von 1896 bis 1913, mit einer starken numerischen Ausdehnung. Natürlich wächst die Macht der Großunternehmen, der Banken, der Interessenverbände, aber die politische Hegemonie, die regelmäßige Umsetzung ökonomischer Macht in politische Vormacht, gibt es m. E. nirgendwo und zu keiner Zeit. Die Regel ist der Kompromiß mit den Großagrariern, mit der Bürokratie, mit der Reichsleitung. Eine klare, umstrittene Dominanz dieser Bourgeoisie in der deutschen Gesellschaft hat es bis zum Beginn des 20. Jahrhunderts nicht gegeben. Wenn man sie mit den Repräsentanten des

Big Business in Amerika und ihrem unmittelbaren Einfluß auf Politik und Gesellschaft vergleicht, läßt sich in Deutschland keine ernstzunehmende Parallele finden. Auch wenn die ostdeutschen Historiker die «Herrschaft der Monopole» behaupten, bleibt es doch eine Legende, die da ständig repetiert wird. Prüft man die Akten und Nachlässe, zitieren die Reichskanzler die Bankiers in die Wilhelmstraße und pflegen, wie das bei Bismarck am ausgeprägtesten nachzuweisen ist, ihre Wünsche zu realisieren und nicht umgekehrt.

Selbst wenn ein mächtiger Mann wie der Direktor der Deutschen Bank, der Herr v. Gwinner, kurz vor dem Ersten Weltkrieg ins Auswärtige Amt kommt, katzbuckelt er vor den bürgerlichen Räten. In ihren Briefen mokieren sich die bürgerlichen Geheimräte, daß sich dieser vielfache Millionär ihnen gegenüber so verhält, teils aber halten sie es auch für eine Selbstverständlichkeit, denn sie verkörpern ihm gegenüber den Staat. Diese Großbourgeoisie kontrolliert weder den Regierungsapparat noch eine Parteimehrheit und die öffentliche Meinung; von ihr geht auch nicht die Faszination eines normativen Vorbildes aus. Aber sie kann selbstverständlich vielen ihrer wesentlichen Interessen ganz energisch Berücksichtigung verschaffen, und fraglos steigt ihre Einflußkurve bis 1933. Dann aber setzen innerhalb von drei Jahren die Nationalsozialisten ganz eindeutig den Primat der Politik wieder durch.

Das ist eine Grobskizze von drei bürgerlichen Formationen, die man bei jeder Debatte über «bürgerliche Gesellschaft» und «Bürgertum» zunächst einmal analytisch scharf auseinander halten muß, ganz gleich, was man später an Symbiose feststellt. Nun sind das große Blöcke, und es ist ganz klar, daß – viertens – eine scharfe Binnendifferenzierung geboten ist; man braucht diese Feindifferenzierung schon allein deshalb, um in den Städten z. B. den breiten Bereich des sogenannten Kleinbürgertums oder – was wir noch immer sagen und nie übersetzen können – des «alten» und «neuen Mittelstandes» genauer zu erfassen. Denn da leben Teile des alten Stadtbürgertums mit jahrhundertelanger Vergangenheit, Handwerker, Krämer, Spediteure weiter fort. Daneben gibt es kleinbürgerliche Subalternbeamte, Stadtangestellte, Volksschullehrer, kleine Unternehmer und Gewerbetreibende. Hier ist auch der Platz des neuen Mittelstandes, der städtischen, industriellen, kommunalen Angestellten. Es gibt für sich eine kleinbürgerliche Welt von äußerster Heterogenität; da sind die Übergänge alle im Fluß. Aus diesem Bereich stammt der – gemessen an seinen Zielen – erfolgreichste Interessenverband, den es in Deutschland gibt: der Deutsche Handwerkerbund, dessen Namen seit 1883 öfters gewechselt hat. Er setzt im Grunde sein Maximalprogramm durch. Schon aus diesem Grunde, weil es auch politisch in der deutschen Geschichte eine solche Rolle spielt, braucht man eine schärfere Differenzierung für das Kleinbürgertum. Aber es ist andrerseits sicher, daß die Gesamtgesellschaft nicht kleinbürgerlich geprägt wird, dazu sind diese kleinbürgerlichen Gruppen nicht imstande. Ihre Hoffnungen und Lebensziele werden von außen vorgegeben: So schnell wie möglich die unteren Ränge der sozialen Hierarchie auf dem Weg nach oben zu verlassen, das ist die vorrangige Lebensmaxime.

Und schließlich liegt, fünftens, quer zu diesen sozialstrukturellen Unterscheidungen der Begriff und die Wirklichkeit des Staatsbürgers. Gegen die altüberlieferte Mediatisierung der Untertanen durch die Adligen und die Stadtmagistrate wird von der zentralen Staatsverwaltung die Rechtsfigur des Staatsuntertanen, später dann in Staatsbürger umgetauft, entwickelt. Er soll als Schüler, als Soldat, als Steuerzahler direkt erreichbar sein, denn bis zu den Reformgesetzen endet ja die Macht des Zentralstaates an den städtischen Grenzen oder an den Grenzen der Rittergüter oder Grundherrschaften. Diese Rechtsfigur wird allmählich mit der Beharrlichkeit des zentralen Verwaltungsapparates allgemein verbindlich durchgesetzt, abschließend im Norddeutschen Bund und in der Reichsgesetzgebung. Auch die politische Gleichheit der Männer wird in Deutschland erstaunlich früh im Reichstagswahlrecht durchgesetzt; die Frauen bleiben, das ist ein gemeineuropäisches Defizit, bis 1918 ausgeschlossen; nur in Amerika wird das Frauenwahlrecht früher konzediert. Die soziale Gleichheit steht als die große Aufgabe des 20. Jahrhunderts für diesen gleichberechtigten Staatsbürger noch bevor, wird aber bereits seit den 1840er Jahren von Intellektuellen, dann vor allem von der Sozialdemokratie immer entschiedener angemahnt. Ob zu diesem allmählich verwirklichten Staatsbürger schon das stolze Selbstbewußtsein des Citoyen gehört – wie sich das in Frankreich seit den 1790er Jahren entwickelt –, der in allen Politikbereichen großbürgerliche Herrschaft durchsetzen will, das ist eine offene Frage. Ich neige zur Anerkennung einer prinzipiellen Ambivalenz. Auf der einen Seite bleibt die deutsche Gesellschaft bis weit in das 20. Jahrhundert hinein eine Untertanengesellschaft, bis zur Karikatur übertrieben in Heinrich Manns «Der Untertan». Auf der anderen Seite ist sie auch offen für Liberalisierung, für ein hohes Maß an politischer Kritik in der Presse und für die Annahme dessen, was man in Amerika und England die «Civic Virtues» nennt, die Tugenden eines aktiven Staatsbürgers. Vielleicht stehen mit dem neuen Aufstieg des Liberalismus kurz vor dem Ausbruch des Ersten Weltkriegs und mit dem Vorrücken der Sozialdemokratie auf den Platz der stärksten Fraktion seit 1912 die Zeichen tatsächlich auf Veränderung zugunsten des selbstbewußten Staatsbürgers. Auf der anderen Seite soll man natürlich die weiterbestehende Untertanenmentalität nicht unterschätzen. Es bleibt eben ein eigentümlich gebrochenes Bild, und es ist ein ambivalenter Eindruck, den man bis zu dieser Zeit gewinnt.

Meine Warnung läuft mithin darauf hinaus: Der Begriff «bürgerliche Gesellschaft», der eine Einheit suggeriert, läßt sich auf die deutschen Gesellschaften, die je nach Region und Einzelstaat ungeheuer verschiedenartig sind, aber auch auf die tief zerklüfteten, unterschiedlichen bürgerlichen Formationen keineswegs umstandslos anwenden. Es gibt die bürgerliche Gesellschaft nicht im Singular, sondern es gibt bis ins frühe 20. Jahrhundert nebeneinander mehrere «bürgerliche Gesellschaften» mit einer jeweils spezifischen sozialen Zusammensetzung. Es gibt eigene Leitbilder der Lebensführung, die für die Bildungsbürgerfamilie andere sind als für die Unternehmerfamilie. Es gibt bevorzugte und verachtete Berufe. Aber es gibt, das ist die gegenläufige Bewegung, auch eine zunehmende Symbiose, eine Überlappung, eine Homogenisierung hin auf ein einheitlicheres Bürgertum.

Worauf beruhen diese Prozesse, die die Unterschiede verwischen und abschleifen? Einmal ähnelt sich immer stärker die primäre Sozialisation, d. h. es ähneln sich die ersten Bildungs- und Prägungserfahrungen durch die Familie. Dafür ist das Modell der bürgerlichen Familie normgebend. Dann gleicht man sich durch die sekundäre Sozialisation in den verschiedenen Bildungsinstitutionen vom 6. bis 18. oder 19. Lebensjahr an. Immer häufiger besuchen junge Bürgerliche dieselben Vorschulen, Gymnasien, Universitäten, sie leben in denselben Verbindungen und «Lebensbünden», sie bewegen sich in denselben geselligen Vereinen. Mentalitätsgeschichtlich geht von bürgerlichen Normen und Werten, wie dem Leistungsprinzip, der Arbeitsethik, dem Aufgehen im Beruf, geht von diesem ganzen Kanon bürgerlicher Tugenden und Pflichten eine vereinheitlichende Kraft aus. Das kann man empirisch konstatieren. Auf der einen Seite gibt es einen Sogeffekt: Auch der erfolgreiche, neureiche Unternehmer spürt zumindest für seine Kinder die Faszination der bildungsbürgerlichen Tradition, die Tochter muß Klavier spielen und aufs Pensionat, der Sohn muß aufs Gymnasium und auf die Universität. Oder es gibt auf der anderen Seite einen Sickereffekt: Auch der Kleinbürger absorbiert immer mehr Elemente des bildungsbürgerlichen Lebens, und die Aufstiegsorientierung ist gerade in diesem Bereich außerordentlich stark ausgeprägt. Soviel zu dem ersten Gesichtspunkt, den ich deshalb etwas ausführlicher verfolgt habe, um die Blöcke «Bürgertum» bzw. «bürgerliche Gesellschaft» aufzubrechen.

Wenn man das getan hat, muß man sich klarmachen, daß bürgerliche Gesellschaft auch noch etwas anderes und mehr heißt, als – sozialhistorisch und politikgeschichtlich gesehen – das Zusammenwachsen heterogener bürgerlicher Gruppen, Klassen und Schichten unter dem Dach gemeinsamer Bildungserfahrungen, Verkehrs- und Heiratskreise, Normen und Verhaltensregeln. Bürgerliche Gesellschaft in diesem anderen Sinn meint seit den großartigen Entwürfen des 18. Jahrhunderts auch die Zielutopie einer Gesellschaft, die aus rechtlich gleichen Bürgern besteht, die sich durch Besitz oder Bildung auszeichnen, wirtschaftlich frei miteinander konkurrieren, besitzindividualistisch orientiert und politisch handlungsfähig sind, das vernünftige Gemeinwohl im Diskurs ermitteln und dann in Gesetzesform verwirklichen. Diese Gesellschaft soll, so der utopische Entwurf, prinzipiell offen sein. Gewiß, es gilt das Erbe: Familienstatus, Besitz und Vermögen, das verschafft einen Vorsprung. Aber Leistung und Talent, nachgewiesen durch die Leistungsdiplome der Schulen und Universitäten, qualifizieren ebenso für den Eintritt. Es ist dem Anspruch nach keine geschlossene, keine segmentierte Gesellschaft, wie immer dann auch die historische Wirklichkeit aussehen mag.

Zu diesem bürgerlichen Sozialmodell gehören bei allen großen Theoretikern dieser Utopie untrennbar die Menschen- und Bürgerrechte, die von einer Konstitution garantiert sind, und ein durch das Privatrecht regulierter, im Prinzip gesamtgesellschaftlicher Autonomiebereich; die Konfliktlösung übernehmen unabhängige Gerichte. Die Probleme werden geklärt durch Argumente, die auf dem Forum der unbehinderten öffentlichen Meinung, einem freien Marktplatz der Ideen, vorgebracht werden, und das Ganze umspannt dann die Verfassung im Sinne der geschriebenen Konstitution des 18./19. Jahrhunderts, die hauptsächlich die Autonomiesphäre der Staatsbürger unverbrüchlich gewährleisten soll. Die Juristen haben eine beneidenswerte Gabe, die Dinge scharf auf den Punkt zu bringen, und man kann mit ihnen sagen, daß diese Verfassung ihrer zentralen Funktion nach ein Garant der Selbststeuerung dieser bürgerlichen Gesellschaft ist, die imstande sein soll, sich in ihrem Autonomiebereich selber zu steuern, indem sie vernünftige Politik durch Diskussion ermittelt und dieser Vernunft folgt. Wenn man das auf eine These zuspitzt, ist die bürgerliche Gesellschaft in diesem Entwurf eine Privatrechtsgesellschaft, und die Verfassung ist gewissermaßen nur «privatrechtsakzessorisch» (D. Grimm): Sie hegt diesen Autonomiebereich ein und schützt durch den Negativkatalog von Grundrechten den Bürger vor unziemlichen staatlichen Eingriffen. Sie ermöglicht, daß die Utopie allmählich durch gewählte Repräsentativorgane realisiert wird und die Bürger der Republik – das ist die Lieblingsstaatsform dieser Utopiker – nach der Erörterung ihrer Fragen im öffentlichen Diskurs sachangemessene Entscheidungen fällen und wegen eben dieses Modus procedendi auch relativ schnell wieder korrigieren können. Gewählte Exekutivorgane behalten nur auf Zeit ein Vertrauensmandat, es kann ihnen entzogen werden – klassisch ist das im System der «Checks and Balances» in Amerika verwirklicht –, und Verfassungsgerichte wachen über die Normeinhaltung, sie schlichten auch Konflikte zwischen Exekutive und Legislative. Das sind einige der charakteristischen Züge. Eine solche Skizze muß hier zunächst genügen.

Eine Grundtendenz dieser Zielvision einer bürgerlichen Gesellschaft, mit der ein neuartiges Gemeinwesen anvisiert wird, besteht darin, daß die bürgerlichen Interessen für verallgemeinerungsfähig, für universalisierbar gehalten werden. Das ist das spezifische, emanzipatorische Pathos dieses Sozialmodells, daß jedermann, der in diese bürgerliche Gesellschaft aufsteigt, in den Genuß all dieser Vorzüge und Rechte kommen soll. Allerdings ist dieser utopische Entwurf von Anfang an mit gravierenden Nachteilen belastet, welche einem die Dialektik von Modernisierungsfortschritt und Modernisierungshemmung deutlich machen. Große Sozialgruppen werden ausgegrenzt: die Besitzlosen, die Ungebildeten, in politischer Hinsicht die Frauen, oft auch ethnische Minderheiten, wie die Juden, oder auch traditionale Eliten, wie der Adel. Nur durch Übernahme des Bildungs- und Leistungsprinzips oder, bei den Juden, durch die Taufe kann man über die Eintrittsschwelle in diese bürgerliche Gesellschaft hinein gelangen. Das heißt: Die innere Einheit dieser bürgerlichen Gesellschaft wird mit scharfen Außengrenzen und rigorosen Distanzierungspraktiken gegenüber Nicht-Bürgerlichen erkauft. Dazu gehört auch die Ausschließung von potentiellen Störenfrieden, von Kriminellen, Pauperisierten, Geisteskranken. Sie werden in eigenen Institutionen: in Zuchthäusern, Armenhäusern, Irrenhäusern kaserniert und von der bürgerlichen Lebenswelt ferngehalten. Zu diesen Bemühungen, Konfliktpotentiale, welche die bürgerliche Gesellschaft gefährden könnten, zu bändigen, gehören auch die strikten Hygienevorschriften, die starren Normen der Sexualmoral, die inneren Gesetze des bürgerlichen Familienlebens. Überall, wo eine gefährliche Herausforderung durch die Grenze dieser bürgerlichen Zivilisation hindurchstoßen könnte, werden hohe institutionelle und moralische Mauern errichtet. Zu diesen Defiziten gehört auch der lange Zeit schier unüberbrückbare Gegensatz zwischen Kapital und Arbeit als ein Herrschaftsverhältnis. Im Zuge der Industrialisierung bildet Ausbeutung schließlich für Hunderttausende einen Großteil der Alltagsrealität, und man wird sich vor einer Harmonisierung älterer Arbeitsverhältnisse hüten müssen. Auffallend stark ist die Idyllisierung in Engels' «Lage der arbeitenden Klasse in England» noch durchgezeichnet: die schöne alte, aber leider untergehende Welt vor dem Sieg des Industriekapitalismus! Mit dem Vordringen der bürgerlichen Marktwirtschaft und mit dem Kauf menschlicher Arbeitskraft als Ware ist jedoch sehr oft eine deprimierende Abhängigkeit und Degradierung verbunden, und gerade die imponierenden liberalen Unternehmer, die so entschlossen für den Verfassungsstaat kämpfen, üben im eigenen Betrieb eine ungeschmälerte Autokratie aus.

Auch in der Politik wird die Verallgemeinerung der bürgerlichen Rechte zurückgenommen. Typisch sind die Wahlrechtsbeschränkungen, die verschiedenen Formen des Klassenwahlrechts. Aktives und passives Wahlrecht werden gewöhnlich an Besitz und Bildung gebunden, und die politische Partizipation wird durch dieses Exklusionsprinzip strikt eingegrenzt. Freilich muß man diesem Negativkatalog das positive Bild, mit dem ich stark sympathisiere, doch alsbald wieder entgegenhalten: Es gehört von Anfang an zum Entwurf der bürgerlichen Gesellschaft als Gesellschaftsmodell, daß auf dem öffentlichen Forum schlechthin jede Tradition, jede Norm, jede Wertvorstellung der Kritik unterworfen werden kann, daß kritisches Raisonieren überhaupt hochprämiert wird. Die soziale Konsequenz ist, daß das Bildungsbürgertum, das diese Forderung ernst nimmt, ständig seine eigenen Kritiker, welche die Defizite der bürgerlichen Gesellschaft betonen, hervorbringt. Sie messen die vom Bürgertum gestaltete Lebenswelt an dem idealen utopischen Entwurf und erklären, wie z. B. der junge Marx oder wie Nietzsche: Ihr scheitert in der und der Hinsicht und nehmt eure eigenen Ideale nicht ernst. Diese Verletzungen der Utopie werden von den Bürgersöhnen und bald auch den Bürgertöchtern mit schneidender Schärfe angeprangert. Das entscheidende Medium – und das ist der Grund, warum sich in den Arbeiten von Jürgen Habermas seit mehr als 25 Jahren das Interesse an der Funktionsfähigkeit der Öffentlichkeit hindurchzieht – ist eine aufgeklärte Öffentlichkeit, deren Meinungsdruck zur Remedur, zur Verbesserung der Zustände führen soll. Ob die Mätressenwirtschaft eines absolutistischen Fürsten oder in der «Spiegel»-Affäre das Vorgehen der Bundesregierung oder heute der Filz in der Bauwirtschaft kritisiert werden – dem Entwurf der bürgerlichen Gesellschaft entspricht es, daß eine kritische, aufgeklärte Öffentlichkeit imstande ist, hinreichend Meinungsdruck zu mobilisieren, daß vielleicht nicht schnell, aber auf lange Sicht eine Änderung im Prinzip möglich ist. Die Chance zur Selbstkorrektur ist, weil der kritischen Vernunft ein so hoher Stellenwert zugebilligt wird, fest verankert. Heute weiß jeder, daß diese Kritik nicht genügt, mit ihr müssen sich politische Bewegungen verbinden, z. B. Parteiaktivität oder Protestaktionen, damit Reformgesetze erzwungen werden. Man soll jedenfalls diese Fähigkeit, die eigenen Normen des utopischen Entwurfs ernst zu nehmen und die Mängel zu korrigieren, nicht unterschätzen.

Viel von dieser Utopie einer wahrhaft bürgerlichen Gesellschaft ist in den westlichen Ländern in den vergangenen 200 Jahren, zuerst in den Vereinigten Staaten, dann nach der Französischen Revolution in Europa in unterschiedlichem Tempo, mit unterschiedlicher Intensität und Reichweite, Schritt für Schritt verwirklicht worden. Es hat sich aber auch als außerordentlich schwierig erwiesen, die Grenzen, die ich soeben betont habe, wirklich dauerhaft zu überschreiten. Ob man nun lobt oder kritisiert, nie sollte man, im Banne der Hegelschen oder Marxschen Geschichtsphilosophie, das Ziel einer wahrhaft bürgerlichen Gesellschaft, die noch nicht verwirklichte Utopie der bürgerlichen Gesellschaft, für die Realgeschichte halten. Viel zu oft fließen auch in der wissenschaftlichen Diskussion diese beiden Bedeutungen ineinander.

Mein abschließender Punkt ist: Die deutsche Sozial- und Politikgeschichte seit dem 18., vor allem seit dem späten 19. Jahrhundert ist dadurch gekennzeichnet, daß die ursprünglich scharf getrennten bürgerlichen Formationen allmählich homogenisiert werden. Natürlich bleiben zahlreiche Unterschiede zwischen Wissenschaftlern, Großunternehmern, Kleinbürgern usw. bestehen, das ist klar, tendenziell aber läuft ein Vereinheitlichungsprozeß hin auf «das» Bürgertum. Wichtige Bestandteile der Utopie der bürgerlichen Gesellschaft werden verwirklicht. Ich nenne einige Etappen in Deutschland: die süddeutschen Verfassungen nach 1818, die Verfassungen von 1848/49, die Reichsverfassung, die der Weimarer Verfassung, aber auch der Ausbau des

Rechtsstaates und des Bildungswesens, der Aufstieg der Wissenschaften. Zugleich beginnen aber auch schon Verfallserscheinungen und pathologische Entwicklungen, die zu vernichtenden Niederlagen des deutschen Bürgertums und zu dem Verrat der bürgerlichen Gesellschaft im Sinne der Zielutopie führen. Das heißt: Gerade wenn man die Modernisierungsleistungen der Bürgerlichen in Deutschland sehr stark betont, und ohne diese Leistungen könnte man die relative Modernität in der Wissenschaft, Wirtschaft, Pädagogik usw. des Kaiserreichs und der Weimarer Republik überhaupt nicht begreifen, muß man sich auch dieser pathologischen Geschichte widmen, die schließlich 1933 einen ersten Tiefpunkt, aber noch nicht den letzten erreicht.

Was sind die entscheidenden Elemente der Veränderung? Zum Teil beruhte die allmählich entstehende Einheit des Bürgertums auf Einflüssen, die ich bereits genannt habe: Gemeinsame Bildungserfahrungen, Verkehrskreise, Konnubium usw. Aber sie beruhte auch auf der integrierenden Wirkung von drei sehr einflußreichen Ideologien, die tendenziell auf *ein* Bürgertum hingewirkt hatten. Die erste Integrationsideologie ist das neuhumanistische Bildungsideal; es wird durch das Gymnasium vermittelt, das von seinen Schöpfern ursprünglich als eine Art offene Gesamtschule konzipiert wurde, sich dann aber allmählich nach unten abschottete. Durch die Universitäten wird es ebenfalls vermittelt, aber nach der Mitte des 19. Jahrhunderts verliert allmählich diese Bildungsidee ihre prägende Kraft, sie wird verwässert und degeneriert zum Berechtigungswesen der Prüfungsdiplome, die das Klettern auf den Karrieresprossen ermöglichen. Die neuhumanistische Bildung steckt im Augenblick, als Friedrich Paulsen sein berühmtes Buch über die deutschen Universitäten schreibt, bereits in einem Degenerationsprozeß.

Die zweite starke Integrationsideologie ist der Liberalismus gewesen. Die Vorstellung einer liberalen Gesellschaft, in der alle Bürgerlichen als gleichberechtigte Staatsbürger tätig sein konnten und mitwirken sollten, hat jahrzehntelang eine starke integrierende Kraft entfaltet. Aber diese liberale Zielvorstellung scheitert nicht bereits 1848/49, sondern eigentlich erst nach dem Höhepunkt der großen liberalen Dekade von 1867 bis 1878, als die Liberalen unter Bismarck als Quasi-Regierungspartei fungierten und alle bedeutenden Gesetze selber formulierten. Liberale Parlamentarier wie Bamberger und Lasker schreiben das Banken-, das Währungs- und das Börsenrecht. Zum guten Teil bestehen die rechtlichen Fundamente der westdeutschen Gesellschaft noch aus den Gesetzen dieses großen Jahrzehnts der Nationalliberalen. Dann scheitern die Liberalen nicht nur an der dominierenden Figur Bismarcks oder an eigenen Schwächen, sondern sie scheitern daran, daß nach einer knapp 25jährigen Hochkonjunktur die Weltwirtschaftskrise von 1873 über sie hereinbrach, gefolgt von einer sechsjährigen Depression, der härtesten vor 1929. Die Folge war: Liberale Wirtschaft, liberale Politik, liberale Werte wurden zutiefst diskreditiert und an dem, was man «Große Depression» nennt, ist vermutlich das Schlimmste ein Prozeß der Entliberalisierung, der sich im deutschen öffentlichen Leben durchsetzt und anhält, bis es zu einer merkwürdigen Spätblüte seit 1948/49 kommt, die im gegenwärtigen Steinzeitliberalismus des Grafen Lambsdorff und anderer wieder unterzugehen scheint.

Schließlich gibt es eine dritte Integrationsideologie: Das ist der frühe Nationalismus. Das wird vielleicht einige irritieren, weil wir alle zu sehr daran gewöhnt sind, Nationalismus als ein konservatives Phänomen einzustufen. Er ist aber bis in die 1870er Jahre eine liberale Oppositions- und Emanzipationsideologie. Der deutsche Nationalismus, ein Produkt der Einflüsse der Französischen Revolution, ist gegen die Zersplitterung in Einzelstaaten, gegen die Adelsherrschaft, gegen das absolutistische System gerichtet. Deshalb sind die Konservativen – Metternich ist nur der berühmteste von ihnen – seine Todfeinde. Dieser frühe, liberale Nationalismus ist für die souveräne Nation, für den liberalen Einzelstaat; er ist für die liberale Staatsbürgergesellschaft und manchmal auch für das parlamentarische System. Rund 70 Jahre lang gilt daher die Gleichung: Wer national denkt, ist gleichzeitig auch liberaler Reformer. Und ein liberaler Reformer denkt häufig auch in nationalen Kategorien. Dieser Nationalismus stiftet auch gemeinbürgerliche Einheit. Am deutlichsten wird das in der 48er Bewegung oder bei den Nationalliberalen. Es folgt jedoch ein tiefer Schnitt, den ich für außerordentlich folgenreich halte, und das ist der Funktionswandel des deutschen Nationalismus seit den späten 70er Jahren, als Bismarck unter dem Druck der Wirtschaftskrise mit den Liberalen bricht und sich der neue, der reichsdeutsche Nationalismus durchsetzt, der in den 90er Jahren vollentwickelt vorhanden ist. Er ist nun in der Tat konservativ, er ist interessiert an einer deutschen Hegemonialstellung in Europa, er ist expansionistisch, ob man da Kolonien meint oder pangermanistische Ideen; er ist vor allem zutiefst antiliberal, er verachtet den alten kosmopolitischen Liberalismus, und er ist zutiefst antisozialistisch. Dieser neue Reichsnationalismus wird zu einer illiberalen Integrationsideologie, die ihren eigentlichen Tiefpunkt erst in der Zeit des NS-Regimes erreicht.

Es überlagern sich mithin, das ist meine These, seit den 1870er Jahren drei äußerst folgenschwere Veränderungen. Erstens: die Verwässerung des neuhumanistischen Bildungsgedankens, zweitens: der Zerfall des Liberalismus und drittens: die Verdrängung des liberalen Nationalismus durch einen neuen konservativen Reichsnationalismus. Dadurch schrumpft das in altem Sinne liberal-national orientierte Bürgertum immer stärker zusammen, und es wächst das konservative, reichsnationalistisch denkende neue Bürgertum. Das ist ein Vorgang, der sich nicht nur im Bereich der politischen Ideengeschichte abspielt.

Außerdem wachsen starke Gegenutopien, die sich gegen die bürgerliche Gesellschaft richten. Die bekannte ist der Marxismus der organisierten Arbeiterbewegung, der den Bürgerlichen das Ideal des freien republikanischen «Volksstaates» und einer künftigen sozialistischen Gesellschaft entgegenhält. Wenn man genauer hinsieht, verrät jedoch gerade diese Gegenutopie die Bindung an den ursprünglichen Entwurf der bürgerlichen Gesellschaft. Marx ist bekanntlich ein genialer Analytiker der Wirtschaftsgeschichte des aufsteigenden Kapitalismus – mit einer Fülle bestätigter ökonomischer Prognosen –, aber er ist außerordentlich zurückhaltend, wenn er präzise Auskunft geben soll, wie denn die künftige kommunistische Gesellschaft aussehen soll. Es gibt nur ein halbes Dutzend Stellen, wo er überhaupt etwas darüber sagt. Wo er das explizit tut, beschwört er das Ideal der antiken Polis. Das ist ein bildungsbürgerliches Ideal, wie es durch den Neuhumanismus vermittelt worden ist. Es gibt natürlich noch andere Gegenutopien, wie den konservativen Reichsnationalismus, der die Nation primär als Machtstaat aufrichten möchte, oder den Sozialdarwinismus. Es geht hier nur um das Argument, daß die Utopie der bürgerlichen Gesellschaft auf starke Gegenutopien trifft. Sie trifft nicht zuletzt auf starke soziale und politische Gegner. Da steht an erster Stelle der Adel: ungeheuer zäh in der Machtverteidigung, von den Rittergütern bis zur Reichsregierung, im Militär, in der Höheren Bürokratie, aber auch durch seine Werte, Normen und Verhaltensweisen. Daß deutsche Studenten sich in schlagenden Verbindungen Schmucknarben ins Gesicht schlagen, ist ein spätfeudales Erbe und zeigt, wie normative Vorbilder akzeptiert werden. Feudale Ehre kann sozusagen nur mit der Klinge verteidigt werden. Anpassung von Bürgern an den Adel ist ein gemeineuropäisches Phänomen. Die schlagende Verbindung ist jedoch ein schwer erklärbarer deutscher Exzeß. Von unten wird das Bürgertum durch das organisierte Proletariat bedrängt. Kurzum: Das Bürgertum trifft auf außerordentlich starke Gegner, und dazu kommt nun noch das Offensichtliche: die Kriegsbegeisterung, die Kriegszielhoffnungen, dann die Niederlage, die alle Euphorie rüde zerstört. Dann die Verstörung im Bürgertum als Folge des Versailler Friedens, die Zerstörung des Vermögens durch die Hyperinflation und schließlich das Abschwenken in das rechtsradikale Lager. Die eindrucksvolle Zahl ist immer noch, daß zwischen 1928 und den ersten Wahlen 1932 die liberalbürgerlichen Stimmen von 23% auf 5% schrumpfen, und die Wahlsoziologie hat gezeigt, daß diese 18% so gut wie ausschließlich den Nationalsozialisten zugute gekommen sind. Von ihrem charismatischen Führer verspricht man sich umfassende Hilfe. Die verblüffenden Wahlsiege der Nationalsozialisten seit 1930 beruhen zum großen Teil auf dem tiefen Einbruch in das ehemals liberale, städtische, protestantische Bürgertum. Danach erst kommen die Jungwähler, die Bauern, die ehemaligen Konservativen. Das Ergebnis ist uns allen bekannt: Der Absturz in die Barbarei, welche die Söhne und Enkel der Liberalen in der Zeit von 1840 bis 1880 mit herbeizuführen geholfen haben.

Ein kurzer Ausblick: Die Faszination der westdeutschen Geschichte nach 1949 besteht nicht zuletzt darin, daß es hier die historisch äußerst seltene zweite Chance eines Neubeginns gibt. Ich möchte hier keine geschichtsphilosophische Metaphysik betreiben, aber – wie der historische Rückblick zeigt – wird das Gesellschaften außerordentlich selten eingeräumt. Natürlich sind auch die ungeheuren Kosten einzuräumen, die mit dieser Chanceneröffnung verbunden gewesen sind. Aber sie ist nun einmal eingeräumt worden, und in ihren ersten 35 Jahren ist die westdeutsche Gesellschaft und Politik den Vorstellungen des späten 18. und 19. Jahrhunderts von einer bürgerlichen Gesellschaft erstaunlich nahegekommen. Hier steht freilich jedes Urteil vor einer prinzipiellen Alternative. Entweder kann man – gut historistisch – sagen, die bürgerliche Gesellschaft als Zielutopie ist ein Phänomen des 18. und des frühen 19. Jahrhunderts, eine vergangene Hoffnung. Sie ist in vieler Hinsicht gescheitert, Neues steht auf der Tagesordnung.

Man kann aber auch sagen: Es lohnt sich noch immer, an wesentlichen Grundzügen dieses Entwurfs festzuhalten und die Schwächen zu korrigieren, sofern das nicht schon geschehen ist: wie im Wahlrecht z. B. durch den Erfolg der verschiedenen Emanzipationsbewegungen, durch die formale Gleichberechtigung von Frauen und ehemals diskriminierten Minderheiten usw. Man kann also, das wäre mein Argument, die alte Utopie mit Hilfe der Gleichheitsrechte, der sozialstaatlichen Elemente zeitgemäß umdefinieren und sie für einen Entwurf halten, für dessen Verwirklichung es sich noch immer anzustrengen lohnt. Es gibt gute Gründe, diese ursprüngliche Utopie in einer zeitgemäß veränderten Form weiterhin als eine unvollendete Aufgabe der westlichen Gesellschaften zu begreifen, denn diese sind ja, obwohl das während der Hochkonjunkturjahre ein sattes Selbstbewußtsein suggeriert hat, noch längst nicht vollendete bürgerliche Gesellschaften. Gerade die deutsche Geschichte seit dem 18. Jahrhundert demonstriert, mit wie mühsamer Anstrengung eine bürgerliche Gesellschaft aufgebaut wird, auf das Niveau der Barbarei zurückfällt, dann wieder Schritt für Schritt aufgebaut wird und – wenn man das als Historiker in vergleichender Perspektive und im Rückblick auf die deutsche Geschichte sieht – in der Bundesrepublik einen erstaunlichen Ausbau erreicht.

Daher könnte man die folgende These vertreten: Als Herausforderung bleibt der Ausbau einer modernen bürgerlichen Gesellschaft in unserer Gegenwart unverändert bestehen; man muß sich natürlich von den Traktaten des 18. Jahrhunderts lösen und die zeitgemäßen, neuen Elemente hineindefinieren. Man kann jedenfalls, meine ich, zugunsten der normativ besetzten Vorentscheidung für diese Zielutopie, die ich jedenfalls für die beste halte, die der Westen hervorgebracht hat, mit guten Argumenten weiter streiten und versuchen, mit politischen Richtungskorrekturen sie weiter zu regulieren. Denn eine wahrhaft überlegene Utopie, das ist meine Schlußthese, ist bis heute nicht einmal von ferne zu erkennen.

Industrielles Wachstum
und früher deutscher Imperialismus

Zur Analyse und Erklärung der sozioökonomischen und politischen Prozesse, die als treibende Kräfte der westlichen Expansion zugrunde lagen, bedarf die historische Forschung dringend kritischer Theorien. Die vielen bestehenden Imperialismustheorien sind häufig nicht nur zu allgemein oder einseitig, sondern entsprechen auch kaum den Anforderungen, die an jede sozialwissenschaftliche Theorie, gestellt werden müssen, nämlich ein Maximum an empirisch erfaß- und beweisbarer Information mit größtmöglicher Erklärungskraft zu verbinden und sich zugleich auf eine Mehrzahl ähnlicher Phänomene zu beziehen. Sie sollte mithin den Historiker auch befähigen, die Formen des modernen Imperialismus miteinander zu vergleichen.[1]

Herbert Lüthys Kolonisationsbegriff erscheint beispielsweise als viel zu allgemein.[2] Will man überhaupt von einer Theorie sprechen, muß man zunächst ein Subsystem seiner Kolonisationstheorie isolieren, um einen sinnvoll konzipierten Rahmen für die Untersuchung des modernen Imperialismus zu erhalten.

David Landes hat wiederholt für eine Imperialismustheorie plädiert, die von einem Konzept des allgemeinen Mächtegleichgewichts ausgeht, und diskutiert dementsprechend imperiale Expansion als Konsequenz von Machtdisparitäten.[3] Diese Argumentationslinie führt schnell zu einer Diskussion über die Ungleichmäßigkeit der wirtschaftlichen Entwicklung und des sozialen Wandels. Es erscheint daher sinnvoller, den Imperialismus mit Hilfe einer spezifischeren Konzeption zu interpretieren. Eine allgemeine Theorie sozialer Konflikte von Neandertaler bis hin zu General LeMay, auf die Landes letztlich abzielt, benötigt, um als Grundlage für die Erklärung eines Phänomens wie das des «neuen Imperialismus» nach 1870/1880 dienen zu können, größere Erklärungskraft. Die Brauchbarkeit solcher generellen Konzeptionen soll hier keineswegs von vornherein bestritten, sondern lediglich die Frage nach den spezifischen Elementen, die miteinander verbunden werden müssen, aufgeworfen werden.

Es wäre ebenso irreführend, den technologischen Fortschritt als Hauptfaktor der Expansion zu betrachten und folglich den Imperialismus als eine Art unvermeidbare «natürliche» Konsequenz technischer Innovationen zu interpretieren. Es gibt keinen direkten Kausalzusammenhang zwischen diesen Errungenschaften und dem Imperialismus. Überzeugender könnte man statt dessen argumentieren, daß der Imperialismus zum Teil aus der Unfähigkeit der herrschenden Eliten, die wirtschaftlichen und sozialen Folgen der technologischen Innovationen zu bewältigen, resultierte. Andererseits wäre es möglich, den Imperialismus teilweise als Reaktion auf den Mangel an gerade jenen wichtigen technologischen Innovationen, die als notwendige Stimuli für das moderne industrielle Wachstum fungieren, zu erklären. Diese Argumentation scheint für die Expansion Deutschlands und Amerikas um 1870/80 durchaus relevant zu sein.

Die Interpretation des Imperialismus als extremer Nationalismus führt auf die Argumentation Friedjungs, eines der frühen europäischen Imperialismushistoriker, zurück.[4] Carlton Hayes und Wolfgang J. Mommsen haben u. a. dieselbe Ansicht vertreten.[5] Der extreme Nationalismus scheint jedoch eine außerordentlich komplexe Variable zu sein, die nicht gegen eine andere komplexe Variable, den Imperialismus, ausgetauscht werden sollte. Darüber hinaus beziehen sich Metaphern wie «extremer Nationalismus» oder «Imperialismusfieber» auf Krankheitssymptome der Gesellschaft oder des Regierungssystems. Man müßte deshalb zunächst den Versuch einer sozioökonomischen und politischen Analyse der jeweiligen Gesellschaft unternehmen, bevor man zu einer sinnvollen Definition eines Symptoms wie «Fieber», d. h. von einer medizinischen Vokabel zu einem sozioökonomisch-politischen Begriff gelangt. Schließlich läßt sich in den politischen Entscheidungsprozessen in Washington, Berlin oder London schwerlich so etwas wie «Fieber» entdecken. Verantwortungsbewußte Berufspolitiker wie Cleveland, McKinley und Taft, Bismarck, Witte und Salisbury werden vom sogenannten «Imperialismusfieber» nicht unmittelbar beeinflußt. Die Theorie des extremen Nationalismus ist viel zu begrenzt, um sich als erklärungskräftiges Modell zu eignen.

Schumpeters Theorie kreist um den Einfluß atavistischer, feudalistischer Mentalitäten und anachronistischer Sozialstrukturen auf die Entwicklung des Imperialismus. Sie ist in ihren Definitionen ausgesprochen willkürlich, wenn etwa Großbritannien aus dem Kreis der imperialistischen Mächte ausgeschlossen wird. Mit seiner Theorie lassen sich die verschiedenen Spielarten des Imperialismus in Deutschland, Japan oder Amerika kaum erklären. Die irreführende Vorstellung vom Vorrang des «Überbaus» wird in vieler Hinsicht überbetont. Politisch gesehen könnte man diese Theorie als eine Art Antitheorie gegen den Marxismus bezeichnen: sie hat manchen Historiker dazu verleitet, sich auf vorkapitalistische Ideen und Strukturen zu konzentrieren, anstatt die soziopolitischen Systeme, die den Imperialismus hervorbrachten, zu analysieren.

In den letzten Jahren sind zudem vielfach Wiederbelebungsversuche des altbewährten Klischees vom «Primat der Politik» unternommen worden. Einige Autoren, z.B. D.K. Fieldhouse, haben – wie die überwiegende Mehrzahl der deutschen Historiker seit dem letzten Drittel des 19. Jahrhunderts – den «Primat der Außenpolitik» zu ihrem zentralen Thema gemacht.[6] Vom erkenntnistheoretischen Standpunkt aus kann ihre scharfe Unterscheidung zwischen Politik und Wirtschaft für keine einzige Epoche und gewiß nicht für die Jahre unmittelbar nach der Industriellen Revolution überzeugen. Außerdem wäre es schwierig, empirisches Beweismaterial für eine Interpretation des amerikanischen oder deutschen Imperialismus im Sinne dieser spezifisch politischen Theorie zu beschaffen. Das phantastische Argument, es hätten nach 1870 keine tiefgehenden ökonomischen Veränderungen stattgefunden, läßt sich ganz einfach auf einen Mangel an wirtschaftshistorischen Kenntnissen zurückführen. Selbstverständlich haben die Industriellen Revolutionen in Amerika, Deutschland, Belgien oder Frankreich neuartige Konstellationen geschaffen, die spätere Entwicklungen, nicht zuletzt die Verschärfung der internationalen Konkurrenz, bedingt haben. Soweit mein Kommentar zu einigen Theorien, die offensichtliche Mängel besitzen.

Ich bin der Meinung, daß jede Imperialismustheorie, die im Hinblick auf Empirie und Erklärungskraft relevant sein will, Theorien über das wirtschaftliche Wachstum, den sozialen Wandel und die politische Herrschaft miteinander verbinden muß, d. h. sie muß die Probleme des ungleichmäßigen Wachstums in den Industrieländern mit den Veränderungen ihrer sozialen und politischen Struktur verketten. Ich habe an anderer Stelle bereits versucht, eine solche eklektische, aber kritische historische Imperialismustheorie im einzelnen zu entwickeln.[7] Zwei ihrer Elemente bieten sich hier zur Erörterung an, weil sie für dieses Modell besonders wichtig sind.

1. Soziale Folgen des ungleichmäßigen wirtschaftlichen Wachstums. Es ist eine gefährliche Irrlehre, daß rasches wirtschaftliches Wachstum soziale und politische Stabilität erzeuge und dadurch radikale und unverantwortliche Politik verhindere. Die historische Erfahrung hat genau das Gegenteil erwiesen, daß nämlich ein rasches und ökonomisch erfolgreiches Wachstum akute soziale und politische Probleme hervorruft. Deutschland ist dafür ein ausgezeichnetes Beispiel. Denn hier hing die Industrialisierung nach dem Durchbruch der Industriellen Revolution (1845–1873)[8] mit einer großen Anzahl schwerwiegender Probleme der inneren Entwicklung zusammen. Vor mehr als fünfzig Jahren identifizierte Thorstein Veblen das grundlegende Problem: die Übernahme einer außerordentlich fortgeschrittenen Technologie durch eine weithin noch traditionale Gesellschaft in einer bis dahin beispiellos kurzen Zeitspanne. Alexander Gerschenkron hatte auch das deutsche Beispiel im Sinn, als er seine allgemeine Theorie entwickelte, derzufolge die Probleme, welche die Industrialisierung mit sich bringt, um so komplexer und schwerer zu bewältigen sind, je schneller und abrupter die Industrielle Revolution eines Landes vor sich geht.[9] Auf das erste Stadium der deutschen Industriellen Revolution folgte die Epoche der Hochindustrialisierung, unterbrochen von drei Depressionen (1873–79, 1882–86, 1890–95). Die Strukturkrise der Landwirtschaft seit 1876 verstärkte zudem die Spannungen des wirtschaftlichen Wachstums. Vielen Zeitgenossen schienen die sozialen Veränderungen die Gestalt des Aufruhrs oder gar der sozialen Revolution anzunehmen. Mit anderen Worten: Die Probleme des ungleichmäßigen Wachstums mit all seinen sozialen Auswirkungen spielten für das neue Reich eine ungemein wichtige Rolle. Das hatte zur Folge, daß die Frage der sozialen Kontrolle des Wachstumsprozesses besonders dringlich wurde. Das System des «Organisierten» Kapitalismus bzw. des «Corporation Capitalism» großer Unternehmen entwickelte sich zu einem Mittel der Stabilisierung der industriellen Entwicklung. Qualitativ unterschied sich der «Organisierte Kapitalismus» vom Frühkapitalismus der freien Konkurrenz mittlerer Unternehmen in vielfacher Hinsicht; er entfaltete sich in den Jahren vor dem Konjunkturumschwung von 1895/1896, den Schumpeter eine «Wasserscheide zweier Epochen der Sozialgeschichte des Kapitalismus» genannt hat.[10] Man kann also die Zeit von 1873 bis 1896 als eine außerordentlich schwierige Strukturkrise in der Entwicklung des modernen deutschen Industriesystems bezeichnen.

In Deutschland lassen sich in dieser Epoche die ersten Anfänge des modernen Interventionsstaates erkennen, der die Probleme des ungleichmäßigen industriellen Wachstums und der mit ihm verbundenen sozialen Veränderungen zu bewältigen versuchte. Interventionsstaat und «Organisierter Kapitalismus» sahen beide in einer pragmatischen antizyklischen Wirtschaftspolitik ein wirksames Stabilisierungsmittel. Beide hielten deshalb einen offensiven Export und die Erschließung neuer ausländischer Märkte entweder durch informelle Schutzherrschaft oder direkte Kolonialherrschaft für entscheidend, und zwar mit dem doppelten Ziel, ökonomische Prosperität und innere soziale und politische Stabilität wiederzugewinnen. Diese Überlegungen folgten dem Gesetz von der verstärkten Bedeutung des Außenhandels in Zeiten wirtschaftlicher Depressionen, das noch heute Gültigkeit zu haben scheint.

Es wäre sinnlos, einen Depressionsimperialismus vor 1896 und einen Hochkonjunkturimperialismus nach 1896 konstruieren zu wollen. Das grundlegende Phänomen von 1873 bis 1914 war die Unfähigkeit der Wirtschaft, angesichts des ungleichmäßigen Wachstums rationale ökonomische Prognosen anzustellen. Der Wohlstand des Reiches schien deshalb vom Erfolg formeller oder informeller Expansion abzuhängen. Vorausgesetzt, daß man die liberalkapitalistische Prämisse akzeptiert, kann man dies einen pragmatischen Expansionismus nennen, der sich den Bedürfnissen eines dynamischen Systems, das offensichtlich auf die Ausweitung seiner Märkte angewiesen war, anpaßte.

2. *Interventionsstaat und Sozialimperialismus.* Das Hauptmotiv der Expansion war häufig die Erhaltung der traditionalen sozialen und politischen Hierarchie, man kann deshalb diesen Expansionismus als Sozialimperialismus bezeichnen. Bismarcks groß-preußisches Reich von 1871 war das Ergebnis

einer «Revolution von oben» in ihrer militärischen Phase. Daß der junge Staat weder eine allgemein anerkannte Legitimationsbasis besaß noch auf einem allgemeinen politischen Konsensus beruhte, zeigte sich gleich in den Krisenjahren nach 1873. Bismarck mußte die sozialen und politischen Differenzen der spannungsgeladenen Klassengesellschaft seines neuen Deutschland verschleiern und bediente sich dabei der Technik der «negativen Integration», d. h. er entfachte Streit zwischen den «Reichsfeinden» (den Sozialisten, Katholiken, Linksliberalen und Juden) und den «Reichsfreunden». Der permanente Konflikt zwischen diesen «In»- und «Out-Gruppen» machte es ihm möglich, Mehrheiten für seine Politik zustande zu bringen. Der Reichskanzler sah sich zudem ständig genötigt, für neue Schlagworte für seine Reichspolitik zu sorgen und sein System regelmäßig mit neuen politischen Erfolgen zu legitimieren. Innerhalb einer Typologie moderner Machtstrukturen in der zweiten Hälfte des 19. Jahrhunderts könnte man Bismarcks Regime als bonapartistische Diktatur klassifizieren, d. h. als ein traditionales, labiles, soziales und politisches Herrschaftssystem, das angesichts der ständigen Bedrohung durch starke soziale und politische Emanzipationsbewegungen von seinen inneren Problemen durch außenpolitische Ersatzerfolge ablenken und seinen Bestand verteidigen wollte. Unverhüllte Repression verband sich mit begrenzten Konzessionen, und die neoabsolutistische, pseudokonstitutionelle Diktatur des Kanzlers konnte trotz des Verschleißes seines Charismas bis Ende der 1880er Jahre aufrechterhalten werden. Die Exekutive sicherte sich eine bemerkenswerte politische Unabhängigkeit den verschiedenen sozialen Gruppen und wirtschaftlichen Interessenverbänden gegenüber, indem sie dem Bürgertum als Ersatz für seinen Verzicht auf politische Machtausübung Schutz vor den Forderungen der Arbeiterschaft nach politischer und sozialer Gleichstellung garantierte und den unter der Agrarkrise leidenden grundbesitzenden Adel und die Industriellen, die über Depressionen und ausländische Konkurrenz klagten, mit schnell ansteigenden Schutzzöllen besänftigte. Die überseeische Expansion aus innen- und wirtschaftspolitischen Überlegungen war bereits ein Element des Regierungsstils des französischen Bonapartismus gewesen. Bismarck erkannte nach einer kurzen Periode außenpolitischer Konsolidierung die Vorteile einer solchen Expansion als Mittel gegen wiederholte wirtschaftliche Rückschläge und gegen die permanente, direkte oder latente Bedrohung der von ihm repräsentierten Machtstruktur. So wurde er zum deutschen «cäsaristischen» Staatsmann.[11]

Der frühe deutsche Imperialismus kann, so gesehen, durchaus als Anfangsphase eines zeitgenössischen Phänomens gelten. Jürgen Habermas hat dargelegt, wie im gegenwärtigen westlichen System des staatlich regulierten Kapitalismus politische Macht vor allem durch wohlüberlegte staatliche Intervention legitimiert wird, die Dysfunktionen der Wirtschaft, besonders Störungen im wirtschaftlichen Wachstum, auszugleichen sucht, um die

Stabilität des soziopolitischen Systems zu sichern. Die Legitimationsforderung, der diese Gesellschaften unterliegen, führt dazu, daß eine «Ersatzprogrammatik» an die Stelle der diskreditierten Ideologie der liberalkapitalistischen Marktwirtschaft tritt. Dadurch werden die herrschenden Eliten, um das System und ihre eigenen Interessen zu erhalten, zu zweierlei gezwungen: 1. die Stabilitätsbedingungen eines soziale Sicherheit und Chancen persönlichen Aufstiegs gewährenden Gesamtsystems zu erhalten und Wachstumsrisiken vorzubeugen; 2. eine Politik der Konfliktvermeidung zu verfolgen, indem sie Kompensationen gewähren, um die Loyalität der lohnabhängigen Massen zu sichern.[12] Der technologische Fortschritt und gleichmäßiges wirtschaftliches Wachstum übernehmen daher in immer stärkerem Maße Funktionen der politischen Legitimierung. Diese Probleme sind nicht nur in der Gegenwart von Bedeutung. Ihre historische Entwicklung kann bis zum letzten Drittel des 19. Jahrhunderts und in Deutschland bis in die Bismarckära zurückverfolgt werden.

Es könnte aufschlußreich sein, den Imperialismus seit rund 1870 (wie viele andere Aktionen des zunehmenden staatlichen Interventionismus) als Versuch der herrschenden Eliten zu deuten, die Bedingungen zur Stabilisierung des sozialen und wirtschaftlichen Systems zu verbessern. Traditionale und charismatische Autorität verloren an Überzeugungskraft, man versuchte, den inneren Disput über die Verteilung des Nationaleinkommens und der politischen Macht abzuschwächen und zugleich die Grundlagen für die Herrschaft einer autoritären Führung und privilegierter Sozialgruppen, die sich an die vorindustrielle Elite des Adels anlehnten, zu befestigen. Bismarcks bonapartistisches Diktatorialregime und die sozialen Kräfte, die es unterstützten, waren, wie die späteren Exponenten wilhelminischer «Weltpolitik», davon überzeugt, daß der Wirtschafts- und Sozialimperialismus ihre Herrschaft legitimieren werde. Scharfsinnige Zeitgenossen haben diese Tatsachen ganz klar erkannt.[13] *Mutatis mutandis* gilt dies ebenso für die Auswirkungen der amerikanischen überseeischen Expansion auf die Herrschaft der USA und ihre inneren Machtstrukturen.[14]

Diese beiden Fragen nach den Problemen des ungleichmäßigen Wachstums und der Notwendigkeit autoritärer Systeme, sich angesichts der Erosion ihrer Machtbasis durch die entstehende Industriegesellschaft neu zu legitimieren, führen zu einem wesentlichen Ergebnis: Der frühe deutsche Imperialismus ist in erster Linie als Resultat endogener sozioökonomischer und politischer Kräfte und nicht als Reaktion auf äußeren Druck oder als Verteidigungsmittel traditioneller Auslandsinteressen zu verstehen.[15]

3. Handelsexpansion und direkte Kolonialherrschaft. Im Hinblick auf die anhaltende Kontroverse über die Motive Bismarcks für den Eintritt in die Arena der «Weltpolitik» soll eine Bemerkung vorausgeschickt werden: In Bismarcks überseeischer Politik zeigt sich eine auffallende Kontinuität der Ideen und Strategien des Freihandelsexpansionismus. Er verfolgte diese Politik von 1862 bis 1890, weil er die finanziellen Lasten, politischen Abhängigkeiten und militärischen Risiken direkter Kolonialherrschaft ganz klar erkannte. Zudem hatte ihn der enorme Erfolg des informellen viktorianischen Empire tief beindruckt. In den Jahren von 1884 bis 1886 neigte Bismarck weder zu einer plötzlichen Revision seiner grundsätzlichen Vorstellungen noch zu einem plötzlich aufflammenden Kolonialenthusiasmus. Allerdings wurde er aus verschiedenen Gründen zeitweilig dazu veranlaßt, staatliche «Schutzherrschaft» zu übernehmen. Zweifellos hätte er die Übergabe dieser Territorien als Handelskolonien an Syndikate privater Interessengruppen unter einer losen Schutzherrschaft des Reiches vorgezogen. Das wahre Problem wirft daher nicht die Kontinuität seiner Absichten auf, sondern die Frage nach den Bedingungen für die Strategie, die zu einem formellen Kolonialreich in den 1880er Jahren geführt hat.

In Anbetracht seiner Motive kann man Bismarcks überseeische Politik als pragmatischen Expansionismus bezeichnen. Dieser ist in erster Linie das Resultat wirtschaftlicher und soziopolitischer Interessen im Gegensatz zu einem Imperialismus aus Gründen nationaler Selbstbehauptung, des Prestiges und Sendungsbewußtseins. Er zielte letzten Endes darauf ab, gleichmäßiges wirtschaftliches Wachstum und soziale Stabilität zu garantieren, indem er die Expansion als Mittel zur Erhaltung der sozialen Hierarchie und der politischen Machtstruktur förderte. Seine Affinität zum Sozialimperialismus wird hier deutlich. Bismarcks pragmatischer Expansionismus stimmte durchaus mit seiner *Realpolitik* überein, die ebenfalls auf die durch das ständige wirtschaftliche Wachstum hervorgerufenen Kräfte abgestimmt war. Er machte sich über die Dynamik modernen Wachstums im «Zeitalter der materiellen Interessen» keinerlei Illusionen. Bereits seit 1848 hatte er in diesen Begriffen gesprochen und erkannte fast fünfzig Jahre später ausdrücklich als grundsätzliche Tendenz seiner Zeit an, daß die treibenden Kräfte der Wirtschaft zugleich das wichtigste Agens der modernen Entwicklung seien. Seine Ernennung zum preußischen Ministerpräsidenten erfolgte während des endgültigen Durchbruchs der Industriellen Revolution in Deutschland. Seit Beginn der 1860er Jahre verfolgte er dementsprechend eine aktive überseeische Politik, um den Außenhandel mit Industrie- und Agrarprodukten zu fördern. Seine Freihandelspolitik war ein Reflex auf die damals herrschenden wirtschaftlichen und politischen Interessen. Im Fernen Osten etwa verfolgte Bismarck seit 1862 eine Politik der «offenen Tür». Wenn seine Absichten verwirklicht worden wären, hätte Preußen um 1870 einen Stützpunkt, ein «preußisches Hongkong», erworben. Der Plan wurde nur durch seinen dritten Hegemonialkrieg in Europa vereitelt.

Dieser kommerzielle Freihandelsexpansionismus blieb mehr als 15 Jahre lang relativ problemfrei. Als aber nach 1873 die erste der drei industriellen Depressionen Deutschland heimsuchte, begann Bismarck schließlich, protektionistische Maßnahmen in Erwägung zu ziehen. Als Ende der 70er Jahre die Auswirkungen der Agrarkrise spürbar wurden, intensivierte sich dieser Trend. Bismarcks Politik der «konservativen Sammlung» von Großgrundbesitz und Großindustrie legte die Grundlage für das protektionistische System seit 1879. In jenen Jahren begann der Aufstieg des modernen deutschen Interventionsstaates. Der Außenhandel wurde energisch gefördert, Initiativen zu seiner Ausweitung wurden koordiniert. Bismarck definierte seine neue Wirtschaftspolitik als pragmatische Anpassung an wechselnde Entwicklungen. Sein Expansionismus war Teil einer frühen antizyklischen staatlichen Wirtschaftspolitik, und seine Stellung gegenüber formeller Kolonialpolitik wurde von dieser Politik unmittelbar beeinflußt.

Hier erhebt sich die Frage, weshalb Bismarck Mitte der 80er Jahre, wenn auch nur zögernd, zu dem Schluß kam, daß ein bloßer Freihandelsexpansionismus nicht mehr möglich und formelle Territorialherrschaft notwendig geworden sei. Er verstand seine eigene Politik als Antwort auf die Bedürfnisse des wirtschaftlichen, sozialen und politischen Systems. Wie auch anderswo wirkte sich die neue Depressionsperiode, die 1882 einsetzte, in Deutschland wie ein Katalysator imperialistischer Politik aus. Protektionistische Maßnahmen hatten bisher als besonders wirksames antizyklisches Mittel gegolten, erwiesen sich aber nun, zu Beginn des weltweiten Abschwungs, als nutzlos. Zusammen mit der industriellen Depression verschärfte sich die Agrarkrise, d. h. beide Eliten, Großgrundbesitz und Großindustrie, wurden hart getroffen. Soziale Spannungen wurden akut, in den Industriegebieten breitete sich die Angst vor der «roten Gefahr» aus, eingebettet in eine allgemeine Krisenstimmung. Bismarcks bonapartistisches Regime und seine konservativen Verbündeten sahen sich einer schweren Belastungsprobe ausgesetzt. Die politischen Eliten in Berlin konnten den wirtschaftlichen, sozialen und politischen Auswirkungen des ungleichmäßigen Wachstums nicht untätig zusehen. Den überseeischen Expansionismus sahen sie als eine der Maßnahmen zur Linderung der Krise an. Die industrielle Entwicklung habe zur Überproduktion geführt und treibe Deutschland nun zum Kolonialismus, hieß es.[16] Diese Meinung des französischen Botschafters in Berlin wurde von zahlreichen Beobachtern und einflußreichen Entscheidungsträgern geteilt.

Die Repräsentanten der wichtigsten Wirtschaftszweige riefen eindringlich nach staatlicher Unterstützung, und Bismarck veranlaßte energische Schritte, um der Exportindustrie unter die Arme zu greifen. Eine Vielfalt von Maßnahmen wurde eingeführt: Subventionen für die Dampfschiffahrtsgesellschaften, die Errichtung von Bankfilialen in Übersee, konsularische Unterstützung für den Außenhandel, Sondertarife für den Eisenbahn- und Kanaltransport von Exportgütern, Bevorzugung der Exportindustrie durch die Zolltarifbestimmungen seit 1879. Alle diese Maßnahmen muß man im Auge behalten, um das Vordrängen des Interventionsstaats zu erkennen. Die

Politik, die zum Erwerb der afrikanischen und pazifischen Kolonien führte, war nur eine der Methoden, mit denen der Staat den Außenhandel unterstützte. Außerdem kann man die Tatsache, daß die nationale wirtschaftliche Entwicklung nicht mehr in relativer Isolation stattfinden konnte, wie das beim Aufbau des einzigartigen britischen Monopols auf dem Weltmarkt der Fall gewesen war, kaum überschätzen. Die wirtschaftliche Entwicklung ging nun in weltweitem Maßstab mit bitterem ökonomischen Wettbewerb zwischen zahlreichen Industriestaaten, die mit ähnlichen Wachstumsproblemen zu kämpfen hatten, einher. David Landes hat diesen Wettstreit den «wichtigsten Einzelfaktor» in der Reihe der Vorbedingungen des «neuen Imperialismus» genannt. Nur mit energischer staatlicher Rückendeckung konnte man in diesem Kampf auf Erfolg hoffen.[17]

Zweifellos entsprach die «Politik der offenen Tür» nach wie vor Bismarcks Ideal, er konnte sie auch weiterhin in China und im Kongo verfolgen. Wenn England und Frankreich den Freihandel in Afrika garantiert hätten, hätte eine unbegrenzte Handelsexpansion Bismarck durchaus genügt. Es gab zwei entscheidende Gründe, die ihn schließlich doch dazu bewegten, von 1883/84 ab der allmählichen Formalisierung kolonialer Herrschaft zuzustimmen. Einerseits mußte ein Ventil für den wachsenden Druck der Krise geschaffen werden, und andererseits schien das Ende der Freihandelsära in Übersee bevorzustehen. Mit anderen Worten: Die offensichtlichen Nachteile einer passiven Rolle des Staates fielen allmählich stärker ins Gewicht als die einer intensivierten Staatsaktivität. In Westafrika schien Deutschland in vollständige Abhängigkeit von den protektionistischen, ja prohibitiven Zolltarifen anderer Kolonialmächte zu geraten. In Südwestafrika, Ostafrika und Neu-Guinea waren Großbritannien und seine Kolonien anscheinend dabei, sich neue Territorien anzueignen. In Berlin glaubte man, daß diese Rivalen mit ihrem «präventiven Imperialismus» das Übergewicht erlangen würden, wenn das Reich nicht eingriffe. Die Angst davor, von der Aufteilung der überseeischen Gebiete ausgeschlossen zu werden, war unverkennbar. Bülows vielzitierte Forderung nach «einem Platz an der Sonne» oder Roseberys «Anmelden der Ansprüche für die Zukunft» spiegeln eine auch in der vorangehenden Dekade einflußreiche Haltung wider. Bismarck gab daher allmählich der Zangenbewegung von innen und außen nach, der drohenden Gefahr des verschärften Konkurenzkampfes in Übersee und dem Wunsch, mit den ökonomischen, sozialen und politischen Krisenerscheinungen einer explosiven und labilen Industrialisierung fertig zu werden. Mit seinem Expansionismus suchte er vorhandene und mögliche wirtschaftliche Vorteile vor den Ansprüchen der rivalisierenden Mächte auf eine Weise zu sichern, die ihn schließlich zwang, den Preis formeller Kolonialherrschaft zu zahlen.

In vieler Hinsicht blieb der überseeische Expansionismus für Bismarck eine Frage, auf die er keine eindeutige Antwort hatte. Er bediente sich des Freihandels ebenso wie protektionistischer Methoden, der Subventionspolitik ebenso wie direkter Intervention. Er folgte dem Geschäftsmann oder schuf nicht selten Operationsgebiete für ihn. Diese Vielfalt der Hilfsmaßnahmen hatte stets dasselbe Ziel: die Erschließung, Sicherstellung und Vermehrung wirtschaftlicher Vorteile. Vorhandene Handelsmöglichkeiten mußten verteidigt, zukünftige offengehalten, und vor allem mußte die Wirtschaft von der Bereitschaft des Staates überzeugt werden, daß er ihr in der Krisenbekämpfung beistehe. Dieser Expansionismus war als ein Aspekt der antizyklischen Wirtschaftspolitik gegen den Pessimismus der Depressionsjahre gerichtet und diente zur Ankurbelung der Wirtschaft. Die Absicht war stets dieselbe: die Entlastung der Binnenwirtschaft durch Erweiterung der Außenwirtschaft und die Entspannung der sozialen und politischen Probleme durch die Belebung der Wirtschaft.

Selbstverständlich kann nicht empirisch nachgewiesen werden, ob die staatliche Unterstützung des Außenhandels, der Schutz für Auslandsinvestitionen oder der formelle Erwerb von Kolonien tatsächlich Kursschwankungen auf dem deutschen Markt auszugleichen halfen oder etwa die Phase des Wiederaufschwungs nach 1886 einleiteten. Andrerseits kann kein Zweifel darüber bestehen, daß von den drei wichtigen Methoden moderner Staaten, das wirtschaftliche Wachstum zu kontrollieren (der Währungs-, Finanz- und Außenhandelspolitik), die beiden ersten als Stützen für Bismarcks Wirtschaftspolitik in der Periode des extrem ungleichmäßigen Wachstums nach 1873 nicht zur Verfügung standen. Die Währungspolitik konnte nicht als Mittel der Wirtschaftspolitik fungieren, weil die Reichsbank an der Goldwährung festhielt. Da es keine zentrale, von der Regierung gesteuerte Institution gab, mit deren Hilfe die Reichsfinanzpolitik eine Kontrolle über die gesamte Wirtschaft ausüben konnte, war mit Budgetpolitik wenig auszurichten. Demzufolge blieb nach der damals verbreiteten Anschauung der Außenhandel als einziges Operationsfeld antizyklischer Politik übrig, und die Regierung schlug eben diesen Weg ein. Zunächst experimentierte sie mit Schutzmaßnahmen für den Binnenhandel, dann konzentrierte sie sich immer stärker auf die staatliche Förderung des Außenhandels. Wenn der deutschen Gesamtheit das Kleid zu Haus zu eng werde, sei Berlin genötigt, erklärte Bismarck 1884, dem deutschen Unternehmungsgeist die wünschenswerte Protektion zuteil werden zu lassen.[18]

Der frühe deutsche Interventionsstaat unternahm die ersten bedeutenden Schritte, um die wirtschaftlichen Wachstumsprozesse unter soziale Kontrolle zu bringen. Man konnte die außerordentlich gefährliche Sprengkraft, die das ungleichmäßige Wachstum hervorgebracht hatte, nicht mehr einfach der «unsichtbaren Hand» eines Adam Smith überlassen. Henry A. Bueck, der drei Jahrzehnte lang Generalsekretär des «Centralverbandes deutscher Industrieller» und einer der Hauptstreiter der konservativen Sammlungspolitik war, formulierte eine Ansicht, die weite Verbreitung gefunden hatte, als er 1906 sagte: «Die Erkenntnis, daß das wirtschaftliche Gedeihen die hauptsächliche Grundlage aller modernen Kulturstaaten bildet, ist nachgerade allgemein geworden. Dieses Gedeihen unter allen Umständen zu sichern und zu fördern, ist heute Hauptaufgabe der großen Politik.»[19]

4. Sozialimperialismus und Verteidigung des Status Quo. Buecks aufschlußreiche Feststellung lenkt auf ein zweites Problem hin. Der Interventionsstaat mußte seine Eingriffe, die materiellen Wohlstand und soziale Stabilität garantieren sollten, allmählich immer stärker ausdehnen. Zugleich erkannte man, daß das weite Feld sozioökonomisch motivierter Politik in einer Zeit, die das Zerbröckeln alter politischer Traditionen und den Verschleiß der ständig attakkierten charismatischen Autorität des Kanzlers erlebte, neue Möglichkeiten zur Legitimation der traditionalen Autorität bot. Eine erfolgreiche imperialistische Politik konnte zur Legitimation einer Regierung beitragen, deren Autoritätsbasis zunehmend in Frage gestellt war. Der pragmatische Expansionismus folgte einerseits der Dynamik des ungleichmäßigen Wachstums und diente als antizyklische Therapie. Andrerseits übernahm er die innere Funktion einer Integration widerstreitender Kräfte und der Ablenkung von inneren Problemen. Der Imperialismus wurde als eine Art politisches Sicherheitsventil verstanden. Bismarck konnte die Kolonialbewegung für innen- und wahlpolitische Zwecke ausnutzen und mit dem einigenden Effekt die tiefgreifenden sozialen und politischen Spannungen im Reich überbrücken. Er stärkte zudem seine Stellung als bonapartistischer Diktator und stellte das angeschlagene Ansehen seines Regimes wieder her.

Das ungleichmäßige Wachstum nach 1873 setzte die sozioökonomischen und politischen Strukturen des Reiches ständigen Belastungen aus, die den Druck auf den Kanzler erhöhten, die herrschenden Klassen und das Volk mit seiner autoritären Führung zu versöhnen. Seit dem Ende der 70er Jahre wurde der Sozialimperialismus ein immer wichtigeres taktisches Mittel für Bismarck, und zwar aus Gründen, die funktional und kausal mit den sozioökonomischen Veränderungen nach 1873 zusammenhingen. Auf sechs Jahre schwerster wirtschaftlicher Depression folgten 1878/79 die bitteren Kämpfe um den Schutzzolltarif, den neuen konservativen Kurs des Reiches, die Säuberungsaktion in der liberalen Bürokratie und die Pläne für staatliche Wirtschaftsmonopole. Zur gleichen Zeit zerfiel die Nationalliberale Partei, während die Sozialdemokraten von Jahr zu Jahr stärker wurden.

Als in den Jahren von 1873 bis 1879 die harten Realitäten der Klassenstruktur einer modernen Industriegesellschaft zutage traten, entpuppten sich die pseudoegalitären Ideen moderner nationalistischer Ideologien als Illusion. Bismarck und die seine Politik unterstützenden Kräfte hatten es versäumt, Möglichkeiten für eine legitime parlamentarische Opposition zu institutionalisieren, wie sie die Verfassungsstruktur einer liberaldemokratischen Industriegesellschaft verlangt, die den Anforderungen des ständigen sozialen Wandels gerecht zu werden versucht. Das soziopolitische System des Reiches war dadurch zunächst von parlamentarischem Reform- und Modernisierungszwang befreit, andrerseits hatte sich der Druck zur Stabilisierung der traditionalen Strukturen verstärkt. Um 1880 entdeckte Bismarck die Möglichkeiten der überseeischen Politik als eines Integrationsfaktors, um die anachronistische Sozial- und Machtstruktur zu stärken, und als eines wahltaktischen Propagandamittels. Er erkannte sehr wohl, daß der Imperialismus den Deutschen neue politische Ziele bieten konnte und hoffte, das deutsche Volk zu neuen Wegen in Übersee, fort von den Problemen im eigenen Lande, führen zu können.[20] Für den jungen Staat, dem stabilisierende historische Traditionen fehlten und der unfähig schien, seine scharfen Klassengegensätze zu überbrücken, wurde der Imperialismus zu einer integrierenden Kraft.

Als Bismarck die innenpolitischen Möglichkeiten des Imperialismus erkannte, nutzte er sie sogleich weidlich aus. Der jetzt entstehende ideologische Konsens bewies, daß die notwendigen Vorbedingungen gegeben waren. Der koloniale Enthusiasmus war ausreichend verbreitet und seine potentielle Anziehungskraft vielversprechend genug, um als Sammelpunkt und Wahlkampfthema herhalten zu können. Außerdem nährte er Illusionen und Ängste, an die eine wohlgezielte Propaganda anknüpfen konnte, welche die Kolonialpolitik als lebenswichtig für das materielle, soziale und politische Wohlergehen des Reiches darstellte. Sicherlich kann der wachsende Kolonialenthusiasmus als eine Krisenideologie verstanden werden, durch die Emotionen und Frustrationen, die damals wie später mit Perioden wirtschaftlicher Depression verbunden waren, auf ein vages außenpolitisches Ziel gelenkt wurden. Sozialpsychologisch gesehen, verriet dieses «Kolonialfieber» die Flucht vor den sozioökonomischen und politischen Problemen im Zuge der Transformation Deutschlands in eine industrielle Gesellschaft. Die Parallelen zum politischen Antisemitismus der 1870er Jahre, einer anderen Form desselben Fluchtversuchs, liegen auf der Hand.

Wegen der kolonialen Konflikte mit Großbritannien schürte Bismarck bewußt anglophobe Ressentiments. Dieser Englandhaß galt auch als eine Ableitung des inneren Drucks an die Peripherie, auf einen äußeren Feind. Schon längst sah man in England, dem mächtigen Rivalen mit der schier unerreichbaren führenden Stellung auf dem Weltmarkt, einen Gegenspieler, gegen den sich leicht Antipathien anheizen ließen. Zugleich übernahm die deutsche Anglophobie die Funktion eines Ableiters von antikapitalistischen Gefühlen, die sich gegen den kapitalistischen Staat *par excellence* richteten. Es mag sein, daß Bismarck selber glaubte, diese Entwicklung im Zaum halten zu können, aber die langfristige Wirkung dieses anglophoben Vulgärnationalismus erwies sich als schwerwiegende Bürde für die deutsche Politik seit den 90er Jahren.

Der deutsche Imperialismus diente nach alledem nicht nur dem Expansionsdrang eines Industriestaates, sondern auch der Erhaltung der Vormachtstellung der herrschenden Klassen, der sozialen Hierarchie und der autoritären Machtstruktur. In diesen sozialen und innenpolitischen Aspekten des Imperialismus, d.h. im Primat der inneren politischen Konstellationen, muß man das eigentliche Hauptmotiv Bismarckscher und der Politik seiner Nachfolger sehen. An dieser Stelle verschmolz die Tradition der preußischen «Revolution von oben» mit bonapartistischen Methoden und wurde zum Sozialimperialismus eines modernen Industriestaates. Die Schutzzollpolitik, die «Reinigung» der Bürokratie, das Sozialistengesetz, die staatliche Sozialpolitik verbunden mit antizyklischer Politik und Imperialismus, d.h. die gesamte Politik der konservativen Sammlung seit dem Ende der 70er Jahre, gehören in denselben sozioökonomischen und vor allem politischen Zusammenhang. Die Regierung versuchte nicht nur, die Dynamik der Industriegesellschaft zu bremsen, sondern sie auch als Verteidigungsmittel für die Erhaltung des inneren Status Quo auszunützen.

Diese Politik war insofern eine Sisyphusarbeit, als sie, wie sich zeigte, unentwegt Anstrengungen notwendig machte, um die politisch und sozial gefährdete Position der herrschenden Klassen und Bismarcks eigene autoritäre Stellung an der Spitze der Machtpyramide zu stützen. Bismarck selber war sich dieses Sachverhaltes sehr wohl bewußt und ließ keine Gelegenheit aus, den defensiven Charakter seiner Maßnahmen zu betonen. Er kannte die prekäre Struktur des Reiches nur zu gut und blieb hinsichtlich seiner Stabilisierung stets pessimistisch. Trotzdem war er davon überzeugt, daß die Sicherung des Reiches auf Dauer durch die Erhaltung der traditionellen Klassenherrschaft, getragen von einem willfährigen, vom Parlament unabhängigen und halbabsolutistischen Beamten- und Militärapparat möglich war. Im stillen mag er die Lage für hoffnungslos gehalten haben, aber ihre Verteidigung schien ihm dennoch wichtig, koste es die Gesamtgesellschaft was es wolle. Holstein mußte trotz seiner wachsenden Kritik am Reichskanzler zugeben: «Ein einzelner kann die Bismarcksche Last ... die größte aller Aufgaben, das Zurückstauen der Revolution ... nicht tragen; dazu gehört Bismarcks kolossale Autorität.»[21]

Um Bismarcks Äußerung gegenüber dem Londoner Botschafter Graf Münster zu verstehen, daß «die Kolonialfrage aus Gründen der inneren Politik eine Lebensfrage für uns» ist,[22] muß man den Imperialismus als integralen Bestandteil der Vorstellungen Bismarcks über die soziale Ordnung und seine eigene Stellung ansehen. Es ist bekannt, daß der Kanzler Wendungen wie «Lebensfrage» nur ungern benutzt hat. Wenn er es in diesem Fall dennoch tat, beweist das, daß er die innenpolitische Funktion des Imperialismus so hoch einschätzte, daß «die Position der Regierung zu Hause von einem Erfolg abhängig» sei. 1886 erklärte Herbert v. Bismarck, damaliger Staatssekretär im Auswärtigen Amt, auf Instruktion seines Vaters, daß «innere Rücksichten uns bewogen haben, eine formelle Kolonisation zu betreiben, denn alle reichstreuen Elemente haben am Erfolg unserer kolonialen Anstrengungen größtes Interesse».[23] Hier zeigte sich dieselbe Verknüpfung von Imperialismus und Innenpolitik wie in Präsident Clevelands Bewertung des amerikanischen Expansionismus in Lateinamerika, als er erklärte, daß nicht außen-, sondern ausgesprochen innenpolitische Fragen ausschlaggebend seien, von deren Lösung die «Wohlfahrt» der Vereinigten Staaten abhänge.[24]

Bismarcks Überseepolitik blieb Teil seiner Politik der Verteidigung des *Status Quo* in Staat und Gesellschaft. Er war zwar mit dem Sozialdarwinismus seiner Zeit vertraut und wußte, daß Kampf ein elementarer Bestandteil der Politik ist, aber er hatte dennoch die Vorstellung von einem Zustand des sozialen und politischen Friedens ohne permanente Konflikte vor Augen. Trotz seiner Vorliebe für *Realpolitik* orientierte er sich letztlich an der illusionären konservativen Utopie von einer dauerhaft geordneten statischen Gesellschaft. In der industriellen Welt des permanenten sozialen Wandels kann es jedoch kaum eine gefährlichere und mehr zum Scheitern verurteilte Utopie geben als dieses konservative Bestreben, eine historisch überholte Gesellschaftsstruktur einzufrieren. Daher ist das Dilemma des Bismarckschen Sozialimperialismus darin begründet, daß seine Utopie ihn auf eine Periode rapider Entwicklung mit Repressions- und Ablenkungsmaßnahmen reagieren ließ. Denn eine wahrhaft realistische *Realpolitik* hätte versucht, mit dem Demokratisierungsprozeß, der damals das industrielle Wachstum in Europa begleitete und zum Teil von ihm verursacht wurde, Schritt zu halten. Bismarck dagegen versuchte wie viele andere nach ihm, diesen unaufhaltsamen Modernisierungsprozeß zu verlangsamen.

Damit soll jedoch nicht behauptet werden, daß das bonapartistische Regime keinerlei Voraussetzungen für kurzfristige Erfolge geboten habe, z. B. gab es zeitweilig eine fähige Führung, einen starken bürokratischen Apparat, eine relativ deutliche Unabhängigkeit des Kanzlers von gesellschaftlichen und extremen politischen Einflüssen von rechts und links. Aber auf die Dauer sah sich das Regime mit unlösbaren Problemen konfrontiert. Modernisierung scheint ohne Transformation der Sozialstruktur und der traditionalen Machtverhältnisse, ohne soziale und politische Emanzipation, nicht möglich, wenn der innere und äußere Friede erhalten werden soll. Die fatalen Folgen der Regierungspolitik, durch welche die politische Vorherrschaft der vorindustriellen Eliten in der Periode der Hochindustrialisierung erhalten werden sollte, zeigten sich ganz klar zwischen 1914 und 1929, als diese Strukturen zerbröckelten. Bis dahin hatte die Politik gefährliche Bedingungen mitgeschaffen, die den Weg für den Nationalsozialismus ebneten.

5. *Sozialimperialismus nach Bismarck.* Ein Blick auf die Politik Deutschlands nach Bismarcks Sturz zeigt die Kontinuität der von ihm initiierten Strategie. Die konservative Sammlung von Großindustrie und Großgrundbesitz, eines der folgenschweren Resultate der Depression von 1873 bis 1879, blieb die Basis sozialkonservativer und imperialistischer Politik. Der preußische Fi-

nanzminister v. Miquel, einer der einflußreichsten wilhelminischen Politiker, erklärte 1897 zum Programm seines Sammlungskartells, daß die «Kolonialpolitik die revolutionären Elemente ablenken» und die «Gefühle der Nation ... auf einen gemeinsamen Boden» zu bringen vermöge.[25] Admiral v. Tirpitz beschrieb klassische sozialimperialistische Ziele in den Jahrzehnten vor 1914 mit seinem Argument, daß «in dieser neuen großen nationalen Aufgabe» des Imperialismus «und dem damit verbundenen Wirtschaftsgewinn ein starkes Palliativ gegen gebildete und ungebildete Sozialdemokraten liegt».[26] Die wilhelminische Weltpolitik entsprang letztlich Klassengegensätzen, die durch einen energisch betriebenen Sozialimperialismus verdeckt werden sollten. Nur auf diese Weise könnten, wie Reichskanzler v. Bülow ganz offen erklärte, die Spannungen zwischen dem autoritären Staat, dem Großgrundbesitz und dem feudalisierten Bürgertum einerseits und den vorrückenden Kräften der Parlamentarisierung und Demokratisierung andrerseits gemildert werden. «Nur eine erfolgreiche Außenpolitik kann helfen, aussöhnen und verbinden, sammeln und vereinigen», schrieb Bülow und charakterisierte damit den deutschen Imperialismus als eine Ablenkung innerer Spannungen nach Übersee.[27] Geheimrat v. Holstein hatte nichts anderes im Sinn, als er zur hoffnungslos verworrenen inneren Situation erklärte: Die Regierung Kaiser Wilhelms II. brauche «einen greifbaren Erfolg nach außen, der dann wieder nach innen zurückwirken würde. Dieser Erfolg ist nur zu erwarten entweder als Ergebnis eines europäischen Krieges, eines weltgeschichtlichen Hazardspiels oder aber einer außereuropäischen Erwerbung».[28]

Wie in der Bismarckzeit erfüllte der Sozialimperialismus auch in der wilhelminischen Epoche die wichtige Funktion, den Prozeß der sozialen und politischen Emanzipation abzudrosseln. Er hat als Vorbild für politische Aktionen eine grundsätzliche Bedeutung behalten, wenn man in der modernen deutschen Geschichte von Kontinuität sprechen will. Karl Dietrich Bracher hat darüber geurteilt: «Nach dem Sturz Bismarcks wuchs die Neigung», die überkommene «tiefe Diskrepanz zwischen gesellschaftlicher Struktur und politischer Ordnung, die die mit der industriellen Revolution geänderte soziale Situation kaum berücksichtigte», durch «eine Ablenkung des Interessendrucks nach außen im Sinne eines Sozialimperialismus», der «die längst fällige Reform der inneren Struktur Deutschlands» mitverdeckte, «zu neutralisieren».[29]

Vor allem Tirpitz verstand den deutschen Sozialimperialismus mit seinem neuen Machtinstrument, der Schlachtflotte, in diesem Sinne. Er folgte ebenfalls einer konservativen Utopie, in der jedoch das Besitz- und Bildungsbürgertum den Platz der vorindustriellen Elite einnehmen sollte. Die den Sozialimperialismus tragenden Gruppen wurden von ihm ausgewechselt, aber seine Strategie bot den alten herrschenden Klassen vorläufig noch mehr profitable Vorteile als dem Bürgertum. In der Annexions- und Kriegszielpolitik während des Ersten Weltkriegs lebte dieser starke Impuls weiter fort, denn sie sollte nachweislich nicht zuletzt auch den verschleppten inneren Umbau weiter fernhalten; erneut sollte «eine erfolgreiche Expansions- und Außenpolitik eine zeitgemäße Innenpolitik ersetzen bzw. über die fatalen Mängel des preußischen Hegemonialstaates hinwegtäuschen».[30] Selbst durch die Katastrophe von 1918 wurde die Verführungskraft des Sozialimperialismus, die innere Emanzipation durch äußere Expansion hinauszuzögern, noch nicht endgültig zerstört. Ein letzter extremer Versuch konnte wenige Jahre danach an die Kontinuität dieser Politik seit den 1870er Jahren anknüpfen.

Verfolgt man diese Entwicklung mit Hilfe des roten Fadens des Sozialimperialismus, läßt sich eine direkte Verbindungslinie von Bismarck über Miquel, Bülow und Tirpitz bis zum extremen Sozialimperialismus des Nationalsozialismus ziehen, der noch einmal versuchte, mit dem Ausbruch nach *Ostland* und dann nach Übersee von der inneren Unfreiheit abzulenken und den emanzipatorischen Fortschritt zu blockieren. Allerdings fügte die rassistische Ideologie des Hitlerregimes ein neues Element hinzu, das im Endeffekt auf die biologisch-rassistische, qualitativ neuartige Umfundierung der Geschichte der zukünftigen Menschheit abzielte. Der Bann der deutschkonservativen Utopie blieb annähernd siebzig Jahre lang ungebrochen: «Wie lange und verschlungen auch der Weg von Bismarck zu Hitler gewesen ist», hat Hans Rothfels darüber geurteilt, «der Reichsgründer erscheint als der Verantwortliche für eine Wendung, mindestens aber für die Legitimierung einer Wendung, deren fatale Steigerung bis zum Gipfel in unseren Tagen nur allzu augenscheinlich geworden ist».[31]

Rudolf Hilferding
Theoretiker des «Finanzkapitals»

In dem Jahrzehnt nach Friedrich Engels' Tod gewann eine jüngere Generation von neomarxistischen europäischen Intellektuellen ihr unverwechselbares Profil. Mit unterschiedlicher Intensität engagierten sich alle in der praktischen politischen Arbeit der sozialistischen Parteien und Gewerkschaften, und nicht wenige gewannen im Verlauf dieser Tätigkeit einen erheblichen Einfluß. Ihre eigentliche Bedeutung aber lag in dem angestrengten Bemühen, gleichzcitig die Marxsche Theorie weiterzuentwickeln, sie in möglichst enger Anlehnung an die Grundideen des Historischen Materialismus den veränderten historischen Verhältnissen anzupassen. Im Deutschen Reich gehörten zu ihnen Joseph Bloch z. B., Conrad Schmidt, Heinrich Cunow, zeitweilig auch Werner Sombart und mancher andere. Sie alle unterschieden sich durch ihre akademische Ausbildung – häufig in der Ökonomie – und ihre generationsspezifischen Erfahrungen von der deutlich abgrenzbaren älteren Gruppe der Vermittler von Marx' Gedanken, von Männern mithin wie Karl Kautsky, Eduard Bernstein, Franz Mehring und Wilhelm Liebknecht, die Marx und Engels meist noch aus eigener Zusammenarbeit im Exil gekannt hatten.

Aus Russisch-Polen stieß zu den jüngeren reichsdeutschen Marxianern eine hochinteressante Gruppe jüdisch-polnischer Persönlichkeiten, die eine mehrfach gespaltene Existenz zwischen ihrer Arbeit in der von der zaristischen Polizei verbotenen «Sozialdemokratie des Königreichs Polen und Litauen» (SDKPiL), in der deutschen Sozialdemokratie und im Schweizer Exil durchlebten. Hier denkt man zuerst an Rosa Luxemburg, ihren Mentor und Freund Leo Jogiches, an Julian Marchlewski (Karski), Adolf Warszawski (Warski) und andere faszinierende Pendler zwischen verschiedenen politischen Welten.

In der Habsburger Doppelmonarchie bildete ein Kreis jüngerer marxistischer Intellektueller ein vergleichbares Pendant; diese Gruppe wurde insbesondere durch Karl Renner, Otto Bauer, Max Adler und Rudolf Hilferding bestimmt. Auf die nachmals prominenten Führungsfiguren der russischen, italienischen, französischen sozialistischen Parteien braucht hier nur ergänzend hingewiesen zu werden, auch sie gehörten durchweg jener zweiten Generation an. Eine Art Kollektivporträt dieser politischen Intellektuellen stellte eine reizvolle Aufgabe für sich dar. Man trifft dabei auf gemeinsame Interessen und nationalhistorische Besonderheiten. Auffällig ist, wie viele von ihnen jüdischer Herkunft waren. Die prominente Rolle jüdischer Sozialisten in der Parteipolitik, in der politischen Publizistik, und in der theoretischen Debatte der europäischen Arbeiterbewegungen ist jedoch unschwer zu verstehen. Als Angehörige einer jahrhundertelang diskriminierten Minderheit fanden sie die radikale Emanzipationstheorie des Marxismus besonders attraktiv. Ihre von Jugend auf geschärfte Sensibilität gegenüber Ungerechtigkeit, die sie oft am eigenen Leibe erfahren hatten, ließ sie zu leidenschaftlichen Verfechtern politischer Gleichheit und sozialer Gerechtigkeit werden. Ihre Existenz als «Marginal Men» am Rande der Gesellschaft schärfte die Beobachtungsgabe, trieb sie auch zu entschiedenen Reformforderungen oder bis zum Revolutionspostulat voran. Und nicht zuletzt mag auch das chiliastische Moment der säkularisierten Marxschen Endzeit-Prophetie eine besondere Resonanz gefunden haben, die durch das tiefverwurzelte kulturelle Erbe des «auserwählten Volkes» bedingt war.

In nahezu idealtypischer Reinheit verkörpert Rudolf Hilferding diese Sozialfigur des vielseitig engagierten jüdischen Intellektuellen. Am 11. August 1877 in Wien in die Familie eines galizischen Kassierers geboren, absolvierte er nach der Schulzeit ein Medizinstudium in der Hauptstadt der Donaumonarchie und promovierte bereits 1901, gerade 24jährig, zum Dr. med. Danach praktizierte er einige Jahre lang als Kinderarzt. Schon als Primaner, dann während der Studienzeit gehörte er einer Diskussionsrunde sozialistischer Studenten an. Als ein eindrucksvolles Ergebnis dieser Debatten wurde 1904 ein erster Band der «Marx-Studien» veröffentlicht, in denen außer Renners brillanter Abhandlung über die «soziale Funktion der Rechtsinstitute» u. a. auch Hilferdings Antikritik von «Böhm-Bawerks Marxkritik» erschien.[1] Damit wies sich der junge Arzt als ein scharfsinniger Kontrahent des renommierten österreichischen Nationalökonomen aus, wenn auch die Verteidigung der Marxschen Werttheorie wegen ihres obsoleten Charakters verlorene Liebesmüh blieb.

Seit 1902 schrieb Hilferding für das führende theoretische Organ des damaligen Sozialismus, Karl Kautskys «Neue Zeit». Seine schreibgewandte Feder eröffnete ihm ein Tätigkeitsfeld im politischen Journalismus, dem er bis zuletzt treu geblieben ist. Dank Kautskys Fürsprache wurde er 1906/07 an die neue Parteihochschule der SPD in Berlin berufen. Die Fremdenpolizei unterband zwar alsbald diese Tätigkeit, als Auslandsredakteur des «Vorwärts» und ständiger Mitarbeiter der «Neuen Zeit» blieb er jedoch weiter für die Partei aktiv.

1910 erschien Hilferdings bekanntestes theoretisches Werk, «Das Finanzkapital», das in den Grundzügen bereits 1905/06 geschrieben worden war.[2] Dieses Buch, auf das sogleich zurückzukommen ist, stellte fraglos eine bedeutende Leistung dar: als Beitrag zur marxistischen Theoriedebatte; als Versuch, Marx konsequent weiterzudenken; als nicht nur systematische, sondern auch realhistorische Analyse der Gegenwart – nicht zuletzt aber als individuelle Leistung eines nicht einmal dreißigjährigen Arztes, der Politische Ökonomie aus politischer Leidenschaft betrieb.

Als der Erste Weltkrieg ausbrach, protestierte Hilferding gegen die Bewilligung der Kriegskredite und einen fadenscheinigen «Burgfrieden», erlebte aber die fortschreitende Polarisierung der SPD bis hin zum Schisma von 1917 nicht mehr selber mit, da er als österreichischer Staatsbürger von den K.u.K.-Behörden als Feldarzt einberufen wurde. Bis 1918 leitete er ein Seuchenlazarett an der italienischen Front. Nach dem Erwerb der deutschen Staatsangehörigkeit trat er 1919 der USPD bei, wurde Chefredakteur ihrer Zeitung «Die Freiheit», gehörte aber bereits 1922 als aktiv treibende Kraft zu jener Minderheit, die in den Schoß der Mutterpartei zurückkehrte, während die Mehrheit zur KPD stieß.

Von 1924 bis 1933 vertrat Hilferding die SPD im Reichstag. Er galt zu Recht als einer der kenntnisreichsten Experten des Parlaments. Seine Sachkompetenz wurde auch dadurch anerkannt, daß er in der ersten Regierung Stresemann vom August bis zum Oktober 1923 als Reichsfinanzminister fungierte und dasselbe Amt noch einmal unter Reichskanzler Hermann Müller vom Juni 1928 bis zum Dezember 1929 bekleidete. Es fehlte ihm dabei nicht an zukunftsträchtigen wirtschaftspolitischen Ideen, wohl aber an politischer Unterstützung, auch an Glück. Aus Protest gegen die ständigen Eingriffe von Reichsbankpräsident Schacht trat er, noch drei Monate vor dem Ende der Großen Koalition, zurück.

Von 1919 bis 1933 blieb Hilferding unermüdlich auch publizistisch tätig. Seit 1924 wirkte er als Herausgeber der «Gesellschaft», der intellektuell wie politisch produktivsten und lebhaftesten Zeitschrift, welche die deutsche Sozialdemokratie bisher besessen hat. Hilferdings eigene Kommentare zeichneten sich durch ein hellsichtiges, realitätsnahes Urteil aus, das immer wieder die Brücke zu grundsätzlichen Positionen eines undogmatischen Neomarxismus zu schlagen vermochte. Erstmals 1915, dann mehrfach seit 1924 versuchte er, fundamentale Strukturwandlungen der modernen Industriewirtschaft und des Industriestaats mit Hilfe seiner Theorie des «organisierten Kapitalismus» genauer zu erfassen; auch darüber ist unten mehr zu sagen.

In den 20er Jahren trat Hilferdings Doppelbegabung am deutlichsten hervor. Er genoß den Ruf, einer der scharfsinnigsten Theoretiker des demokratischen Sozialismus zu sein. Zur selben Zeit wechselte er in der praktischen Politik zwischen einem pragmatisch klugen, öfters jedoch auch kurzsichtigen Kurs. Im Schatten der Auflösung der Weimarer Republik urteilte aber immerhin selbst ein radikaler Nonkonformist wie der junge Berliner Historiker Eckart Kehr, als er für ein geplantes «Internationales Handbuch des Sozialismus» einen Beitrag über die deutsche Sozialdemokratie von 1890 bis 1933 geschrieben hatte: «Ich habe vor der Klarheit, mit der Hilferding immer alles beurteilt hat, einen sehr großen Respekt bekommen. Von dem, was er in den Jahren seit 1918 gesagt hat, ist heute das meiste als richtig anzuerkennen.»[3]

Mit anderen führenden SPD-Politikern mußte der Cheftheoretiker der Partei 1933 das braune Deutschland verlassen. Das Prager Manifest der SOPADE von 1934 hat er maßgeblich mitformuliert. Erzwungenermaßen verlagerte sich das Schwergewicht seiner Exilaktivität wieder auf den politischen Journalismus. Über Zürich nach Paris gelangt, schrieb er dort regelmäßig für den «Neuen Vorwärts» und gab selber die «Zeitschrift für Sozialismus» heraus. Nach der Niederlage Frankreichs führte er noch fast ein Jahr lang eine extrem gefährdete Existenz im Versteck. Am 11. Februar 1941 wurde er zusammen mit Rudolf Breitscheid von französischen Behörden der Besatzungsmacht übergeben. Der genaue Zeitpunkt seines Todes ist noch immer ungewiß; auch läßt sich schwer klären, ob er an den Folgen der Gestapo-Folter starb oder seinem Leben selber ein Ende setzen konnte. Unstreitig aber trieben ihn deutsche Schergen 1941 in den Tod. Die Erfolge des Nationalsozialismus hatte er Jahr für Jahr mit Bitterkeit hinnehmen müssen, das befreiende Erlebnis der Niederlage blieb ihm verwehrt.

Hilferdings erstaunliche Karriere, die aus der kleinen Wiener Arztpraxis an die Spitze des deutschen Reichsfinanzministeriums, aus einem Debattierklub in das Chefredakteurzimmer der «Gesellschaft» führte, verdient ebenso wie sein breites publizistisches Œuvre eine neue, angemessene Analyse. Hier sollen jedoch nur drei Sachgesichtspunkte verfolgt werden: die Weiterentwicklung der Kapitalismuskritik im «Finanzkapital»; sein Beitrag zur sozialistischen Imperialismustheorie sowie das Potential seiner Interpretation des «organisierten Kapitalismus».

Bei seiner Gegenwartsanalyse des entfalteten Industriekapitalismus ging Hilferding von der – wie ihm schien – unumgänglichen Notwendigkeit aus, die für eine relativ frühe Entwicklungsphase dieses Wirtschaftssystems entwickelte Marxsche Theorie so zu ergänzen und fortzuentwickeln, daß sie der in vielem veränderten ökonomischen Ordnung der Gegenwart gerecht werden konnte. Hilferding blieb dabei insofern «orthodoxer» Marxist, als er sich so streng und so lange wie nur möglich im vorgegebenen Gedankengebäude der Marxschen Theorie bewegte. Gleichzeitig versuchte er jedoch mit bemerkenswerter Offenheit, die Quintessenz aus der zeitgenössischen Debatte über den Strukturwandel der großgewerblichen Wirtschaft zu ziehen. Auf diese Weise glaubte er auch, eine überzeugende Erklärung für die irritierende Tatsache beisteuern zu können, daß die Marxsche Zusammenbruchsprognose noch immer nicht in Erfüllung gegangen war.

Seinen Ausgangspunkt bildete eine Maxime, die der Historische Materialismus mit der klassischen schottisch-englischen Politischen Ökonomie teilt: das Streben des Einzelkapitalisten nach einem «möglichst großen Profit». Daraus ergaben sich die «Bedingungen des kapitalistischen Konkurrenzkampfes mit Notwendigkeit». Um seine Überlegenheit gegenüber Konkurrenten zu behaupten, mußte der Kapitalist ständig danach streben, «seinen Profit über den Durchschnitt zu steigern, also Extraprofit zu erzielen». Die identische Zielsetzung führte jedoch im Wettbewerb zu dem «objektiven Resultat» einer Tendenz, welche die durchschnittliche Profitrate für alle Kapitaleigner nivellierte. Mit der anhaltenden Entfaltung des industriellen Produktionskapitalismus wurde dieser Ausgleich der Profitraten zunehmend erschwert. In den Spitzenreiter-Industrien führte nämlich der «technische Fortschritt» zu dem von Marx vorhergesagten ständigen Ansteigen des fixen (in Maschine, Gebäuden usw. festgelegten) Kapitals – ein Prozeß, der die kapitalstarken Großunternehmen erzwang. Der erbitterte Antagonismus zwischen Großbetrieben verstärkte wiederum, entsprechend der Marxschen Vorhersage, den Fall der Profitrate, damit aber auch eine wachsende Empfindlichkeit gegenüber ungezügeltem Wettbewerb und lösten so eine «Gegentendenz» aus, die à la longue zur «Aufhebung der freien Konkurrenz» neigte. Dieser Entwicklungstrend wurde zudem durch die heftigen Ausschläge der Konjunkturzyklen unterstützt, die in unregelmäßigen Abständen die Nachteile eines unregulierten Kampfs um Marktanteile besonders schmerzhaft demonstrierten.

Als Reaktion auf diese Erfahrungen hob Hilferding insbesondere drei relativ neuartige Tendenzen hervor, wobei er sich durchaus auf der Höhe der damaligen nationalökonomischen Diskussion bewegte. Die optimale Strategie zur Stabilisierung der Profitrate und zur Planierung des Wachstumspfads lag für ihn in der Monopolbildung. In idealtypischer Zuspitzung sah er sie im Kartell, das im Falle des Maximalerfolgs alle Unternehmen einer Branche zusammenschloß und dann Produktionsquoten, Marktanteile, Preise in vertragsverbindlicher Form regelte. Effektive Konkurrenz und Profitschmälerung konnten durch eine solche «monopolistische Interessengemeinschaft» ebenso ausgeschlossen werden wie durch den Zusammenschluß der wichtigsten Unternehmen in einer «monopolistischen Fusion», die Hilferding im Anschluß an den amerikanischen Sprachgebrauch als «Trust» bezeichnete. Für die Industriewirtschaft im deutschsprachigen Mitteleuropa, mit dessen Verhältnissen er empirisch am besten vertraut war, behauptete er eine Dominanz der Kartellbildung, und die quantifizierende Forschung gab ihm darin für den Zeitraum bis zum Erscheinen seines Buches recht.

Ganz auf der Linie des Marxschen Denkens in «Gesetzmäßigkeiten» ging Hilferding von einer unaufhaltsamen Bewegungsmechanik aus, deren Stufen vom Anwachsen des Fixkapitals über die Vermehrung der Großbetriebe und den tendenziellen Fall der Profitrate bis hin zur Wettbewerbseinschränkung und damit zur «stetigen Ausbreitung der Kartellierung» führten. Als Fluchtpunkt dieser Entwicklung glaubte er, ein «Generalkartell», das Monstrum einer Kombination aller Branchenkartelle, vorhersehen zu können. Abgesehen von dieser bizarren Prognose, mit der die hegelianische Entwicklungslogik bis zum Extrempunkt vorangetrieben wurde, hätte mancher kritische «bürgerliche» Kartellfachmann Hilferding ein gutes Stück folgen können.

Das dritte neue Element, das seither mit seinem Namen verbunden ist, sah Hilferding im Kontext der Monopolanalyse in den Konsequenzen, zu denen inzwischen die spezifischen Formen der Vorherrschaft der Großbanken geführt hatten. Mit dem Wachstum des Fixkapitals und des Großbetriebs wuchs «die Abhängigkeit der Industrie von den Banken», da die benötigten Investitionssummen primär über leistungsfähige Banken verfügbar waren, wobei die Finanzinstitute in Deutschland und in den Vereinigten Staaten eine Pionierrolle spielten. Jenes Bankkapital, das «in Wirklichkeit in industrielles Kapital verwandelt ist», nannte Hilferding «das Finanzkapital». Die Großbanken als Trägerinstitutionen dieses Finanzkapitals übten demzufolge in einer voll entwickelten kapitalistischen Gesellschaft eine Hegemonialfunktion aus, die durch Kontrolle der Industrieinvestitionen, Hinlenken auf profitträchtige Massenproduktion, personelle Verschränkung der Leitungsgremien usw. sorgfältig abgesichert wurde. Als Sachwalter eines möglichst hohen Profits drängte, so Hilferdings Konklusion, auch und gerade das Finanzkapital auf Stabilität durch Monopolbildung, da bei einer Ausschaltung der Konkurrenz, nach der «Herstellung des Monopols», der höchste Stand der Profitrate gewährleistet werden konnte. Wegen seiner verbesserten Steuerungskapazität konnte es auch einer tödlichen Krise des Kapitalismus, dem «großen Kladderadatsch», mit unleugbarem Erfolg Dämme entgegensetzen.

Analog zum futuristischen «Generalkartell» sah Hilferding die Entwicklungslinien auf eine Superbank oder eine «Bankengruppe» hinlaufen, die «in letzter Instanz ... die Verfügung über das gesamte Geldkapital erhielte. Eine solche ‹Zentralbank› würde damit die Kontrolle über die ganze gesellschaftliche Produktion ausüben». Zu diesem Zeitpunkt hatten dann Generalkartell und Zentralbank durch eine maximale Konzentration von Industrie- und Bankwesen einer Vergesellschaftung aller Produktionsmittel so weit vorgearbeitet, daß – Ironie der Geschichte oder List der Vernunft – der schärfste Gegner des Kapitalismus, die sozialistische Arbeiterbewegung als inzwischen mächtigste Kraft im Staat, das Wirtschaftssystem in seinem Sinn umgestalten konnte.[4]

Unstreitig hat Hilferding den Konzentrationsprozeß in der Industrie und im Bankgewerbe ebenso zu Recht hervorgehoben wie den Trend zum Großunternehmen; freilich konnte er dabei aus der lebhaften Diskussion seiner Zeit Gewinn ziehen. Die prognostischen Konsequenzen, die er aus seiner Analyse ableitete, erwiesen sich jedoch zum nicht geringen Teil als einseitig oder verfehlt. So überschätzte er nicht nur das allgemeine Ausmaß der Kartellbewegung, die in erster Linie im Deutschen Reich grassierte, sondern auch ihre Marktmacht. 1907 kam z. B. der Produktionsanteil der deutschen Kartelle nur im Steinkohlenbergbau, in der Kalisalzproduktion, in der Großeisen- und Rohstahlerzeugung, in der Zement- und Papierindustrie an 50% heran oder ging vereinzelt erheblich darüber hinaus. Der Konkurrenzkampf wurde auch keineswegs aufgehoben, sondern zum Teil im Kampf um Quotenanteile, Marktreviere und Preisgestaltung internalisiert, zum Teil im außenwirtschaftlichen Konkurrenzkampf externalisiert. Gleichzeitig unterschätzte er die inneren Antagonismen der privatkapitalistischen Entwicklung, insbesondere die zu ihrer Natur gehörenden konjunkturellen Auf- und Abschwünge mit all ihren soziopolitischen Folgen, während er die vergesellschaftende, rationale Organisationsfähigkeit dieses Systems übertrieb.

Für die Entwicklung seines Schlüsselbegriffs, des Finanzkapitals, haben Hilferding offensichtlich die deutschen und österreichischen Großbanken mit ihrem in der Tat starken industriellen Engagement als Vorbild gedient. Verallgemeinerungsfähig war dieser Befund aber ebenfalls nicht. In den USA ist damals die Rolle der Großbanken für die Industriefinanzierung schon weit weniger zentral gewesen, erst recht in Großbritannien. Die weitläufigen Möglichkeiten der Selbstfinanzierung durch Gewinnrücklage und Aktienkapitalvermehrung hat Hilferding grandios unterschätzt. Man braucht deshalb keineswegs den oft maßgeblichen Einfluß etwa der deutschen Universalbanken zu bestreiten, der empirische Befund ist in dieser Hinsicht seit mehr als hundert Jahren ziemlich deutlich. Die Vision von einer das Finanzkapital optimal verkörpernden Zentralbank oder Großbanken-Oligarchie besitzt jedoch einmal den Charakter einer Verschwörungstheorie – hier ziehen die wahren Kapitalherren die Fäden in Wirtschaft, Gesellschaft und Politik –, und sie enthüllt die Verführungskraft, die von der Marxschen Denkfigur einer immanenten Logik des kapitalistischen Systems auch auf einen so nüchternen und blitzgescheiten Kopf wie den jungen Hilferding ausgehen konnte.[5]

Von den Grundüberlegungen seiner Analyse her konnte Hilferding zwanglos den Imperialismus in seinen Versuch einer Erklärung des Modus Operandi industriekapitalistischer Systeme einbeziehen. Außerdem kam ihm zustatten, daß Otto Braun, der Freund der Wiener Jahre, in seiner 1907 veröffentlichten bahnbrechenden Untersuchung über «Die Nationalitätenfrage und die Sozialdemokratie» auch die «kapitalistische Expansionspolitik» in einer Weise untersucht hatte, die in vielem bereits an Hilferding erinnert. Mit innerer Konsequenz leitete Hilferding aus dem Bestreben der Kartelle und Großbanken, Monopolpreise auf dem Markt durchzusetzen, die Frontwendung gegen ausländische Rivalen, mithin auch gegen den Freihandel und für den Zollprotektionismus ab. Wurden durch Schutzzölle, wie die deutschen seit 1879, fremde Anbieter ferngehalten oder ihr Geschäft doch hinreichend erschwert, war allerdings erst ein Problem gelöst. Zwei weitere Probleme blieben noch offen. Entweder machte die von den Kartellen künstlich reduzierte Produktion den Absatz auf Auslandsmärkten besonders lukrativ; Export gestattete daher Erzeugungssteigerung und eventuell Extraprofite. Oder aber der stetig wachsenden Produktion stand eine begrenzte Aufnahmefähigkeit des Binnenmarkts gegenüber, so daß ein ebenfalls unwiderstehlicher Sog von Außenmärkten ausging. Dieser doppelt motivierte Drang in den Export löste jedoch in den importfähigen Ländern ebenfalls Schutzzölle aus und verminderte die Absatzmöglichkeiten. Der Kapitalexport konnte indes die neuen Schutzmauern überspringen, die ökonomische Entwicklung der Empfängerländer beschleunigen und die Aufnahmefähigkeit ihrer Warenmärkte erhöhen. Da nach Hilferding mit voranschreitender Kartellierung dank der Ausnutzung der Monopolsituation und der Chance von «Extraprofiten» bei der Gründung neuer Großunternehmen auf Aktienbasis auch eine steigende Rate der Kapitalakkumulation verbunden war, bot die Kapitalausfuhr ein erstes Sicherheitsventil.

Warum der strukturelle Zwang zum Waren- und Kapitalexport auch zur Eroberung riesiger Kolonialgebiete führte, die eine noch effektivere Verstetigung des Wachstums und Entlastung für Großbetriebe wie Kartelle versprachen, leitete Hilferding aus den folgenden Zusammenhängen ab. Durch die Kartellbildung wurde die unmittelbare Bedeutung der Größe des Wirtschaftsgebiets für die Höhe des Profits außerordentlich gesteigert. Mit anderen Worten: je größer die ökonomische Domäne, desto größer die Konkurrenzfähigkeit auf den Außenmärkten und desto höher auch der Profit der Kartelle und Trusts. Eine hohe Profitrate versprachen dem Kapitalexport vor allem Gebiete mit geringem wirtschaftlichem Entwicklungsniveau, wie es in Kolonialterritorien gegeben war. Um die Erschließung dieser Gebiete durch die Einführung der freien Lohnarbeit, die Erziehung oder auch den Zwang zur ständigen Arbeit, notfalls die Einfuhr von Arbeitskräften, die Durchsetzung regelmäßiger Besteuerung und eines westlichen Rechtssystems vorantreiben zu können, verstanden es die Repräsentanten des Finanzkapitals, die Staatsgewalt vor den Karren ihrer Interessen zu spannen. Brach Widerstand unter der einheimischen Bevölkerung gegen die Ausbeutung und Vergewaltigung auf, verstärkte sich der Ruf «nach der starken Staatsmacht» bis hin zu der Forderung «nach politischer Beherrschung der Kapitalanlagegebiete». In diesem Fall fühlte sich das Kapital «am wohlsten», denn nun war «der Kapitalexport anderer Länder ausgeschlossen». Auf solche Weise wirkte Hilferding zufolge «auch der Kapitalexport für eine imperialistische Politik», ja, Imperialismus ist «die Wirtschaftspolitik des Finanzkapitals». Kolonialpolitik und Imperialismus werden von ihm gleichgesetzt, von Handelsexpansion aber deutlich unterschieden.

Da das Finanzkapital die Wirtschaftspolitik des Liberalismus generell verabscheute, mithin «nicht Freiheit, sondern Herrschaft» wollte, bedurfte es in jeder Hinsicht des Staates, der ihm durch Schutzzölle den Innenmarkt sicherte und nicht nur «die Eroberung ausländischer Märkte» erleichterte, sondern auch «stark genug ist, um Expansionspolitik zu treiben und neue Kolonien sich einverleiben zu können».

Damit wurde auch die Frage nach dem Abhängigkeitsverhältnis von Staatspolitik und Wirtschaftsinteressen von Hilferding eindeutig beantwortet, und zwar in dem Sinne, daß er «das Kapital» zur zweifellos übergeordneten und mächtigeren Potenz erklärte. Nicht einmal von «relativer Autonomie» der Politik war da mehr die Rede. Denn das Kapital beherrschte aufgrund seiner wirtschaftlichen Macht den Staat sowohl direkt als auch indirekt durch die Unterwerfung anderer Klasseninteressen unter die eigenen. Um jeden Zweifel an seinem strengen Funktionalismus auszuschließen, erklärte Hilferding apodiktisch: «Ökonomische Macht bedeutet zugleich politische Macht. Die Herrschaft über die Wirtschaft gibt zugleich die Verfügung über die Machtmittel der Staatsgewalt.» Aus diesem Grunde bildete das Finanzkapital «in seiner Vollendung die höchste Stufe ökonomischer und politischer Machtvollkommenheit in der Hand der Kapitaloligarchie». Auch auf dem Wege dorthin konnte «das Kapital ... keine andere Politik machen, als die imperialistische».

Während Rosa Luxemburg in ihrer Imperialismusanalyse «Die Akkumulation des Kapitals» wenige Jahre später (1913) großes Gewicht auf die Verschärfung der internationalen Konflikte durch die verschiedenen Formen der westlichen Expansionspolitik legte, äußerte sich Hilferding angesichts der widerstreitenden Tendenzen eher differenziert. Auf der einen Seite sah er eine «Situation» heranreifen, «die den Gegensatz zwischen Deutschland und England ... außerordentlich verschärfen muß» und daher «zu einer gewaltsamen Lösung hindrängt». Auf der anderen Seite sah er jedoch auch richtig die Anzeichen für eine «Solidarität internationaler Kapitalinteressen», die nicht zuletzt «vor den innenpolitischen Folgen eines Krieges» und der damit verknüpften Machtsteigerung der «sozialistischen Bewegung» zurückscheuten. Von einer eindeutigen Prognose des Ersten Weltkriegs kann bei Hilferding nicht die Rede sein, und als der militärische Konflikt 1914 zwischen Deutschland und England ausbrach, hatte er mit der Kolonialpolitik der beiden Staaten in der jüngsten Vergangenheit direkt nichts zu tun.

Für den orthodoxen Marxisten mußte die von Hilferding gezeichnete Entwicklungslogik überzeugend wirken. Daher kann es nicht überraschen, daß Lenin für sein Pamphlet über den «Imperialismus als jüngste Etappe des Kapitalismus» (1916/17) Hilferdings Werk nach Kräften auswertete. Immerhin nannte er Hilferding als einen seiner Kronzeugen, während er in seinem politisch motivierten Freibeutertum die zahlreichen Anregungen aus Bucharins vor 1916 fertiggestellter Imperialismusschrift schlechthin verschwieg.

Unabhängig vom Stellenwert der Hilferdingschen Studie für die marxistische Imperialismusanalyse stellt sich natürlich die Frage nach der Realitätsadäquatheit seiner Beobachtungen. Hier wird man zuerst konstatieren müssen, daß Hilferding – wie vorher die von ihm offenbar nicht zur Kenntnis genommene klassische Polemik John A. Hobsons – die Bedeutung des Kapitalexports für die Kolonialexpansion ganz außerordentlich überschätzt hat. Aus England wanderten die Kapitalströme hauptsächlich in die USA, nach Europa und in die späteren Dominions, nur ein kleiner Bruchteil jedoch in die tropischen Kolonien. Für die Vereinigten Staaten spielte der Kapitalexport vor 1914 eine geringe Rolle. Der Ausbau der eigenen Industrie- und Agrarwirtschaft sowie des Verkehrssystems absorbierte nicht nur das meiste Eigenkapital, sondern zog auch noch ständig Fremdkapital an; nur tröpfchenweise floß Kapital in unterentwickelte Regionen. Auch der Löwenanteil der deutschen Kapitalausfuhr ging in die entwickelten Industrieländer. Lange Jahre mußte das Auswärtige Amt nahezu mit Brachialgewalt deutsche Bankiers zu kleinen Anlagen in den Reichskolonien zwingen. Und auch im letzten Vorkriegsjahrzehnt, als die Kolonien planmäßiger erschlossen wurden, hielten sich die Investitionen beim Ausbau der Infrastruktur oder der Ausbeutung von Rohstoffen in engen Grenzen.

Zugunsten einer vermeintlichen Entwicklungslogik vernachlässigte Hilferding sowohl die Komplexität der Antriebskräfte, die auf eine imperialistische Politik hinwirkten, als auch die Perzeption der politischen Akteure, die unter dem Imperativ sehr verschiedenartiger «Sachzwänge» handeln zu müssen glaubten. Da konnte es in der Tat um die Gewinnung neuer Außenmärkte für den Warenabsatz, gelegentlich auch für die Kapitalausfuhr gehen. Die Glättung des Konjunkturverlaufs mit Hilfe der Außenwirtschaft galt als vielversprechend. Da spielte aber auch die Absicht, die innenpolitischen Verhältnisse und die Sozialstruktur durch die erhofften Erfolge imperialistischer Politik erneut rechtfertigen zu können, eine wichtige Rolle – Imperialismus entsprang, so gesehen, einem herrschaftstechnischen Kalkül und einem damit verschwisterten Legitimationsbedürfnis. Unübersehbar führte auch die permanente Wettbewerbssituation im Staatensystem, nunmehr vehement verschärft durch die Dynamik der Industrialisierung, zu einem Kampf um Einflußsphären und Kolonialgebiete. Dieser antagonistischen Konkurrenz entsprang oft ein «Preclusive Imperialism», eine Art prophylaktische Expansion, um den Rivalen durch einen frühen Zugriff, bevor man genaue Informationen über den Wert eines Gebietes besaß, zuvorzukommen. Dem Nationalismus galten Kolonien als sichtbare Symbole errungener Weltgeltung, und die aktive Teilnahme an der Aufteilung der Erde in Einflußzonen und Kolonien bewies die globale Präsenz von Flotte, Militär und Wirtschaftsmacht. Über die realhistorische Bedeutung der verschiedenen Faktoren und ihre «Gewichtung» in den Entscheidungsprozessen zugunsten imperialistischer Politik wird in der modernen geschichtswissenschaftlichen Forschung noch immer eine lebhafte Debatte geführt.

Dennoch wäre es nicht ganz fair, die Komplexität der heute erkennbaren Motive moderner Expansionspolitik ausschließlich gegen die unübersehbare Schlagseite von Hilferdings früher Analyse auszuspielen. Denn abseits der Hauptgedanken finden sich immer wieder bemerkenswerte Einsichten, die für seine analytische Beobachtungsgabe zeugen, und klüger als die meisten Kommentare der professionellen Historiker aus der neorankeanischen Schule waren sie allemal. Hilferding erkannte mit aller Deutlichkeit, daß der Imperialismus im weiten Sinn der neomarxistischen Theorie – Kolonialerwerb, Beherrschung von Einflußsphären, Kapitalexport, staatlich protegierte Gewinnung neuer Außenmärkte, Rüstungspolitik, insbesondere der Flottenbau im Zeichen des «Navalismus» usw. – das Wachstum des Kapitalismus stark beschleunigte. Durch diese Konjunkturausweitung wurde die Krisenanfälligkeit des Kapitalismus auffällig abgemildert. «Je rascher sich ... der Kapitalismus erweitert», hielt Hilferding fest, «desto länger die Prosperitätsepoche, desto kürzer die Krise». Von dieser Position aus war es nur ein kurzer Schritt zu der Einsicht, daß imperialistische Politik zugleich auch antizyklische Konjunkturpolitik bedeutete. Mit Hilfe dieser Perspektive erklärte Hilferding auch die langlebige konjunkturelle Trendperiode seit 1895/96: Die «Erschließung des Fernen Ostens, die rapide Entwicklung Kanadas, Südafrikas und Südamerikas haben einen Hauptanteil daran getragen, daß die Entwicklung des Kapitalismus so schwindelnd jäh nur durch kurze Depressionen unterbrochen seit 1895 vor sich gegangen ist». Zugleich wurden durch den Rüstungswettlauf kapitalintensive Industriesektoren nachhaltigst stimuliert.

Auch für die massenwirksamen sozialpsychischen Elemente des Imperialismus besaß Hilferding, ähnlich wie Hobson und Bauer, einen scharfen Blick. «Der nationale Gedanke», der in seiner ursprünglich liberalen Färbung «das Recht aller Nationen auf eigene staatliche Gestaltung anerkannte», verwandelte sich im Zeichen der imperialistischen Staatenkonkurrenz in den «Gedanken der Erhöhung der eigenen Nation über die anderen. Als Ideal erscheint es jetzt, der eigenen Nation die Herrschaft über die Welt zu sichern». Tendenziell wurde damit ein Kernstück des extremen Nationalismus – ob des deutschen Pangermanismus, des englischen Jingoismus, des französischen Chauvinismus, des amerikanischen Sendungsglaubens – richtig erfaßt. Darüber hinaus hob er auch hervor, daß «in der Rassenideologie ... eine naturwissenschaftlich verkleidete Begründung des Machtstrebens des Finanzkapitals» entstanden sei. Entkleidet man die These ihres ökonomistischen Charakters, bleibt die Einsicht in jene Rechtfertigungsideologien, die der Rassismus und Sozialdarwinismus damals unstreitig dargestellt haben. Als Grundlage einer modernen historisch gesättigten Imperialismustheorie ist Hilferdings «Finanzkapital» längst überholt, als anregende Streitschrift verdient sie es noch immer gelesen zu werden.[6]

Ähnlich wie bei der Imperialismusproblematik konnte Hilferding auch wieder an sein «Finanzkapital» anknüpfen, als er seine Theorie des «organisierten Kapitalismus» erstmals 1915, dann wieder seit 1924 entwickelte. Was ihm darunter vorschwebte, umriß er während des Weltkriegs im «Kampf», der theoretischen Zeitschrift der österreichischen Sozialdemokratie. Einerseits besitze das Finanzkapital, hieß es dort, die Tendenz «zu einer Umwandlung der anarchisch-kapitalistischen in eine organisiert-kapitalistische Wirtschaftsordnung». Andrerseits wirke die «ungeheure Stärkung der Staatsmacht, die das Finanzkapital und seine Politik erzeugt» habe, «in derselben Richtung». Hilferding riskierte daher die Hypothese, daß anstelle «des Sieges des Sozialismus ... eine Gesellschaft zwar organisierter, aber herrschaftlich, nicht demokratisch organisierter Wirtschaft möglich» sei, dirigiert von den «vereinigten Mächten der kapitalistischen Monopole und des Staates, unter denen die arbeitenden Massen in hierarchischer Gliederung als Beamte der Produktion tätig wären. Anstelle der Überwindung der kapitalistischen Gesellschaft durch den Sozialismus träte die den unmittelbaren materiellen Bedürfnissen der Klassen besser als bisher angepaßte Gesellschaft eines organisierten Kapitalismus». Das waren ketzerische Gedanken, welche die geheiligte Überlieferung der marxistischen Theorie in Frage stellten.

Hilferding betonte, daß der moderne Kapitalismus im Vergleich mit seinen Frühformen ein ungleich verbessertes Steuerungs- und Planungspotential entwickelt und damit vielleicht eine Chance des Weiterbestehens gewonnen habe, die sich als realistische Alternative zur Machtergreifung durch die sozialistische Arbeiterbewegung herausstellen könne. Er unterstrich jedoch auch, daß die mit großen Opfern und hartnäckiger Energie durchgehaltene Verfechtung von Arbeitnehmerinteressen die kapitalistische Gesellschaft nicht nur im Effekt stabilisiert, sondern auch neue Möglichkeiten einer lebenswürdigeren Existenz eröffnet habe. «Die konterrevolutionären Wirkungen der Arbeiterbewegung haben», spitzte er seinen Befund thesenartig zu, «die revolutionären Tendenzen des Kapitalismus geschwächt.» Während mit der Entschärfung der ärgsten Mißstände die Aussicht auf eine revolutionäre Umwandlung der kapitalistischen Gesellschaft geringer werde, stiegen, falls der Arbeiterschaft die Ausweitung demokratischer Teilhaberrechte gelinge, «die Aussichten für eine evolutionäre Verwirklichung des Sozialismus».

Nachdem Hilferding die Enttäuschung über das Scheitern der deutschen Revolution von 1918 und der USPD überwunden hatte, kehrte er im Eröffnungsaufsatz seiner Zeitschrift «Die Gesellschaft» zu der Evolutionsproblematik zurück, wobei die Abwendung von der revolutionären Tradition des Marxismus, insbesondere aber vom revolutionären Leninismus vollends vollzogen wurde. Wie bereits zwanzig Jahre zuvor sah Hilferding jetzt erst recht in den «großen Monopolen» die «entscheidenden Beherrscher der Wirtschaft», ihre Verbindung mit den Großbanken habe sich zunehmend verdichtet. «Die früher getrennten Formen des Industrie-, Handels- und Bankkapitals streben in der Form des Finanzkapitals zur Vereinheitlichung. Dies bedeutet den Übergang von dem Kapitalismus der freien Konkurrenz zum organisierten Kapitalismus.» In ihm bestand jedoch der klassische «Widerspruch» zwischen Kapital und Arbeit weiter fort, so daß sich auch in dem effizienter durchorganisierten Kapitalismus der Gegenwart unverändert die Aufgabe stelle, die «Wirtschaftsdemokratie» im Sinne des demokratischen Sozialismus durchzusetzen. Habe erst die Arbeiterbewegung die politische Vorherrschaft in der parlamentarischen Demokratie gewonnen, führte er seine Gedanken in den späten 20er Jahren weiter aus, könne sie «mit Hilfe des Staates ... diese von den Kapitalisten organisierte und geleitete Wirtschaft in eine durch den demokratischen Staat geleitete Wirtschaft» allmählich transformieren. Hilferding verfocht mit solchen Vorstellungen im Grunde eine Konvergenz von «organisiertem Kapitalismus» und staatlicher Wirtschaftsplanung unter sozialdemokratischer Führung.[7]

Die realhistorische Entwicklung in den westlichen Ländern während der vergangenen sechzig Jahre hat Hilferdings Prognose nicht erfüllt. Auch wenn man seine Hoffnung als Langzeitperspektive versteht, zeichnen sich im Westen eher politische Mischsysteme mit starken, auch von der Arbeiterbewegung erkämpften sozial- und interventionsstaatlichen Zügen ab, während eine zentrale staatliche Verwaltungswirtschaft im Zeichen eines demokratischen Sozialismus weder zu erkennen noch wünschenswert ist. Dennoch behielt Hilferding gegenüber den bornierten Bedienern der revolutionsdogmatischen Gebetsmühle insofern recht, als er die Lernfähigkeit westlicher Staats- und Wirtschaftssysteme, auf lange Sicht gesehen, realistischer beurteilte als alle Zusammenbruchsapostel. Insofern hat er sich auch von den orthodoxen Grundlagen des «Finanzkapitals» zusehends entfernt. Die von ihm anvisierte evolutionäre Veränderung der modernen demokratisch verfaßten Wirtschaftsgesellschaft durch eine Politik pragmatischer Reformen erwies sich insbesondere in den letzten vierzig Jahren als die eigentliche Aufgabe freiheitlicher Industriestaaten.

Auf einem ganz anderen Blatt steht die Frage, ob die von Hilferding nur in einigen Grundzügen entwickelte Theorie des «organisierten Kapitalismus» hier und heute der modernen Geschichtswissenschaft als Ausgangsposition und Hypothesenspender dienen kann, um allmählich zu einer historischen Theorie der Entwicklung westlicher Industriestaaten seit dem Ausgang des 19. Jahrhunderts zu gelangen. Bekanntlich ist das seit den 1970er Jahren von einer Reihe westdeutscher Historiker versucht worden. Der zu heuristischen Zwecken entwickelte Idealtypus des «Organisierten Kapitalismus» wurde zu einer Zeit diskutiert, als sich im Verlauf einer intensiven Theoriedebatte die Aufmerksamkeit insbesondere auch solchen Theorieansätzen zuwandte, die gesamtgesellschaftliche Veränderungen zu erfassen und zu erklären versprachen, während die aktuelle politische Auseinandersetzung nicht nur zur Kritik an der kruden Kryptotheorie des «Staatsmonopolistischen Kapitalismus» leninistischer Prägung herausforderte, sondern auch eine überlegene Gegentheorie zu verlangen schien. Der 1972 für eine Diskussion auf dem Regensburger Historikertag entworfene Idealtypus, der sich übrigens von Anfang an deutlich von den Hilferdingschen politisch-ökonomischen Prämissen ablöste, kombinierte eine Vielzahl von historischen Phänomenen und Faktoren mit dem Anspruch, der Forschung damit ein elastisch handhabbares

Such- und Erklärungsraster zur Verfügung zu stellen. Je nach Interessenschwerpunkten und theoretischen Vorentscheidungen wurde dieser Idealtypus in einigen Varianten mit zum Teil geringfügigen, zum Teil prinzipiellen Unterschieden auch in der praktischen historischen Forschung verwendet.

Sieht man hier von den Nuancen ab, geht es vor allem um den behaupteten inneren, kausal-funktionalen Zusammenhang von strukturprägenden Erscheinungen in einer bestimmten Phase der kapitalistischen Entwicklung: z. B. um den oligopolistischen bzw. monopolistischen Konzentrationsprozeß in der Industriewirtschaft unter dem Einfluß eines prinzipiell unregelmäßigen Wachstums; das Auftauchen neuer Führungssektoren wie der Großchemie, der Elektrotechnik, des Motorenbaus; die Verflechtung von Bank- und Industriekapital; den Aufstieg der angestellten Manager als Indiz für die zunehmende Trennung von Besitz und Kontrolle vornehmlich von Großbetrieben; die wachsende Bürokratisierung der Unternehmensleitung und, damit verknüpft, den rapiden Anstieg der Angestelltenzahl; das Vordringen des «Scientific Managements» und Taylorismus; die Expansion des tertiären Sektors; die Institutionalisierung des Klassenkampfes; den Aufstieg der Interessenverbände eines neuen Typs; die Verschränkung der staatlichen Gewalt mit sozialen und ökonomischen Interessen; die Ausformung des Interventionsstaats; die Entfaltung des Sozialprotektionismus zur Abfederung der Folgelasten westlicher Industrialisierung; die Entlastungsfunktion, die der Imperialismus ökonomisch auf den Außenmärkten und legitimatorisch als Herrschaftstechnik gewinnen konnte; die Ausbreitung von Rechtfertigungsideologien wie des Sozialdarwinismus usw. Das ist nur ein Ausschnitt aus einem weit umfassenderen Katalog, verdeutlicht aber schon das Mammutprogramm, das damit anvisiert wurde.

Einige Länderstudien, konzentriert auf einen relativ kurzen Zeitraum, insbesondere aber einige Monographien über deutsche und amerikanische Angestellte bzw. Agrarverbände haben inzwischen den heuristischen Wert dieses Idealtypus demonstriert und schließen es derzeit aus, umstandslos von einem Scheitern jener Bemühungen zu sprechen, die den Begriff des «Organisierten Kapitalismus» empirisch auffüllen wollten. Andrerseits sind sehr ernst zu nehmende prinzipielle Einwände vorgebracht worden, die erhebliche Zweifel an seinem Nutzen ausgelöst haben. So fällt es z. B. außerordentlich schwer, den Beginn des «Organisierten Kapitalismus» in verschiedenen Ländern exakt, möglichst auch in quantifizierbarer Form, zu datieren. Seinen Nutzen hat das Konzept eher in der Eingrenzung einer relativen breiten Zone des Übergangs zum «Organisierten Kapitalismus» erwiesen.

Vor dem «Organisierten Kapitalismus» hat es auch keinen «unorganisierten» Kapitalismus als eindeutig abgrenzbare Entwicklungsperiode gegeben. Staatliche Intervention reicht weiter zurück als bis in die Phase der «Großen Depression» zwischen 1873 und 1895. Frühzeitig auch gibt es Konzentrationsbewegungen, Rationalisierungsschübe, moderne Unternehmensformen wie die Aktiengesellschaft, Interessenverbände; und Kartelle und Monopole besitzen eine jahrhundertealte Tradition. Nicht wenige Merkmale, die dem «Organisierten Kapitalismus» zugeschrieben worden sind, erweisen sich bei näherer Prüfung als Kennzeichen des modernen Industriekapitalismus schlechthin oder sogar der älteren kapitalistischen Wirtschaftsformen.

Besonders gravierende Probleme wirft eine überzeugende Periodisierung der Epochen *nach* der Durchsetzung des «Organisierten Kapitalismus» – mit Hilfe welcher konsensfähigen Kriterien? – sowie eine sachangemessene Charakterisierung und Erklärung qualitativ neuartiger Phänomene auf, die seit diesem Durchbruch schlechterdings nicht zu übersehen sind. Beginnt mit der «Keynesianischen Revolution» eine neue Phase der industriekapitalistischen und interventionsstaatlichen Entwicklung? Markiert der Aufstieg der multinationalen Gesellschaften, die relativ effektive Einhegung des Konflikts zwischen Kapital und Arbeit eine neue Zäsur? Welche Kausalfaktoren, welche neuartigen Antriebskräfte haben diese Veränderungen hervorgerufen? Offensichtlich ist mit dem Eintritt in die Ära des «Organisierten Kapitalismus» die ständig weiterlaufende Transformation der industriellen und politischen Strukturen des Westens keineswegs abgeschlossen, dem Schlüsselbegriff haftet jedoch eine erkenntnishemmende Statik an.

Auch der Frage nach der relativen Autonomie des einzelstaatlichen politischen und des internationalen Systems muß sogfältiger nachgegangen werden. Wenn als Reaktion auf die dritte Weltwirtschaftskrise seit 1929 so fundamental unterschiedliche Reaktionen wie der Nationalsozialismus, der «New Deal», die Verteidigung des britischen Parlamentarismus, die französische «Volksfront» usw. möglich waren – Reaktionen, die ohne die maßgebliche Rolle vorindustrieller Traditionen und Machtaggregate überhaupt nicht angemessen erklärt werden können –, hilft auch die von vornherein konstatierte «politische Polyvalenz» des Organisierten Kapitalismus nicht viel weiter. Sowohl die enorme politische Reaktionsvarianz des Staates als auch die Tatsache, daß zahlreiche Stabilisierungsstützen dem modernen Industriekapitalismus erst als Ergebnis der konfliktreichen Verfechtung von Arbeitnehmerinteressen eingebaut worden sind, lassen sich zur Zeit mit dem ursprünglich formulierten Idealtypus kaum in Übereinstimmung bringen. In der Tat ist mit ihm die Gefahr verbunden, daß grundlegende politische und soziale Veränderungen zu «bloßen Modifikationen eines seit langem festgelegten Strukturtypus» heruntergespielt werden.

Im Prinzip geht es mithin um die Frage, ob die Konzeption des «Organisierten Kapitalismus» so erweitert, modifiziert, umformuliert werden kann, daß sie der Dynamik der sozialökonomischen und politischen Entwicklung seit dem «Durchbruch» des «Organisierten Kapitalismus» – wenn es denn eine solche Phase gegeben hat – ebenso gerecht wird wie den im Kern neuartigen Komplexphänomenen in der Gesellschafts- und Politikgeschichte der letzten sechzig, siebzig Jahre.[8]

Noch ist die Debatte, dem Anschein zum Trotz, nicht abgeschlossen. Ob die nahezu erdrückenden Gegenargumente entkräftet oder ob das Konzept des «Organisierten Kapitalismus» aufgegeben und durch ein weniger angreifbares, vielseitigeres Erklärungsmodell – vielleicht sogar durch mehrere miteinander vereinbare Theorieansätze – ersetzt werden muß, wird noch weitere theoretische Klärung erfordern, sich letztlich aber in der Werkstatt des Historikers ergeben, wenn gesamtgesellschaftliche Entwicklungen realitätsangemessen und geistig offen sowohl beschrieben als auch erklärt werden müssen. Mit dem Ausgang dieser bisher keineswegs unproduktiven Kontroverse wird freilich Rudolf Hilferdings «organisierter Kapitalismus» nichts mehr zu tun haben.

Amerikanischer Imperialismus in vergleichender Perspektive

Wenige Begriffe haben in den vergangenen Jahrzehnten eine derart inflationäre Verwendung erlebt wie «der amerikanische Imperialismus». Angesichts der globalen politischen Konstellation wird dieser fahrlässige Umgang mit einem längst zur politischen Kampfparole gewordenen Begriff so bald auch kein Ende nehmen. Deshalb muß das Thema unter einigen Sachgesichtspunkten, die den Stoff klar zu gliedern gestatten, möglichst nüchtern diskutiert werden. Am Beginn einer sachlichen Erörterung der historischen Problematik sollte eine kurze terminologische und inhaltliche Klärung stehen:

I. Wie unterscheiden sich Expansion, «Kontinentalismus» und Imperialismus voneinander?

II. Von den Antriebskräften, die in der amerikanischen Expansionsgeschichte vor dem erfolgreichen Durchbruch des Industriekapitalismus und des mit ihm aufs engste verbundenen Imperialismus eine grundlegend wichtige Rolle spielen, ist insbesondere die spezifische Bedeutung des amerikanischen Agrarkapitalismus: einer frühzeitig kommerzialisierten, exportorientierten, auf Maximalgewinn ausgerichteten Landwirtschaft, hervorzuheben.

III. Nach der Zäsur des amerikanischen Bürgerkriegs lassen sich drei Phasen des amerikanischen Imperialismus unterscheiden: eine Inkubationsphase bis etwa 1889; der Aufstieg des «klassischen» Imperialismus zwischen 1889 und 1898; eine durch Ambivalenz gekennzeichnete Periode zwischen 1898 und 1945.

IV. Schließlich kann und sollte man der Frage nicht ausweichen, wie die Epoche seit 1945 im Hinblick auf amerikanische Expansionspolitik charakterisiert werden kann.[1]

I. Seit gut 250 Jahren ist die amerikanische Geschichte weithin eine Geschichte anhaltender Expansion. Da gibt es die Ausbreitung über den Kontinent hinweg – von der atlantischen Ostküste bis zur pazifischen Westküste; da gibt es das ökonomische, das agrar- und industriewirtschaftliche Wachstum im Inneren des Landes; da gibt es die kommerzielle Ausdehnung, die frühzeitig die ganze Welt umspannt; und da gibt es den Imperialismus formeller Kolonialherrschaft und informeller Vorherrschaft in Lateinamerika und Ostasien vor allem. Expansion ist ein sehr allgemeiner Sammelbegriff, daher aber auch ein schillerndes Wort, das dringend der Differenzierung bedarf. Da es hier um die territoriale und ökonomische Ausbreitung der

Vereinigten Staaten geht, empfiehlt sich eine erste relativ grobe, aber folgenreiche Unterscheidung.

1. Man kann den amerikanischen «Continentalism» (C. Vevier), den Aufbau eines riesigen Kontinentalstaats, vom Imperialismus im engeren Sinn unterscheiden. Rund anderthalb Jahrhunderte lang dehnte sich die multinationale amerikanische Siedlergesellschaft von der Kolonialzeit bis zur Mitte des 19. Jahrhunderts, als sie Mexiko in einem nackten Eroberungskrieg die Hälfte seines Territorialbesitzes entriß, über den nordamerikanischen Kontinent immer weiter nach Westen aus. Im Norden wurde die Unabhängigkeit «Britisch-Nordamerikas» nur widerwillig und nach langem Zögern respektiert, nachdem zwischen 1778 und 1783 und noch einmal zwischen 1812 und 1814 die Eroberung mißglückt war. Mit Kanada entstand ein zweiter nordamerikanischer Kontinentalstaat, der an schierer Größe die USA sogar übertrifft. Im Süden blieb die Grenze zu Mexiko an der Vertragslinie von 1847 stehen, nur die Gadsden-Erwerbung kam wenige Jahre später noch hinzu. Das gesamte ungeheure Gebiet dazwischen wurde innerhalb von siebzig, achtzig Jahren durch Verträge und Kriege, durch das unbekümmerte Vorrücken der «Frontier», der Siedlungsgrenze, durch die Vertreibung und zum großen Teil durch die Vernichtung der Indianer im Stil eines rücksichtslosen Genozids, der aus dem öffentlichen Bewußtsein verdrängt wurde, der Union einverleibt. Seit der Mitte des 18. Jahrhunderts sprachen die Zeitgenossen vom «Rising American Empire», das als Imitation und überlegene Konkurrenz des britischen Weltreichs verstanden wurde.

Diesen Typus eines kontinentalen Reiches, das als föderative Republik organisiert wurde, sollte man vor allem deshalb nicht «imperialistisch» im strikten Sinn nennen, weil der «Continentalism» das für den Imperialismus konstitutive Gefälle zwischen Herrschenden und Beherrschten (mit Ausnahme der Neger und Indianer) nicht aufwies. Thomas Jeffersons «Northwest Ordinance» von 1787 stellte aus dem Grunde eine der bedeutendsten staatspolitischen Leistungen der «Gründerväter»-Generation dar, weil sie durch einen genial einfachen Mechanismus das künftige Wachstum der Vereinigten Staaten regelte. In drei Stufen wurden aus dem neuen Bundesgebiet westlich der ursprünglich dreizehn Küstenkolonien nach der Erfüllung bestimmter Vorbedingungen (Bevölkerungsdichte und Selbstverwaltungsorgane) jeweils Bundesstaaten, die der Union völlig gleichberechtigt beitraten. Daraus ist der einen ganzen Kontinent überspannende, lange Zeit einzige republikanisch-föderative Flächenstaat der Moderne hervorgegangen! Später ist die Verwirklichung ähnlicher politischer Organisationsprinzipien auch Kanada gelungen, aber Rußland, Brasilien, China sind bekanntlich an derselben Aufgabe bisher gescheitert.

An dieser Stelle sind drei Bemerkungen angebracht.

Gleichzeitig entwickelten die Vereinigten Staaten zwei klassische Stoßrichtungen ihrer ökonomischen Expansion, die sich einmal der Karibik und allgemein Lateinamerika, zum zweiten aber auch Ostasien und dem gesamten Pazifik zuwandte. Diese beiden Vorgänge der kommerziellen Ausbreitung sind seit dem ausgehenden 18. Jahrhundert klar zu erkennen, und an diesen «Frontiers» hat es seither keinen Stillstand gegeben.

Die anhaltende territoriale Ausbreitung über den Kontinent hinweg wurde frühzeitig interpretiert – am scharfsichtigsten von James Madison – als unabdingbare Voraussetzung einer anhaltenden «Wohlfahrt» im Inneren, einer Entschärfung der soziopolitischen Konflikte und damit als Garantie der Funktionstüchtigkeit sowohl des politischen Systems als auch der Gesellschaftsverfassung. Dieses Deutungsmuster hat sich bis ins späte 20. Jahrhundert hinein, in jeweils zeitgemäß modifizierter Form, erhalten und als außerordentlich folgenreiches Element des «American Creed» erwiesen.

Bezeichnenderweise kam der Kooptationsmechanismus, der zu Dutzenden von neuen Bundesstaaten geführt hatte, ins Stocken, als 1867 Alaska und die Hawaii-Inseln 1897/98 im Zuge der sogenannten «Non-Contiguous Expansion», der sich nicht mehr ausschließlich über den Kontinent selber erstreckenden Expansion, als Bundesgebiete gewonnen, aber bis sage und schreibe 1959 nicht als gleichberechtigte Bundesstaaten zugelassen wurden.

2. Insgesamt kann jedoch der «Kontinentalismus», der zu einer Großrepublik gleichberechtigter Mitgliedstaaten und Staatsbürger führte, relativ trennscharf vom späteren Imperialismus abgegrenzt werden. Das «neue Imperium» der Vereinigten Staaten – wie Brooks Adams 1902 das soeben entstandene überseeische Reich der Vereinigten Staaten nannte – beruhte seit den späten 1890er Jahren sowohl auf formeller Kolonial- und Protektoratsherrschaft (auf den Philippinen und auf Kuba) als auch auf dem «Informal Empire» ökonomischer Suprematie und kommerziell-politischer Einflußsphären (vor allem in Lateinamerika und Ostasien). Diesen zweiten Typus von «Empire-Building» kann man trotz einiger erwägenswerter Gegenargumente weiterhin an die Dynamik des industrie- und agrarkapitalistischen Wirtschaftswachstums und an diejenigen Probleme binden, welche durch jenen beispiellosen Transformationsprozeß aufgeworfen wurden.

Solange wie irgend möglich haben die amerikanischen Machteliten seit den 1880er Jahren – fasziniert durch die grandiosen Erfolge des englischen früh- und mittelviktorianischen Freihandelsliberalismus – die informelle Vorherrschaft bevorzugt und wo eben möglich angestrebt. Einmal war ihnen die politische, militärische und finanzielle Verantwortung, die formelle Kolonialherrschaft mit sich zu bringen pflegt, voll bewußt. Zum zweiten hatten die amerikanischen Kolonien ihre Unabhängigkeit in einem ersten modernen Emanzipationskrieg vom Mutterland erkämpft. Ein stark ausgeprägter Antikolonialismus gehört seither zum «American Creed» – jener Integrationsideologie, welche die Vereinigten Staaten von Anbeginn an bis heute überwölbt. Hinter der neuen Expansion nach Übersee steckte, wie gesagt, die ökonomische Dynamik eines kapitalistischen Landes par excellence, und weiterhin wurde die Anpassung an die rasanten Wachstumskräfte der sich schier unaufhörlich ausdehnenden amerikanischen Marktwirtschaft und Marktgesellschaft als ein «pragmatischer Expansionismus» verstanden, d. h. als eine vermeintlich ganz unideologische Ausbreitungspolitik, die nur vollziehe, was die ökonomische Grundstruktur ohnehin zu tun gebiete.

Zeitweilig wurde der überseeische Imperialismus aber auch als Mittel der Herrschaftslegitimierung und -stabilisierung eingesetzt und ausgenutzt. Auch im amerikanischen Imperialismus gibt es daher eine klar erkennbare sozialimperialistische Komponente. Heutzutage, da sich Sowjets und Chinesen jahrelang «Sozialimperialismus» wechselseitig vorgeworfen haben, wirkt der Begriff wie eine rein polemische Invektive. Als ich ihn vorher verwandte, sollte damit eine Anregung aus Max Webers Herrschaftssoziologie aufgegriffen werden, wonach sich politische Systeme unter anderem nach dem Charakter ihrer Legitimationsbasis unterscheiden lassen; folgerichtig wird die Erhaltung und Befestigung von Legitimation eine zentrale Aufgabe der Staatspolitik überhaupt. Auf der Linie solcher Überlegungen bleibt es unverändert ein wichtiges Problem, genau zu prüfen, wie der Imperialismus als Mittel der Herrschaftsstabilisierung und als legitimationsspendende Methode eingesetzt worden ist. Wie es generell eine gewisse Kontinuität vom Ausbau des kontinentalen Empire bis zum Aufbau eines überseeischen Empire gibt, läuft mithin auch die ideologische Kontinuität der Rechtfertigung einer angeblich unvermeidbaren Systemstabilisierung durch anhaltende Ausbreitung vom 18. bis ins 20. Jahrhundert weiter.

II. Die klassischen Imperialismustheorien der europäischen Liberalen und Marxisten – von Hobson bis Hilferding, von Luxemburg bis Lenin – basieren alle auf der grenzenlosen Dynamik des Industriekapitalismus. Diese Prämisse führt im Falle der Vereinigten Staaten leicht in die Irre, und man tut gut daran, sich an die altehrwürdige Unterscheidung von Handels-, Agrar- und Industriekapitalismus zu erinnern; die beiden ersten Spielarten des Kapitalismus hatten jahrhundertelang existiert, ehe der industrielle Produktionskapitalismus seinen Siegeszug antrat. In den Vereinigten Staaten hat jedenfalls frühzeitig eine hochkommerzialisierte, exportorientierte, bald auch gewissermaßen industriell-maschinell betriebene agrarkapitalistische Landwirtschaft auf die Außenmärkte hinausgedrängt. Die politischen Repräsentanten der Farmer, Rancher und Pflanzer im Kongreß und in der Regierung, in den Wirtschaftsverbänden und Lobbies forderten staatliche Unterstützung in vielfältiger Form. Sie verlangten Subventionen, ein Konsularsystem, Schutzzölle, aber Freihandelsverträge, wo sie ihre Überlegenheit voll ausspielen konnten. Sie votierten für den Bau der «neuen Schlachtflotte» zum Schutz des Handelsverkehrs – längst ehe sich Tirpitz diesem sogenannten «Navalismus» anschloß. Sie paßten währenddessen die ältere Expansionsideologie den neuen Zeitläufen an.

Als sich die Industrie seit den 1880er Jahren ebenfalls verstärkt nach außen wendete, fand sie – das muß man sich mit allen Konsequenzen klar machen – die politischen Strategien, die Verhaltensweisen der Lobbies, die Rechtfertigungsideen bereits voll ausgeformt vor; sie brauchte sie alle nur zu übernehmen und in den Dienst ihrer Ziele zu stellen. Hier liegt ein fundamentaler Unterschied zum englischen, französischen, deutschen, belgischen, russischen Imperialismus. Dort spielte die agrarkapitalistische Landwirtschaft als Expansionsmotor nicht nur keine Rolle, sondern sie mußte, wie z. B. in Preußen-Deutschland, erst mühsam durch Kompensationsleistungen für eine imperialistische Politik gewonnen werden.

Als der «Kontinentalismus» seine Ziele weithin erreicht hatte, als die wachsende Bedeutung der Landwirtschaft und der jungen Industrie und eines deshalb vital wichtigen Außenhandels sich abzeichneten, hat William Seward, einer der großen Propheten der amerikanischen wirtschaftlichen und politischen Suprematie nach der Mitte des 19. Jahrhunderts, mit analytischem Scharfsinn und großzügigen Prognosen ein Bild künftiger amerikanischer Ausbreitung über die Erde entworfen, das ganz am britischen «Informal Empire» orientiert blieb, Amerika aber wegen seines ungeheuren ökonomischen Potentials die Rolle des überlegenen Nachfolgers zuwies. Seward sagte ein informelles «Imperium Americanum» voraus, das auf Stützpunkten, Häfen und Handelsverträgen beruhte und in dieser weltumspannenden Absicherung der Interessen den wirtschaftlichen Bedürfnissen Amerikas am besten gerecht werde. Gleichzeitig werde es der Welt als Musterrepublik – als das «Neue Zion» der puritanischen Verheißung – zum Vorbild dienen. Diese Hoffnung, der Welt das Modell eines modernen Gemeinwesens bieten zu können, spielte ja seit dem 18. Jahrhundert nicht nur in der amerikanischen Innenpolitik, sondern auch in der Außenpolitik eine nicht unerhebliche Rolle. Seward wiederholte nur in einprägsamen Worten diesen Missionsauftrag der großen demokratischen Republik in einer nahtlosen Verknüpfung mit der Wahrung wirtschaftlicher Interessen.

III. Bekanntlich hat die amerikanische Industrie vor dem Bürgerkrieg den größten Teil ihrer «Take-Off»-Phase durchlaufen. Nach dem mörderischen Aderlaß, der am Schluß die Form des «totalen Kriegs» annahm, haben die innere «Rekonstruktion» und die Erschließung des Landes bis Kalifornien, hat vor allem der rapide Ausbau der klassischen Führungssektoren der Industriewirtschaft – an erster Stelle der Eisenbahnen – die Energien absorbiert, bis sich seit den 1880er Jahren eine neue Konstellation mit neuen Interessenaggregaten zugunsten der kommerziellen, aber auch der imperialistischen Ausbreitung herausbildete. Zu den exportorientierten Farmern, Ranchern und Pflanzern, zu den Großhändlern und Außenhandelsfirmen traten allmählich wichtige Industriebranchen und Banken hinzu. Nur ein einziges Mal hat jedoch im ganzen 19. Jahrhundert – Mitte der 90er Jahre! – der Industrieexport die

Agrarausfuhr übertroffen (und oft liegt diese heute noch vorn). Dennoch: Das vehemente Industrialisierungstempo führte seit den 80er Jahren dazu, daß immer mehr Unternehmer, Politiker, Journalisten ganz ähnlich wie die Agrarier argumentierten, den Binnenmarkt für übersättigt erklärten und im Außenhandel das Sicherheitsventil für die hochtourig laufende Industriemaschine erblickten. Diese Ventil-Metapher findet sich auch häufig in analogen Situationen in anderen imperialistischen Staaten wie England, Frankreich und Deutschland.

Seither kann man zunächst drei Phasen einer tendenziell imperialistischen Expansion unterscheiden.

1. Während der Inkubationsphase bis rund 1889 hatten die Amerikaner seit den 1840er Jahren in Ostasien die Politik der «Offenen Tür», wie sie die Engländer so erfolgreich praktizierten, direkt imitiert, die Erschließung Japans und Koreas vorangetrieben und die Handelsbeziehungen nach dem Bürgerkrieg weiter intensiviert. Die potentielle Bedeutung des asiatischen Großmarkts wurde für so wichtig gehalten, daß deshalb Marinestationen auf dem Wege dorthin zunehmend wichtiger wurden – daher die intensiven Bemühungen um die Anbindung Hawaiis, das früh unter den Schutz der Monroe-Doktrin gestellt wurde, obwohl es Tausende von Kilomotern außerhalb der «Westlichen Hemisphäre» im Nordpazifik lag; daher auch der Kauf Alaskas kurz nach dem Bürgerkrieg.

Nach Lateinamerika, dem «Markt unmittelbar vor der eigenen Tür», wandte sich der neue «Panamerikanismus», der ganz von Washingtons Interessen bestimmt wurde und in Südamerika auf den riesigen Vorsprung des großen Rivalen, Englands, traf. In einer Serie von immer härteren Zusammenstößen wurden die amerikanischen Interessen energisch verfochten, bis die Rivalität 1895/96 in der Venezuela-Krise die amerikanische Politik in einer Art von früher «Brinkmanship» bis an den Rand des Kriegs mit England führte.

Darüber hinaus interessierte sich Washington für die «Kongo-Freihandelszone», die Bismarck 1885 auf der Berliner Konferenz zu schaffen half und dehnte seinen Einfluß im Südpazifik auf den Samoa-Inseln aus; und selbstverständlich nahmen währenddessen die lukrativsten Handelsbeziehungen: diejenigen mit den industriellen Ländern Europas, sprungartig weiter zu.

2. Im Jahrzehnt zwischen 1889 und 1898 traten die Vereinigten Staaten in eine Periode forcierter imperialistischer Politik ein. Wie in den europäischen Industrieländern hatten 1873 schwere Wachstumsstörungen eingesetzt und seither länger als zwei Jahrzehnte angehalten. Auch in Amerika sprach man – wie etwa in England und Deutschland – von einer «Großen Depression». Sachlich richtig ist es dagegen, von einer «Großen Deflation» zu sprechen, denn der Wachstumsprozeß hielt insgesamt – wenn auch mit reduzierten Wachstumsraten – durchaus weiter an, so daß eine «Mengenkonjunktur bei sinkenden Preisen» (H. Rosenberg) fortbestand. Nach dem harten Einschnitt

der ersten Depression von 1873 bis 1879 wirkte die zweite Depression von 1882 bis 1886 bereits tief auf Gesellschaft und Politik ein, und die dritte Depression von 1893 bis 1896 erschien vollends als eine gefährliche ökonomische, soziale und politische Bedrohung. Fast alle Wirtschaftszweige klagten über Absatzprobleme, Preisverfall und Überproduktion. Der Ruf nach der Eroberung neuer Außenmärkte wurde – ob bildlich oder wörtlich gemeint – immer lauter, und in der Tat fehlten der amerikanischen Bundesregierung ja auch wirtschaftspolitische Alternativen, wie z. B. eine antizyklische Konjunkturpolitik oder eine dynamische Lohnpolitik, zur Ausweitung des Binnenmarkts.

Hinzu kam das seit der zweiten Depression gerade unter den politischen Machteliten weitverbreitete und wachsende traumatische Gefühl, daß die Gelenkbänder des sozialen und politischen Systems bis zum Zerreißpunkt überdehnt würden. Das war primär eine Frage der verzerrten Perzeption der damaligen Probleme. Aber bekanntlich entscheidet die Art, wie die Akteure die «Realität» definieren, über ihre Reaktionen und Handlungen – nicht jedoch der objektive Befund, den Wissenschaftler, z. B. Wirtschaftsstatistiker und Konjunkturexperten, später präsentieren. Die übertreibend wahrgenommenen Gefahren schienen unaufhaltsam zu wachsen:

Blutige Streiks mit vielen Toten erschütterten nicht nur die Industrie, sondern auch die Öffentlichkeit; schließlich wurden sogar Bundestruppen als Streikbrecher eingesetzt. Die agrarische Protestbewegung des «Populismus» erfaßte fast alle Farmgebiete und mündete sogar in die Gründung einer dritten, rasch wachsenden Partei. Heere von Arbeitslosen marschierten nach Washington, sie schienen das Ende der öffentlichen Ruhe und Ordnung in der Bundeshauptstadt anzukündigen. Sozialisten gewannen im Dachverband der amerikanischen Gewerkschaften, der «American Federation of Labor», die Oberhand, zwar für kurze Zeit nur, aber die Wahlentscheidung als solche reichte aus, um düstere Befürchtungen über das Vordringen des Marxismus in der amerikanischen Arbeiterschaft auszulösen. Anarchistische Attentäter erzeugten mit ihren Bombenanschlägen eine hysterische Reaktion. In dieser Atmosphäre wurde der milde Reformliberalismus des Demokratischen Präsidentschaftskandidaten William J. Bryan – später Wilsons Außenminister – allen Ernstes mit dem jakobinischen Terreur verglichen. Sollte er im Wahlkampf siegen, sahen Mitglieder der Republikanischen Machtelite wie Henry C. Lodge, Theodore Roosevelt, John Hay und die Gebrüder Adams sich selber und andere ihresgleichen an der nächsten Straßenlaterne baumeln. Kein Zweifel, die sozialökonomische Krise schlug in sozialpsychische Panikerscheinungen, in eine wahre Hysterie gerade unter den «Meinungsmachern» um.

Die historisch fundierte Gegenwartsanalyse unterschiedlicher Experten bestätigte den bestürzenden Befund, daß die Vereinigten Staaten sich in einer fundamentalen Krise befänden. Der Historiker Frederick J. Turner deutete das vom Statistischen Bundesamt verkündete Ende der wandernden Siedlergrenze, der «Frontier», als Ende einer Epoche; er band den Bestand der Demokratie und die Funktionstüchtigkeit der amerikanischen Institutionen an weiteres Wachstum – dazu gehörte auch der Imperialismus in Übersee. So wurde Madisons Interpretation fortgeführt!

Der Flottentheoretiker Alfred T. Mahan, prominentester Verfechter des neuen «Navalismus», hielt den Trend zur Kolonialreichsbildung ohnehin für unwiderstehlich. Um so nachdrücklicher plädierte er für den forcierten Ausbau der amerikanischen Schlachtflotte. Und Brooks Adams verkündete das vermeintliche «historische Gesetz», daß der Sitz der Weltreiche seit der Antike von Osten nach Westen weitergewandert sei und nunmehr Amerikas Stunde schlage. Auf diese Weise ließe sich der Überblick über die Krisendiskussion noch lange fortführen.

Aus agrar- und industriewirtschaftlichen Überkapazitäten, aus sozialen Krisen und politischen Problemen entstand der ideologische Konsens, daß ein konsequenter Wirtschafts- und Sozialimperialismus die ökonomischen Fragen lösen, die Gesellschaft stabilisieren und das politische Herrschaftssystem durch den Beweis seiner Funktionstüchtigkeit erneut legitimieren werde.

Das ist der Kontext, in dem die amerikanische Politik in Chile, in Brasilien, in Nicaragua, in Venezuela zum Kampf gegen die englische Konkurrenz antrat, in dem der asiatische Markt immer wichtiger aussah und – dem technischen Entwicklungsstand der Zeit entsprechend – Häfen und Flottenstationen auf dem Wege dorthin immer dringender wirkten. 1897/98 schürzte sich dieser Knoten noch dichter und wurde schließlich durch den Spanisch-amerikanischen Krieg von 1898 zerschlagen.

In der Karibik, wo seit 1895 ein neuer Aufstand gegen die spanische Kolonialherrschaft auf Kuba schwelte, wollte die Washingtoner Regierung die wirtschaftlichen Interessen amerikanischer Firmen und Investoren schützen, auch einen Störfaktor ausschalten, welcher die 1896 zurückkehrende Prosperität gefährden könne, vor allem aber freie Hand gewinnen, um sich mit ganzer Kraft Ostasien zuwenden zu können, wo 1897 die deutsche Annexion von Kiautschau den Wettlauf der Großmächte um die «Aufteilung Chinas» endgültig eröffnet zu haben schien. Hier: im «Fernen Osten», lag der eigentliche «nervus rerum» des Kriegs von 1898.

Sympathien für die kubanischen Guerilleros spielten dagegen keine Rolle, sie wurden nicht einmal als Unterstützungsfaktor in die amerikanische militärische Strategie mit einbezogen. Diplomatisch geschickt wurde jedoch Spanien mit immer schärfer formulierten Forderungen derart in die Enge getrieben, daß es den Krieg erklärte; damit nahm es das Odium des Aggressors auf sich. Wie seit 1896 in der Planungsabteilung des amerikanischen Marineministeriums projektiert, riegelte die amerikanische Flotte Kuba ab, die Insel wurde besetzt und als Protektorat behandelt. Soeben noch rechtzeitig hatte eine Senatskoalition, die sich auf der Grundlage des traditionellen

Antikolonialismus und der Furcht vor den Problemen einer gemischtrassigen Gesellschaft zusammenfand, die formelle Annexion blockiert. Die kleine spanische Insel Puerto Rico dagegen wurde ohne jede Debatte sofort annektiert.

In Ostasien zerstörte – wie ebenfalls seit 1896 exakt geplant! – Admiral Deweys Pazifikgeschwader die marode spanische Flotteneinheit vor Manila. Noch vor dem Eintreffen der Siegesnachricht wurde bereits eine Expedition von San Francisco aus in Marsch gesetzt, die Besetzung von Manila und die Erhebung der Steuern im Namen der amerikanischen Besatzungsmacht befohlen. Auch auf den Philippinen kämpfte eine Unabhängigkeitsbewegung unter Emilio Aguinaldo gegen die spanischen Kolonialherren; auch hier erwogen die am Entscheidungsprozeß beteiligten amerikanischen Politiker keine Kooperation mit diesem potentiellen Verbündeten. Ursprünglich sollte nur Manila als eine Art «amerikanisches Hongkong», wie es bezeichnenderweise hieß, annektiert werden. Innerhalb weniger Wochen fiel jedoch die Entscheidung für die Übernahme des gesamten philippinischen Archipels als amerikanische Kolonie. Vor allem drei Gründe sind für diese folgenreiche Entscheidung ausschlaggebend gewesen:

1. Falls Washington nur Manila annektierte, stand ein Konkurrenzkampf der Großmächte – insbesondere Englands, Deutschlands, Japans – um den Besitz der Inselgruppe bevor. Sogar ein Krieg war durchaus denkbar, jedenfalls konnte er nicht a limine ausgeschlossen werden. Im Effekt wäre Manila auf jeden Fall von seinem Umfeld, das unter fremde Souveränität geraten wäre, abgeschnitten und isoliert worden.

2. Aguinaldos Guerilleros hätten nach der spanischen Niederlage die Inseln leicht erobern und Manila ständig bedrohen können. Bald sah sich die amerikanische Besatzungsarmee in der Tat in einen erbitterten Kolonialkrieg mit den Aufständischen verwickelt; dieser Krieg bewies kurze Zeit nach dem Abschluß der amerikanischen Planung, wie realistisch gerade diese Überlegung gewesen war.

3. Der Zusammenprall der westlichen Mächte in China gebot eine schnelle Entscheidung. Aus all diesen Motiven eines «Preclusive Imperialism», eines prophylaktisch zugreifenden Imperialismus, wurden schließlich die Philippinen insgesamt annektiert. Gleichzeitig wurde der Anschluß Hawaiis an die Vereinigten Staaten vom Kongreß gebilligt. Beide Inselgruppen galten seither als Stützpfeiler auf dem Weg zum asiatischen Markt – ihr funktioneller Wert war es, der den ersten Rang bei der Kriegszielplanung annahm!

Am Ende des Spanisch-amerikanischen Krieges standen die Vereinigten Staaten als Weltmacht mit einem Kolonialreich da. Die Karibik war zum «amerikanischen Mittelmeer» geworden; der künftige transisthmische Kanal konnte von Washington kontrolliert werden; Kuba blieb mehr als ein halbes Jahrhundert lang ein kaum verschleiertes amerikanisches Protektorat; Puerto Rico wurde Bundesbesitz. Seither wußte man in London, wer der englischen

Handelsmacht die Vorherrschaft in Lateinamerika noch entschiedener streitig machen werde.

In Ostasien besaßen die Vereinigten Staaten die Philippinen; auf dem Wege dorthin Hawaii, Wake und Guam; sprungbereit warteten sie auf den Fortgang des «Scramble for China». Schritt für Schritt hatten die Machteliten Amerikas Interessen definiert und konsequent verfochten – bis hin zu der lange Zeit verpönten Kolonialherrschaft. Kein irrationaler Nationalismus, kein «Fit of Absentmindedness», sondern ein nüchternes Interessenkalkül hatte der Union die neue Rangstellung von 1898 verschafft. Auch den zeitgenössischen Beobachtern wurde sogleich klar, daß nunmehr mit einer neuen Weltmacht zu rechnen war.

IV. Die dritte Phase des amerikanischen Imperialismus von 1898 bis 1946 ist durch eine typische, tiefe Ambivalenz gekennzeichnet. Mittel- und Südamerika wurden weiterhin als nordamerikanische Domäne betrachtet – ungeachtet der Formalsouveränität der unterlegenen Staaten. Kuba blieb, wie erwähnt, bis 1958 ein halbkoloniales «Schutzgebiet». Protektoratsherrschaft charakterisierte auch das Verhältnis zu nicht wenigen karibischen und mittelamerikanischen Staaten. Allein von 1902 bis 1916 intervenierte die amerikanische Marineinfanterie rund dreißigmal in der Dominikanischen Republik, um die ökonomischen Interessen amerikanischer Unternehmen durchzusetzen. War es unter Präsident L. B. Johnson das letztemal? Der Staat Panama, ein Kunstprodukt um den amerikanischen Kanal herum, blieb eine Quasi-Kolonie. Abgesehen von Puerto Rico, dessen Kolonialstatus allmählich aufgelockert wurde, und abgesehen von Panama schuf die amerikanische Politik nach 1898 jedoch kein lateinamerikanisches Kolonialreich, obwohl sie keine überlegene Gegenmacht auf Dauer daran hätte hindern können. Vielmehr übte sie die ökonomische, öfters auch die politische Vorherrschaft – unterstützt durch regelmäßiges militärisches Eingreifen – meistens eher indirekt, mit den Methoden des «Informal Empire» aus.

In Ostasien blieb Washington bei der bislang bewährten Politik der «Offenen Tür», die dem amerikanischen Potential auf längere Sicht die größten Chancen zu bieten schien. Erst als Japan mit dem Hegemonialanspruch seiner «Asiatischen Prosperitätssphäre» den Zugang zu blockieren begann, zog Amerika den Krieg ins Kalkül, dessen Eröffnung dennoch – wenn sich der japanische Angriff auf Pearl Harbor nicht ereignet hätte – dem Kongreß nur schwer (wenn überhaupt) hätte abgerungen werden können.

Wichtig ist in diesem Zusammenhang, daß die Vereinigten Staaten zu Beginn der globalen Dekolonisation die Philippinen, denen sie bereits 1934 die Unabhängigkeit versprochen hatten, unmittelbar nach dem Zweiten Weltkrieg (1946) tatsächlich in die Selbständigkeit entließen. Damit endete im Grunde nach 48 Jahren die Episode der amerikanischen Kolonialherrschaft. (Heute besteht sie nur noch als Spurenelement auf Samoa und in

Guantanamo weiter fort.) Insofern ist auch, aus der Vogelperspektive betrachtet, formelle Kolonialherrschaft nicht das dominierende Problem der amerikanischen Außenpolitik seit 1898. Und im Gegensatz zu Europa gibt es auch keinen amerikanischen Faschismus, der an Kolonialtraditionen hätte anknüpfen können, wie das z. B. der Nationalsozialismus mit seiner typischen Umformung des älteren Imperialismus in einen rassenideologisch fundierten Lebensraum- und Kontinentalimperialismus getan hat. Sowohl der tiefverwurzelte Antikolonialismus des Landes als auch die kühle Kosten-Nutzen-Abwägung standen auf längere Sicht einem amerikanischen Kolonialreich entgegen.

Das große Dauerproblem der amerikanischen Außenpolitik seit den 1890er Jahren bleibt vielmehr, wie entschieden die ökonomisch-kommerzielle Suprematie, auch in Gestalt des «Informal Empire», politisch – und sogar militärisch – abgesichert und verteidigt wurde und wird.

Hier taucht ein vertrautes methodisches Problem auf. Offensichtlich braucht man einen Begriff wie «Informal Empire» – Lenin sprach auf der Suche nach einem solchen Begriff von «Halbkolonien» –, um in Abwesenheit formeller Gebietsherrschaft ökonomisch-politische Präponderanz zu charakterisieren. Sie empirisch überzeugend nachzuweisen, wirft jedoch gewöhnlich außerordentlich diffizile Probleme auf, denn es muß ja, wenn denn der Herrschaftsbegriff «Imperialismus» zutreffen soll, die Transformation ökonomischen Einflusses in politische Macht nicht flugs behauptet, sondern nach wissenschaftlichen Kriterien plausibel nachgewiesen werden. Manchmal gelingt das (wie z. B. in Ferns' Studien über das Verhältnis von Großbritannien und Argentinien bis 1914). Meist ist es aber extrem schwierig, einen solchen Beweis zu führen, auch wenn der Augenschein für ein indirektes Abhängigkeitsverhältnis spricht. Generell bedeutet, das ist banal genug, ökonomischer Einfluß keineswegs überall politische Macht. Aus hohen Investitionen in Großbritannien, in der Bundesrepublik Deutschland oder in Norditalien ergibt sich noch längst kein amerikanisches «Informal Empire», das diesen Namen verdient. Einfluß, Pression und Kooperation muß man hier mit Hilfe von anderen Begriffen analysieren. In Mittelamerika dagegen kann die Situation ganz anders aussehen. Kurz: Von Fall zu Fall ist jeweils Differenzierung, Vorsicht und mühsame empirische Arbeit geboten.

V. Die Problematik leitet zum vierten Fragenkomplex über, wie sich die amerikanische Expansion seit 1945/46 charakterisieren läßt. In der deutschen Geschichte bedeutet die Zerstörung des Hitlerreichs mit seinem maßlosen Kontinental- und Rassenimperialismus eine unübersehbare und unüberbrückbare Zäsur. Bald darauf schuf die Periode der Dekolonisation für alle europäischen Kolonialmächte einen tiefen Einschnitt. Auch für die Vereinigten Staaten gibt es seit 1945/46 eine neue internationale

Konstellation, nur geht ihr nicht ein so dramatischer Absturz wie in Deutschland, vielmehr der kurzlebige Triumph wahrer Weltherrschaft voraus.

Im Hinblick auf die alten europäischen Kolonialreiche stand Washingtons Drängen hinter der großen Dekolonisation von den 40er Jahren bis in die 60er Jahre. Mit ungemilderter Härte wurden England, Frankreich, Belgien, Portugal unter Druck gesetzt, ihren überseeischen Besitzungen die Unabhängigkeit zuzugestehen. Hier knüpfte Washington ideologisch mit hohem Pathos an die antikolonialen Traditionen der Vereinigten Staaten an; interessenpolitisch wollte es in allen europäischen Kolonien und formalsouveränen Neustaaten die «Offene Tür» erzwingen. An ein neues amerikanisches Kolonialreich hat dagegen kein verantwortlicher Politiker zu diesem Zeitpunkt mehr gedacht.

Der sich im Duell zwischen Wilson und Lenin seit 1917/18 ankündigende Weltkonflikt wurde seit 1945/46 zur Dauerkonstellation. Das bipolare Weltstaatensystem der Nachkriegszeit enthüllte eine historisch beispiellose Aufladung aller Konflikte. Fast alle Interessengegenstände rückten in den Schatten des russisch-amerikanischen Grundantagonismus. Die amerikanischen Führungseliten nahmen diesen Streit als Kampf zwischen Demokratie und Diktatur, sogar zwischen dem Reich des «Lichts» und der «Finsternis» wahr. Über alle älteren Reibungsflächen konnte sich seither die neue Patina des Ost-West-Konflikts legen. Das kann man sich z. B. an der Politik in Mittelamerika und in der Karibik klarmachen.

1. Noch 1954 gelang es der «United Fruit Company» zusammen mit dem State Department, die Reformregierung von Präsident Arbenz in Guatemala zu stürzen. War es die vermeintlich unumgängliche Verteidigung ökonomischer Interessen, als eine Beschneidung der wirtschaftlichen Souveränität von «United Fruit» bevorstand? Oder war es die übertriebene Furcht vor einem angeblichen Linksregime, das den Sowjets die Infiltration oder gar Stützpunkte geboten hätte?

2. Noch Präsident Johnson intervenierte massiv im Stil des Rooseveltschen «Big Stick» gegen die Dominikanische Republik. Aber war das die unheilige Tradition militärischen Eingreifens in den Karibikstaaten? Oder war es wiederum primär die Furcht vor dem russischen Einfluß und das strategische Schutzbedürfnis im «amerikanischen Mittelmeer», das Chruschtschow unlängst auf Kuba tölpelhaft verletzt hatte?

3. Das bisher letzte trübselige Beispiel ist die sinnlose Kraftprotzerei Reagans bei der Invasion des Zwergstaates Grenada. Aber wer weiß, was die Lemuren des Pentagon, des CIA, der Beratungsinstitute dem großen «Telekrator» noch an törichter Politik gegen das sandinistische Nicaragua einreden, obwohl doch die Alternative eines ernst gemeinten Marshall-Plans für Mittelamerika politisch so unendlich viel klüger und im Sinne wohlverstandener amerikanischer Eigeninteressen wäre!

Ohne Zweifel werden auch von Washington alte imperiale Methoden der Gehorsamserzwingung weiter angewandt – es verriete Realitätsblindheit, das zu leugnen. Unter der Präsidentschaft Reagans tut die amtierende Regierung geradezu alles, um jede Illusion im Hinblick auf eine wohlbedachte Interessenpolitik gegenüber Schwächeren auszuräumen. Andrerseits scheinen die älteren Imperialismustheorien mit ihrer Betonung der Folgen industriekapitalistischen Wachstums – auch des ominösen Kapitalexports, der längst in die industriell hochentwickelten Länder und nicht mehr aus den westlichen Staaten in die unterentwickelten Regionen geht –, mit ihrer Betonung des Zwangs zur System- und Herrschaftstabilisierung in der Epoche nach 1945/1946 nicht mehr überzeugend zu greifen. (Man kann sich das durch eine kontrafaktische Annahme vergegenwärtigen: Der «Norden» könnte eine hypothetische Autarkiesituation überleben, der «Süden» nicht einmal kurze Zeit!) Das idoeologische Duell der Supermächte überformt alle Konflikte einschließlich der Stellvertreter-Kriege. Zur Analyse dieser Konflikte um die Verteidigung oder Ausdehnung von Einflußsphären und Interessenzonen bedarf es neuer analytischer Konzeptionen, die der neuen bipolaren Welt im Schatten konkurrierender Ideologien besser gerecht werden als die alten Theorien. Im Prinzip könnte das zur Aufwertung einer wahrhaft modernen Politikgeschichte führen.

Für eine traditionelle Landmacht wie die Sowjetunion stellt sich die Expansion in Osteuropa und neuerdings in Afghanistan anders dar als für die Vereinigten Staaten, die immer noch eher in Kategorien wie denen der «Offenen Tür» denken, im Prinzip die Methoden des «Informal Empire» unverändert bevorzugen. Das Kontinuitätsproblem imperialistischer Herrschaft stellt sich daher, wie gesagt, für die Vereinigten Staaten in erster Linie im Bereich des «Informal Empire». Das methodische Problem, wie wissenschaftlich einwandfrei geklärt werden kann, was unter «Informal Empire» zu subsumieren ist, bleibt freilich auf der Tagesordnung. Daß es vertrackt und schwierig ist, ist unstreitig wahr. Dennoch müssen wir unverdrossen prüfen, ob und wieweit ökonomischer Einfluß in politische Macht verwandelt wird – oder vor welchen Grenzen er Halt machen muß. Fraglos ist die Methodik des «Informal Empire» weniger brutal, weniger schmerzhaft als die offene territoriale, koloniale Herrschaft. Trotzdem müssen wir dazu beitragen, im allgemeinen – und unter Amerikanern im besonderen – das Gefühl dafür zu schärfen, daß auch ein vergleichweise milder «informeller Imperialismus» eine Verweigerung von Selbstbestimmung bedeutet. Vorenthaltene Autonomie kann jedoch auf längere Sicht ebenso gefährliche Empörung und antiamerikanisches Ressentiment erzeugen wie direkte koloniale Ausbeutung.

Wer heutzutage richtig vor dem Wende-Wind liegen will, wird das als aufklärerische Illusion belächeln. Als Historiker stehen und jedoch soviel andere Möglichkeiten, als durch beharrliche Aufklärung auf Veränderung zum Besseren hinzuwirken, gar nicht zur Verfügung.

III.
Anhang

Anmerkungen

Vorwort

1. Vgl. H.-U. Wehler. Krisenherde des Kaiserreichs 1871–1918. Studien zur deutschen Sozial- u. Verfassungsgeschichte, Göttingen 1970/1979[2]; ders., Historische Sozialwissenschaft u. Geschichtsschreibung. Studien zu Aufgaben u. Traditionen deutscher Geschichtswissenschaft, ebd. 1980; ders., Preußen ist wieder chic... Politik u. Polemik in 20 Essays, Frankfurt 1983.
2. Zum «Historikerstreit» habe ich mich hier nicht mehr geäußert. Das ist ausführlich geschehen in: H.-U. Wehler, Entsorgung der deutschen Vergangenheit? Ein polemischer Essay zum «Historikerstreit», München 1988.
3. Vgl. H.-U. Wehler, Deutsche Gesellschaftsgeschichte, Bde. I u. II, München 1987. Bd. III wird die Zeitspanne von 1850 bis 1918 behandeln.
4. Vgl. H.-U. Wehler, Bismarck u. der Imperialismus (1969), Frankfurt 1984[5]; ders., Der Aufstieg des amerikanischen Imperialismus, 1865–1900, Göttingen 1974/1987[2]; ders. Hg., Imperialismus (1970), Düsseldorf 1979[4].

Die deutsche Frage in der europäischen Politik

1. Österreich als einen genuin deutschen Staat lasse ich hier aus pragmatischen Gründen beiseite.
2. Eine solche Kritik hängt von einer entscheidenden Prämisse ab: daß sich nämlich aus wohlverstandenem Eigeninteresse ein rationales Entscheidungshandeln der Machteliten auf beiden Seiten durchsetzt. Kann man sich dieser politischen Vernunft, das ist eine legitime Frage der Kritiker, auf die Dauer stets sicher sein? Andrerseits: Was wäre eine überlegene realistische Alternative zu dieser Annahme?
3. Nicht zufällig ist für sie in letzter Zeit der Name des borniert deutschnationalen «Stahlhelms» parteiintern aufgekommen.
4. Rund 120 Jahre später wird übrigens auch Rußland mit einbezogen!
5. Trotz allem vermutlich unvermeidbaren Pragmatismus in der Personalpolitik nach 1945 werden Angehörige meiner Generation nie verstehen, warum man exponierte Helfershelfer *dieses* Systems, wie die Globke und Vialon, die Gehlen und Oberländer, in verantwortliche Positionen gehievt, den antiabsolutistischen «Richterschutz» ausgerechnet auf Freislers Volksgerichtshof ausgedehnt hat.
6. Glaubte ich nicht an diese Möglichkeit, würde ich den Historikerberuf aufgeben.
7. Um an ein bekanntes Gedankenspiel Adenauers noch einmal zu erinnern: Böte die Göttin der Geschichte entweder die staatliche Einheit *mit* der DDR oder österreichische Verhältnisse *in* der DDR an, sollte Bonn die österreichische Lösung sofort akzeptieren, das abgrundtiefe Risiko der nationalstaatlichen deutschen Großmacht jedoch aus politischer Klugheit und historischer Einsicht zurückweisen.

1933 – ein halbes Jahrhundert danach

1. Wie man mit dem Argument dieses Pragmatismus auch Schindluder treiben kann, hat auf einer großen wissenschaftlichen Konferenz, die 1983 im Berliner Reichstagsgebäude zur Erinnerung an den 50. Jahrestag der «Machtergreifung» abgehalten wurde, Hermann Lübbe mit aller denkbaren Klarheit in seinem Vortrag demonstriert, der danach gleich mehrfach publiziert wurde. (Der Nationalsozialismus im Bewußtsein der deutschen Gegenwart, in: Frankfurter Allg. Zeitung 24. 1. 1983, 9; Der Nationalsozialismus im deutschen Nachkriegsbewußtsein, in: Historische Zeitschrift 236. 1983, 579–99; Der Nationalsozialismus im polit. Bewußtsein der Gegenwart, in: M. Broszat u. a. Hg., Deutschlands Weg in die Diktarur, Berlin 1983, 329–49) Ihm erschien ein völlig vorbehaltloser Pragmatismus als die einzig mögliche Verhaltensweise, da, auf Ganze gesehen, alle Reichsdeutschen während der braunen Jahre irgendwie «schuldig» geworden waren, und nur ein rigoroser Schlußstrich, jenseits dessen jeder als akzeptables Mitglied zur Staatsbürgergesellschaft der Bundesrepublik gehörte, habe den Neubeginn politisch und sozialpsychisch ermöglicht. Erst die '68er Bewegung der unverständigen Kulturrevolutionäre habe diesen heilsamen Pragmatismus und seine Konsensbasis mit argwöhnischen Verdächtigungen unterminiert.
Es ist eins, nach längerem Abwägen dem pragmatischen Stil der späten 40er und der 50er Jahre angesichts der Härte der radikalen Alternative Verständnis entgegenzubringen. Die realhistorischen Optionen waren letztlich extrem begrenzt. Diese Einsicht beeinflußt auch das Urteil über die unvermeidbaren politischen und sozialen Kosten dieses Kurses. Etwas anderes aber ist es, diesen Pragmatismus als einzige politische Möglichkeit hinzustellen, ohne über die politischen und sozialen Kosten dieser schwerwiegenden Entscheidung viel Worte zu verlieren. Da haben sich mehrere Generationen von Historikern nach 1945 angestrengt, um für Differenzierung zu plädieren, um die antiquierten geschichtsphilosophischen und methodischen Prämissen der Zunft vor 1945 aufzubrechen, um das Gespür für den Pluralismus von Optionen in Entscheidungsprozessen zu schärfen, um gegebenenfalls das Schrumpfen dieser Optionen zu erklären, um den verschütteten Chancen im historischen Prozeß gerecht zu werden – für diesen Philosophen alles vergebens! Unter der Dampfwalze von Lübbes unverhüllter Einseitigkeit werden alle nachweisbaren Alternativen plattgewalzt. Allein der Pragmatismus gegenüber jedermann erscheint als legitim. Die Belastung der jungen Republik mit den Globke, Vialon, Oberländer und jenen Beamten, Richtern und Offizieren, die eben noch Hitler gedient hatten, wird nicht einmal als gravierendes Problem zur Diskussion zugelassen. Zu Recht ist 1983 sofort gegen diese einäugige Sichtweise einer apologetischen Kapitulation vor der Macht des Faktischen entschieden protestiert worden (Vgl. H. Dubiel u. G. Frankenberg, Entsorgung der Vergangenheit, in: Die Zeit 18. 3. 1983, 44) Im Rückblick wird deutlich, daß damals bereits jener Frontverlauf markiert wurde der 1986 beim «Historikerstreit» vollends klar hervortreten sollte. Vgl. ausführlicher dazu: H.-U. Wehler, Entsorgung der deutschen Vergangenheit? Ein polemischer Essay zum «Historikerstreit», München 1988.

Der neue Mut zur historischen Synthese

1. Nipperdey, Deutsche Geschichte 1800–1866. Bürgerwelt u. starker Staat, München 1983/1987[4]. – Eine sehr knappe, streckenweise parallel verlaufende Darstellung: D. Langewiesche, Europa zwischen Restauration u. Revolution 1815–1849, München 1985. Zur Zeit vor 1800 zuletzt: R. Vierhaus, Staaten u. Stände 1648–1763, Berlin 1984;

M. Erbe, Deutsche Geschichte 1713–1790, Stuttgart 1986. Als Beispiel für die positive Beurteilung der westdeutschen Geschichtswissenschaft vgl. G. G. Iggers, Neue Geschichtswissenschaft. Vom Historismus zur Historischen Sozialwissenschaft, München 1978.

2. G. Heinrich, Geschichte Preußens. Staat u. Dynastie, Berlin 1981. Der buchstäblich reaktionäre Grundzug zeigt sich auch in Heinrichs Einleitung zu seiner Edition der Erinnerungen eines ultrakonservativen «Falken» während der 1848er Revolution: K. L. v. Prittwitz, Berlin 1848, ebd. 1985.
3. In: H. Rosenberg, Machteliten u. Wirtschaftskonjunkturen, Göttingen 1978, 24–82.
4. O. Büsch, Militärsystem u. Sozialleben im Alten Preußen 1713–1807, Berlin 1962/1981² (Diss. 1952!).
5. W. Treue, Wirtschafts- u. Technikgeschichte Preußens, Berlin 1984.
6. Wie man einen Bereich der preußischen Geschichte auf der Höhe der zeitgenössischen Diskussion, begrifflich-analytisch exakt und empirisch solide fundiert angehen kann, zeigt dagegen das «Handbuch der Geschichte des deutschen Parlamentarismus», das im Auftrag der «Kommission für Geschichte des Parlamentarismus und der politischen Parteien» von G. A. Ritter herausgegeben wird. Erschienen sind bisher die ersten vier Bände: H. Obenaus, Anfänge des Parlamentarismus in Preußen bis 1848, Düsseldorf 1984; M. Botzenhart, Deutscher Parlamentarismus in der Revolutionszeit 1848/49, ebd. 1977; G. Grünthal, Parlamentarismus in Preußen 1848/49–1857/58, ebd. 1982; H. Möller, Parlamentarismus in Preußen 1919–1932, ebd. 1985.
7. J. Willms, Nationalismus ohne Nation. Deutsche Geschichte von 1789 bis 1914, Düsseldorf 1983/München 1985².
8. R. Koch, Deutsche Geschichte 1815–1848. Restauration oder Vormärz? Stuttgart 1985.
9. W. Hardtwig, Vormärz. Der monarchische Staat und das Bürgertum, München 1985.
10. H. Schulze, Der Weg zum Nationalstaat. Die deutsche Nationalbewegung vom 18. Jahrhundert bis zur Reichsgründung, München 1985.
11. H. Lutz, Zwischen Habsburg u. Preußen. Deutschland 1815–1866, Berlin 1985.
12. O. Büsch u. J. J. Sheehan Hg., Die Rolle der Nation in der deutschen Geschichte u. Gegenwart, Berlin 1985.
13. G. Wollstein, Deutsche Geschichte 1848/49. Gescheiterte Revolution in Mitteleuropa, Stuttgart 1986.

Moderne Politikgeschichte exemplarisch

1. Nachweis der Hillgruberschen Programmatik und eine kritische Auseinandersetzung mit ihr in: H.-U. Wehler, Moderne Politikgeschichte oder «Große Politik der Kabinette»?, in: Geschichte u. Gesellschaft 1. 1975, 344–69, sowie in: ders., Krisenherde des Kaiserreichs 1871–1918, Göttingen 1979², 383–426, 532–37.
2. J. Radkau, Aufstieg u. Krise der deutschen Atomwirtschaft 1945–1975, Reinbek 1983.

Was ist Gesellschaftsgeschichte?

1. Vgl. W. Sombart, Der moderne Kapitalismus II/2, München 1919³, S. 909; H. R. v. Srbik, Geist u. Geschichte vom deutschen Humanismus bis zur Gegenwart I, ebd. 1950, 381; H. Nitzsche, Die Geschichtsphilosophie L. v. Steins, ebd. 1932, 80; G. Salomon, Vorwort, in: ders. Hg., L. v. Stein, Geschichte der sozialen Bewegung in Frankreich von 1789 bis auf unsere Tage I, Leipzig 1850/München 1921, XVIII. Allg.

D. Blasius, Gesellschaftsgeschichte u. Gesellschaftswissenschaft bei L. v. Stein, in: Archiv für Rechts- u. Sozialphilosophie 57. 1971, 261–83. – Neuerdings: K. Bosl, Der gesellschaftlich-antropologische Aspekt, in: Zeitschrift für Bayerische Landesgeschichte 31. 1968, 1053; ders., Geschichte u. Soziologie, in: ebd. 39. 1976, 893–900; auch häufig in seinen dort zitierten Darstellungen zur mittelalterlichen Geschichte.

2. Vgl. E. J. Hobsbawm, From Social History to the History of Society, in: Daedalus 100. 1971, 20–45, dt. Von der Sozialgeschichte zur Geschichte der Gesellschaft, in: Geschichte u. Soziologie, Hg. H.-U. Wehler, Königstein 1984[3], 331–53; s. auch: P. Laslett, History and the Social Sciences, in: International Encyclopaedia of the Social Sciences 6. 1968, 434–40; dagegen jetzt: L. Stone, History and the Social Sciences, in: ders., The Past and the Present, Boston 1981, 3–43. – J. LeGoff u. P. Nora Hg., Faire de l'Histoire, 3 Bde., Paris 1974; J. LeGoff u. a., La Nouvelle Histoire, ebd. 1978.
3. G. Simmel, Die Probleme der Geschichtsphilosophie, Leipzig 1892/München 1923[5], 67f. Vgl. W. Dilthey, Der Aufbau der geschichtlichen Welt, Frankfurt 1970, 288: «Man müßte das Ende der Geschichte erst abwarten, um für die Bestimmung ihrer Bedeutung das vollständige Material zu besitzen».
4. Vgl. etwa: J. A. Henretta, The Evolution of American Society 1700–1814, Lexington/Mass. 1973; J. T. Main, The Social Structure of Revolutionary America, Princeton 1975; P. Lindert u. J. Williamson, American Inequality, N. Y. 1980. – L. E. Davis u. a., American Economic Growth, N. Y. 1972; ders. u. a., American Economic History, Homewood/Ill. 1969[3]; ders. u. a., Institutional Change and American Economic Growth, Cambridge 1971.
5. Wie es am entschiedensten und einflußreichsten Werner Conze (Die Strukturgeschichte des technisch-industriellen Zeitalters, Köln 1957) frühzeitig gehalten hat.
6. J. Habermas, Zur Logik der Sozialwissenschaften, Tübingen 1967, 179, 186 (auch Frankfurt 1970 u. ö.).
7. Der beste Überblick über die Debatte bis rd. 1975 findet sich in: J. Kocka, Sozialgeschichte – Strukturgeschichte – Gesellschaftsgeschichte, in: Archiv für Sozialgeschichte 15. 1975, 1–42, überarb. in: ders., Sozialgeschichte, Göttigen 1977, 48–111, über die Zeit nach 1975 in: ebd., 1986[2], 132–76; ders., Theorien in der Sozial- u. Gesellschaftsgeschichte, in: Geschichte u. Gesellschaft 1. 1975, 9–42. Vgl. auch ders., Sozialgeschichte, Gesellschaftsgeschichte, in: Handwörterbuch der Geschichtsdidaktik, Hg. K. Bergmann, I, Düsseldorf 1979, 130–34, und: H.-U. Wehler, Vorüberlegungen zu einer modernen deutschen Gesellschaftsgeschichte, in: 2. Festschrift für F. Fischer, Hg. D. Stegmann u. a., Bonn 1978, 3–20, überarb. in: Wehler, Historische Sozialwissenschaft u. Geschichtsschreibung, Göttingen 1980, 161–80; ders., Zur Lage der Geschichtswissenschaft in der Bundesrepublik 1949–79, in: ebd., 13–41.
8. Vgl. J. Burckhardt, Weltgeschichtliche Betrachtungen, Berlin 1929 (krit. Ausgabe: Hg. P. Ganz, München 1982; die «Potenzenlehre» mit dem Grundprinzip der wechselseitigen Beeinflussung der «Potenzen»). Auch F. Braudel (Civilization and Capitalism, 3 Bde, N. Y. 1981/85) arbeitet mit dem Strukturierungs- und Erklärungsschema: Wirtschaft, Politik, Kultur, «Sozialhierarchie», z. B. II, 2, 409, 507–18; III, 85. Vgl. S. Kinser, Annaliste Paradigm? The Geohistorical Structure of F. Braudel, in: American Historical Review 86. 1981, 91f., 63–105.
9. W. Schluchter, Die Entwicklung des okzidentalen Rationalismus. Eine Analyse von M. Webers Gesellschaftsgeschichte, Tübingen 1979. Vgl. auch die Anregungen in: J. Habermas, Theorie des kommunikativen Handelns I, Frankfurt 1981, 225–366.
10. M. Weber, Wirtschaft u. Gesellschaft, Tübingen 1956[4], 531. Aufschlußreich zum zeitge-

nössischen Kontext der Entstehung zentraler Weberscher Begriffe: H. Speer, Herrschaft u. Legitimität. Zeitgebundene Aspekte in M. Webers Herrschaftssoziologie, Berlin 1978.

11. M. Weber, Ges. Aufsätze zur Religionssoziologie I, Tübingen 1978[7], 1–16.
12. E. Labrousse, Diskussionsbeitrag, in: R. Mousnier Hg., Problèmes de stratification sociale, Paris 1968, 238.
13. Vgl. Klassen in der europäischen Sozialgeschichte, Hg. H.-U. Wehler, Göttingen 1979, v. a. 9–32, 137–209.
14. Schluchter, 256; M. Weber, Ges. Polit. Schriften, Tübingen 1980[4], 308.

Alltagsgeschichte

1. Einen guten Überblick über die in letzter Zeit diskutierten Probleme der Alltagsgeschichte, zugleich auch über die einschlägige Literatur gewinnt man aus: J. Kocka, Historisch-antropologische Fragestellungen – ein Defizit der Historischen Sozialwissenschaft?, in: H. Süssmuth Hg., Historische Anthropologie, Göttingen 1984, 73–83; ders., Klassen oder Kultur? Durchbrüche u. Sackgassen in der Arbeitergeschichte, in: Merkur 36. 1982, 955–66; ders., Zurück zur Erzählung? Plädoyer für historische Argumentation, in: Geschichte u. Gesellschaft 10. 1984, 395–408; K. Tenfelde, Schwierigkeiten mit dem Alltag, in: ebd., 376–94; D. Peukert, Ist die neue Alltagsgeschichte theoriefeindlich?, in: Conceptus 18. 1984, 7–17; ders., Neuere Alltagsgeschichte u. historische Antropologie, in: Süssmuth Hg., 57–72; ders., Arbeiteralltag – Mode oder Methode?, in: H. Haumann Hg., Arbeiteralltag in Stadt u. Land, Berlin 1982, 8–39; D. Langewiesche, Arbeiterkultur, in: Ergebnisse 26: Arbeiterkultur in Deutschland, Hamburg 1984, 9–29; L. Niethammer, Das kritische Potential der Alltagsgeschichte, in: Geschichtsdidaktik 10. 1985, 245–47, u. in: U. A. J. Becher u. K. Bergmann Hg., Gesichte – Nutzen oder Nachteil für das Leben?, Düsseldorf 1986, 60–62; ders., Anmerkungen zur Alltagsgeschichte, in: K. Bergmann u. R. Schörken Hg., Geschichte im Alltag – Alltag der Geschichte, Düsseldorf 1982, 11–29; R. Sieder, Zur Theoriebedürftigkeit der neuen Alltagsgeschichte, in: Conceptus 18. 1984, 24–41; H. Medick, «Missionare im Ruderboot»? Ethnologische Erkenntnisweisen als Herausforderung an die Sozialgeschichte, in: Geschichte u. Gesellschaft 10. 1984, 295–319; gekürzt ders., Vom Interesse der Sozialhistoriker an der Ethnologie, in: Süssmuth Hg., 49–56; ders., Wer sind die «Missionare im Ruderboot»?, in: Becher u. Bergmann Hg., 63–68; ders. u. D. Sabean, Emotionen u. materielle Interessen in Familie u. Verwandtschaft. Überlegungen zu neuen Wegen u. Bereichen einer historischen u. sozialanthropologischen Familienforschung, in: dies. Hg., Emotionen u. materielle Interessen, Göttingen 1984, 27–54 (vgl. aber die pointierte Kritik an diesem heterogenen Sammelband bei M. Anderson, Rez., in: Social History 10. 1985, 231–33; H. Tyrell, Soziologische Anmerkungen zur Historischen Familienforschung, in: Geschichte u. Gesellschaft 12. 1986, 254–73); J.-M. Greverus, Alltag u. Alltagswelt. Problemfeld oder Spekulation im Wissenschaftsbetrieb, in: Zeitschrift für Volkskunde 79. 1983, 1–14; reichlich versponnen wirkt: G. Zang, Die unaufhaltsame Annäherung an das Einzelne. Reflexionen über den theoretischen u. praktischen Nutzen der Regional- u. Alltagsgeschichte, Konstanz 1985; M. Kater, Begrifflichkeit u. Historie. «Alltag», «Neokonservativismus» u. «Judenfrage» als Themen einer NS-bezogenen Sozialgeschichtsschreibung, in: Archiv für Sozialgeschichte 23. 1983, 688–703; Alltagsgeschichte der NS-Zeit. Neue Perspektive oder Trivialisierung?, München 1984; P. Borscheid, Plädoyer für eine Geschichte des

Alltäglichen, in: ders. u. H. J. Teuteberg Hg., Ehe, Liebe, Tod, Münster 1983, 1–14; P. Borscheid, Alltagsgeschichte – Modetorheit oder neues Tor zur Vergangenheit, in: W. Schieder u. V. Sellin Hg., Sozialgeschichte in Deutschland, III, Göttingen 1987, 78–100; P. Steinbach, Alltagsleben u. Landesgeschichte. Zur Kritik an einem neuen Forschungsinteresse, in: Hessisches Jahrbuch für Landesgeschichte 29. 1979, 225–305; ders., Neue Wege der regional-historisch orientierten Alltagsgeschichte, in: ebd., 30. 1980, 312–36; ders., Geschichte des Alltags – Alltagsgeschichte, in: Neue Politische Literatur 31. 1986, 249–73; Alltagsgeschichte u. neues Geschichtsbewußtsein, in: ebd. 1987/Beiheft 3; C. H. Hauptmeyer, Heimatgeschichte heute, in: ders., Landesgeschichte heute, Göttingen 1987, 77–96; E. Hinrichs, Regionalgeschichte, in: ebd., 16–34; V. Ullrich, Entdeckungsreise in den historischen Alltag, in: Geschichte in Wissenschaft u. Unterricht 36. 1985, 403–14; ders., Geschichte von unten, in: Das Parlament 36. 1986, Nr. 20/21, 17./24.5.1986, 7; ders., Alltagsgeschichte. Über einen neuen Geschichtstrend in der Bundesrepublik, in: Neue Politische Literatur 29. 1984, 50–71. Erste Kritik in: H.-U. Wehler, Neoromantik u.Pseudorealismus in der neuen «Alltagsgeschichte», in: ders., Preußen ist wieder chic..., Frankfurt 1983, 99–106; ders., Geschichte – von unten gesehen, in: Die Zeit 3. 5. 1985. – An dieser Stelle möchte ich nachdrücklich betonen, daß die im Folgenden erörterten Probleme und der Kern der eigenen Meinung ziemlich zugespitzt zur Debatte gestellt werden. Die Thesen sind auch in der Hoffnung bewußt pointiert formuliert – damit gewiß auch vereinfacht –, um möglichst schnell auf die diskussionswürdigen Probleme zu sprechen zu kommen. Es ist keine Captatio Benevolentiae, wenn ich außerdem hinzufüge, daß ich gegenüber einer Runde von Diplomatiehistorikern einige Monographien und Aufsätze von Alltagshistorikern entschieden verteidigen würde. Hier geht es jedoch primär (in Teil III.) um ihre Probleme im Kontext einer Diskussion, die auch die folgende Kritik vertragen kann, zumal es mit der Binnenkritik der Alltagshistoriker offenbar häufig hapert, wenn nicht sogar Einigelung und wechselseitige Bestätigung die kritische Erörterung «offener Flanken» weithin ersetzen. Vgl. z. B. das klägliche Machwerk von Prof. Dr. Hans Müller/Geschichtswerkstatt Dortmund, Streit mit Wehler, in: Geschichtsfest 1985, 41–44, vgl. 46–52; vgl. dagegen: T. Lindenberger, Wer hat Angst vor den Barfußhistorikern?, in: Geschichtsdidaktik 11. 1986, 17–20 (amüsante Defensive, aber kein einziger Hinweis auf ein geschichtswissenschaftlichen Kriterien genügendes Produkt). – Hier handelt es sich um eine Vorlage, mit der ich mir über Argumente für eine Diskussion über Alltagsgeschichte, die auf dem 35. Deutschen Historikertag im Oktober 1984 in Berlin stattgefunden hat, vorher und vorläufig Klarheit zu schaffen versucht habe. Sie ist im wesentlichen enthalten in meinem Beitrag in: F. Brüggemeier u. J. Kocka Hg., Geschichte von unten – Geschichte von innen, Lehrbrief/Fernuniv. Hagen 1985, 17–47.

2. Kocka, Klassen, 958.
3. Peukert, Alltagsgeschichte, 57.
4. Vgl. Kocka, Klassen, 957. – R. Braun, Industrialisierung u. Volksleben, Zürich 1960/Göttingen 1979²; ders., Sozialer u. kultureller Wandel in einem ländlichen Industriegebiet im 19. u. 20. Jahrhundert, Zürich 1965; neuerdings ders.: Das ausgehende Ançien Régime in der Schweiz. Aufriß einer Sozial- u. Wirtschaftsgeschichte des 18. Jahrhunderts, Göttingen 1984.
5. Medick, Missionare, 308–10.
6. Vgl. Kocka, Fragestellungen, 79.
7. Ebd., 81.
8. Tenfelde, 387, ähnlich wie in dem schon vor zehn Jahren gedruckten Beitrag von N. Elias, Zum Begriff des Alltags, in: K. Hammerich u. M. Klein Hg., Materialien zur

Soziologie des Alltags (=Sonderheft 20, Kölner Zeitschrift für Soziologie), Opladen 1978, 22–29. Elias wird oft fälschlich für einen der geistigen Väter der Alltags-Diskussion gehalten. Vgl. jetzt: E. W. Müller u. a. Hg., Ethnologie als Sozialwissenschaft (So.H.26, Kölner Zs. für Soziologie), Opladen 1984.

9. Peukert, Alltagsgeschichte, 68, u. Tenfelde, 387.
10. Medick, Missionare, 303, 305. (Inzwischen gibt es aber eine klare Distanzierung: «Die Absicht eines Paradigmenwechsels liegt mir fern», so H. Medick, Wer sind die «Missionare im Ruderboot»? in: Becher u. Bergmann Hg., 67.) Gegen die vollmundige Kritik (297: es gebe bisher noch gar keine wahre «Sozial-Geschichte», da Strukturen und Prozesse nicht mit konkreten Personen vermittelt worden seien; die «Gesellschaftsgeschichte» sei nur imstande, Dimensionen zu kombinieren oder diese auf eine Addition von Faktoren zu reduzieren; überhaupt stecke die «Historische Sozialwissenschaft» in einer Sackgasse) läßt sich mit guten Gründen auf nicht wenige Bücher und Aufsätze hinweisen, die für die Sozialgeschichte und Historische Sozialwissenschaft in Anspruch genommen werden können. Man vergleiche z. B. einmal die entsprechenden Monographien unter den ersten 76 Bänden der «Kritischen Studien zur Geschichtswissenschaft» (1972–1987), unter den ersten 42 Bänden der «Neuen Historischen Bibliothek», aber auch in nicht wenigen anderen Reihen und in einigen Zeitschriften. Ein Überblick in: H.-U. Wehler, Zur Lage der Geschichtswissenschaft in der Bundesrepublik 1949–1979, in: ders., Historische Sozialwissenschaft u. Geschichtsschreibung, Göttingen 1980, 314f. Für die Kritiker gilt zumindest die Parole: «Cool your jets». Dann können sie auch ihre seit langem ausstehenden Monographien endlich ruhiger zu Ende schreiben.
11. Vgl. z. B. E. R. Wolf, Europe and the People Without History, Berkeley 1982, dt. Die Völker ohne Geschichte. Europa u. die andere Welt seit 1400, Frankfurt 1986.
12. Kocka, Fragestellungen, 81.
13. Medick u. Sabean Hg., Emotionen. – Zur veränderten Bedeutung der Gefühle, Emotionen, Affekte möchte ich die Vermutung äußern, daß hier generationsspezifische Erfahrungen vermutlich eine wesentliche Rolle spielen. Für diejenigen Generationen, die den Zweiten Weltkrieg, die Flucht und die Nachkriegszeit bewußt miterlebt haben, war Affektkontrolle ein unabdingbare Voraussetzung des psychischen und physischen Überlebens. Gefühlen wurde nur im Kreis der Familie, unter engen Freunden und Freundinnen offen nachgegeben; in vermittelter Form gingen sie natürlich auch in politisches und wissenschaftliches Engagement ein. Für Jüngere besitzt die Äußerung und Verteidigung von Emotionen offenbar einen anderen Stellenwert, sie gelten nicht mehr als strikt privatisiert; Kontrollmechanismen rasten nicht sofort quasi-automatisch ein. Von daher eröffnet sich auch ein anderer Zugang zur Bedeutung von Gefühlen in der Alltagsgeschichte.
14. Medick, Missionare, 310.
15. Kocka, Fragestellungen, 79f.
16. Ders., Klassen, 957.
17. Medick, Missionare, 313. M. verwirft explizit (308) Webers Trennung von Theorie und Realität.
18. J. G. Droysen, Historik, Darmstadt 1977[8], 34.
19. Medick, Missionare, 314.
20. Kocka, Erzählung, 405, Anm. 14.
21. Ders., Fragestellungen, 82, Anm. 8.
22. J. Habermas, Zur Logik der Sozialwissenschaften, Tübingen 1967, 179, 166. Klassisch ein halbes Jahrhundert vorher: G. Simmel, Die Probleme der Geschichtsphilosophie, München 1923[5], 67f.

23. Niethammer, 24.
24. Kocka, Klassen, 965.
25. Peukert, Alltagsgeschichte, 68.
26. Tenfelde, 391.
27. Kocka, Fragestellungen, 78.
28. Peukert, Alltagsgeschichte, 61; Kocka, Klassen, 964.
29. Kocka, Fragestellungen, 78.
30. Peukert, Alltagsgeschichte, 60f.
31. Droysen, 278, § 90.
32. Vgl. Tenfelde, 383; Peukert, Alltagsgeschichte, 66.
33. Peukert, Alltagsgeschichte, 64f.; ausführlicher ders., Arbeiteralltag, z. T. im Anschluß an J. Habermas, Theorie des kommunikativen Handelns, 2 Bde, Frankfurt 1981.
34. Dieses Urteil, das man vor einigen Jahren den Quantifizierungsaposteln entgegenhalten konnte, trifft jetzt erneut zu.
35. Tenfelde, 380, Anm. 16. Die Kritik an «Grabe, wo Du stehst» richtet sich z. B. gegen einige in Anm. 1 angeführte Aufsätze.
36. Außer einigen lohnenden Aufsätzen gibt es bisher erst ein einziges hervorragendes Buch, dessen Autor diese Anregungen selbständig verarbeitet hat: J. Mooser, Ländliche Klassengesellschaft 1770–1848. Bauern u. Unterschichten, Landwirtschaft u. Gewerbe im östl. Westfalen, Göttingen 1984. Vgl. aber auch A. Tanner, Spulen, Weben, Sticken. Die Industrialisierung in Appenzell-Außerrhoden, Zürich 1982.
37. W. Schluchter, Die Entwicklung des okzidentalen Rationalismus, Tübingen 1979, 34. Detlef Peukert neigt in einem in «Geschichte u. Gesellschaft» (12.1986, 425–42) erschienenen anregenden Aufsatz: Die «letzten Menschen»: Beobachtungen zur Kulturkritik im Geschichtsbild Max Webers, dazu, die an Nietzsche geschulte pessimistische Kulturkritik vor allem des späten Weber zu verabsolutiern und sie als *den* Leitfaden durch sein labyrinthisches Werk auszugeben, obwohl es sich nur um *einen* – unstreitig vorhandenen und diskussionswürdigen – roten Faden neben wichtigeren anderen handelt. Die Herausarbeitung und Erklärung der historischen Eigentümlichkeit des okzidentalen Kulturkreises und ihre emphatische Verteidigung besitzen nach meinem Eindruck bei Weber doch meistens den Vorrang vor der in seinen letzten Jahren deutlich zunehmenden Evolutionsskepsis.
38. Dabei besitzt etwas «populistischer» Treibstoff durchaus seinen instrumentellen Wert, bis der «grüne» Stachel im Fettpolster der großen Parteien diese selber zur Anerkennung und Inangriffnahme fundamentaler Probleme zwingt. Hinsichtlich der Lernfähigkeit der großen Parteien, ihrer Überlebenskraft und der «Problembewältigungskapazität» des parlamentarischen Systems bin ich weit optimistischer als seine basisdemokratischen Kritiker.
39. Dieses Urteil halte ich nicht für eine unzulässige Dramatisierung, sondern für die in solchen Situationen gebotene Auskunft über die eigenen Werturteile und Überzeugungen.

Max Webers Klassentheorie und die neuere Sozialgeschichte

1. W. Schluchter, Die Entwicklung des okzidentalen Rationalismus. Eine Analyse von M. Webers Gesellschaftsgeschichte, Tübingen 1979; ders., M. Webers Gesellschaftsgeschichte, in: Kölner Zeitschrift für Soziologie 30. 1978, 438–67.
2. M. Weber, Ges. Aufsätze zur Religionssoziologie (=RS) I, Tübingen 1978[7], 274.

Demnächst wie alle im Folgenden zitierten Schriften in: M. Weber-Gesamtausgabe, Hg. H. Baier u. a., Tübingen 1984ff. (ca. 32 Bde., bisher: Bd. I/15, 1984; I/3, 1 u. 2, 1984).

3. M. Weber, Wirtschaft u. Gesellschaft (=WG), 2 Bde., Tübingen 1956[4] (1972[5]); ders., Ges. Aufsätze zur Wissenschaftslehre, Tübingen 1982[5].
4. RS I; II, 1978[6]; III, 1972[5]; ders., Ges. Aufsätze zur Soziologie u. Sozialpolitik, Tübingen 1924; ders., Ges. Aufsätze zur Sozial- u. Wirtschaftsgeschichte, ebd. 1924; ders., Wirtschaftsgeschichte. Abriß der universalen Sozial- u. Wirtschaftsgeschichte, Hg. S. Hellmann u. a., Berlin 1981[4]; ders., Ges. Politische Schriften, Tübingen 1980[4]. Überblick über Webers Veröffentlichungen und die bisher edierten Briefe bei: C. Seyfahrth u. G. Schmidt, Max-Weber-Bibliographie, Stuttgart 1982[2]; vgl. auch D. Kaesler, Einführung in das Studium M. Webers, München 1979.
5. «Phänomene der Machtverteilung sind nun die ‹Klassen›», WG, 531.
6. WG, 178f.
7. Ebd., 179.
8. Knapp und klar: RS I, 274f.; auch: WG, 179f.
9. WG, 531.
10. Ebd., 539; Marx-Engels-Werke (= MEW), Bd. 38, Berlin 1968, 563 (Engels an Sorge, 21. 12. 1983).
11. Darauf insistiert W. Schluchter m. E. zu Recht, vgl. Anm. 1; ders., Rationalismus der Weltbeherrschung. Studien zu M. Weber, Frankfurt 1980; ders. u. G. Roth, M. Weber's Vision of History, Berkeley 1979, sowie seine instruktiven Einleitungen zu: ders. Hg., M. Webers Sicht des antiken Christentums, Frankfurt 1985; ders. Hg., M. Webers Studie über Hinduismus u. Buddismus, ebd. 1984; ders. Hg., M. Webers Studie über Konfuzianismus u. Taoismus, ebd., 1983; ders. Hg., M. Webers Studie über das antike Judentum, ebd. 1981. Die bisher geäußerte Kritik an Schluchter scheint mir seine vorsichtig formulierte These (Entwicklung, 256), daß man Webers «gesellschaftsgeschichtliche Analyse ... eine partielle Evolutionstheorie in realistischer Absicht» nennen könne, bisher nicht entkräftet zu haben.
12. Weber, Polit. Schriften, 308.
13. RS I, 252.
14. H. Stuke, Bedeutung u. Problematik des Klassenbegriffs. Begriffs- u. sozialgeschichtliche Überlegungen im Umkreis einer historischen Klassentheorie, in: Festschrift W. Conze, Stuttgart 1976, 46–82.
15. WG, 177, 533.
16. MEW, Bd. 39, 206 (Engels an Borgius, 25. 1. 1894). Ähnlich die bekannten relativierenden anderen Briefe aus dieser Zeit an Sombart, Schmidt u. a.
17. Als Beispiele nenne ich hier: J. Mooser, Arbeiterleben in Deutschland. Klassenlagen, Kultur u. Politik 1900–1970, Frankfurt 1984; ders., Ländliche Klassengesellschaft 1770–1848. Bauern u. Unterschichten, Landwirtschaft u. Gewerbe im östlichen Westfalen, Göttingen 1984; J. Kocka u. a., Familie u. soziale Plazierung, Opladen 1980; ders., Klassengesellschaft im Krieg 1914–1918, Göttingen 1978[2]; H. Schissler, Preußische Agrargesellschaft im Wandel 1763–1847, ebd. 1978; Klassen in der europäischen Sozialgeschichte, Hg. H.-U. Wehler, ebd. 1979; H. Reif, Industrialisierung, Städtebildung u. Arbeiterschaft in Oberhausen 1850–1914, Habil.-Schrift Bielefeld 1983, MS. Als Hinweise auf andere Länder: W. G. Runciman, Relative Deprivation and Social Justice, Harmondsworth 1972; A. Giddens, Die Klassenstruktur fortgeschrittener Gesellschaften, Frankfurt 1984[2]; G. Lenski, Macht u. Privileg, ebd. 1973.
18. Sieht man von der mit Hilfe rationaler Kriterien ohnehin nicht zu verteidigenden Gesichtsteleologie ab, läßt sich Hartmut Zwahrs Analyseschema für die Prozesse der

Klassenkonstituierung (Zur Konstituierung des Proletariats als Klasse, Berlin 1978/ München 1981) ziemlich zwanglos damit weithin in Übereinstimmung bringen.

19. WG, 196.
20. Wissenschaftslehre, 190f.
21. Vgl. hierzu die klassische «Vorbemerkung», RS I, 1–16, vermutlich der Text letzter Hand.
22. Das ergibt allein schon eine unvoreingenommene Lektüre der dreibändigen Religionssoziologie.
23. A. Wellmer, Der heimliche Positivismus der Marxschen Geschichtsphilosophie, in: ders., Kritische Gesellschaftstheorie u. Positivismus, Frankfurt 1969, 69–127.

Bürger, Arbeiter und das Problem der Klassenbildung 1800–1870

1. G. W. F. Hegel, Phänomenologie des Geistes, Berlin 1970, 15.Im allgemeinen werden nur Zitate nachgewiesen. Auf ausführliche Belege habe ich verzichtet. Der Charakter einer thesenartig zugespitzten Diskussionsvorlage ist mit Absicht beibehalten worden. Öfters greife ich auf Überlegungen, Begriffe, empirische Angaben, Zahlenschätzungen aus meiner «Deutschen Gesellschaftsgeschichte» zurück (Bde. I und II, München 1987). – Die Stoßrichtung der Argumentation geht dahin, zu Beginn der Tagung auf die Vielzahl der zu berücksichtigenden Probleme hinzuweisen, anstelle von plakativen Begriffen einige unumgängliche Differenzierungen vorzuschlagen und dennoch nicht einen allzu weiten Rahmen für die folgende Debatte abzustecken.
2. Vgl. M. Walker, German Home Towns. Community, State, and General Estate 1648–1871, Ithaca 1971.
3. Vgl. T. H. Marshall, Citizenship and Social Class, in: ders., Class, Citizenship, and Social Development, Garden City 1965, 71–135.
4. Statt vieler Weber-Zitate die Beiträge in: Klassen in der europäischen Sozialgeschichte, Hg. H.-U. Wehler, Göttingen 1979, v. a. die Einleitung: Vorüberlegungen zur historischen Analyse sozialer Ungleichheit, 9–32, in dem vorliegenden Buch der vorhergehende Aufsatz.
5. J. Hansen Hg., Rheinische Briefe u. Akten, 1830–1850 I, Essen 1919/Nd. 1967, 589.
6. Zit. nach: U. Engelhardt, Gewerkschaftliches Organisationsverhalten in der ersten Industrialisierungsphase, in: W. Conze u. ders. Hg., Arbeiter im Industrialisierungsprozeß, Stuttgart 1979, 383.
7. W. H. Riehl, Der Vierte Stand, in: Deutsche Vierteljahrsschrift 1850 H. 4, 183.
8. F. Engels an F. A. Sorge, 8. 2. 1890, in: K. Marx u. F. Engels, Werke, Bd. 37, Berlin 1967, 352 (Wortfolge umgestellt).

Wie «bürgerlich» war das Deutsche Kaiserreich?

1. Um mit einer kurzen Captatio Benevolentiae persönlicher Art zu beginnen: Die erneute Beschäftigung mit diesem Thema kommt mir etwas zu früh. Nach längerer Beschäftigung mit der Geschichte des Kaiserreichs hatte ich dieses Forschungsfeld verlassen und mich im Zusammenhang mit einem neuen Projekt in letzter Zeit vom Mittelalter und von der Frühen Neuzeit her allmählich hochgearbeitet. Zur Zeit bin ich jedoch erst bis 1849 gekommen (Deutsche Gesellschaftsgeschichte, Bd. I: 1700–1815, II: 1815–1845/49, München 1987). Eigentlich bin ich daher nicht weit genug, um das Kaiserreich noch

einmal, aber gewissermaßen mit neugeschärften Augen zu betrachten. Ebenfalls aus diesem Grunde fehlen möglichst genaue Zahlen über «das» Bildungsbürgertum, die «freien Berufe» usw. Und aus demselben Grunde habe ich auch exponierte, manchmal noch ziemlich ungeschützte Thesen bevorzugt, um eine mögliche Argumentationsrichtung zu markieren. Zum Teil schließe ich an verwandte Überlegungen über die Jahrzehnte vor 1870 an. Auf einer früheren Tagung, die Jürgen Kocka und das Münchener «Historische Kolleg» 1984 veranstalteten, habe ich im Hinblick auf die Probleme der Klassenbildung von Bürgern und Arbeitern im Zeitraum zwischen 1800 und 1870 für ein halbes Dutzend immer noch recht grobkörniger Unterscheidungen plädiert, deren Nützlichkeit auch für die Zeit des kaiserlichen Deutschland hier noch einmal überprüft werden soll. Vgl. H.-U. Wehler, Bürger, Arbeiter u. das Problem der Klassenbildung 1800–1870, in: J. Kocka Hg., Bürger u. Arbeiter im 19. Jh., München 1986, 1–27; in dem vorliegenden Buch der vorhergehende Aufsatz.

2. Die «bürgerliche Umwälzung» ist von irreführenden geschichtsphilosophischen Prämissen aus und empirisch falsch datiert worden. Im Kern aber ist das, was die Umwälzungsmetapher meint, durchaus diskutabel. Man kann die Phase bürgerlichen Aufstiegs, die in der Tat mit einer Transformation auch der deutschen Gesellschaft verbunden ist, schon von den 1760er Jahren ab datieren; dramatisch beschleunigt wird dieser Vorgang, seitdem Napoleon die Französische Revolution nach «Deutschland» exportiert und die «Defensive Modernisierung» der Reformpolitik hervorruft, die aufgestauten Evolutionsprozessen freiere Bahn verschafft. Als provisorisches Schlußdatum kann man das Ende der deutschen Industriellen Revolution um 1873, mithin die Institutionalisierung selbstgeregelten industriellen Wachstums, und die großpreußische Staatsbildung zusammen mit den grundlegenden bürgerlichen Gesetzen seit 1867, vor allem in den frühen 70er Jahren, annehmen. Sozialökonomische, politische und rechtliche Periodisierungskriterien ergeben ungefähr eine Kongruenz um die Mitte der 70er Jahre.
3. Gemeint sind natürlich vor allem: D. Blackbourn u. G. Eley, Mythen deutscher Geschichtsschreibung, Berlin 1980; die überarbeitete englische Fassung (dies., The Pecularities of German History, Oxford 1984) entkräftet die angedeutete Kritik nicht.
4. Die industriellen Neugründungen, wie z. B. Oberhausen, bleiben hier einmal ganz beiseite.
5. Eine Wurzel seiner Herkunft aus den «gelehrten» Berufen seit dem Mittelalter wird hier übergangen. Vgl. O. G. Oexle, Alteuropäische Voraussetzungen des «Bildungsbürgertums» – Universitäten, Gelehrte u. Studierte, in: W. Conze u. J. Kocka Hg., Bildungsbürgertum im 19. Jh. I, Stuttgart 1985, 29–78.
6. Wenn Heinrich Lutz (Zwischen Habsburg u. Preußen. Deutschland 1815–1866, Berlin 1985, 94) «60%» der frühen Unternehmer «um 1840» aus Arbeiter- und Kleinbürgerfamilien kommen sieht, ignoriert er souverän alle sozialgeschichtlichen Unternehmerstudien.
7. Wie sie unlängst auch beschrieben worden ist von: T. Nipperdey, War die wilhelminische Gesellschaft eine Untertanen-Gesellschaft?, in: Festschrift für A. Hillgruber, Köln 1984, 67–82, u. in: ders., Nachdenken über die deutsche Geschichte, München 1986, 172–85.
8. Vgl. als nützliche neue Überblicke: U. Haltern, Bürgerliche Gesellschaft, Darmstadt 1985, mit der wichtigen Literatur, und U. Engelhardt, Bildungsbürgertum, Stuttgart 1986.
9. Vgl. z. B.: D. Blasius, Der verwaltete Wahnsinn. Eine Sozialgeschichte des Irrenhauses, Frankfurt 1980; ders., Umgang mit Unheilbaren. Studien zur Sozialgeschichte der Psychiatrie, Bonn 1986; K. Dörner, Bürger u. Irre. Zur Sozialgeschichte u. Wissenschaftssoziologie der Psychiatrie, Frankfurt 1969; H. Stekl, Österreichs Zucht- u. Ar-

beitshäuser 1671–1920, Wien 1978; M. Sothmann, Das Armen-, Arbeits-, Zucht- u. Werkhaus in Nürnberg bis 1806, Nürnberg 1970. Stellen solche Untersuchungen über «Irre» eine kausale Verbindung zwischen «bürgerlicher Gesellschaft» und Ausgrenzung von «Geisteskranken» her, unterschätzen sie leicht, erstens, die objektiven Schwierigkeiten, die z. B. mit schwerer Schizophrenie, endogener Depression oder psychotischen Schüben von psychisch Kranken zusammenhängen. Auch mit Hilfe der gegenwärtigen raffinierten Psychopharmaka ist die Beeinflussung der zugrunde liegenden biochemischen Prozesse (z. B. der Störung der Neurotransmittoren) häufig noch nicht möglich. Zweitens: In ihrer Hilflosigkeit reagieren autokratische Systeme wie der durch und durch unbürgerliche Zarismus oder die demokratische Siedlergesellschaft Nordamerikas im Grunde ähnlich. Eine eindeutige Zurechnung zur «bürgerlichen Gesellschaft» bleibt daher extrem problematisch. Von M. Foucaults Monomanie kann man hier ohnehin absehen, vgl. ders., Wahnsinn u. Gesellschaft, Frankfurt 1969; ders., Überwachen u. Strafen, ebd. 1976; ders., Histoire de la Sexualité, 3 Bde., Paris 1976/84. Auch die Kritik an der Ausgrenzung von Kriminellen, von Armen als potentiellen Kriminellen (völlig einseitig hierzu: A. Lüdtke, «Gemeinwohl», Polizei u. «Festungspraxis». Staatliche Gewaltsamkeit u. innere Verwaltung in Preußen 1815–1850, Göttingen 1982) sollte geschlossene Anstalten, die wie Zuchthäuser – so sehr die Zustände in ihnen Kritik verdienen – die Gesellschaft vor sehr realen Gefahren schützen, nicht nur als Ausfluß willkürlich geübter «Definitionsmacht» über «Normalität» und «Anomalität» auffassen, sondern auch anerkennen, daß es Kriminelle, z. B. sadistische Sexualverbrecher, gibt, welche von den meisten uns bekannten Gesellschaften als Normverletzer isoliert werden. – Zur schichten- und klassenspezifischen Diskriminierung von Frauen jetzt der vorzügliche Überblick von U. Frevert, Frauen-Geschichte 1780–1985. Zwischen «bürgerlicher Verbesserung» u. «neuer Weiblichkeit», Frankfurt 1986.

10. Auch wenn die radikale Kritik zu einer grundsätzlich antibürgerlichen Position führt, wie sich das an Marx verfolgen läßt, bleibt die von ihm skizzierte Gegenutopie der bürgerlichen Utopie aufs engste verhaftet. Marx ist bekanntlich, entgegen der landläufigen Meinung, mit präzisen, über allgemeine geschichtsphilosophische, eschatologische Hoffnungen hinausführenden Zukunftsprognosen sehr sparsam umgegangen. Wo er sich aber etwas ausführlicher äußert, verklärt er die vollendete kommunistische Gesellschaft im Lichte der aristotelischen Polis: morgens zur Jagd, Sport im Gymnasium, nachmittags ausgedehnte politische Diskussionen, abends tiefsinnige philosophische Gespräche. Das alles hätte dem Trierer Primaner in einem Aufsatz über neuhumanistisch-bildungsbürgerliche Ideale wohl angestanden. Vgl. dazu T. Ramm, Die künftige Gesellschaftsordnung nach der Theorie von Marx u. Engels, in: Marxismusstudien II, Tübingen 1957, 77–119 (dort die geradezu schwärmerische Beschreibung von Marx). Und wieviel von der bürgerlichen Utopie lebt nicht in der sozialdemokratischen Vision des «freien Volksstaats» direkt oder in vermittelter Form weiter!
11. Gegen die Verwendung einer idealtypisch stilisierten «bürgerlichen Gesellschaft» als methodischer «Meßlatte» läßt sich, soweit ich im Gegensatz zu manchen Einwänden sehe, kein unwiderlegbarer prinzipieller Einwand geltend machen. Ähnlich verfahren wir mit Marx' Idealtyp des «reinen Kapitalismus», mit Clausewitz' Idealtyp des «absoluten Kriegs», mit Webers Idealtyp der «okzidentalen Stadt». Ähnlich verfährt auch Gunnar Myrdal, wenn er die Postulate des «American Creed» als Idealtyp verwendet, um das Defizit in der Gleichbehandlung ethnischer Minoritäten scharf herauszuarbeiten. Ähnlich verfahren schließlich Historiker, welche die politischen Erfolge sozialistischer Parteien an der Realisierung von Programmpunkten messen, die eine bessere Zukunftsgesellschaft umreißen usw.

12. T. Nipperdey, Deutsche Geschichte 1800–1866, München 1987[4], 165.
13. Selbstredend ist «Verbürgerlichung» ein vieldeutiger Begriff. Die alte und die neue Linke tendieren dahin, ihn pejorativ zu besetzen, den Prozeß selber empört oder wehmütig zu beklagen. Man kann ihn aber auch im Kontext der skizzierten positiven Vorstellung von bürgerlicher Gesellschaft grundsätzlich gutheißen, ohne auf Kritik an möglichen Begleiterscheinungen (Stichworte: kleinbürgerlicher Mief, fanatischer Leistungsdruck) zu verzichten.
14. Briefe von u. an Hegel, Hg. J. Hoffmeister, I, Hamburg 1963, 253, 28. 10. 1808 an Niethammer.
15. Es kann allerdings auch an agonale Züge des aristokratischen Kräftemessens anknüpfen.
16. Von den Schwierigkeiten der frühliberalen Parteitheorie, die wegen der Fiktion *eines* «vernünftigen» Volksinteresses keine konkurrierenden, den Interessenpluralismus anerkennenden Parteien wahrhaben wollte, kann hier abgesehen werden.
17. Weitere eindeutig bürgerliche Bereiche wie Kunst, Architektur usw. wurden als selbständige Themen auf derselben Bielefelder Tagung (13./14. 12. 1985) behandelt, auf der auch ich meine Thesen vertreten habe.
18. Im Anschluß an Max Webers Überlegungen über spezifische Formen der «Vergesellschaftung» hat M. R. Lepsius in mehreren Diskussionen, die im «Arbeitskreis für moderne Sozialgeschichte» über das Bildungsbürgertum geführt worden sind, auf die Integrationswirkung von wechselnden Ideensystemen hingewiesen, die heterogene bürgerliche Klassenlagen zu überbrücken und «ein» Bürgertum, zumindest tendenziell, zu schaffen vermöchten. Von den Anregungen beider, von Weber und Lepsius, habe ich auch bei dieser Skizze profitiert.
19. Die normativen Prämissen, die dem Urteil über «Modernisierungsfortschritt» und zivilisatorische «Errungenschaften» zugrunde liegen, brauchen hier nicht noch einmal dargelegt zu werden.

Deutsches Bildungsbürgertum in vergleichender Perspektive

1. Im folgenden greife ich, erstens, auf Überlegungen zurück, die in meiner «Deutschen Gesellschaftsgeschichte» (Bde. I u. II, München 1987) ungleich breiter ausgeführt und belegt sind; zweitens nehme ich einige der zahlreichen Anregungen aus den Diskussionen auf, die im «Arbeitskreis für moderne Sozialgeschichte» in den vergangenen sechs Jahren über die Thematik des «Bildungsbürgertums» geführt worden sind.
2. A. Schäffle, Der moderne Adelsbegriff, in: ders., Ges. Aufsätze I, Tübingen 1885, 91.
3. R. Vierhaus, Bildung, in: O. Brunner u. a. Hg., Geschichtliche Grundbegriffe I, Stuttgart 1972, 508–72, hier 508, 513, 515, 517, 521, auch zum folgenden.
4. H. Weil, Die Entstehung des deutschen Bildungsprinzips, Bonn 1930/1967[2], IXf., 2, 9, 175f.
5. H. Rosenberg, Die Überwindung der monarchischen Autokratie, in: K. O. v. Aretin Hg., Der Aufgeklärte Absolutismus, Köln 1974, 188, vgl. 182–204.
6. K. E. Jeismann, Das Erziehungswesen in seiner Bedeutung für die Entstehung des modernen Staates u. der bürgerlichen Gesellschaft, in: Westfälische Forschungen 24. 1972, 71f., vgl. 43–70 zum folgenden.
7. G. E. Lessing, Ernst u. Falk, in: ders., Ges. Werke VIII, Berlin 1968, 560.
8. D. Rüschemeyer, Theoretische Probleme für die vergleichende Forschung, in: Geschichte u. Gesellschaft 6. 1980 (H. 3: Professionalisierung in historischer Perspektive), 311–25.

9. Ausführlicher: D. Grimm, Recht u. Staat der bürgerlichen Gesellschaft, Frankfurt 1987.

Industrielles Wachtstum und früher deutscher Imperialismus

1. Dieser Aufsatz ist die deutsche Fassung eines Beitrags, der bisher nur in englischer Version vorlag (Industrial Growth und Early German Imperialism, in: R. Owen u. B. Sutcliffe Hg., Studies in the Theory of Imperialism, London 1972 u. ö., 71–92); er basiert z. T. auf der Einleitung zu: H.-U. Wehler Hg., Imperialismus, Köln 1970/ Königstein 1979[4], 11–36. Der Imperialismus wird hier als formell-direkte und informell-indirekte Herrschaft von Industriestaaten über unentwickelte Gebiete verstanden.
2. H. Lüthy, Colonization and the Making of Mankind, in: Journal of Economic History 21. 1961, 483–95; dt. in: Imperialismus, 42–55.
3. D. Landes, Some Thoughts on the Nature of Economic Imperialism, in: Journal of Economic History 21. 1961, 496–512; dt. in: Imperialismus, 66–82.
4. H. Friedjung, Das Zeitalter des Imperialismus I, Berlin 1919.
5. C. Hayes, A Generation of Materialism, New York 1941/1966, 216–29; W. J. Mommsen, Das Zeitalter des Imperialismus, Frankfurt 1969 u. ö.
6. D. K. Fieldhouse, Imperialism, in: Economic History Review 14. 1961, 187–209.
7. Vgl. H.-U. Wehler, Bismarck u. der Imperialismus, Köln 1969/Frankfurt 1984[5]; ders., Bismarck's Imperialism 1862–90, in: Past & Present 48. 1970, 119–58; dt. in: Imperialismus, 259–88. Teile der folgenden Abhandlungen basieren auf diesem Aufsatz. Der Ausdruck «historische Theorie» wird hier im Sinn von John Stuart Mills «Principia Media», C. Wright Mills' Theoriebegriff oder Jürgen Habermas' Definition benutzt.
8. «Industrielle Revolution» wird hier im engeren ökonomischen Sinne definiert (Pro-Kopf-Einkommen, Wachstumsraten strategischer Industriezweige, Nettoinvestitionsrate). Vgl. H.-U. Wehler, Theorieprobleme der modernen deutschen Wirtschaftsgeschichte, 1800–1945, in: Festschrift für H. Rosenberg, Berlin 1970, 66–107, sowie in: ders., Historische Sozialwissenschaft u. Geschichtsschreibung, Göttingen 1980, 106–25.
9. A. Gerschenkron, Economic Backwardness in Historical Perspective, Cambridge/ Mass. 1962 u. ö.
10. J. A. Schumpeter, The Theory of Economic Development, Cambridge/Mass. 1961, 67 (dt. bereits 1911: Theorie der wirtschaftlichen Entwicklung, Berlin 1964[6]).
11. H. Gollwitzer, Der Cäsarismus Napoleons III., in: Historische Zeitschrift 173. 1952, 65.
12. J. Habermas, Technik u. Wissenschaft als «Ideologie», Frankfurt 1969 u. ö.
13. Vgl. ebd., 76. Vgl. die Belege in: Wehler, Bismarck; Max Weber, Rudolf Hilferding, John A. Hobson, Otto Bauer und Lenin haben den legitimierenden Effekt des Imperialismus schon früh beschrieben.
14. Vgl. W. A. Williams, The Roots of the Modern American Empire, N. Y. 1969; ders., The Tragedy of American Diplomacy, N. Y. 1959 u. ö., dt. Die Tragödie der amerikanischen Diplomatie, Frankfurt 1973; W. LaFeber, The New Empire, Ithaca 1963; T. McCormick, China Market, Chicago 1967; H.-U. Wehler, Der Aufstieg des amerikanischen Imperialismus 1865–1900, Göttingen 1974/1987[2].
15. Dies gegen Gallagher und Robinson, vgl. meine Argumentation in: Past & Present 48, u. in: W. R. Louis Hg., Imperialism: The Robinson and Gallagher Controversy, N. Y. 1976, 208–11.
16. Documents Diplomatiques Francais 1. Sér. V, 427 (28. Sept. 1884).
17. D. S. Landes, The Unbound Prometheus, Cambridge 1969, 240 (dt. Der entfesselte Prometheus, München 1983[2]).

18. Bismarck vor dem Budgetausschuß des Reichstags, 23. Juni 1884, in: Akten des Reichstags, Bd. 2621, 86, Deutsches Zentralarchiv I, Potsdam.
19. Zit. nach: H. Kaelble, Industrielle Interessenpolitik in der wilhelminischen Gesellschaft 1894–1914, Berlin 1967, 149.
20. M. v. Hagen, Graf Wolff-Metternich über Haldane, in: Deutsche Zukunft 3. 1935, 5 (Metternich zitiert Bismarck).
21. F. v. Holstein, Die Geheimen Papiere II, Göttingen 1957, 181.
22. Die Große Politik der Europäischen Kabinette IV, 96 (Bismarck an den Botschafter in London, Graf Münster, 25. 1. 1885).
23. H. v. Bismarck an Plessen, 14. Okt. 1886, in: Reichskolonialamt, Bd. 603, 21–29, Deutsches Zentralarchiv I. – K. v. Rantzau an Auswärtiges Amt, 29. Sept. 1886, ebd., 13, in: Nachlaß Bismarck, Schloß Friedrichsruh.
24. G. F. Parker, Recollections of G. Cleveland, New York 1909, 271.
25. Miquel zit. nach: H. Böhme, Deutschlands Weg zur Großmacht, Köln 1972[2], 316.
26. A. v. Tirpitz, Erinnerungen, Leipzig 1920, 52.
27. Bülow zit. nach: J. Röhl, Deutschland ohne Bismarck, Tübingen 1969, 229. Vgl. B. V. Bülow, Imperial Germany, London 1914, und H. Stretton, The Political Sciences, London 1969, 77f.
28. Holstein zit. nach Wehler, Bismarck, 499 (Holstein an Kiderlen, 30. 4. 1897).
29. K. D. Bracher, Deutschland zwischen Demokratie u. Diktatur, München 1964, 155.
30. Wehler, Bismarck, 501.
31. H. Rothfels, Probleme einer Bismarck-Biographie, in: Deutsche Beiträge II, München 1948, 170.

Rudolf Hilferding

1. Marx-Studien I, Wien 1904. Über Leben, Werk und die wichtigste Literatur informieren knapp: NDB 9. 1972, 137f.; H.-G. Haupt, R. Hilferding, in: H.-U. Wehler Hg., Deutsche Historiker VIII, Göttingen 1982, 56–77; W. Gottschalch, Strukturveränderungen der Gesellschaft u. politisches Handeln in der Lehre von R. Hilferding, Berlin 1962.
2. R. Hilferding, Das Finanzkapital, Wien 1910/ND Berlin 1947, Frankfurt 1968.
3. E. Kehr an G. W. F. Hallgarten, 25. 10. 1932, in: Sammlung Vagts, Bundesarchiv Koblenz; z. T. in: E. Kehr, Der Primat der Innenpolitik, Hg. H.-U. Wehler, Berlin 1976[3], 17.
4. Hilferding, Finanzkapital, 220–30, 240f., 295, 282f., 382f., 231.
5. Die deutsche Kartellstatistik für 1907 nach Tab. 3 in: Hampe (s. Anm. 6), 72f. Vgl. E. Maschke, Grundzüge der deutschen Kartellgeschichte bis 1914, Dortmund 1964. Zur Rolle der Banken: J. Riesser, Die deutschen Großbanken u. ihre Konzentration, Jena 1912[4]/Glashütten 1971; W. Hagemann, Das Verhältnis der deutschen Großbanken zur Industrie, Berlin 1931; G. Ashauer u. a. Hg., Deutsche Banken-Geschichte II u. III, Frankfurt 1982; K. E. Born, Geld u. Banken in der Geschichte des 19. u. 20. Jahrhunderts, Stuttgart 1977. – A. Wandruszka u. P. Urbanitsch Hg., Die Habsburgermonarchie 1848–1918, Bd. I: Die wirtschaftliche Entwicklung, Wien 1973; H. Matis, Österreichs Wirtschaft 1848–1913, Berlin 1972; E. März, Österreichische Industrie- u. Bankpolitik in der Zeit Franz Josephs I., Wien 1968; B. Michel, Banques et banquiers en Autriche au début du 20ème siècle, Paris 1976; A. Mooser, Die Industrieaktiengesellschaft in Österreich 1880–1913, Wien 1980.
6. O. Bauer, Die Nationalitätenfrage u. die Sozialdemokratie, Wien 1907 (Marx-Studien II). Bauer sah zuerst im Gegensatz zu Hilferding die Crux in angeblichen Strukturproblemen

des «kapitalistischen Zirkulationsprozesses», korrigierte sich aber dann in Hilferdings Sinn in der 2. Auflage 1924. – Hilferding, Finanzkapital, 381–86, 391, 294, 288f., 397–400, 294f., 393, 400–06, 472, 426, 429, 276f., 471, 421–23, 507, 427, 429. Die gründlichste kritische Auseinandersetzung mit Hilferdings Imperialismustheorie findet sich in: P. Hampe, die «ökonomische» Imperialismustheorie, München 1976, 36–45, 55–102 (ihm folge ich öfters). Vgl. A. Brewer, Marxist Theories of Imperialism, London 1980, 79–100; N. Ethrington, Theories of Imperialism, ebd. 1984, passim; H.-C. Schröder, Sozialistische Imperialismusdeutung, Göttingen 1973; W. J. Mommsen, Imperialismustheorien, Göttingen 1987[3], 32–34; W. Gottschalch, Sozialistische Beiträge zur Theorie des Imperialismus, in: ders. u. a., Geschichte der sozialen Ideen in Deutschland, München 1969, 190–224.

7. Hilferding, Arbeitsgemeinschaft der Klassen, in: Der Kampf 8. 1915, Zit. 322; ders., Probleme der Zeit, in: Die Gesellschaft 1. 1924, 1–17. Vgl. H. A. Winkler, Zu Hilferdings Theorie des Organisierten Kapitalismus, in: ders., Liberalismus u. Antiliberalismus, Göttingen 1979, 252–58, Zit. 253f.

8. Vgl. H. A. Winkler Hg., Organisierter Kapitalismus, Göttingen 1974, darin v. a. J. Kocka, Organisierter Kapitalismus oder Staatsmonopolistischer Kapitalismus?, 19–35, sowie die Länderbeiträge in diesem Band und später Kockas Angestellten- und Puhles Agrarverbände-Studien. Kritische Bilanz: H. A. Winkler, Organisierter Kapitalismus? Versuch eines Fazits, in: ders., Liberalismus, 264–71 (daraus greife ich wichtige Gesichtspunkte auf). Vgl. vorher ders., Organisierter Kapitalismus: Zwischenbilanz einer Diskussion, in: ders., Liberalismus, 259–63. Positiver in der Beurteilung der Entwicklungsfähigkeit des Konzepts: J. Kocka, Organisierter Kapitalismus im Kaiserreich, in: Historische Zeitschrift 230. 1980, 613–31; H.-J. Puhle, Historische Konzepte des entwickelten Industriekapitalismus, in: Geschichte u. Gesellschaft 10. 1984, 165–84 (dort 168f. ein guter Merkmalsüberblick über den Idealtypus des Organisierten Kapitalismus»).

Amerikanischer Imperialismus in vergleichender Perspektive

1. Eine ausführliche Diskussion der hier erörterten Problematik findet sich mit allen Belegen und der gesamten Literatur in: H.-U. Wehler, Der Aufstieg des amerikanischen Imperialismus 1865–1900, Göttingen 1974. Dort ist die Literatur bis Anfang 1974 verzeichnet; die neueste Literatur von 1974 bis Ende 1986 wird in der zweiten Auflage dieses Buches (ebd. 1987, 421–27) aufgeführt. Eine komprimierte Kurzfassung enthält: ders., Grundzüge der amerikanischen Außenpolitik, Frankfurt 1984[2].

Bibliographische Notiz

I.

1. Bisher ungedruckt.
2. Das Parlament 36. 1986/Nr. 20–21, 17.–24. 5. 1986.
3. Bisher ungedruckt.
4. Geschichtsdidaktik 12. 1987, 113–19.
5. Aus Politik u. Zeitgeschichte, Beilage zu: Das Parlament 33. 1983. 29. 1. 1983, 43–54.
6. Der Monat 286. 1983, 152–158.
7. Merkur 38. 1984. 568–573; Die Zeit 14. 10. 1983 u. 22. 8. 1986.
8. Frankfurter Allg. Zeitung 10. 7. 1985.
9. Bisher ungedruckt.
10. Geschichte u. Gesellschaft 11. 1985, 143–153.

II.

11. Sozialgeschichte in Deutschland, Hg. W. Schieder u. V. Sellin, I, Göttingen 1986, 33–52.
12. F. J. Brüggemeier u. J. Kocka Hg., Geschichte von unten – Geschichte von innen, Fernuniversität Hagen 1985, 17–47; Die Zeit 3. 5. 1985.
13. J. Kocka Hg., Max Weber, der Historiker, Göttingen 1986, 193–203.
14. J. Kocka Hg., Bürger u. Arbeiter im 19. Jahrhundert, München 1986, 1–27.
15. J. Kocka Hg., Bürger u. Bürgerlichkeit im 19. Jahrhundert, Göttingen 1987, 243–280
16. J. Kocka Hg., Bildungsbürgertum im 19. Jahrhundert, III, Stuttgart 1988.
17. Studium Generale der Universität Mainz 1986, Mainz 1988.
18. Industrial Growth and Early German Imperialism, in: R. Owen u. B. Sutcliffe Hg., Studies in the Theory of Imperialism, London 1972 u. ö., 71–92.
19. P. Alter u. a. Hg., Gedenkschrift für T. Schieder, Stuttgart 1985, 282–300.
20. Bisher ungedruckt.

Personenregister

Werke zur deutschen Geschichte

Gordon A. Craig
Über die Deutschen
Aus dem Englischen von Hermann Stiehl.
82. Tausend. 1984. 392 Seiten. Leinen

Gordon A. Craig
Deutsche Geschichte 1866–1945
Vom Norddeutschen Bund bis zum Ende des Dritten Reiches
Aus dem Englischen von Karl Heinz Siber.
58. Tausend. 1985. 806 Seiten. Leinen

Thomas Nipperdey
Deutsche Geschichte 1800–1866
Bürgerwelt und starker Staat
4. Auflage. 1987. 838 Seiten mit 36 Tabellen. Leinen

Thomas Nipperdey
Nachdenken über die deutsche Geschichte
Essays
2. Auflage. 1986. 236 Seiten. Leinen

Hans-Ulrich Wehler
Deutsche Gesellschaftsgeschichte

Erster Band
1700–1815. Vom Feudalismus des Alten Reiches
bis zur Defensiven Modernisierung der Reformära
1987. XII, 676 Seiten. Leinen

Zweiter Band
1815–1845/49. Von der Reformära bis zur industriellen
und politischen «Deutschen Doppelrevolution»
1987. XII, 914 Seiten. Leinen

Dritter Band
1849–1918. Von der «Deutschen Doppelrevolution»
bis zum Ende des Ersten Weltkrieges
In Vorbereitung

Vierter Band
1918–1949. Vom Ende des Ersten Weltkrieges
bis zur zweiten deutschen Republik
In Vorbereitung

Verlag C. H. Beck München